Steffen Klävers
Decolonizing Auschwitz?

Steffen Klävers

Decolonizing Auschwitz?

—

Komparativ-postkoloniale Ansätze in der Holocaustforschung

DE GRUYTER
OLDENBOURG

Gefördert mit großzügiger Unterstützung der

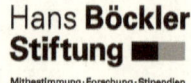

und

Zugl.: Berlin, Technische Universität, Diss., 2017 u. d. T.: Decolonizing Auschwitz? Eine kritische Rekonstruktion komparativ-postkolonialer Ansätze in der Holocaustforschung

ISBN 978-3-11-076381-2
e-ISBN (PDF) 978-3-11-060041-4
e-ISBN (EPUB) 978-3-11-059776-9

Library of Congress control Number: 2018965040

Bibliografische Information der Deutschen Nationalbibliothek
Die Deutsche Nationalbibliothek verzeichnet diese Publikation in der Deutschen Nationalbibliografie; detaillierte bibliografische Daten sind im Internet über http://dnb.dnb.de abrufbar.

© 2021 Walter de Gruyter GmbH, Berlin/Boston
Dieser Band ist text- und seitenidentisch mit der 2019 erschienenen gebundenen Ausgabe.
Satz: bsix information exchange GmbH, Braunschweig
Druck und Bindung: CPI books GmbH, Leck
www.degruyter.com

Inhaltsverzeichnis

1	Einleitung —— 1
1.1	Zivilisationsbruch und Kolonialgeschichte —— 1
1.2	Forschungsüberblick: Postkoloniale Blicke auf den Holocaust —— 4
1.3	Fragestellungen und methodische Zugriffe —— 10
1.4	Aufbau und Struktur der Arbeit —— 13

2	Vorausgehender Exkurs: Ursprünglichkeit, Singularität, Historisierung —— 15
2.1	Tabuisierter Vergleich? Jürgen Habermas und Ernst Nolte als Kernprotagonisten des Historikerstreits —— 19
2.2	Saul Friedländer und Martin Broszat über Historisierung —— 21
2.3	„Wir verrotten in einem Gefängnis, wie es noch niemals gesehen wurde": Die Debatte um Singularität und Einzigartigkeit in der Holocaust- und (vergleichenden) Genozidforschung —— 26
2.4	Einzigartigkeit und Vergleichbarkeit —— 39

3	Die Geburt des Holocausts aus dem Geiste des Kolonialismus? Eine kritische Rekonstruktion historischer Kontinuitätsthesen —— 40
3.1	Kontinuität, Vergleich und der Versuch einer „Globalgeschichte der Massengewalt" —— 40
3.1.1	Jenseits der Differenz: Neuere geschichtswissenschaftliche Komparatistik —— 41
3.1.2	Orientalismus und *Othering*: Postkoloniale Interventionen in der Geschichtswissenschaft —— 43
3.1.3	Neueste Entwicklungen: *Histoire Croisée*, Transfergeschichte, Globalgeschichte —— 47
3.1.4	Adäquat und homogen vs. inadäquat und heterogen: Zur Funktion des Vergleichs —— 51
3.2	„Nationalsozialismus postkolonial"? Kritische Rekonstruktion einer „Globalisierung der deutschen Gewaltgeschichte"? —— 55
3.2.1	Strukturelle Ähnlichkeit und genozidale Gedanken: Grundannahmen der historischen Kontinuitätsthese —— 55
3.2.2	Legitimation und Herrschaft: Zimmerer über Parallelen zwischen „situation coloniale" und Generalplan Ost —— 64
3.2.3	Rasse, Raum – Genozid? —— 69
3.2.4	Persönliche Erfahrung als verbindendes Element —— 78

3.2.5	Kontinuität oder Zäsur? Die historische Kontinuitätsthese in der kritischen Diskussion —— 79	
3.2.6	Koloniale und völkische Bewegung, Antisemitismus und antikolonialer Befreiungskampf —— 100	
3.3	Der Holocaust als ‚subalterner Genozid'? Grenzen des Vergleichs —— 103	
3.3.1	Der europäische Kolonialismus: Ein ‚Enabler' des Holocausts? —— 104	
3.3.2	Von Haiti nach Auschwitz? Moses' ‚Subaltern Genocide' —— 111	
3.3.3	Genozid, Kolonialismus – Nationalsozialismus? —— 114	
3.3.4	‚Sicherheitssyndrom' und ‚subalterner Genozid': Moses' Einbettung des Holocausts in ein globales koloniales Framework —— 121	
3.3.5	Antikolonialismus, Antisemitismus und die ‚Negation der Unterscheidung' —— 128	
3.4	Zusammenfassung: Strukturelle Unterschiede —— 131	

4 Kollektive Erinnerung: ein kompetitives Nullsummenspiel? Michael Rothbergs Theorie multidirektionaler Erinnerung im Spannungsfeld von Holocaust- und Postcolonial Studies —— 133

4.1	Holocaustgedenken im bundesrepublikanischen Post-Nazismus —— 133	
4.2	Postkoloniale Erinnerungsprozesse im Post-Nazismus —— 137	
4.3	Kollektive Traumata, Gedächtnisse und Erinnerungskulturen —— 140	
4.3.1	Begriffsbestimmungen: Individuelles und kollektives Trauma —— 141	
4.3.2	Individuum, Gesellschaft, kollektives Gedächtnis —— 148	
4.4	Hegemonialer Universalismus? Postkolonialtheoretische Überlegungen zum Traumabegriff —— 151	
4.5	Multidirektionales Erinnern: Singularität und Globalität? —— 155	
4.5.1	Globales Erinnern —— 155	
4.5.2	Grenzen der Erinnerungen: Multidirektionalität, Singularität und Kompetitivität bei Rothberg —— 157	
4.5.3	Singularität als Hindernis? —— 160	
4.5.4	Der Holocaust als Deckerinnerung? Multidirektionalität und Leidenshierarchien —— 164	
4.5.5	Decolonizing Trauma? Multidirektionale Erinnerung und der Traumabegriff —— 170	

4.6	Zusammenfassung: Multidirektionale ‚Entkontextualisierung' —— 174	
5	**Kolonialismus, Holocaust und Moderne: Brüche oder Komplizenschaften? —— 178**	
5.1	Zivilisation und Moderne, Kontinuitäten und Brüche —— 178	
5.2	Lager Europas: Zur postkolonialen Verortung von Kolonialismus und Holocaust in der Moderne —— 183	
5.3	Holocaust und *Homo Sacer* – Aspekte und Problemdimensionen biopolitischer Zugänge —— 192	
5.4	Zum Verhältnis von modernem Antisemitismus und Rassismus —— 202	
5.4.1	Zwei Seiten derselben – oder verschiedene Medaillen? —— 202	
5.4.2	Rassismus, Rassendenken, *Volksgemeinschaft*: Der Nationalsozialismus als mystisch-antijüdische Revolte —— 214	
5.5	Zusammenfassung: Analytische Unterschiede —— 219	
6	**Schluss und Forschungsperspektiven —— 220**	
7	**Literaturverzeichnis —— 227**	

Dank —— 245

Register —— 247

1 Einleitung

Ziel dieser Arbeit ist eine kritische Rekonstruktion ausgewählter komparativ-postkolonialer Ansätze in der Holocaustforschung. Was sind komparativ-postkoloniale Ansätze in der Holocaustforschung? Man kann sie vorerst und grob zusammenfassend als Forschungsansätze beschreiben, die mittels eines wissenschaftlichen Vergleichs und aus einer postkolonialtheoretischen Perspektive heraus versuchen, den Holocaust zu analysieren und zu interpretieren. Gleichzeitig möchten sie mögliche Verbindungslinien zwischen und strukturelle Ähnlichkeiten von Kolonialismus, Nationalsozialismus und Holocaust untersuchen. Dieser Zugang ist vergleichsweise neu: Die Holocaustforschung hat sich zwar schon länger systematisch mit der Möglichkeit des Vergleichs von Holocaust und anderen historischen Ereignissen auseinandergesetzt. Mit Fragen der Vergleichbarkeit von Nationalsozialismus und kolonialer Herrschaft bzw. Holocaust und kolonialen Genoziden beschäftigt sie sich jedoch erst seit (wissenschaftshistorisch betrachtet) vergleichsweise kurzer Zeit.

Auf die Frage hin, was diese Ansätze versuchen aufzuzeigen und zu problematisieren, kann einleitend festgehalten werden, dass sie offenbar einem wissenschaftshistorischen und in gewisser Hinsicht auch -politischen Desiderat nachkommen – einem Desiderat, das (grob skizziert) von (mindestens) zwei Überzeugungen ausgeht: Erstens, dass die Holocaustforschung sich bisher *ungerechtfertigterweise* nicht bzw. nur *unzureichend* mit der Geschichte des Kolonialismus befasst habe. Zweitens, dass es möglich und notwendig sei, den Holocaust in ein bestimmtes Verhältnis zur Geschichte des Kolonialismus zu setzen, um a) den Holocaust angemessen zu verstehen, und b) Kolonialgenozide angemessen zu verstehen. Auch die in dieser Arbeit von mir untersuchten und rekonstruierten Ansätze gehen von diesen Annahmen aus. Aus welchen wissenschaftlichen und/oder weltpolitischen Beobachtungen heraus werden sie formuliert? Welche Leerstellen und Forschungslücken sehen sie?

1.1 Zivilisationsbruch und Kolonialgeschichte

Ein Zitat aus einem aktuellen Beitrag der deutschsprachigen postkolonialen Politikwissenschaft mag über diese Fragen Aufschluss geben:

> Auschwitz, Wannsee-Konferenz, Vernichtungskrieg im Osten, Nürnberger Rassegesetze – das alles sind Begriffe, die wir aus dem Geschichtsunterricht kennen. Aber dass auf der Berliner Afrika-Konferenz 1884 Bismarck und andere Europäer den ganzen Kontinent unter sich aufteilten – wer weiß das schon? Dass die deutschen Kolonien – als „Schutzgebie-

te" verharmlost – sechsmal größer waren als das Deutsche Reich? Dass es in ihnen – lange vor den Nazis – bereits Konzentrationslager gab, in denen Tausende (nahezu jeder Zweite!) durch Zwangsarbeit zu Tode geschunden wurde? Wer von uns hat in der Schule die Rede von Generalleutnant Trotha gelesen, in der er 1904 den Völkermord im damaligen Deutsch-Südwestafrika ankündigte [...]? Die Herero warten bis heute auf eine Entschuldigung des deutschen Staates, ebenso wie auf Entschädigungszahlungen. Und bis vor einigen Jahren mussten sie sogar auf die Rückgabe geraubter Schädel ihrer Vorfahren warten. (Ziai 2016, S. 12)

Aram Ziai spricht in diesem Zitat einige wichtige Aspekte der Debatte um Verbindungslinien zwischen postkolonialen Studien und Holocaustforschung, aber auch der bundesrepublikanischen Kolonialismus-Aufarbeitung an. Zweifellos ist letztere nur unzureichend erfolgt und kann mit Blick auf die bisher ausgebliebenen offiziellen Entschädigungszahlungen wie -leistungen durchaus als skandalös beschrieben werden (vgl. Kapitel 4.2). Und ebenfalls zweifellos: Der Blick auf bundesrepublikanische Lehrpläne an Schulen offenbart meist zwar eine in der Tendenz eher als Pflichtlektion wahrgenommene Einheit über den Nationalsozialismus, allerdings wenig über den deutschen Kaiserreich-Kolonialismus oder überhaupt den europäischen. Der deutsche Kolonialismus wurde und wird trivialisiert, verklärt, an der Kolonialpraxis anderer Nationen relativiert und vereinzelt auch als völlig legitime Praxis verteidigt. Das ist in vielerlei Hinsicht problematisch, zweifellos – und wird im Verlauf dieser Arbeit noch ausführlicher diskutiert.

An Ziais Zitat sind aus Sicht des Themas dieser Arbeit auch weitere Aspekte auffällig. Zunächst: Einer Aufzählung von „Begriffe[n], die wir aus dem Geschichtsunterricht kennen" und die verschiedene Elemente des Nationalsozialismus beschreiben, folgt eine Aufzählung kolonialer Thematiken, Begriffe und Fakten. Die ersten Begriffe gelten laut Text als bekannt, die anderen nicht – und dieser Umstand wird deutlich als Defizit markiert. Auffällig ist daran, dass zwischen den Bezugsrahmen Nationalsozialismus und Kolonialismus *verglichen* wird, indem Parallelen aufgezeigt und Verbindungslinien postuliert werden. So wird die Größe des jeweiligen Herrschaftsgebietes verglichen, auf die Existenz von Konzentrationslagern bereits vor dem NS hingewiesen, dem „Vernichtungskrieg im Osten" der „Vernichtungsbefehl" (vgl. bspw. Schaller 2004, S. 407) Lothar von Trothas gegenübergestellt und die Afrika-Konferenz in textlicher Nähe zur Wannsee-Konferenz genannt.

Zwei Sinnebenen erscheinen mir in Ziais Zitat rekonstruierbar. Erstens: Ziai möchte in der Gegenüberstellung von kolonialen mit nationalsozialistischen Begriffen, Schlagwörtern und Themen darauf aufmerksam machen, dass die Geschichte des deutschen Kolonialismus nicht in demselben Maße wie die von NS und Holocaust in der bundesrepublikanischen Erinnerungspolitik, Bildung und

Kultur verankert ist. Zweitens: Durch die Einleitung in die Aufzählung von Aspekten des Kolonialismus mit einem „aber" wird insinuiert, dass es dafür ‚aber' keinen Grund gebe, weil es Entsprechungen zum Nationalsozialismus bereits zuvor im deutschen Kolonialismus gegeben habe.

Diese zweite Sinnebene des Zitates wird im weiteren Verlauf von Ziais Text noch deutlicher erkennbar. So sieht er in der wissenschaftlichen und politischen Bewertung von Nationalsozialismus und Kolonialismus unterschiedliche Standards am Werk, die das Leid der von kolonialer Gewalt betroffenen Menschen geringer und weniger wichtig werteten. In der „impliziten politischen Theorie des Westens" würden „unterschiedliche ethische Standards angelegt werden, je nachdem, ob die Opfer eines Verbrechens weiße EuropäerInnen oder andere Menschen sind" (Ziai 2016, S. 15–16). Die Erklärung für diese unterschiedlichen Standards beschreibt Ziai als „koloniale Heuchelei", die letztlich dazu führe, dass „an die Verbrechen des Kolonialismus und des Nationalsozialismus [unterschiedliche Standards] angelegt werden" (Ziai 2016, S. 16). Einen solchen anzulegen sei allerdings falsch, denn der Nationalsozialismus sei nicht der „Zivilisationsbruch" (Diner 1988b) gewesen, als der er häufig beschrieben würde: „Wer vor diesem [kolonialen] Hintergrund erst in Auschwitz einen Zivilisationsbruch sieht, der kann dies nur mithilfe kolonialer Heuchelei tun: Einige Opfer sind gleicher als andere" (Ziai 2016, S. 17).

Ziais Text eignet sich sehr gut, um in die Thematik meiner Arbeit einzuführen. Mehrere Aspekte werden in ihm problematisiert – die beiden Hauptthesen in den von mir zitierten Passagen scheinen mir jedoch zu sein, dass es a) eine wissenschaftlich und politisch nicht haltbare Ungleichbehandlung der Geschichten und Opfer von Nationalsozialismus und Kolonialismus gebe, und b), dass die Begründung für diese Ungleichbehandlung ein koloniales Paradigma sei. Kurz gesagt: Für Ziai ist die im Vergleich zur NS-Geschichte bisher nicht in demselben Maße erfolgte Aufarbeitung der kolonialen Vergangenheit Deutschlands nur so zu erklären, dass die deutsche Wissenschaft von eurozentrischen und kolonialen Denkstrukturen geprägt sei. Diese dadurch bedingte Unterscheidung und Hierarchisierung von Nationalsozialismus und Kolonialismus sei allerdings sachlich nicht gerechtfertigt. Der (deutsche) Kolonialismus sei nicht dermaßen andersartig, als dass er als unterschiedlicher Untersuchungsgegenstand eingestuft werden könne, für den andere Standards gelten müssten. Anders formuliert: Ein Zivilisationsbruch habe nicht erst in Auschwitz, sondern bereits im Kolonialismus stattgefunden, denn in Hinsicht auf die in ihnen verübten Gewalttaten unterschieden sich beide nicht voneinander, so Ziai: „[...] immerhin geht es in beiden Fällen um rassistisch begründete, gewaltsam aufrecht erhaltene und kriegerisch ausgeweitete Herrschaft über andere, die selbst vor Völkermord nicht zurückschreckt" (Ziai 2016, S. 14).

Mit dieser Herangehensweise öffnet Ziai sprichwörtlich sehr viele Fässer und es stellen sich viele Fragen. Wie zum Beispiel: Ist die Beschreibung, dass sich Kolonialismus und Nationalsozialismus zwar „hinsichtlich der Bürokratisierung und Industrialisierung der Massenmorde", aber nicht fundamental voneinander unterscheiden, zutreffend? Wie unterscheiden sich die TäterInnen? Wie ist die im Vergleich zur NS-Geschichte erst sehr spät einsetzende Aufarbeitung der deutschen Kolonialvergangenheit durch unterschiedliche Standards zu erklären? Inwiefern spielen Rassismus und Kolonialismus hier eine Rolle? Gibt es vielleicht auch andere Gründe für diese bisher ausgebliebene Aufarbeitung? Und überhaupt: Handelt es sich tatsächlich in beiden Fällen, also NS und Kolonialismus, um zwar graduell unterschiedliche, aber dennoch nicht nur ähnliche, sondern gleichartige Beispiele von rassistisch begründeter Herrschaft und Gewalt? Warum spricht Ziai zwar von rassistischer, aber nicht von antisemitischer Gewalt? Wie ähnlich oder unterschiedlich sind sich in diesem Zusammenhang kolonialer Rassismus und NS-Antisemitismus? Wie zutreffend ist Ziais Einschätzung, dass der Holocaust „hinsichtlich der Bürokratisierung und Industrialisierung des Massenmordes tatsächlich historisch einzigartig ist", hinsichtlich der „Brutalität seiner Praktiken" allerdings „erschreckenderweise nicht" (Ziai 2016, S. 16, Fußnote 4)? Was verrät uns der Blick auf „Praktiken" – und was nicht? Und: Sind die Opfer des Nationalsozialismus im Gegensatz zu den Opfern des Kolonialismus, wie Ziai es beschreibt, „weiße EuropäerInnen" – und was heißt das überhaupt?

1.2 Forschungsüberblick: Postkoloniale Blicke auf den Holocaust

Diese und weitere Fragen werden in den von mir untersuchten Forschungsansätzen in unterschiedlicher Weise thematisiert und aufgegriffen. Dabei ist es mein Forschungsvorhaben, sie explizit *kritisch* zu rekonstruieren, ihre Argumentation zu diskutieren und zu problematisieren und abschließend zu fragen, ob sie argumentativ und inhaltlich überzeugen können. Die Ansätze kritisch zu rekonstruieren impliziert weiterhin, dass ich bestimmte Fragestellungen anhand der Rekonstruktion zu beantworten und Probleme aufzuzeigen versuche. Welche Fragestellungen und Probleme dies neben den bereits genannten sind, soll im Verlauf dieser Einleitung sowie im folgenden Methodenunterkapitel spezifiziert werden.

Zunächst möchte ich allerdings forschungsgeschichtlich in das breitere Themenfeld meiner Arbeit einführen. Wie bereits erwähnt wurde, sind postkoloniale und kolonialgeschichtliche Ansätze in der Holocaustforschung, hält man sich die Entwicklung der Holocaustforschung seit ihren Anfängen vor Augen, ein relativ junges Phänomen. So schreiben Volker Langbehn und Mohammad Salama in ihrer Einleitung zu dem im Jahr 2011 von ihnen herausgegebenen Sammelband *German Colonialism: Race, the Holocaust, and Postwar Germany*:

> In the past decade colonial aspects of the Nazi project have become an important research focus. Newly established frames of reference, which include genocide and globalization, have triggered a reevaluation and redefinition of the parameters within which to understand the Holocaust. (Langbehn/Salama 2011, S. ix)

Wissenschaftshistorisch betrachtet sind allerdings auch die ‚Postcolonial Studies' noch relativ jung. Was sind Postcolonial Studies, was untersuchen sie, von welchen Annahmen gehen sie aus? Wenn auf die Nachfrage hin so etwas wie ein größter gemeinsamer Nenner im Sinne einer allgemein geteilten Programmatik, einer Aufgabe oder gar eines Zieles der Postcolonial Studies formuliert oder definiert werden sollte, so würde wohl zuerst die kritische Beschäftigung mit und Aufarbeitung der schwerpunktmäßig europäischen Kolonialvergangenheit genannt werden. Genauer gesagt untersuchen Postcolonial Studies die verschiedenen „Hinterlassenschaften von Kolonialismus auf Nationen, Gesellschaften und Kulturen vor und nach der Unabhängigkeit" (Lindner 2011). Die postkoloniale Theorie untersucht die historischen Prozesse der Kolonisierung selbst, aber auch die Implikationen „einer fortwährenden Dekolonisierung als auch Rekolonisierung" sowohl auf materieller Ebene, als auch in Bezug auf die Produktion einer (post)kolonialen „epistemische[n] Gewalt" (Castro Varela/Dhawan 2005, S. 8). Ina Kerner weist auf zwei wichtige Aspekte postkolonialer Theorien hin: Einerseits untersuchen und thematisieren sie „postkoloniale Konstellationen im zeitlichen Sinne" (Kerner 2012, S. 9). Damit ist vor allem die Beschäftigung mit der Geschichte kolonialer Herrschaft und den historischen Prozessen der Kolonisierung und Dekolonisierung gemeint, allerdings mit überwiegendem und deutlichem Schwerpunkt auf der Geschichte des europäischen Kolonialismus seit der Frühen Neuzeit (vgl. Kerner 2012, S. 20). Gleichzeitig seien postkoloniale Theorien dadurch gekennzeichnet, dass sie koloniale Herrschaft nicht als abgeschlossene Konstellationen verstehen. Vielmehr werde davon ausgegangen, dass es „Langzeiteffekte des Kolonialismus" gibt, „die noch heute nachwirken und die thematisiert werden müssen, wenn man die postkoloniale Gegenwart und ihre spezifischen Probleme verstehen möchte" (Kerner 2012, S. 9). Dazu zählten in den ehemaligen Kolonien u.a. „Armut, Autoritarismus und mangelnde Rechtsstaatlichkeit" als Nachwirkungen des Kolonialismus sowie u.a. Eurozentrismus und Rassismus in den Kolonialnationen (Kerner 2012, S. 9).

Die Postcolonial Studies gehen zurück auf die Rezeption u.a. marxistischer, psychoanalytischer und hegemonietheoretischer Ansätze durch AutorInnen aus vormals kolonisierten Regionen seit den 1950er Jahren. Später widmen sie sich verstärkt postmoderner bzw. poststrukturalistischer und dekonstruktivistischer Sprachkritik sowie diskursanalytischer Theorie- und Wissensproduktion auf der einen, materialistischer (Selbst-)Kritik (an dieser Tendenz) auf der anderen Seite (vgl. Dirlik 1994; Franzki/Aikins 2010; Parry 2004b, S. 3–12). In ihrem Aufsatz „The Institutionalization of Postcolonial Studies" kritisiert beispielsweise Benita Parry, dass postkoloniale Studien nach dem *Linguistic Turn* dazu tendierten, die materiellen, ökonomischen, kapitalistischen Bedingungen des Kolonialismus aus dem Blick zu verlieren, indem sie ihn lediglich als „cultural event" darstellten und analysierten: „The postcolonialist shift away from historical processes has meant that discursive or ‚epistemic' violence has tended to take precedence in analysis over the *institutional* practices of the violent social system of colonialism" (Parry 2004a, S. 74–75; Hervorhebung im Original).

Von bisheriger Kolonialgeschichtsschreibung, die es durchaus auch vor der Verbreitung der Postcolonial Studies gegeben hat, unterscheiden sich postkoloniale Theorien und Ansätze vordergründig und hauptsächlich in einem von der Theorie nicht zu trennenden politischen Impetus.[1] Dieser manifestiert sich einerseits in der kritischen und/oder kritisierenden Auseinandersetzung mit den Hinterlassenschaften und Nachwirkungen nicht nur des Kolonialismus, sondern auch der europäischen Moderne und der Aufklärung. Gleichzeitig stellen sie sich andererseits die ‚Dekolonisierung' eines als eurozentrisch, orientalistisch und manichäisch analysierten Weltverständnisses zugunsten der Berücksichtigung der Verwobenheit von Globalem und Lokalem sowie die Überwindung eines methodologischen Nationalismus und Eurozentrismus sowohl in der Wissenschaft als auch außerhalb der Universitäten zur Aufgabe (vgl. Franzki/Aikins 2010, S. 12–13). So schreibt beispielsweise Kien Nghi Ha, dass es sich bei dem, was ‚Postkolonialität' genannt wird, um keine einzelne Epoche handele, sondern vielmehr um „eine politisch motivierte Analysekategorie der historischen, politischen, kulturellen und diskursiven Aspekte des *unabgeschlossenen Kolonialdiskurses*" (Ha 1999, S. 84; Hervorhebung im Original). Dass postkolo-

---

[1] Exemplarisch seien an dieser Stelle die mannigfach rezipierten und zitierten, geradezu kanonischen ‚Schlüsseltexte' der Postcolonial Studies genannt: Aimé Césaires *Discours sur le Colonialisme* (1955), Frantz Fanons *Les Damnés de la Terre* (1966), Edward Saids *Orientalism* (2003), Gayatri Chakravorty Spivaks „Can the Subaltern Speak?" (1988) sowie Homi Bhabhas *The Location of Culture* (1994). Vgl. weiterführend auch Castro Varela/Dhawan 2005; Kerner 2012; Reuter/Karentzos 2012.

niale Ansätze diesen Kolonialdiskurs, Eurozentrismus und Manichäismus teilweise durch Überfokussierung auf europäische Kolonialgeschichte und Ausblendung bzw. Relativierung lokaler Spezifika selbst reproduzieren, wird oftmals kritisiert (vgl. Kerner 2012, S. 10). So weist Anne McClintock bspw. im Jahr 1992 darauf hin, dass der Begriff des Postkolonialen die Welt erneut und trotz gegenteiliger Absichten in eine „single, binary opposition" unterteile, nämlich die von Kolonisierenden und Kolonisierten (McClintock 1992, S. 85).

Ein anderer Kritikpunkt postkolonialer Theorie und Forschung ist der Begriff selbst: Was fällt eigentlich unter den Gegenstandsbereich des Begriffes ‚postkolonial', was ist postkoloniales *Analysandum* – und was nicht? Vilashini Cooppan weist im Jahr 2000 darauf hin, dass unter dem Begriff des Postkolonialen oftmals eine ganze Reihe von Phänomenen subsumiert werden, die aber über politisch motivierte Analogieschlüsse nicht hinausgingen:

> I find myself worrying that post-colonial studies is on the verge of becoming every damn thing, serving as the sign for oppositional criticism in all modes and rendering colonial and imperial analogies, as well as invocations of hybridity, intermixture, and transculturation, practically obligatory in contemporary criticism. (Cooppan 2000, S. 33–34)

Seit einiger Zeit widmet sich die postkoloniale oder postkolonialtheoretisch beeinflusste Forschung vermehrt dem deutschen Nationalsozialismus und dem Holocaust. War sie zuvor nie explizit Gegenstand postkolonialer Analysen gewesen, wenden sich AutorInnen verschiedener Disziplinen nun vermehrt der Frage zu, ob auch Holocaust und Nationalsozialismus bzw. die Forschung hierüber einer postkolonialen Auseinandersetzung bedürfe. Diese Entwicklung ist zu großen Teilen dem Einfluss bzw. der Wirkung postkolonialer Theorien und Modelle vornehmlich auf die europäischen und anglo-amerikanischen Geistes- und Sozialwissenschaften und ihrer Wissensproduktion zuzurechnen und daher in gewisser Weise sicherlich auch eine logische wissenschaftshistorische Konsequenz.

So hat der Einfluss postkolonialer Theorie beispielsweise auf die deutsche Geschichtswissenschaft dazu beigetragen, einen eher auf Nationalgeschichte fokussierten Forschungsblick zugunsten einer globaleren und transnationalen Perspektive zu ergänzen bzw. sogar völlig aufgeben (vgl. hierzu exemplarisch Conrad/Randeria 2002b). Aber auch in anderen Ländern sowie anderen Disziplinen ist innerhalb der Wissenschaften seit längerer Zeit ein deutlicher Trend zu erkennen: die Weiterentwicklung eines Paradigmas des national Isolierten zu einem des global Vernetzten und ‚Verflochtenen', allen voran und originär in der anglistischen Literatur- und Kulturwissenschaft (vgl. Ashcroft et al. 1989; Cooppan 2000, S. 10) sowie zunehmend auch in weiteren geistes- und sozialwissenschaftlichen Disziplinen wie der Soziologie, der Geschlechterforschung, der Geschichtswissenschaft, der Wirtschaftswissenschaft oder der Ethnologie (vgl. bspw. Komlosy 2011, Osterhammel 2001, Conrad/Randeria 2002b, Reuter/ Villa 2010). Auch wenn es in der Bundesrepublik Deutschland aktuell wenige bis gar keine Lehrstühle gibt, die explizit postkolonialen Studien zugeordnet werden, so hat doch insgesamt in den vergangenen Jahren eine gewisse Institutionalisierung und breitere Akzeptanz postkolonialer Theorie in der Geistes- und Sozialwissenschaft stattgefunden.

Eine postkolonialtheoretische Herangehensweise an den Holocaust bzw. an die Holocaustforschung ergibt daher forschungsgeschichtlich sowie dem aktuellen wissenschaftspolitischen ‚Zeitgeist' entsprechend in gewisser Weise ‚Sinn'. Völlig neuartig oder originär sind diese Ansätze allerdings nicht: Gedanken über Verbindungslinien zwischen Holocaust, Nationalsozialismus und Kolonialismus finden sich bereits bei frühen antikolonialen Intellektuellen – und darauf wird in den in dieser Arbeit untersuchten komparativ-postkolonialen Ansätzen in der Holocaustforschung immer wieder verwiesen. So war es Aimé Césaire, der im Jahre 1950 in seinem *Discours sur le Colonialisme* zwar nicht als erster, aber doch mit großer Wirkungsmacht eine gemeinsame Tradition von Kolonialismus und Holocaust postulierte: Der Holocaust sei im Westen nur aus dem Grund als bisher größtes Verbrechen der Menschheit bewertet worden, weil zuvor nahezu ausschließlich Nicht-EuropäerInnen bzw. Nicht-Weiße dem westlichen Imperialismus zum Opfer fielen. Prinzipiell handele es sich bei Kolonialismus und Holocaust jedoch um dasselbe Phänomen, nämlich um die Kolonisierung und Auslöschung von Menschen. Der Holocaust sei dadurch auch nicht einzigartig, sondern genau genommen eine logische Konsequenz aus der europäischen kolonialen Vergangenheit bzw. durch diese erst möglich geworden (vgl. Césaire 1955, S. 11–13).

Césaire steht mir dieser These am Anfang einer sich gerade erst etablierenden Diskussion über Verbindungslinien von deutschem Nationalsozialismus, Holocaust und Kolonialismus. Bei antikolonialen Intellektuellen wie W.E.B. DuBois finden sich ähnliche Überlegungen bereits im Jahre 1947:

> There was no Nazi atrocity – concentration camps, wholesale maiming and murder, defilement of women or ghastly blasphemy of childhood – which the Christian civilization of Europe had not long been practicing against colored folk in all parts of the world in the name of and for the defense of a Superior Race born to rule the world. (DuBois 1947, S. 23)

Im selben Jahr schrieb auch C.L.R. James, dass u.a. Kolonialismus und Nationalsozialismus „part of our civilization" seien, und: „everything that has appeared in these monstrous societies is endemic in every contemporary nation" (James

1992, S. 153). Bekannter ist eine fälschlicherweise häufig Frantz Fanon zugeschriebene Beschreibung des europäischen Faschismus als Kolonialismus. Fanon zitiert diese Beschreibung jedoch lediglich in seinem Werk *Die Verdammten dieser Erde* in einer Fußnote und dokumentarisch aus der damals offiziellen Zeitschrift der algerischen antikolonialen FLN, *Résistance Algérienne*,[2] vom 28. März 1957, wo es (übersetzt) heißt: „Aber was ist der Faschismus auf der Ebene des Individuums und des Völkerrechts anderes als der Kolonialismus innerhalb eines traditionell kolonialistischen Landes?" (Fanon 1961, S. 66).

Prominenter wurden diese Gedanken ebenfalls bei Hannah Arendt formuliert. In ihrer Studie *The Origins of Totalitarianism* (Arendt 1951) stellt sie die These auf, dass es einen Bezug zwischen einerseits europäischem Kolonialismus und Imperialismus, andererseits Nationalsozialismus und Holocaust gebe. Dieser bestünde in der Kontinuität bestimmter radikalisierter Vorstellungen von Rasse und bürokratisch-technokratischer Verwaltung (vgl. Gerwarth/Malinowski 2009, S. 281). Deutschlands koloniale Erfahrungen hätten damit gewissermaßen den Grundstein für den Holocaust gelegt: Die imperiale und kolonialrassistische Gewaltpraxis der Deutschen sei für Nationalsozialismus und Holocaust eine wichtige Ideengeberin gewesen und letztere ohne diese Vorläuferin nicht denkbar (Arendt 1951. Vgl. auch Davis 2012, S. 2–3; Zollmann 2007, S. 110–111).

Die Idee, dass Kolonialismus/Kolonialgenozide und Nationalsozialismus/Holocaust eine gemeinsame ‚Tradition' hätten und/oder kommensurable ‚Phänomene' seien, fand zunächst nicht allzu viel Aufmerksamkeit und geriet – mehr oder weniger – in akademische Vergessenheit (vgl. Grosse 2006, S. 47–48; Später 2012). In den vergangenen zwei Jahrzehnten[3] sind allerdings eine Reihe von wissenschaftlichen Publikationen erschienen, die die von AutorInnen wie Césaire, DuBois, James und Arendt postulierten Verbindungslinien von Holocaust und Kolonialismus wieder aufgreifen und auf verschiedene Art und Weise neu formulieren.

Kurzum: So wie es scheint, ist die „koloniale Konjunktur", wie Robert Gerwarth und Stephan Malinowski diese neueste Entwicklung kommentieren, nun auch in der Holocaustforschung angekommen (Gerwarth/Malinowski 2007, S. 439). Entsprechend ergeben sich in diesen Publikationen Ansätze, Holocaust Studies und Postcolonial Studies miteinander zu vereinen, gemeinsame For-

---

2 Der vollständige Titel lautet: *Résistance Algérienne: Organe du Front de Libération Nationale Algérienne pour la Défense de l'Afrique du Nord*.
3 Und damit in der ‚Hochphase' interdisziplinärer Forschungsperspektiven, begünstigt durch verschiedene kulturwissenschaftliche ‚Turns' – und hier v.a. dem sog. ‚Spatial' und ‚Postcolonial Turn' (vgl. Bachmann-Medick 2014) – sowie globalen Ansätzen in den Geistes- und Sozialwissenschaften (vgl. bspw. Jay 2010; Komlosy 2011).

schungsfragen zu formulieren sowie neue Perspektiven auf Holocaust, Kolonialismus und Postkolonialismus und Postnazismus zu erarbeiten. Ausgehend von der Annahme, dass es zu den impliziten wie expliziten Desideraten postkolonialer Theorie und Kritik gehört, etablierte Wissensformationen und kulturelle Diskurse über die Welt in ihrem kolonialhistorischen Kontext zu analysieren, zu kritisieren, neu aufzuarbeiten, schließlich zu verändern, sowie die Gegenwart aus der Geschichte des Kolonialismus heraus zu denken, bietet sich die Holocaust-Forschung als bisher wenig bis gar nicht betrachtetes Arbeitsfeld der Postkolonialstudien zumindest auf den ersten Blick auch durchaus an: Ist die bisherige Wissensproduktion über den Holocaust möglicherweise hegemonial und eurozentrisch? Werden bestimmte Stimmen im westlichen Diskurs über den Holocaust unterdrückt? Lässt sich der Holocaust postkolonial aufarbeiten, und was würde das bedeuten? Gibt es eine Kontinuität zwischen europäischem Kolonialismus und Nationalsozialismus? Was bedeutet Kontinuität, und was nicht?

In diesem Zusammenhang ergeben und stellen sich weitere Fragen: Wie ‚ähnlich' sind sich Kolonialismus/Kolonialgenozide und Nationalsozialismus/Holocaust, wo unterscheiden sie sich? Wie verhalten sich diese neuesten Ansätze zur sog. Singularitätsthese des Holocausts (vgl. Bauer 2001; Katz 1994, 1996; Lipstadt 1993; Margalit/Motzkin 1996; Rosenbaum 1996a; Rosenberg 1987)? Wichtige Fragen, die die Singularitätsdebatte in der Holocaustforschung formuliert und aufgegriffen hat, sind unter anderem: Ist der Holocaust ‚neu', also gab es in der bisherigen Menschheitsgeschichte kein analoges Ereignis? Ist er damit qualitativ einzigartig, weist er also Spezifika auf, die sich in keinem anderen historischen Ereignis zeigen? Lässt sich der Holocaust mit anderen Ereignissen vergleichen oder gleichsetzen; und was genau bedeutet das? In welchem Verhältnis stehen (kolonialer) Rassismus und (moderner, nationalsozialistischer) Antisemitismus? Was lässt sich überhaupt vergleichen und was ‚macht' ein Vergleich? Und darüber hinaus: Was ist ein guter, was ist ein schlechter Vergleich, wann wird ein Vergleich zur Gleichsetzung? Zusammenfassend: Ist es möglich/sinnvoll/produktiv/überzeugend, die Holocaustforschung durch postkoloniale Perspektiven zu erweitern – und aus welchen Gründen (nicht)?

1.3 Fragestellungen und methodische Zugriffe

Die Erörterung, Problematisierung und Beantwortung dieser (und weiterer) Fragen mittels einer kritischen Rekonstruktion ausgewählter Forschungsansätze ist Ziel und Aufgabe dieser Arbeit. Die Kernfrage der Arbeit ist allerdings die folgende, die im Prinzip aus zwei Teilfragen besteht: Was tragen komparativ-postkoloniale Ansätze in der Holocaustforschung bei und wie überzeugend sind diese Beiträge? Um mich ihrer Beantwortung anzunähern, werde ich mich mit ausgewählten Forschungsansätzen beschäftigen, die sich mit der Möglichkeit von Verbindungslinien zwischen Holocaustforschung und Postcolonial Studies auseinandersetzen. In der Diskussion um diese Verbindungslinien haben sich nach meinen Recherchen vier Forschungsansätze und Forschungsperspektiven als zentral herausgestellt, die ich in dieser Arbeit *kritisch rekonstruieren* möchte. Es handelt sich um zwei a) geschichtswissenschaftliche Forschungsansätze, einen b) kulturwissenschaftlich-erinnerungskulturellen Ansatz sowie einen Ansatz zum Themenkomplex von c) Modernitäts- und Modernisierungstheorien. Für jeden dieser Ansätze werde ich ausgesuchte Texte konsultieren, die sich mit den aufgeworfenen Fragen in einer bestimmten Art und Weise auseinandersetzen. Dabei gehen sie jeweils von der generellen Möglichkeit einer postkolonialen Perspektive auf den Holocaust und einer Vereinbarkeit von Holocaustforschung und Postcolonial-Studies aus und postulieren deutliche Schnittstellen dieser Felder. Konkret handelt es sich um Ansätze der Autoren Jürgen Zimmerer und A. Dirk Moses (a), Michael Rothberg (b) sowie einer Reihe von AutorInnen wie Paul Gilroy und Vinay Lal (c). Diese Ansätze werde ich anhand von ausgewählten Texten bzw. Textpassagen der entsprechenden Autoren darstellen. Die Auswahl dieser Texte erfolgte nach einer anfänglichen breiten Recherche des bestehenden Wissenschaftskorpus. In den von mir rezipierten Schriften und Überblickswerken haben sich die genannten Autoren und deren ausgewählte Texte als zentral für meine Fragestellung erwiesen. Sie werden in mehreren Texten exemplarisch für die genannte Diskussion aufgeführt und lassen sich daher als zentrale und in besonderem Maße relevante Referenzen bewerten.

Das Vorgehen der Arbeit habe ich als *kritische Rekonstruktion* beschrieben – was ist damit gemeint? Zunächst: Primärer Untersuchungsgegenstand meiner Arbeit sind bestehende Forschungsansätze, denen mindestens ein konkreter wissenschaftlicher Text zugrunde liegt. Streng genommen ist meine Arbeit damit keine empirische, sondern eine rein theoretische Arbeit. So ließen sich die herangezogenen wissenschaftlichen Texte sicherlich als empirisches Daten- oder Quellenmaterial verstehen. Allerdings erscheint mir eine solche Zuschreibung bei theoretischen Texten nicht vollständig überzeugend, da diese Texte entweder bereits empirisches Quellenmaterial auswerten und interpretieren, oder von vornherein als theoretische Texte konzipiert sind.

Die Forschungsansätze gilt es logisch und kritisch zu rekonstruieren. Was genau heißt das? Im Rahmen einer logisch-kritischen Rekonstruktion ist es hauptsächlich meine Aufgabe, den konkreten Sinn- und Aussagegehalt der bestehenden Theorien mittels eines *close readings* so objektiv wie möglich darzustellen – damit ist eingestanden, dass eine völlig objektive Forschungsperspektive sicherlich nicht denkbar ist, und jede Rekonstruktion auch immer zu gewissen Teilen eine Konstruktion ist (vgl. Holz 2001, S. 150). Letzten Endes kann es daher nur ein ernst gemeintes Desiderat der Studie an sich selbst sein, eben ‚so objektiv wie möglich' vorzugehen, auch wenn Objektivität und Neutralität zumindest als Konzepte selbst nur Idealtypen sind. Dennoch: Die Studie orientiert sich vordergründig an der „Hermeneutik im Sinne verstehender Textanalyse" (Grigat 2007, S. 16). Die von mir konsultierten Texte sollen so rekonstruiert werden, dass ein verstehendes Nachvollziehen ihrer Argumentation verwirklicht wird (vgl. Zapf 2013, S. 51). Dabei hat das Vorgehen einer kritischen Rekonstruktion mehrere Ebenen, die sich folgendermaßen darstellen lassen können. Zunächst stellt sich die Frage nach der wissenschaftsgeschichtlichen Tradition einer Theorie, d.h.: In welcher Theorietradition steht sie, auf welche Theorien bezieht sie sich, welche Begriffe verwendet sie von anderen Theorien, von welchen Theorien grenzt sie sich ab? Weiterhin gibt es die Ebene des konkreten Aussagegehalts einer Theorie, also im weitesten Sinne die Darstellung dessen, was sie postuliert und aufzeigen möchte.

In diesem Zusammenhang stellt sich die Frage nach allgemeinen und grundlegenden Elementen der den Theorien zugrundeliegenden Texten wie Argumentationsstrategien und -techniken, d.h.: Mit welchen Argumenten plädiert die Theorie für ihre Aussage, und sind einerseits die Prämissen, andererseits die entsprechenden Konklusionen überzeugend? Weiterhin kommen Verfahren eines (logischen) Theorievergleichs zum Einsatz, das heißt: Die Analyse und Rekonstruktion der Ansätze im Hinblick auf Parameter wie Argumentationstechnik (wie, womit und wofür/-gegen wird argumentiert), innere Inkohärenz(en) und Widersprüche sowie Konflikte mit anderen bereits bestehenden Ansätzen und Theorien (vgl. bspw. das Kapitel ‚Metatheorie der Theorieintegration' in: Frings 2010, S. 133–149). Dabei orientiere ich mich an grundlegenden wissenschaftlichen Konventionen der Argumentationstheorie und des Rationalitätpostulats (vgl. Føllesdal et al. 1986). Insofern die verschiedenen von mir untersuchten Ansätze als konkrete Untersuchungsgegenstände eingestuft werden, kann auch von einer politik- und sozialwissenschaftlichen Sequenz- bzw. Inhaltsanalyse gesprochen werden, d.h. ich werde für jeden größeren Sinnabschnitt (Sequenz) der einzelnen Ansätze alle möglichen für meine Forschungsfragen relevanten objektiv-hermeneutischen Bedeutungsinhalte bestimmen (vgl. bspw. das Vorgehen bei Holz 2001, S. 116–120).

Das primäre Ziel meines Vorgehens ist zusammenfassend also eine umfassende und systematische Analyse, Interpretation und abschließende Aus- und damit auch Bewertung von bestehenden wissenschaftlichen Ansätzen, in denen die Möglichkeit von Verbindungslinien zwischen Postcolonial-Studies und Holocaustforschung postuliert werden. Als Ergebnis werden neben der Beantwortung der eingangs aufgeworfenen Fragen zwei Dinge angestrebt: Erstens soll überprüft werden, ob die gezogenen Verbindungslinien der Ansätze wissenschaftlich überzeugend sind. Zweitens möchte ich darstellen und problematisieren, welche Schlussfolgerungen sich aus diesen Ansätzen ziehen lassen bzw. welche Schlussfolgerungen gezogen werden.

Die Arbeit berührt und greift Themenbereiche und Diskussionen auf, die in der Forschung bereits ausgiebig und weitreichend erforscht und diskutiert worden sind. Hier leistet sie keinen Beitrag bspw. in Form der Erschließung bisher ungesichteter Quellen. Sie hat vielmehr das Ziel, bestehende Schlussfolgerungen der Forschung aufzugreifen und zu diskutieren. Sie ist eher mit kategorialen, epistemologischen, systematischen und im weitesten Sinne ideengeschichtlichen Fragestellungen befasst und daher auch als eine Art *Metaanalyse* zu verstehen. Eine recht treffende Programmatik, der sich diese Arbeit in gewisser Hinsicht verwandt und verpflichtet sieht, liefert Omer Bartov in seinem als kritischen Forschungsüberblick konzipierten Text „Defining Enemies, Making Victims". Dort beschreibt er seinen Text als „synthetic essay that offers no new documentation" – er habe allerdings durchaus den Anspruch, neue Fragen zu formulieren, bestehende Vorannahmen kritisch zu analysieren, sie möglicherweise neu zu bewerten und Verbindungen aufzeigen, die bisher wenig wahrgenommen wurden (vgl. Bartov 1998, S. 771). Diesen Anspruch erhebe ich mit dieser Arbeit auch – und ich möchte hinzufügen, dass es mir nicht ausschließlich darum geht, Verbindungen aufzuzeigen, die bisher nicht wahrgenommen wurden, sondern auch Brüche aufzuzeigen, wo möglicherweise Kontinuitäten, Gemeinsamkeiten und Verbindungslinien angenommen werden.

1.4 Aufbau und Struktur der Arbeit

Diese Arbeit gliedert sich (abgesehen von diesem als Einleitung konzipierten ersten) in vier größere Kapitel. In Kapitel 2 werde ich in die bereits in der Einleitung erwähnte größere Thematik einleiten, vor deren Hintergrund die aktuellen Debatten um (un-)mögliche Verbindungslinien und Parallelen zwischen Kolonialismus und Nationalsozialismus/Holocaust geführt werden: Die Fragen nach der Historisierung des Holocausts sowie die breit diskutierte Frage nach der Singularität des Ereignisses. Beide dieser Themen sind bereits seit Beginn der 1940er Jahre ausgiebig diskutiert worden und sollen in diesem ersten Hauptkapitel rekapituliert werden. Diese historische und auch theoretische Einführung soll für die diesem folgenden drei Hauptkapitel einen wiederkehrenden Bezugsrahmen darstellen. In ihnen werde ich mich jeweils verschiedenen Ansätzen widmen, die auf verschiedene Arten und Weisen Vorschläge für eine gemeinsame Perspektive auf Kolonialismus, Nationalsozialismus und Holocaust formulieren. Jedem einzelnen dieser Kapitel wird eine wissenschaftliche Einbettung vorausgehen, das heißt: Ich werde aufzeigen, in welchen wissenschaftlichen Traditionen die entsprechenden Ansätze stehen, welche Begriffe und Debatten sie aufgreifen und inwiefern sie neuartig sind bzw. an welche Diskussionen sie anknüpfen.

Kapitel 3 widmet sich dementsprechend zwei verschiedenen Forschungsansätzen, die im Feld der Geschichtswissenschaft zu verorten sind. Es handelt sich um ausgewählte Texte der Autoren Jürgen Zimmerer und A. Dirk Moses, die beide aus Perspektive der Geschichtswissenschaft für eine Einbettung von Nationalsozialismus und Holocaust in ein globales koloniales Framework plädieren. In Kapitel 4 widme ich mich primär dem Werk *Multidirectional Memory: Remembering the Holocaust in the Age of Decolonization* des Literaturwissenschaftlers Michael Rothberg. Rothberg formuliert in ihr eine in der erinnerungskulturellen und -politischen Diskussion neuartige These, die ich darstellen, kritisch rekonstruieren und diskutieren möchte.

Kapitel 5 unterscheidet sich von den beiden vorangegangenen in zwei grundlegenden Aspekten. Zum einen hat es keinen konkreten Forschungsansatz zum Gegenstand, der anhand eines oder mehrerer ausgewählter Theorietexte kritisch rekonstruiert werden soll. Vielmehr soll es hier zum anderen eher darum gehen, in den vergangenen Kapiteln immer wieder nur umrissene Themenkomplexe, Gedanken und vermeintliche epistemologische und ideologische Gewissheiten erneut aufzugreifen und zu erörtern. Konkret handelt es sich um Fragen zum Verhältnis von Kolonialismus, Holocaust und Moderne. Doch auch kritische Fragen über das Verhältnis von bzw. die Unterschiede zwischen Antisemitismus und Rassismus, die in den Ansätzen zwar immer wieder auftauchen, aber nicht systematisch thematisiert und diskutiert werden, möchte ich in diesem Kapitel diskutieren. Hierzu werde ich verschiedene Texte aus Postcolonial Studies, NS- und Holocaustforschung, Antisemitismus- und Rassismusforschung konsultieren.

In meinem letzten Kapitel 6 werde ich die vorangegangenen Kapitel rekapitulieren, auswerten und meine Erkenntnisse zusammenfassen und diskutieren. Schließlich sollen offene Fragen formuliert werden, deren Beantwortung und Erforschung im Rahmen dieser Arbeit nicht möglich war.

2 Vorausgehender Exkurs: Ursprünglichkeit, Singularität, Historisierung

Um in die konkrete Arbeit an den von mir ausgewählten Forschungsansätzen einzuleiten, erscheint mir ein vorausgehender inhaltlicher Exkurs notwendig. In diesem Exkurs möchte ich mehrere Dinge diskutieren und aufzeigen, allerdings vor allem eine Frage thematisieren: An welche bereits bestehenden Diskussionen in der Holocaustforschung knüpfen komparativ-postkoloniale Ansätze an? Welche Grundüberzeugungen teilen sie mit anderen Ansätzen, welche bereits geführten Diskussionen in der Holocaustforschung lassen sich am Beispiel komparativ-postkolonialer Ansätze erneut aufgreifen?

Am Anfangspunkt nahezu jeder komparativen Diskussion über mindestens zwei Vergleichsgegenstände stehen Fragen nach der grundsätzlichen Möglichkeit des Vergleichs bzw. der Frage, ob die Gegenstände aufgrund ihrer Beschaffenheit einen Vergleich überhaupt zulassen. Auf das Thema dieser Arbeit bezogen werden häufig Fragen dieser Art formuliert: Kann man Aspekte der nationalsozialistischen Herrschaft mit Aspekten kolonialer Herrschaft vergleichen? Oder ist das unangemessen – a), weil es sich beim Holocaust um ein singuläres und damit prinzipiell unvergleichbares Ereignis handelt, oder b), weil Holocaust und Kolonialismus nicht gleichzusetzen sind? Was heißt das: ‚unvergleichbar'?

Innerhalb wie außerhalb der Holocaust-Forschung sind dies immer wieder aufgegriffene und diskutierte Fragen. Dementsprechend stellt sich auch in Bezug nach Verbindungslinien zwischen postkolonialen Studien und Holocaustforschung die Frage, ob der Holocaust ein singuläres Ereignis in der Menschheitsgeschichte, oder ob er mit der europäischen Kolonialgeschichte kommensurabel[1] sei. Eine Betrachtung von dieser Art suggeriert, dass er sich aufgrund bestimmter im Vergleich beobachteter struktureller Gemeinsamkeiten mit anderen Ereignissen in ein transnationales „colonial archive" des Wissens

---

[1] Laut Duden-Definition lässt sich „Kommensurabilität" auch als „Vergleichbarkeit" beschreiben, das Adjektiv ‚kommensurabel' dementsprechend auch synonym als „analog, ähnlich, gleich[artig], identisch, übereinstimmend, vergleichbar, (bildungssprachlich) komparabel, kongruent, korrespondierend". Im *Philosophischen Wörterbuch* wird das Antonym „inkommensurabel", ein ursprünglich aus der Geometrie stammender Begriff, als „nicht mit demselben Maß messbar" beschrieben (Gessmann 2009, S. 352, S. 352). In der Wissenschaftstheorie Thomas S. Kuhns beschreibt der Begriff der Inkommensurabilität analog die teilweise oder vollständige Unübersetzbarkeit einer Wissenschaftssprache oder eines wissenschaftlichen Paradigmas / einer wissenschaftlichen Theorie in eine andere / ein anderes (vgl. Kuhn 1973. Vgl. weiterführend auch Sankey 1994).

von Machtausübung, Unterdrückung und Vernichtung (Gerwarth/Malinowski 2007, S. 441) einbetten ließe.

Zunächst werde ich in diesem Exkurs weniger auf einer konkret historischen, als auf einer semantischen und epistemologischen Ebene den Begriff der Singularität diskutieren. Dass jedes denkbare historische Ereignis auch in der Hinsicht singulär ist, dass es sich in ganz genau dieser Form und Konstellation nicht erneut ereignen wird, kein historisches Ereignis also mit einem anderen identisch sein kann (vgl. Margalit/Motzkin 1996, S. 65), ist eine richtige Feststellung – sie ist allerdings auch trivial, obschon weiterhin immer wieder mit aufklärerischem Gestus darauf hingewiesen wird. Ein mögliches Verständnis von Singularität kann auf der Vorstellung beruhen, dass es einen Gegenstand gibt oder gegeben hat, der aufgrund bestimmter Eigenschaften, die er mit keinen anderen Gegenständen teilt, sich substantiell von diesen unterscheidet und damit als einzigartig und beispiellos gelten kann. Diesen Gegenstand mit in bestimmten Aspekten ähnlichen Gegenständen gleichzusetzen, wäre aufgrund dieser substantiellen Andersartigkeit nicht möglich und daher nicht zulässig. Damit soll allerdings nicht gemeint sein, dass dieser Gegenstand nicht mit anderen verglichen werden könne. Singularität in diesem Sinne lässt sich nicht einfach so feststellen – das wäre nicht rational. Vielmehr kann Singularität eben nur in kontrastiver Gegenüberstellung mit anderen Vergleichsgegenständen überhaupt erkannt werden. In Bezug auf den Holocaust formuliert Yehuda Bauer diesen Gedanken wie folgt:

> In order to define the Holocaust, it *must* be compared to other events if it is [...] a *human* event. It is only by comparison that we can answer the question of whether or not it is unprecedented and has features not found in similar events. (Bauer 2001, S. 8; Hervorhebungen im Original)

Avishai Margalit & Gabriel Motzkin formulieren in ihrem Text „The Uniqueness of the Holocaust" ähnliche und analoge Gedanken. So argumentieren sie, dass der entscheidende Aspekt in der Frage um die „uniqueness", also Einzigartigkeit eines Gegenstandes, das Vorliegen eines wichtigen distinktiven Merkmals sei, dass er mit keinen anderen teile (vgl. Margalit/Motzkin 1996, S. 65).

Einen Gegenstand mit anderen zu vergleichen ist nicht automatisch dasselbe, wie ihn mit diesen gleichzusetzen. Wenn ein Vergleich dazu führt, dass einem bestimmten Gegenstand eine Singularität zugesprochen wird, dann ist damit vielmehr das genaue Gegenteil einer Gleichsetzung erreicht: Nämlich die Feststellung, dass eine Gleichsetzung aufgrund singulärer Merkmale, die keiner der weiteren Vergleichsgegenstände aufweist, nicht oder nur eingeschränkt möglich ist. Es lässt sich sicherlich feststellen, dass bestimmte Gegenstände in mancher Hinsicht anderen Gegenständen ähneln oder bestimmte Eigenschaften teilen. Das macht sie aber selbstverständlich nicht austauschbar. Um aber überhaupt zu so einer Feststellung zu gelangen, ist es notwendig zu vergleichen, wie Alan Rosenbaum es zusammenfasst:

> [...] if such normative inferences about ‚uniqueness' [...] are to be warranted and enduring given the factors noted above, the Holocaust requires a rigorous, empirical comparison to other historical instances of mass death with sufficiently relevant similarities. (Rosenbaum 1996a, S. 4)

Ähnlich argumentiert Jörn Rüsen in Bezug auf die Zuschreibung von Einzigartigkeit, welche „nur durch kognitive Operationen des Vergleichs plausibel gemacht werden" könne (Rüsen 1999, S. 36).

Die in den von mir zitierten englischsprachigen Beispiele gebrauchen die Begriffe „uniqueness" und „unprecedented", und damit scheint die Semantik der Singularitätsthese des Holocausts treffend umschrieben: Sie postuliert, dass der Holocaust im Vergleich zu anderen Ereignissen bislang einzigartig und präzedenzlos ist. Eine der größten geschichtspolitischen Debatten um diese These stellt ohne Zweifel der sogenannte ‚Historikerstreit' dar. Dieser wurde insbesondere im Sommer und Herbst 1986 in der Bundesrepublik Deutschland von HistorikerInnen und JournalistInnen ausgetragen. Streitgegenstand war vordergründig die Frage nach dem (deutschen) geschichtswissenschaftlichen und erinnerungskulturellen Umgang mit Nationalsozialismus und Holocaust – Dan Diner beschreibt ihn als „Auseinandersetzung über moralische Bedeutung, geschichtlichen Ort und historiographische Vergleichbarkeit des Nationalsozialismus und der von ihm begangenen Massenverbrechen" (1988a, S. 7). Im Folgenden sollen wichtige Positionen des Historikerstreits in Verbindung zur Singularitätsthese des Holocausts kurz vorgestellt werden. Dies wird für die Rekonstruktion der von mir ausgewählten Ansätze elementar wichtig sein, weil auch in den untersuchten komparativ-postkolonialen Forschungsansätzen die Frage nach Singularität und Vergleichbarkeit aufgegriffen und thematisiert wird. So bemerkt Matthew P. Fitzpatrick in seinem Aufsatz „The Pre-History of the Holocaust?", dass die aktuell geführte Debatte um Verbindungslinien zwischen Kolonialismus und Nationalsozialismus an die in den 1980er Jahren geführte Debatte um die Singularität des Holocausts im Historikerstreit erinnere:

> Historians of an earlier era who were engaged in the *Sonderweg* and *Historikerstreit* interludes can now witness the astonishing spectacle of their debates reemerging within postcolonial histories of Germany [...] The attempt to explain the relationship of the abject Nazi past to the broader history of Germany, a unifying feature of both Sonderweg and Historikerstreit interludes, now plays a prominent role in the debate about German colonialism

and in particular colonial genocide. Faced with a rediscovered national genocidal colonial past, the historian of the German nation-state is once again confronted with the question of continuity and uniqueness that so taxed the historians of the second half of the twentieth century. (Fitzpatrick 2008, S. 480)

Vielleicht wurde und wird die aktuelle Debatte um postkoloniale Ansätze in der Holocaustforschung nicht so intensiv geführt, wie die im Historikerstreit um die historische Singularität und Originalität von Auschwitz. Dennoch erinnern viele der in ihr formulierten Gedanken und Problemfälle an genau die Auseinandersetzungen, die in den 1980ern von Protagonisten wie Ernst Nolte, Jürgen Habermas sowie im Anschluss daran Martin Broszat und Saul Friedländer ausgetragen wurden (vgl. Große Kracht 2010).

Dan Stone bezieht sich in seinem Werk *Histories of the Holocaust* im Rahmen einer Darstellung der Debatte über Verbindungslinien zwischen (deutschem) Kolonialismus und Holocaust ebenfalls auf den Kontext des Historikerstreits. Für ihn ist dabei die Frage nach der Einzigartigkeit des Holocausts (im Original: „‚uniqueness' of the Holocaust", Stone 2010, S. 205) eine der zentralen, wenn nicht die zentrale Frage des Historikerstreits bzw. sei der Historikerstreit deren „high watermark" (Stone 2010, S. 205). Auch markiere er in der Historiographie des Holocausts einen Richtungswechsel:

> [...] it marks a change in the discourse surrounding the genocide of the Jews, opening up questions of a comparative nature: does the Holocaust have features in common with Stalinist terror? Is ‚genocide' a useful term for understanding the Holocaust? Can the Holocaust usefully be compared with other cases of genocide, such as the colonial settlement of North America or Australia, the Ottoman destruction of the Armenians in 1915–16, the Khmer Rouge's devastation of Cambodia in 1975–79 or the annihilation of Tutsis in Rwanda in 1994? (Stone 2010, S. 205)

In welcher Verbindung stehen die Diskussionen des Historikerstreits zu aktuellen Debatten über die postkoloniale Aufarbeitung oder kolonialgeschichtlichen Einbettungen des Holocausts in eine „Globalgeschichte der Massengewalt" (Zimmerer 2011c, S. 17)? Sind Themen des Historikerstreits auf diese Debatten übertragbar? Diese und weitere Fragen sollen in den folgenden Kapiteln am Beispiel der Auseinandersetzungen zwischen Ernst Nolte, Jürgen Habermas, Martin Broszat und Saul Friedländer grob skizziert werden.

2.1 Tabuisierter Vergleich? Jürgen Habermas und Ernst Nolte als Kernprotagonisten des Historikerstreits

Am Anfang des Historikerstreits steht der am 6. Juni 1986 in der *Frankfurter Allgemeinen Zeitung* veröffentlichte Aufsatz „Die Vergangenheit, die nicht vergehen will. Eine Rede, die geschrieben, aber nicht gehalten werden konnte" des Historikers Ernst Nolte. In ihm formulierte Nolte unter anderem die These, die Gulags der Sowjetunion seien eine notwendige Bedingung/Voraussetzung für den Holocaust gewesen (vgl. Wippermann 1997, S. 10). So fragte Nolte beispielsweise:

> Vollbrachten die Nationalsozialisten, vollbrachte Hitler eine ‚asiatische Tat' vielleicht nur deshalb, weil sie sich und ihresgleichen als potentielle oder wirkliche Opfer einer ‚asiatischen' Tat betrachteten? War nicht der ‚Archipel GULag' ursprünglicher als ‚Auschwitz'? War nicht der ‚Klassenmord' der Bolschewiki das logische und faktische Prius des ‚Rassenmords' der Nationalsozialisten? Sind Hitlers geheimste Handlungen nicht gerade auch dadurch zu erklären, daß er den ‚Rattenkäfig' *nicht* vergessen hatte? Rührte Auschwitz vielleicht in seinen Ursprüngen aus einer Vergangenheit her, die nicht vergehen wollte? (Nolte 1987a, S. 45; Hervorhebung im Original)

Nolte hatte bereits in einem in der Carl-Friedrich-von-Siemens-Stiftung 1980 in München gehaltenen Vortrag[2] die These geäußert, beim Holocaust hätte es sich nicht um ein neuartiges, beispielloses und singuläres Ereignis gehandelt. Vielmehr sei der Holocaust eine Kopie des Stalinschen Terrors gewesen:

> Auschwitz resultiert nicht in erster Linie aus dem überlieferten Antisemitismus und war im Kern nicht ein bloßer ‚Völkermord', sondern es handelte sich vor allem um die aus Angst geborene Reaktion auf die Vernichtungsvorgänge der Russischen Revolution. (Nolte 1987b, S. 32)

Weiterhin: „Wer die Hitlersche Judenvernichtung nicht in diesem Zusammenhang sehen will, läßt sich möglicherweise von sehr edlen Motiven leiten, aber er verfälscht die Geschichte" (Nolte 1987b, S. 32). Zwar sei der Holocaust „entsetzlicher" und

---

2 In gedruckter Form erschien dieser Vortrag einerseits in gekürzter Fassung am 24. Juli 1980 in der *Frankfurter Allgemeinen Zeitung* unter dem Titel „Die negative Lebendigkeit des Dritten Reiches. Eine Frage aus dem Blickwinkel des Jahres 1980". Ich beziehe mich auf den Volltext des Vortrags, der im Sammelband *Historikerstreit. Die Dokumentation der Kontroverse um die Einzigartigkeit der nationalsozialistischen Judenvernichtung* 1987 im Piper Verlag erschienen ist (siehe Bibliographie).

> abstoßender als das Original gewesen. [...] Doch all das begründet zwar Singularität, ändert aber nichts an der Tatsache, daß die sogenannte [!] Judenvernichtung des Dritten Reiches eine Reaktion oder verzerrte Kopie und nicht ein erster Akt oder das Original war. (Nolte 1987b, S. 33)

Allgemein konstatierte Nolte also eine Art historiographisches ‚Denkverbot' im Umgang mit dem Nationalsozialismus, welches er folgendermaßen beschrieb:

> Für den Historiker ist eben dies die beklagenswerte Folge des ‚Nichtvergehens' der Vergangenheit: daß die einfachsten Regeln, die für die Vergangenheit gelten, außer Kraft gesetzt zu sein scheinen, nämlich daß die Vergangenheit mehr und mehr in ihrer Komplexität erkennbar werden muß, daß der Zusammenhang immer besser sichtbar wird, in den sie verspannt war, daß die Schwarz-Weiß-Bilder der kämpfenden Zeitgenossen korrigiert werden, daß frühere Darstellungen einer Revision unterzogen werden. (1987a, S. 42)

Daher monierte Nolte, dass das Formulieren von bestimmten Fragen in der postnazistischen Geschichtswissenschaft gewissermaßen tabuisiert sei. Als Beispiel nannte er seine bekannte These vom „kausalen Nexus" (Nolte 1987a, S. 46) zwischen stalinistischen GUlags und nationalsozialistischen Konzentrations- und Vernichtungslagern. So konstatierte er: „Aber man scheut sich, [solche Fragen] aufzuwerfen [...]. Aber sie beruhen auf schlichten Wahrheiten. Wahrheiten auszusparen mag moralische Gründe haben, aber es verstößt gegen das Ethos der Wissenschaft" (Nolte 1987a, S. 45).

Noltes Thesen wurden zuerst und am prominentesten von Jürgen Habermas kritisiert. In einem in der Wochenzeitung *Die Zeit* veröffentlichten Artikel vom 11. Juli 1986 setzte Habermas sich mit den Thesen Noltes (und weiteren Autoren, darunter Klaus Hildebrand, Andreas Hillgruber und Michael Stürmer) auseinander und bezeichnete sie tendenziell als „neorevisionistisch" (vgl. Diner 1988a, S. 7). Er warf Nolte vor, einen apologetischen Umgang mit dem Nationalsozialismus und dem Holocaust zu propagieren und damit den Holocaust in seiner historischen Beispiellosigkeit zu relativieren. Noltes *FAZ*-Beitrag vom 6. Juni 1986 beschreibt Habermas als „militanten Artikel" (1987, S. 70) und versteht diesen weniger als wissenschaftlichen Beitrag denn als geschichtspolitischen Kommentar.

Habermas kritisierte in seinem Artikel, dass es Historikern wie Hillgruber oder Nolte vor allem um eines ginge, nämlich „die Hypotheken einer glücklich entmoralisierten Vergangenheit *abzuschütteln*", um damit eine sinnstiftende „Wiederbelebung des Nationalbewußtseins" herbeizuführen, gar „Geschichtsbewußtsein als Religionsersatz" umzusetzen (Habermas 1987, S. 73; Hervorhebung im Original). Programmatisch ist hier folgendes Zitat:

> [Nolte] schlägt zwei Fliegen mit einer Klappe: Die Nazi-Verbrechen verlieren ihre Singularität dadurch, daß sie als Antwort auf (heute fortdauernde) bolschewistische Vernichtungsdrohungen mindestens verständlich gemacht werden. Auschwitz schrumpft auf das Format einer technischen Innovation und erklärt sich aus der ‚asiatischen' Bedrohung durch einen Feind, der immer noch vor unseren Toren steht. (Habermas 1987, S. 71)

Nolte und Habermas stehen repräsentativ für die zwei Seiten des Historikerstreits, die diametral entgegengesetzt argumentierten. „Vermittelnde Positionen" hätten es in dieser Diskussion schwer gehabt (vgl. Große Kracht 2010), denn wer auch immer sich zu der Debatte äußerte, wurde einer dieser beiden Positionen zugeordnet:

> Auf der einen Seite standen jene, die sich um das öffentliche Geschichtsbewusstsein, um den geschichtspolitischen Grundkonsens der Bundesrepublik besorgten, auf der anderen Seite jene, die im Namen der Freiheit der Wissenschaft reklamierten, auch Fragen zuzulassen, die diesen zu irritieren schienen. (Große Kracht 2010)

Eng verknüpft mit der Frage nach der Singularität des Holocausts steht die Frage nach dessen Historisierung. Diese zielt darauf ab, wie der Holocaust, wenn er sich substantiell von allen anderen historischen Ereignissen unterscheidet, überhaupt mit den Mitteln der Geschichtswissenschaft beschrieben werden kann. Der Historiker Martin Broszat verfasste im Jahr 1985 ein „Plädoyer für eine Historisierung des Nationalsozialismus" (1985). Als kritische Replik auf dieses Plädoyer formulierte Saul Friedländer einige „Überlegungen zur Historisierung des Nationalsozialismus" (1987a), denen ein längerer Briefwechsel mit Broszat folgte (veröffentlicht in den *Vierteljahresheften zur Zeitgeschichte* (1988)). Diese Auseinandersetzung soll im folgenden Abschnitt rekonstruiert werden.

2.2 Saul Friedländer und Martin Broszat über Historisierung

Programmatisch für Broszats *Plädoyer* ist die zu Beginn seines Aufsatzes formulierte Frage, ob „Hitler noch immer den Zugang zur deutschen Geschichte [blockiere]" (1985, S. 373). Im Zuge der sich stetig vergrößernden zeitlichen Distanz zu den Verbrechen des Nationalsozialismus konstatiert er, dass die „Moralität der Betroffenheit [...] sich mittlerweile erschöpft" habe (Broszat 1985, S. 374). Er plädiert daher dafür, den Nationalsozialismus „in die deutsche Geschichte einzuordnen" (Broszat 1985, S. 375). Dies sei in der spezifisch deutschen Situation dabei gleichzeitig eine „Notwendigkeit und Schwierigkeit" (Broszat 1985, S. 375), denn: „Welches Geschichtsbuch man auch aufschlägt: Wenn das Dritte Reich beginnt, geht der Autor auf Distanz. Das Einfühlen in historische Zusammenhänge bricht ebenso ab wie die Lust am geschichtlichen Erzählen" (Broszat 1985, S. 375).

Broszat konstatiert weiter:

> Aus der Geschichte der nationalsozialistischen Diktatur ist noch keine Geschichte der nationalsozialistischen Zeit geworden. In der Historiographie dominiert noch immer der übermächtige Eindruck des katastrophalen Endes und Endzustandes. Er wird a posteriori auch als roter Faden zur Erklärung der Motive, Instrumente und Etappen des Nationalsozialismus, seiner Entwicklung und Herrschaft eingesetzt. Es regiert noch immer stark die Vorstellung vom systematischen Charakter, der kalkulierten Stufenfolge und weltanschaulichen Zielgerichtetheit einer machiavellistisch mit verteilten Rollen arbeitenden Herrschaft unter der alles dominierenden Führungsfigur Hitlers. Um den Gegensatz und die Spannung zwischen bilanzierend-retrospektiver und von der Zeit her denkender historisierender Darstellung zu verdeutlichen, sind wir auf punktuelle Einzelbeispiele angewiesen. (Broszat 1985, S. 380)

Anhand einer Reihe von Beispielen versucht Broszat daher aufzuzeigen, wie die Geschichtsschreibung über den Nationalsozialismus davon profitieren könne, wenn der historische Ort des NS im Zuge einer Historisierung neu bestimmt würde (Broszat 1985, S. 384). Es gehe bei einer solchen Historisierung vor allem darum, bestimmte „ereignis- und personengeschichtliche[] Perspektiven", die zu Zeiten Broszats das Geschichtsbewusstsein des NS bestimmten, durch neue Perspektiven zu korrigieren (vgl. Broszat 1985, S. 384).

Vor allem aber geht es Broszat darum aufzuzeigen, dass der NS nicht losgelöst von der deutschen Geschichte vor und nach ihm zu betrachten sei bzw. dass nicht alle Entwicklungen auf dem Gebiet des Rechts, der Wirtschaft und des Sozialen in historischen Analysen der nationalsozialistischen Gesellschaft lediglich im Hinblick auf ihre Rolle zur Legitimierung der NS-Herrschaft zu betrachten seien. Dies zeigt er am Beispiel verschiedener sozialer Modernisierungsprozesse wie bspw. der Entwicklung der Sozialpolitik der Deutschen Arbeiterfront (DAF) im NS. Nicht nur, dass diese bereits auf Ideen zurückginge, die in den Jahren 1914–1918 entwickelt wurden, sie beeinflussten auch nach 1945 die Sozialversicherungsgesetzgebung der Bundesrepublik Deutschland (vgl. Broszat 1985, S. 383–384).

Dieses Beispiel zeige, dass der NS eben kein ‚schwarzes Loch' in der Geschichte Deutschlands darstelle, das völlig losgelöst und hermetisch abgeriegelt sei (Broszat spricht hier von „pauschale[r] moralische[r] Abschottung", Broszat 1985, S. 384). Vielmehr gelte es, vor einer Historisierung des Holocausts nicht pauschal zurückzuschrecken. Die Geschichtswissenschaft dürfe sich nicht davor scheuen, die Kontinuitäten von Modernisierungsprozessen darzustellen, die auch über den NS hinaus weiterwirkten bzw. schon vor diesem existierten. „Das zur Stereotypie verflachte Diktum der ‚nationalsozialistischen Gewaltherrschaft'", so schreibt Broszat bspw., „kann wohl nur durch stärker differenzierende historische Einsicht auch moralisch neu erschlossen werden" (Broszat 1985, S. 374).

Als Reaktion auf Broszats Thesen verfasste Saul Friedländer eine Replik (1987a), in der er verschiedene Aspekte von Broszats Plädoyer aufgreift und problematisiert. Er erkennt zwar wohlwollend an, dass Broszats Text eines der „theoretisch wie methodisch bedeutendsten Probleme" der NS-Forschung aufgreift (Friedländer 1987a, S. 35), denn: „Für jeden Historiker ist Historisierung – und in diesem Falle die Historisierung der Naziperiode, wenn sie als Geschichtsschreibung mit allen zur Verfügung stehenden Mitteln verstanden wird – selbstverständlich" (Friedländer 1987a, S. 35).

Friedländer sieht allerdings auch verschiedene Probleme in Broszats Plädoyer. Insgesamt geht es ihm um drei Dilemmata. Das erste sei die Relativierung des Zeitrahmens 1933–1945, die Broszat vornimmt. Ohne Zweifel gebe es Modernisierungsprozesse (und sicherlich auch andere), die schon vor dem NS begannen und sich auch danach noch fortsetzten, und die sich zwar sicherlich auch während der Nazizeit veränderten, aber nicht ausschließlich oder gar nicht durch die NS-Ideologie beeinflusst wurden (vgl. Friedländer 1987a, S. 40). Auch kernideologische Aspekte der NS-Herrschaft wie bspw. Antisemitismus, Militarismus, Nationalismus und Rassismus bzw. Rassenhygiene bestanden bereits Jahre (bzw. Jahrhunderte) vor 1933 und wirkten auch nach 1945 weiter (vgl. Friedländer 1987a). Friedländer ist allerdings darauf bedacht, die spezifischen „Marksteine" der NS-Herrschaft, beispielsweise das ‚Ermächtigungsgesetz' und das ‚Gesetz zur Wiederherstellung des Berufsbeamtentums' (beide 1933), nicht zu relativieren (Friedländer 1987a, S. 41).

Eine unkritische Historisierung der NS-Zeit berge jedoch genau diese Gefahr, die Friedländer mit einem Bild einer Landschaft beschreibt, „in der es viele Hügel gibt, in der sich aber auch eine Reihe von Vulkanen auftürmen" (Friedländer 1987a, S. 41). Es gelte nun, diese Landschaft nicht verfälscht und undifferenziert darzustellen, also die „Vulkane" (mit denen Friedländer offensichtlich die genannten „Marksteine" meint) in ihrer Spezifität nicht anzugleichen, sprich: sie nicht in ihrer Spezifik als Vulkane zu verkennen und in eine Reihe von Hügeln einzugliedern. Jörn Rüsen beschreibt dieses „‚Herabsetzen' des Holocausts zum Einzelglied einer Zeitkette von Geschehnissen" als das „Fundamentalproblem" der Historisierung (1999, S. 35). Friedländers Gedanken weisen in eine ähnliche Richtung. Er schreibt dies zwar nicht explizit und auch nicht so deutlich wie Rüsen. Vielmehr formuliert er seine Bedenken als rhetorische Frage: „Kurz: wie weit kann die neue politische Dimension, die durch Hitlers Machtantritt eingeführt wurde, relativiert werden, ohne daß sich die gesamte Landschaft verändert?" (Friedländer 1987a, S. 41). Es sei nun einmal das

Besondere an der NS-Herrschaft gewesen, dass bestimmte Ideologien wie Antisemitismus und Rassismus, die sich auch in anderen Gesellschaften fanden, dort eben nicht zu einer derartigen und damit beispiellosen „Konkretisierung" führten:

> Was potentiell möglich war, wird [im NS] möglich. Schließlich wurden weder in England noch in den Vereinigten Staaten geisteskranke Menschen ausgelöscht, obwohl eugenisches Denken weit verbreitet war; auch in der Weimarer Republik schwebten diese Menschen ebenfalls nicht in Lebensgefahr. (Friedländer 1987a, S. 40)

Friedländer sieht in Broszats Ansatz vor allem den Versuch, bestimmte Aspekte der Nazizeit losgelöst von dieser zu betrachten. Friedländer gibt hier allerdings anhand der Beispiele Industrie, Verwaltung und Militär zu bedenken, dass gerade die Verflechtung des Alltäglichen und des Kriminellen ein bedeutendes Kennzeichen der NS-Zeit war (1987a, S. 41). Doch auch viel allgemeiner gedacht sei es schwierig, von einer Art Normalzustand im NS zu sprechen, der losgelöst von den begangenen Verbrechen zu betrachten sei. So schreibt er: „In einem System, dessen innerer Kern von Anfang an verbrecherisch war, ist sogar Nichtbeteiligung, Passivität als solche schon systemstabilisierend" (Friedländer 1987a, S. 42). Damit ist gemeint, dass eine Art neutrale Alltagsgeschichte der NS-Zeit, die Broszat offenbar im Sinn hat, an der grundsätzlichen Beschaffenheit der NS-Herrschaft scheitere, da diese nahezu sämtliche Bereiche des öffentlichen Lebens durchdrungen habe.

Weiterhin impliziere die Vorstellung, dass eine neutrale Beobachtung der NS-Zeit möglich und geboten sei, auch die Möglichkeit eines objektiven wissenschaftlichen Standpunkts (vgl. Friedländer 1987a, S. 42). Möglicherweise schwebt Broszat in seinem Wunsch nach einem faktenorientierten, nicht-urteilenden und vermeintlich wissenschaftlich objektivem Umgang mit dem Nationalsozialismus eine geschichtswissenschaftliche Methode der Art Leopold von Rankes und seinem Historismus[3] vor: Es müsse möglich sein, Forschung unvoreinge-

---

[3] Eike Hennig spricht in einem Aufsatz weniger wissenschaftstheoretisch denn geschichtspolitisch von einem neokonservativen „politischen Historismus" der zentralen Protagonisten des Historikerstreits Nolte und Hillgruber (1987, S. 164). Ein solcher Historismus ist hier in Bezug auf Broszat nicht gemeint, obwohl fraglich ist, inwiefern Broszats Plädoyer zur Historisierung nicht auch den Protagonisten eines politischen Historismus zuspielte. Friedländer stellt zwar fest, dass Broszat den Historismus bzw. eine Rückkehr zu diesem ablehnte (vgl. Friedländer 1987a, S. 44). Dennoch erscheint mir zumindest die Methode des rankeschen Historismus als durchaus mit Broszats Plädoyer vereinbar.
Zu Broszat schreibt Hennig weiterhin: „[Ihm] ist zunächst zuzustimmen. Selbstverständlich kann Nationalsozialismus-/Faschismusanalyse nicht als moralische Beschwörung und/oder politischer Aufruf betrieben werden. Der Gegenstand ist aber nicht nur normal. Gerade aus

nommen und aus reinem Erkenntnisinteresse zu betreiben. Diesen Wunsch kritisiert Friedländer allerdings als unhaltbar und auch überhaupt nicht möglich.

Als drittes Dilemma der Historisierung wird von Friedländer schließlich angeführt, dass Broszat in seinem Plädoyer nicht bedenkt, dass er mit seinen Forderungen und Vorstellungen implizit den geschichtsrevisionistischen Argumenten von Nolte, Hillgruber et.al. den Weg bereitet:

> Nicht aufgezeigt wird, zu welchen Ergebnissen der Zugang des offenen Ausgangs führen kann, als ob die neuen Ansätze die Fakten besser für sich sprechen ließen, als ob die sogenannte ‚Rückkehr zur Geschichte' nicht für alle möglichen Interpretationen und Bedeutungsverschiebungen offen wäre, sollte erst einmal die ‚pauschale Distanzierung' und die ‚moralische Blockade' hinsichtlich jener Jahre aufgehoben werden. (Friedländer 1987a, S. 43)

Nolte ging es in seinen Forderungen explizit darum, bestimmte Fragen an die deutsche Geschichte im Zuge angeblicher wissenschaftlicher Freiheit und eines genuinen Erkenntnisinteresses stellen zu dürfen. Broszats Plädoyer klingt hier ähnlich, argumentiert er doch in eine analoge Richtung: Es müsse möglich sein, *„die Epoche des Nationalsozialismus wie eine jede andere zu behandeln"* (Friedländer 1987a, S. 43; Hervorhebung im Original), um neutral und unvoreingenommen zu forschen. Daher ist Friedländer insbesondere im Hinblick auf die im Historikerstreit vorgebrachten und von Habermas als neorevisionistisch beschriebenen Ansätze und Thesen skeptisch über das, was Broszat den „offenen Ausgang" der Historisierung nennt. So schreibt er abschließend: „In diesem Zusammenhang wurde in der Bundesrepublik Deutschland vor kurzem erst deutlich, welche mannigfaltigen Interpretationen Historisierung möglich machen kann" (Friedländer 1987a, S. 43). Offensichtlich spielt er hier auf den Historikerstreit an.

Friedländer und Broszat unterscheiden sich in ihrer Argumentation im Wesentlichen in einem Punkt: der Beschaffenheit des Nationalsozialismus im Vergleich zu anderen Zeitabschnitten in der Menschheitsgeschichte. Broszats Forderung der Aufhebung eines ‚Denk-' oder ‚Forschungsverbotes', welches er in Bezug auf die Erforschung des NS konstatiert, entspringt laut Friedländer dem Desiderat, „sich vierzig Jahre nach dem Ende des Dritten Reiches mit dem Nazismus auf eine ähnliche Art zu befassen [...] wie mit dem Frankreich des sechzehnten Jahrhunderts" (Friedländer 1987a, S. 48). Für Friedländer ist das aller-

---

deutscher Sicht ist er eine *besondere* und *umfassende* Zuspitzung des Vernichtungspostulats gegen Befreiungsprozesse, die eine *besondere* und auch eine besondere *politische* Verantwortung des Wissenschaftlers beinhaltet, die zur üblichen Kompetenz und Verhaltensweise hinzutreten muß" (Hennig 1987, S. 166; Hervorhebungen im Original).

dings nicht möglich, weil der NS etwas „völlig anderes" sei als die von Broszat angeführte Beispielzeit Frankreichs (Friedländer 1987a, S. 47). Diese Frage, worin dieses ‚völlig andere' besteht, ist dabei gewissermaßen der Kern in der Auseinandersetzung um eine Beispiellosigkeit des Holocausts. Die Art und Weise, wie mit ihr in der Forschung der vergangenen Jahre umgegangen wurde, ist Gegenstand des folgenden Abschnittes.

2.3 „Wir verrotten in einem Gefängnis, wie es noch niemals gesehen wurde": Die Debatte um Singularität und Einzigartigkeit in der Holocaust- und (vergleichenden) Genozidforschung

In einem Aufsatz über „Die Ursprünge der Debatte über die Singularität des Holocausts" eröffnet Andrea Löw eine Perspektive, die von den meisten der AutorInnen, die über die Einzigartigkeit des Holocausts schreiben, selten bis nie eingenommen wird: die Perspektive der jüdischen Opfer während des Holocausts, uns verfügbar in Form von bspw. Tagebucheinträgen (Löw 2012). Hier finden sich die ersten Einschätzungen seitens jüdischer Opfer, dass die Gewalt der NationalsozialistInnen gegen jüdische Menschen in Deutschland sowohl für die jüdische, als auch für die gesamte Geschichte einzigartig sei. So schreibt Löw:

> In den Jahren der Gewalteskalation 1942/43 war derart oft davon die Rede, dass der Massenmord an den Juden einzigartig sei, dass es naheliegt, hier den Ursprung der später heftig diskutierten Frage nach der Singularität des Holocausts auszumachen. (Löw 2012, S. 142)

Bereits während der laufenden Vernichtung wurde also die Einschätzung geteilt, diese Ereignisse seien historisch einzigartig. „Viele Juden unter deutscher Besatzung", so Löw, „bezeichneten die Verbrechen, deren Ausmaß sie nicht kennen konnten, als nie dagewesene Katastrophe" (Löw 2012, S. 142). Allerdings gibt sie zu bedenken:

> Nicht nur Juden, die unmittelbar von den Verbrechen betroffen waren, sahen dies so. Ähnliche Einschätzungen liegen auch von Nichtjuden und von Juden in Palästina und den USA vor. Das Bewusstsein für die Singularität des Mords war weder räumlich begrenzt noch auf eine bestimmte Personengruppe eingeschränkt. (Löw 2012, S. 141)

Löw datiert daher den Anfang der Debatte um die Singularität des Holocausts auf das Jahr 1941, in dem die Vernichtung begann (vgl. Löw 2012, S. 131). Anhand verschiedener Quellen aus dieser Zeit rekonstruiert sie, dass es unter jüdischen Menschen sowohl innerhalb als auch außerhalb Deutschlands im Zeitraum von 1941–1944 die weit verbreitete Auffassung gibt, „die von ihnen erlebten Verbrechen seien einzigartig" (Löw 2012, S. 131). So zitiert sie bspw. den Lehrer Chaim Kaplan:

> In der Tat ist das nicht die erste physische Vernichtung, die sich in der jüdischen Geschichte ereignet hat. In jeder Generation haben sie sich gegen uns erhoben, um uns zu vernichten. Die uns aus unserer Geschichte bekannten Erfahrungen gleichen jedoch nicht unserer jetzigen Erfahrung. Es besteht keine Ähnlichkeit zwischen einer physischen Vernichtung, die das Ergebnis eines plötzlichen Ausbruchs zum Mord aufgehetzter fanatischer Pöbelhaufen ist, und diesem kalkulierten Programm einer Regierung, die für den Vollzug einen eigenen Mordapparat organisiert hat. (Kaplan 1967, S. 370. Zitiert bei Löw 2012, S. 132)

Damit setzt Kaplan die Erfahrungen des Holocausts in Relation zu vergangenen Leid- und Gewalterfahrungen jüdischer Geschichte. Einen Schritt weiter geht der von Löw zitierte Lehrer Abraham Lewin. Dieser vermerkt im Jahr 1942: „Die Geschichte hat niemals eine größere Zerstörung einer ethnischen oder nationalen Bevölkerung gesehen" (Lewin 1988, S. 155. Zitiert bei Löw 2012, S. 132; die Übersetzung des englischen Originals stammt von Löw). Lewin hat also nicht nur die jüdische, sondern die gesamte Menschheitsgeschichte vor Augen, wenn er bemerkt, dass es sich beim Holocaust um ein bis zu dem damaligen Zeitpunkt singuläres Ereignis handele.

Auch außerhalb Europas, sowohl von nicht-betroffenen jüdischen als auch nicht-jüdischen Menschen, gibt es bereits vor 1945 Stimmen, die dem beobachteten Massenmord an der jüdischen Bevölkerung Europas eine singuläre Qualität zuschreiben. So verweist Löw auf ein Flugblatt der Münchner Widerstandsgruppe *Weiße Rose* aus dem Jahr 1942, in dem es unter anderem heißt:

> [Wir wollen] die Tatsache kurz anführen, daß seit der Eroberung Polens *dreihunderttausend* Juden in diesem Land auf bestialischste Art ermordet worden sind. Hier sehen wir das fürchterlichste Verbrechen an der Würde des Menschen, ein Verbrechen, dem sich kein ähnliches in der ganzen Menschheitsgeschichte an die Seite stellen kann. (Siefken 1994, S. 24–25; zitiert bei Löw 2012, S. 138; Hervorhebung im Original)

Exemplarisch für einige polnische Beispiele, die bei Löw genannt werden, steht hier folgende Meldung der Zeitschrift *Rzeczpospolita Polska*, „ein Organ der Vertretung der polnischen Exilregierung" (Löw 2012, S. 139). Dort heißt es am 16. September 1942: „Dieser Massenmord ist im Weltgeschehen beispiellos, vor ihm verblassen alle aus der Geschichte bekannten Grausamkeiten" (zitiert nach Löw 2012, S. 139). In den USA, in der Ukraine, im Mandatsgebiet Palästina und in

England gibt es zu dieser Zeit aus verschiedenen Quellen wesensgleiche Äußerungen und Einschätzungen, und insgesamt ließe sich folgernd feststellen: „Das Bewusstsein für die Singularität des Mords war weder räumlich begrenzt noch auf eine bestimmte Personengruppe beschränkt" (Löw 2012, S. 141).

Die akademische Debatte über die Singularität des Holocausts (bzw. auch über die Semantik des Begriffes ‚Singularität') ist allerdings etwas jünger. In den unmittelbaren Nachkriegsjahren bis in die 1960er Jahre hatte der Holocaust zwar den normativen Status eines unvergleichbaren und einzigartigen Ereignisses. Dies führte zu einer Bewertung als gewissermaßen außerhalb der bisherigen Geschichte stehend – eine solche Sichtweise war möglicherweise hauptsächlich dem Umstand des zu dieser Zeit noch großen Unverständnisses der Tat und der geringen zeitlichen Distanz geschuldet, und es gelang den damaligen Historisierungsversuchen nicht, den Holocaust historiographisch einzuordnen oder zu erfassen (vgl. Rosenfeld 1999, S. 30). Ab den späten 60er Jahren begann eine zunehmende Historisierung und Politisierung der Vergangenheit von Nationalsozialismus und Holocaust, welche die Debatten über eine Singularität der Ereignisse anstießen. Gavriel D. Rosenfeld unterscheidet fünf wichtige Konzepte und Analysekategorien, die in der bisherigen Holocausthistoriographie konsultiert worden sind, um ihn zu historisieren: Totalitarismus, Faschismus, Funktionalismus, Modernität und Genozid (Rosenfeld 1999, S. 30).

Rosenfeld rekonstruiert die Geschichte dieser Historisierungsversuche wie folgt: Totalitarismustheoretische Ansätze waren in der Nachkriegszeit von AutorInnen wie Carl Joachim Friedrich und Hannah Arendt formuliert worden und stellten vergleichende Analysen von autoritären Staats- und Herrschaftsformen in Nationalsozialismus und Stalinismus sowie deren Bezüge aufeinander an. In den 60er Jahren wurde die Totalitarismustheorie durch marxistisch geprägte Faschismustheorien ergänzt/abgelöst. Funktionalistisch-strukturalistische Ansätze analysierten seit den späten 60er Jahren die genauen Prozesse und Dynamiken des nationalsozialistischen Staates – und weniger die Ideologie der TäterInnen. Der bereits oben skizzierte Historikerstreit fällt in diese Zeit. In den 80er Jahren wurden sie ergänzt bzw. erweitert durch modernitätstheoretische Überlegungen, in denen versucht wurde, den Holocaust an der Geschichte der westlichen Moderne zu historisieren und in sie einzubetten. Mehr oder weniger gleichzeitig wurde der Genozidbegriff in den 1980er Jahren populärer und gewann an wissenschaftlicher Reichweite. Mittels des Genozidbegriffes und der Methode der vergleichenden Genozidforschung wurde auf eine vermeintliche qualitative Ähnlichkeit oder gar Gleichartigkeit des Holocausts mit weiteren als Genoziden beschriebenen Ereignissen der Menschheitsgeschichte verwiesen (vgl. Rosenfeld 1999, S. 30–32).

Allen diesen Analysekategorien sei dabei eines gemein: Sie verkennen und/oder ignorieren die spezifische ideologische Konstellation von Nationalsozialismus und Holocaust. Der Versuch einer Historisierung anhand dieser Kategorien gelinge nur, wenn bestimmte Spezifika außen vor blieben. Diese seien 1. der NS-Antisemitismus und 2. seine ‚Verwirklichung' im Holocaust (vgl. Rosenfeld 1999, S. 31). Keine der von Rosenfeld angeführten Historisierungsversuche würden diesen beiden Spezifika gerecht. Friedländer bemerkt weiterhin, dass auch keine dieser Kategorien in der Lage sei, sämtliche Völkermorde oder Massenmorde auch abgesehen vom Holocaust adäquat zu erfassen. Die Kategorie des Totalitarismus passe zwar auf Nationalsozialismus und Stalinismus und eventuell für Pol Pots Regime, aber nicht auf den Völkermord an den ArmenierInnen oder den Genozid an den Tutsi in Ruanda (vgl. Friedländer 1999, S. 11). Gleiches gelte für die Kategorie der Moderne, „welche die Roten Khmer wiederum in die Nähe der Türken oder Hutus rücken läßt" (Friedländer 1999, S. 11).

Mit diesen Historisierungsversuchen des Holocausts gingen auch verschiedene Politisierungsversuche einher. Einerseits wurde dem Judentum von verschiedenen Seiten der antisemitische Vorwurf gemacht, den Holocaust für eigene Zwecke finanziell auszubeuten[4], dem jüdischen Staat Israel wurde und wird wiederholt vorgeworfen, im so genannten Nahostkonflikt einen ‚neuen Holocaust' an der arabischen Bevölkerung der angrenzenden Gebiete zu verüben, die Politik Israels wurde und wird mit dem Nationalsozialismus gleichgesetzt, der Holocaust wird als zionistischer Propaganda-Hoax proklamiert, kurz: der Holocaust wurde und wird wiederholt und auf verschiedene Weise geleugnet, normalisiert, trivialisiert und relativiert (vgl. Rosenfeld 1999, S. 33–35). In der Sowjetunion sowie in weiteren Ostblockstaaten der Nachkriegszeit wurde der Holocaust weiterhin „entjudaisiert" – darunter ist zu verstehen, dass das Verständnis des Holocausts als explizit antisemitisches Verbrechen sowie die Berücksichtigung der nationalsozialistischen antisemitischen Ideologie stark heruntergespielt wurden. Vielmehr wurden diese Aspekte unter die als wichtiger verstandenen ideologischen Pfeiler Antikommunismus und Antibolschewismus der deutschen NationalsozialistInnen subsummiert und damit in der Gesamtschau vernachlässigt (vgl. Rosenfeld 1999, S. 33).

Die wissenschaftlichen Debatten um eine postulierte Singularität des Holocausts begannen in den 1970ern und fokussierten sich zunächst auf den Themenkomplex Antisemitismus. An ihm sollte aufgezeigt werden, inwiefern sich der Holocaust qualitativ und intentional von anderen staatlich verübten Massenmorden der Geschichte unterscheide. AutorInnen wie Saul Friedländer

---

4 Am prominentesten sicherlich durch Norman Finkelsteins These einer *Holocaust Industry* (2000), zur Diskussion dieser These sowie der Kritik daran vgl. bspw. Schwietring 2014.

(1977), Yehuda Bauer (1978) und Lucy Dawidowicz (1981) formulierten die ersten Thesen zu einer historischen Singularität und Einzigartigkeit des Holocausts. Bauer war einer der ersten AutorInnen, der eine einzigartige qualitative Besonderheit des Holocausts im Vergleich mit weiteren Genoziden postulierte. In seinem Text „Whose Holocaust?" beschreibt Bauer im Jahr 1980 diese Besonderheit als das Vorliegen einer Kombination von zwei Elementen, die sich in dieser Art in keinem anderen historischen Ereignis fänden: „What makes it unique is the existence of two elements: planned total annihilation of a national or ethnic group, and the quasi-religious, apocalyptic ideology that motivated the murder" (Bauer 1980, S. 45. Zitiert nach Rosenfeld 1999, S. 53, Fußnote 33). Diese Definition von Singularität im Sinne von Einzigartigkeit des Holocausts erhielt sowohl innerhalb als auch außerhalb wissenschaftlicher Debatten in den späten 70er Jahren einen normativen Status (vgl. Rosenfeld 1999, S. 36).

In den 90er Jahren wurde die Debatte um eine Singularität des Holocausts erneut aufgegriffen, nachdem die 80er Jahre durch verschiedene Politisierungs- und Normalisierungsdebatten wie dem Historikerstreit gekennzeichnet waren (s.o. und vgl. Rosenfeld 1999, S. 36). Zu den prominentesten Arbeiten dieser Zeit, die die Debatte um die Singularität des Holocausts aufgriffen und erneut für dessen Einzigartigkeit plädierten, gehören laut Rosenfeld die Studien *Denying the Holocaust: The Growing Assault on Truth and Memory* von Deborah E. Lipstadt (1993) sowie Daniel J. Goldhagens *Hitler's Willing Executioners: Ordinary Germans and the Holocaust* (1996). Lipstadt konstatierte in ihrer Studie, auch wenn sie schwerpunktmäßig mit Holocaustleugnung befasst war, dass eine Gleichsetzung der nationalsozialistischen mit u.a. den stalinistischen Verbrechen zu einer Relativierung der Spezifika vor allem des Holocausts führe (vgl. Rosenfeld 1999, S. 36). Goldhagen formulierte die These eines einzigartigen deutschen, eliminatorischen Antisemitismus, der den Holocaust dadurch ebenso einzigartig gemacht habe (vgl. Rosenfeld 1999, S. 36). Für die Forschung relevanter als diese beiden Studien waren in den 90er Jahren allerdings die Arbeiten von Steve T. Katz, die eine kontroverse Debatte nach sich zogen. In einer quantitativen Vergleichsarbeit über den Holocaust und weitere Genozide mit dem Titel „Quantity and Interpretation-Issues in the Comparative Historical Analysis of the Holocaust" (1989) sowie in dem Aufsatz „The Uniqueness of the Holocaust: The Historical Dimension" (1996) widmete Katz sich der Frage, inwiefern der Holocaust sich qualitativ und phänomenologisch von anderen Genoziden unterscheide. Am einflussreichsten war jedoch sein Werk *The Holocaust in Historical Context Vol. 1: The Holocaust and Mass Death Before the Modern Age* (1994) – ursprünglich intendiert als Auftakt einer Trilogie, deren weiteren beiden Teile bisher jedoch nicht erschienen sind. Katz definierte, so Rosenfeld, den Holocaust in der Hinsicht als singulär, als dass die nationalsozialistische Intention der Vernichtung des Judentums in seiner Gesamtheit ein Distinktionsmerkmal sei, das sich in keinem anderen Genozid wiederfände (Rosenfeld 1999, S. 37).

In seinem 1994 erschienenen Werk definiert Katz diese Singularität als phänomenologische Einzigartigkeit:

> The Holocaust is phenomenologically unique by virtue of the fact that never before has a state set out, as a matter of intentional principle and actualized policy, to annihilate physically every man, woman, and child belonging to a specific people. (Katz 1994, S. 28)

Katz lehnt es ab, aus der historischen Singularität der Shoah theologische Rückschlüsse zu ziehen oder die Singularität theologisch zu begründen (vgl. Katz 1994, S. 28). Auch häufig geäußerte „metaphysical claims" einer Singularität sind für ihn nicht relevant, da er keine logischen Argumente für eine „transcendental uniqueness" sieht (Katz 1994, S. 35). Dies steht auch in Zusammenhang mit Katz' Desiderat, die Shoah durch die Zuschreibung einer Einzigartigkeit nicht zu mystifizieren, was er mit vier Aspekten begründet. Erstens wendet er sich gegen linguistische Mystifizierung in dem Sinne, dass es für das Ereignis keine geeigneten Begriffe gebe: Wenn ein Ereignis *X* als absolut singulär beschrieben werde, dass es dafür keine Worte gebe, dann falle es aus dem Rahmen der logischen Sprache und werde dadurch „logically impossible" (Katz 1994, S. 42–44). In Anlehnung an Wittgensteins Sprachphilosophie sei ein Ereignis, das nicht mit Sprache und Begriffen beschrieben werden könne, nicht denkbar und damit mystisch (vgl. Katz 1994, S. 42–44). In diesem Zusammenhang spricht Katz sich zweitens gegen jede metaphysische und ontologische Singularitätsvorstellung in Bezug auf die Shoah aus: „Whatever else the Holocaust is or is not, it is *not* beyond space-time", und damit stehe das Ereignis auch nicht außerhalb der menschlichen Vorstellungskraft und Verständlichkeit (Katz 1994, S. 45–46; Hervorhebung im Original). Drittens kritisiert Katz Positionen, die von einer psychologischen Unverständlichkeit der Shoah ausgingen. Wenn in Bezug auf „the irrational, the pathological, and the insane" in Bezug auf die Judenvernichtung gesprochen würde, dann müssten diese Faktoren immer in Bezug auf die soziopolitische und historische Realität genannt werden (vgl. Katz 1994, S. 48). Auch wenn die Judenvernichtung unbegreiflich erscheine, wahnhaft und irrational sei, so folgte sie doch der ‚Logik' des NS-Antisemitismus (vgl. Katz 1994, S. 50). Viertens schließlich kritisiert Katz die historiographische Mystifizierung des Holocausts als nicht wissenschaftlich, da Einzigartigkeit nicht bedeute, dass die Kausalitäten eines Ereignisses prinzipiell nicht erfasst werden können (vgl. Katz 1994, S. 50–51).

Katz' Aufsatz aus dem Jahr 1996, dessen Ausführungen über Singularität weitestgehend deckungsgleich zu denjenigen in seinem Werk des Jahres 1994 sind, wurde in dem von Alan S. Rosenbaum herausgegebenen Sammelband *Is the Holocaust Unique?* (1996b) veröffentlicht, in dem neben Katz' Plädoyer für eine Singularität des Holocausts auch eine Reihe von kritischen und seine Thesen kritisierenden Aufsätzen erschienen. Katz legt in seinem Text Wert darauf zu betonen, dass er mit der These einer Einzigartigkeit des Holocausts keine moralische Wertung abgeben möchte:

> In arguing for the uniqueness of the Holocaust, I am *not* making a *moral* claim, in other words, that the Holocaust was more evil than the other events discussed in this collection, for example, the murder of Armenians in World War I, the devastation of the Native American communities over the centuries, the decimation of Ukraine by Stalin, the treatment of the Gypsies during World War II, and the enslavement and mass death of black Africans during the enterprise of New World slavery. I know of no method or technique that would allow one to weigh up, to quantify and compare, such massive evil suffering, and I therefore avoid altogether this sort of counterproductive argument about what one might describe as comparative suffering. (Katz 1996, S. 19; Hervorhebung im Original)

Dennoch wurde ihm in weiteren Texten des Sammelbandes zum Vorwurf gemacht, dass die Beschreibung einer Holocaust-Einzigartigkeit weitere vermeintlich wesensgleiche Massenmorde der Geschichte moralisch abwerte, trivialisiere oder gar leugne. Am heftigsten wurde Katz dabei von David E. Stannard kritisiert, der ihm in seinem Text „Uniqueness as Denial: The Politics of Genocide Scholarship" unter anderem die Leugnung aller anderen Genozide der Geschichte vorwarf und die Idee einer von Katz begründeten Theorie der Singularität des Holocausts als rassistisch und lediglich diversen nationalen Interessen dienlich abwertete (vgl. Rosenfeld 1999, S. 38–40; Stannard 1996). Unterstützung erhielt Stannard ein Jahr später durch die Studie *A Little Matter of Genocide* von Ward Churchill (1997), die die Kritik Stannards noch weiter ausführte. Die Singularitätsthese bewertet Churchill als in der Tendenz gefährlicher als Holocaustleugnung – gleichzeitig war er der Überzeugung, dass die These einer Holocaust-Singularität hauptsächlich der Politik Israels zugutekomme: Die israelische Politik würde ihr Handeln, das sich von der nationalsozialistischen Vernichtungspraxis nicht unterscheide, durch Rekurs auf die Singularitätsthese verschleiern – „[Churchill concluded] that the one-time victims of genocide, the Jews, had now become perpetrators of the same crime against their Palestinian neighbors" (Rosenfeld 1999, S. 42). Diese Position findet sich regelmäßig in antisemitischer sogenannter „Israelkritik".[5]

---

5 Vgl. bspw. die Arbeitsdefinition Antisemitismus der damaligen Europäischen Stelle zur Beobachtung von Rassismus und Fremdenfeindlichkeit (European Monitoring Centre on Racism

In der Auswertung der Debatte um Katz' Thesen und seine Kritiker Stannard und Churchill formuliert Rosenfeld mehrere Gedanken. Zunächst bemerkt er anerkennend, dass sowohl Stannard als auch Churchill wichtige Fragen aufgeworfen und den Blick auf den Genozid der indigenen Bevölkerung der Amerikas gelenkt haben: Ein Vergleich dieses Genozids mit dem Holocaust sei hilfreich, um auf Gemeinsamkeiten und Unterschiede zwischen beiden Ereignissen aufmerksam zu machen (vgl. Rosenfeld 1999, S. 43). Insgesamt überwiegt allerdings die Kritik, die Rosenfeld an den beiden Gegnern von Katz' Singularitätsthese formuliert. Ihre Thesen seien gekennzeichnet durch „careless research, historical errors, and recklessly tendentious political barbs" (Rosenfeld 1999, S. 43). Stannards Gleichsetzung des Holocausts mit der Dezimierung der indigenen amerikanischen Bevölkerung scheitere an der Frage nach der mit der Massentötung verknüpften Intention der TäterInnen: „*all* Jewish deaths in the Holocaust, regardless of how they occured, were intended by the Nazis", und hier unterschieden sich beide historischen Ereignisse voneinander (Rosenfeld 1999, S. 43; Hervorhebung im Original). Die Behauptung Stannards und Churchills, dass eine Intention zur vollständigen Vernichtung des Judentums bei den Nazis nicht dokumentiert und daher nicht bewiesen werden könne, weist Rosenfeld mit der Beobachtung scharf zurück, dass die nationalsozialistische Verfolgung jüdischer Menschen durch ganz Europa, „even into the last days of the war", der beste Beweis für diese Intention sei (Rosenfeld 1999, S. 43). Auch der von beiden Autoren vorgebrachte Einwand, dass Heinrich Himmler gegen Ende des Krieges einzelnen jüdischen Menschen gegen Geld und Waren die Freiheit schenkte, sei kein Beweis für eine fehlende nationalsozialistische Intention zur gesamten Vernichtung, sondern vielmehr für Himmlers „idiosyncratic attempt [...] to save his own skin – for which he was famously disowned by a furious Hitler who never wavered in his pursuit of the final solution" (Rosenfeld 1999, S. 44).

Noch deutlicher wendet sich Rosenfeld gegen die These, dass eine Singularität des Holocausts notwendigerweise die moralische Abwertung oder Leugnung von anderen Genoziden impliziere. Zwar sei es weitestgehend richtig, dass manche Holocaust-ForscherInnen den Vergleich mit anderen Genoziden eher selten angestellt haben – dies aber mit Leugnung oder moralischer Abwertung gleichzusetzen sei nicht zulässig (vgl. Rosenfeld 1999, S. 45). Außerdem

---

and Xenophobia, EUMC 2005) aus dem Jahr 2005, in der „Vergleiche der aktuellen israelischen Politik mit der Politik der Nationalsozialisten" als ein Aspekt antisemitischer Kritik am Staat Israel definiert werden. Mittlerweile ist diese Definition von der International Holocaust Remembrance Alliance (IHRA) übernommen und ausgearbeitet worden. Vgl. auch Heyder et al. 2005.

sei die These, dass insbesondere jüdische ForscherInnen weitere Genozide leugneten oder abwerteten, auch faktisch nicht zutreffend, wie sich an einigen Beispielen zeigen lasse:

> Far from actively denying other genocides, many Jewish scholars as well as major Holocaust institutions, such as the United States Holocaust Memorial Museum and the Simon Wiesenthal Center, have asserted the historical specificity of the Holocaust and also directed attention toward the mass murder of other groups. (Rosenfeld 1999, S. 45)

ForscherInnen wie Lipstadt, Bauer, Friedländer, Katz und Goldhagen formulierten die Theorie einer Holocaust-Singularität/Einzigartigkeit als Reaktion auf oben erwähnte Normalisierungs-, Relativierungs- und Trivialisierungsversuche, und nicht um einen Vergleich mit anderen Verbrechen gegen die Menschheit zu verhindern oder gar ausschließlich um eine nationale Politik zu rechtfertigen (vgl. Rosenfeld 1999, S. 46). Außerdem sei es mindestens ironisch sowie grundsätzlich intellektuell und politisch fragwürdig, dass Churchill sich zwar gegen eine Singularitätsthese des Holocausts aus den genannten Gründen stellt, letzten Endes allerdings selbst eine Singularitätsthese der Dezimierung der amerikanischen indigenen Bevölkerung formuliert, die seiner Ansicht nach in der bisherigen Menschheitsgeschichte beispiellos und ohnegleichen ist (vgl. Rosenfeld 1999, S. 46).

Zusammenfassend lassen sich in Bezug auf die Singularitätsthese des Holocausts mehrere Dinge festhalten. Zunächst: VertreterInnen der These begründen diese mit der Aussage, dass der Holocaust eine spezifische (phänomenologische) Qualität aufweise, die ihn von weiteren Genoziden / Massenmorden / Verbrechen gegen die Menschheit unterscheide. In der Tendenz lassen sich drei verschiedene Definitionen dieser besonderen Qualität herausarbeiten: 1. die besondere Bürokratisierung, Technik und Industrialisierung der Vernichtung (vgl. bspw. Margalit/Motzkin 1996, S. 69), 2. die Intention der vollständigen Vernichtung einer Personengruppe und 3. die Ideologie einer mit der Vernichtung verknüpften Erlösung. Punkt 1. scheint dabei nur wenig geeignet, um eine Spezifität des Holocausts zu konstatieren, wie sich an einem Zitat von Friedländer zeigen lässt:

> The Nazi regime attained what is, in my view, some sort of theoretical outer limit: one may envision an even larger number of victims and a technologically more efficient way of killing, but once a regime decides that groups, whatever the criteria may be, should be annihilated there and then and never be allowed to live on Earth, the ultimate has been achieved. This limit, from my perspective, was reached only once in modern history: by the Nazis. (Friedländer 1993a, S. 82–83)

Hier werden auch die Punkte 2. und 3. deutlicher hervorgehoben: Die Intention sei in Bezug auf eine Singularität des Holocausts wichtiger als die praktische Durchführung, weil die praktische Durchführung auch noch technologisch und bürokratisch ausgereifter und effizienter hätte ablaufen können.

Häufig wird im Zuge dieser Einschätzung erwähnt oder eingewandt, dass neben den jüdischen auch eine große Anzahl nicht-jüdischer Menschen Opfer der nationalsozialistischen Mordpolitik wurden: Sinti und Roma, schwarze Menschen, Menschen aus Polen und dem slawischen Raum, psychisch und/ oder körperlich/psychisch Beeinträchtigte (die der Aktion T4 zum Opfer fielen), homosexuelle Menschen sowie solche von dissidenter politischer Anschauung wurden ebenfalls Opfer von Verfolgung, Internierung, Zwangsarbeit und Ermordung durch die Deutschen (vgl. bspw. Rosenbaum 1996a). Das ist ohne Zweifel gleichermaßen richtig wie wichtig und für eine umfassende Historiographie und Opfergeschichte des Nationalsozialismus zentral: Selbstverständlich waren jüdische Menschen nicht die einzigen Opfer des Nationalsozialismus. Gleichzeitig muss an dieser Stelle auch betont werden, dass das Judentum sich eben im antisemitisch projizierten Status als nicht ‚mindere', sondern ‚Gegenrasse'[6] von den anderen Opfergruppen unterscheidet – und aus diesem Grund vollständig vernichtet werden sollte. George L. Mosse bringt es in seinem Werk *Toward the Final Solution: A History of European Racism* auf den Punkt: „[...] Jews were the prime victims of the European experience of race, and they were to be exterminated root and branch. This was not true in theory for any of the other victims of European racism" (Mosse 1978, S. xi). Auf diesen Themenkomplex werde ich in Kapitel 5.4.1 noch gesondert eingehen – insbesondere auf die Frage, in welchem Verhältnis Rassismus und Antisemitismus zueinanderstehen und ob Antisemitismus tatsächlich eine Art Rassismus ist. Zusätzlich sei allerdings noch auf Moishe Postones Beschreibung dieser qualitativen Spezifität des Holocausts hingewiesen. Postone beschreibt den Holocaust aus denselben Gründen wie Mosse und Friedländer als singulär: „the eradication of the Jews was to be total; all Jews – including children – were to be killed" (Postone 2003, S. 84). Postone beschreibt allerdings noch einen weiteren wichtigen Aspekt: Die offenkundige funktionelle ‚Sinnlosigkeit' oder ‚Ziellosigkeit' der nationalsozialistischen Judenvernichtung, die keinem anderen Ziel diente als der antisemitischen Vernichtung selbst:

> It seems not to have been a means to another end. The Jews were not murdered for military / security reasons, for example, nor as a consequence of demographic-economic plan-

---

[6] Der Begriff geht zurück auf den 1927 erschienenen Text *Das Judentum – eine Gegenrasse* des späteren NSDAP-Funktionärs Arno Schickedanz. Vgl. auch Adorno/Horkheimer 1944, S. 177; Hoffmann 1990.

ning. Nor was Nazi policy toward the Jews similar to their policy of mass murder of Poles and Russians. [...] Their extermination [...] apparently was its own goal – extermination for the sake of extermination – a goal that acquired absolute priority. (Postone 2003, S. 84)

Auf die genauen Aspekte der qualitativen Singularität des Holocausts werde ich in Kapitel 5.4 eingehen. Wenigstens ein Punkt soll an dieser Stelle aber noch thematisiert werden – und zwar der, den Bauer als quasi-religiösen, apokalyptischen Aspekt der nationalsozialistischen Judenvernichtung beschrieben hat (s.o.). Astrid Messerschmidt geht auf diesen Punkt in einem Text über Antiziganismus kurz ein und diskutiert in ihm auch das Verhältnis von Antiziganismus und Antisemitismus sowie die nationalsozialistische Verfolgung „gegen die als ‚Zigeuner' bezeichneten Europäer_innen" (Messerschmidt 2016a, S. 99). Diese kulminierte im so genannten „Auschwitz-Erlass" von 1941, in dem die Deportation von Sinti und Roma festgelegt und damit ihr systematischer Massenmord eingeleitet wurde (vgl. Messerschmidt 2016a, S. 99). Erst im Jahr 1982 wurde der Massenmord von der BRD bzw. vom damaligen Bundeskanzler Helmut Schmidt offiziell als Völkermord anerkannt (vgl. Messerschmidt 2016a, S. 99). Warum erst so spät? Messerschmidt geht in ihrem Text zur Beantwortung dieser Frage auf eine vorgebrachte These ein, dass ein Grund dieser „langwierigen Ignoranz und aktiven Ausblendung" die Singularitätsthese des Holocausts sei (Messerschmidt 2016a, S. 100). Diese Ansicht hält sie aber für „verzerrend", da sie u.a. die spezifische Ideologie des Antisemitismus verkenne:

> Der von den Nationalsozialist_innen rassistisch aktualisierte Antisemitismus war mit der Idee der Erlösung durch vollständige Vernichtung aufgeladen. Dies festzuhalten, bedeutet nicht, andere Massenverbrechen abzuwerten, jedoch auf der Spezifik des Antisemitismus zu bestehen. (Messerschmidt 2016a, S. 100)

Im Antisemitismus existiert ein Feindbild, welches wahnhaft einen „überlegenen Gegner projiziert" (Messerschmidt 2016a, S. 100), dessen vollständige Auslöschung daher eine Befreiung herbeiführe. Der Antisemitismus sei daher das zentrale Kriterium, nach dem sich der Holocaust „in der ideologischen Begründung von anderen Genoziden und eben auch vom Völkermord an den europäischen Sinti und Roma" unterscheide (Messerschmidt 2016a, S. 100). Auch auf den Aspekt dieses so genannten „Erlösungsantisemitismus" (Friedländer 1998, S. 101–102) werde ich noch gesondert eingehen, jedoch soll er hier vorerst in Bezug auf Punkt 3. der vorgestellten Kriterien für eine Singularität des Holocausts festgehalten werden.

Was also bedeutet es, von einer historischen Singularität zu sprechen? Offenbar gibt es mehrere Gebrauchsweisen des Begriffes, wie aus den obigen Ausführungen deutlich geworden sein sollte. Positionen, die die Singularität auf eine solche Art und Weise betonen, dass es sich um ein in dieser Form einzigartiges und auch nicht wiederholbares Ereignis handelt, sind allerdings trügerisch. Denn auch wenn die Art, wie die NationalsozialistInnen den Holocaust initiiert und ausgeführt haben, bisher in der Geschichte sicherlich als unvorhergegangen und einzigartig eingestuft werden kann, ist damit nicht gesagt, dass es nicht auch vergleichbare Situationen und damit gesellschaftliche Grundvoraussetzungen geben kann, die zu einem ähnlichen oder gar gleichartigen Ereignis führen können. Zwar werden nie wieder ganz genau dieselben gesellschaftlichen Grundvoraussetzungen eines bestimmten Zeitpunkts und die genau selben AkteurInnen sich wiederholen können, weil kein historisches Ereignis identisch mit einem anderen sein kann. Aber zumindest können ähnliche oder analoge Grundvoraussetzungen geschaffen werden und gegeben sein, die ein prinzipiell kongruentes oder gleichartiges Ereignis ermöglichen. Der Holocaust ist also in dem Maße singulär, als dass er eine historische Gegebenheit darstellt, die sich in dieser Form und Qualität bisher in der Geschichte noch nicht ereignet hat.

Er ist aber in diesem Sinne keine Erscheinung außerhalb jeglicher historischen Kontinuität, die prinzipiell nicht wiederholbar ist. Adornos bekannte Formulierung eines den Menschen von Hitler aufgezwungenen neuen kategorischen Imperativs, alles Denken und Handeln so einzurichten, dass Auschwitz oder etwas ähnliches sich nicht wiederhole (vgl. Adorno 1966a, S. 358) und damit einhergehend die pädagogische Forderung, „daß Auschwitz nicht noch einmal sei" (Adorno 1966b, S. 374), wären gegenstandslos, wenn es sich in dieser Lesart der Singularität gar nicht wiederholen könnte. Offenkundig ist ein solches Szenario allerdings denkbar.

Wenn Singularität behauptet wird um zu betonen, dass ein Ereignis gewissermaßen in die Vergangenheit ‚verbannt' werden könne, weil es eben eine absolute Ausnahmeerscheinung darstelle, dann scheint das aus den genannten Gründen problematisch zu sein. Wenn Singularität allerdings in dem Sinne angenommen wird, dass ein bestimmtes Ereignis in seiner Erscheinungsform bisher singulär ist, sich aber prinzipiell so oder unter ähnlichen Voraussetzungen wiederholen könne, ist das adäquat – denn es impliziert, dass es eben nicht völlig losgelöst und damit quasi esoterisch behandelt werden sollte, sondern als Teil der tatsächlichen Geschichte, die bis in die Gegenwart hineinwirkt und nicht abgeschlossen ist.

Die Ausführung der NationalsozialistInnen des Holocausts ist singulär im Sinne von beispiellos, da sie sich in dieser Form *bisher* noch kein zweites Mal ereignet hat. Der Holocaust weist Merkmale auf, die kein anderes prinzipiell vergleichbares Ereignis der Menschheitsgeschichte aufweist. Damit ist allerdings nicht gesagt, dass ein Holocaust im Sinne einer (versuchten) vollständigen Vernichtung alles jüdischen Lebens in einer anderen Zeit und an einem anderen Ort nicht noch einmal möglich wäre. Singulär bedeutet in diesem Sinne nicht ‚unwiederholbar'.

Den Holocaust als in dem Sinne singulär einzustufen, dass er sich vollständig der (geschichtswissenschaftlichen) Erkenntnis entzieht, ist problematisch. Aus wissenschaftlicher Sicht ist dies ohnehin fragwürdig, und aus erinnerungskultureller und geschichtspolitischer Sicht mindestens ebenso, weil hierdurch möglicherweise auch solcherart Gedankengut der Weg bereitet würde, welches den Holocaust gerne als abgeschlossen und absolute Ausnahmeerscheinung einstufen möchte, die nichts mehr mit dieser Lebenswelt geschweige denn der postnazistischen Gegenwart zu tun hat. Die deutsche ‚Schlussstrichdebatte' ist ein Beispiel für so eine aufgeschobene und verdrängte Auseinandersetzung.[7] Für eine angemessene Aufarbeitung ist es allerdings notwendig, die Wiederholbarkeit des Ereignisses trotz aller bisher historisch qualitativ einzigartiger Merkmale zu betonen.

---

[7] Viele Stimmen aus deutscher Politik und Öffentlichkeit fordern seit Ende des Zweiten Weltkriegs wiederholt, die Geschichte von Nationalsozialismus und Holocaust ‚ruhen' zu lassen und einen erinnerungspolitischen Schlussstrich unter die Vergangenheitsbewältigung zu ziehen (Vgl. bspw. Salzborn/Schwietring 2003). Programmatisch ist hier Martin Walsers anlässlich der Verleihung des ‚Friedenspreises des deutschen Buchhandels' gehaltene Paulskirchenrede aus dem Jahr 1998, die oftmals im Sinne einer von ihm propagierten und ersehnten „Selbstversöhnung" der Deutschen interpretiert worden ist, der allerdings eine mediale und intellektuelle moralische Vorhaltung der „Dauerpräsentation unserer Schande" im Sinne einer „Moralkeule" entgegenstünde (Rensmann 2000, S. 34, 40). Walser inszenierte die Deutschen damit als Opfer eines vermeintlichen Vergangenheitsdiskurses, den er als kontrollierend, beschuldigend und schä(n)dlich für das deutsche Volk interpretierte (vgl. Rensmann 2000, S. 40–50). Damit knüpfte er an neurechte Diskurspraktiken an (vgl. Rensmann 2000, S. 40). Ein aktuelles Beispiel für einen neurechten Vergangenheitsdiskurs ist sicherlich die Dresdner Rede des Politikers der Partei „Alternative für Deutschland" Björn Höcke vom 17. Januar 2017, in der er von einer „dämlichen Bewältigungspolitik" sprach, die „lähmend" sei – exemplarisch stehe dafür das Berliner Holocaust-Mahnmal, welches er in Übernahme von Rudolf Augsteins Wortwahl als „Denkmal der Schande" bezeichnete, eng verknüpft mit einer „moralischen Pflicht zur Selbstauflösung", von der es sich mittels einer „erinnerungspolitischen Wende um 180 Grad" zu befreien gelte (alle Zitate dokumentiert auf *ZEIT-Online*: o.V. 2017).
Laut einer Studie der Bertelsmann-Stiftung halten im Jahr 2013 ferner insgesamt 81 % der befragten Deutschen die Forderung, man solle in Deutschland den Holocaust hinter sich lassen, für voll zutreffend (37 %), zutreffend (21 %) oder eher zutreffend (23 %). Knapp 55 % stimmen der These zu, dass 70 Jahre nach der Shoa ein Schlussstrich unter die Geschichte der Judenverfolgung gezogen werden sollte (Antwortmöglichkeiten: richtig/falsch). 66 % sind verärgert darüber, dass den Deutschen angeblich immer noch die Verbrechen an den Juden vorgehalten werden. Für alle hier genannten Angaben und Zahlen vgl. Hagemann/Nathanson 2015, S. 22–30.

2.4 Einzigartigkeit und Vergleichbarkeit

In diesem Unterkapitel sollte systematisch untersucht und dargestellt werden, welche Debatten um die Singularitätsthese des Holocausts bisher geführt wurden. Ausführlich ist dies am Historikerstreit gezeigt worden. Es sollte deutlich geworden sein, welche Fragen und Probleme in der Debatte um die Einzigartigkeit der nationalsozialistischen Judenvernichtung aufgekommen sind, die die Forschung auch heute noch beschäftigen.

Ausgangsfrage dieses Unterkapitels war ebenfalls, ob in der aktuellen Diskussion um postkoloniale Ansätze in der Holocaustforschung und um die Frage nach Kontinuitäten zwischen deutschem Kolonialismus und Nationalsozialismus bzw. Holocaust ähnliche Themenkomplexe eine Rolle spielen und behandelt werden. Es hat sich zumindest gezeigt, dass insbesondere die Frage nach der Vergleichbarkeit des Holocausts mit weiteren Ereignissen eine elementare Frage in der Singularitätsdebatte ist. Dass ein Vergleich keine Gleichsetzung impliziert, ist offensichtlich, jedoch schließt ein Vergleich die Einzigartigkeit eines Ereignisses nicht aus. Ob und auf welche Art und Weise sich Fragen nach Vergleichbarkeit, Historisierung und Singularität auch in der wissenschaftlichen Debatte um historische Kontinuitäten zwischen Kolonialismus und Nationalsozialismus/Holocaust stellen, soll im folgenden Kapitel untersucht werden.

3 Die Geburt des Holocausts aus dem Geiste des Kolonialismus? Eine kritische Rekonstruktion historischer Kontinuitätsthesen

Gibt es historische Parallelen, Verbindungslinien, Verflechtungen, Kontinuitäten zwischen der Geschichte des Kolonialismus und der des Holocausts? Und falls ja, woraus bestehen diese, und woraus nicht? Ist der Kolonialismus (allgemein der europäische, speziell der deutsche) eine Art Vorläufer von Nationalsozialismus und Holocaust? Oder gibt es deutliche historische, ideologische und praktische Unterschiede und Brüche zwischen beiden Ereignissen? Folgen Kolonialismus und koloniale Genozide ähnlichen Logiken wie die der nationalsozialistischen Eroberungs- und Vernichtungspolitik? Und sind sie strukturell ähnlich? Fragen dieser Art möchte ich in diesem Kapitel anhand der Rekonstruktion von zwei ausgewählten Plädoyers *für* die Gegebenheit bestimmter Parallelen und Kontinuitäten kritisch erörtern.

3.1 Kontinuität, Vergleich und der Versuch einer „Globalgeschichte der Massengewalt"

Wenn von historischer Kontinuität die Rede ist, sind dann damit kausale Verbindungslinien gemeint, oder geht es um beobachtete historisch gewachsene Strukturhomologien zwischen zwei zeitlich auseinanderliegenden Ereignissen, zwischen denen nur sehr schwer eine tatsächliche und faktisch begründbare Kausalität auszumachen ist? Es erscheint als Plattitüde, dass, um eine bestimmte Kontinuität zwischen mindestens zwei auf der Zeitachse auseinanderliegenden Untersuchungsgegenständen behaupten zu können, zunächst Gemeinsamkeiten, Ähnlichkeiten und schließlich (hypothetische) Kausalitäten zwischen diesen Untersuchungsgegenständen festgestellt werden müssen. So formuliert es bspw. Cornelia Essner: „Erst das Vergleichen erlaubt die Feststellung des Kontinuierlichen, dem in der Geschichtsforschung stets die Annahme von Kausalität anhaftet" (Essner 2005, S. 57). Thomas Nipperdey spricht in diesem Zusammenhang ergänzend von einer „partiellen Identität" von „Konstellationen, Zielen und Handlungsweisen in den fraglichen Perioden" (Nipperdey 1993, S. 880. Zitiert bei Kundrus/Steinbacher 2013, S. 13).

Die Methode der Wahl, um historische Kontinuitäten festzustellen, ist gemeinhin eine relationale Gegenüberstellung in Form eines wissenschaftlichen Vergleichs. Der wissenschaftliche Vergleich ist eine gängige Praxis und die

Suche nach einem ‚tertium comparationis' eine legitime Methode, um z.B. das Verhältnis von mindestens zwei Vergleichsgegenständen sowie ihre Gemeinsamkeiten und Unterschiede zu erkennen, aber auch um Regelmäßigkeiten und Kontinuitäten nachzuweisen (vgl. Schriewer 2003). Ein historischer bzw. geschichtswissenschaftlicher Vergleich mindestens zweier historischer Phänomene ist ein solches regelgeleitetes Verfahren, um bestimmte (strukturelle und/oder empirische) Gemeinsamkeiten, Unterschiede, Relationen und möglicherweise Kontinuitäten oder Zäsuren zwischen diesen zu erarbeiten. „In comparative history", schreiben Jürgen Kocka und Heinz-Gerhard Haupt, „two or more historical phenomena are systematically studied for similarities and differences in order to contribute to their better description, explanation, and interpretation" (2009, S. 9). Dabei ist, wie Dieter Pohl ergänzt, auch die persönliche und/oder (wissenschafts-)politische Position der den Vergleich anstellenden Person nicht zu unterschätzen:

> Freilich ist zu betonen, dass gerade die allgemeine Einbettung [hier: der Judenvernichtung im NS] in andere Zusammenhänge eine Konstruktionsleistung darstellt, die stark von den Erfahrungen und Standpunkten der Historiker und Historikerinnen abhängt. (Pohl 2012)

In den folgenden Abschnitten möchte ich beschreiben, welche Entwicklungen die Methode des Vergleichs in der Geschichtswissenschaft durchlaufen hat. Ein besonderer Schwerpunkt liegt dabei auf dem Einfluss postkolonialer Theorien, die in dieser Diskussion einen wichtigen Bezugspunkt darstellen. Diese Rekonstruktion ist wichtig für ein besseres Verständnis des ‚Vergleichsparadigmas', in dem die von mir untersuchten Ansätze über historische Kontinuitäten zwischen Kolonialismus und Nationalsozialismus operieren.

3.1.1 Jenseits der Differenz: Neuere geschichtswissenschaftliche Komparatistik

In den vergangenen Jahren und Jahrzehnten hat sich in der Geschichtswissenschaft eine gewisse Pluralität an vergleichenden Ansätzen etabliert, die teils in produktiven Wechselverhältnissen, teils in Spannung zueinanderstehen. Gemein ist diesen neueren Ansätzen allerdings, dass sie die traditionell nationalstaatlich vergleichenden komparatistischen Ansätze in der Geschichtswissenschaft durch neuere transnationale und transkulturelle Ansätze ergänzen. Gewissermaßen programmatisch für diese Ansätze ist Michael Manns Postulat, dass „Gesellschaften keine unabhängigen Einheiten sind, die man einfach in

Zeit und Raum vergleichen kann" (Mann 1986, S. 30). Dieser Feststellung folgt das Desiderat, neue Arten des Vergleichens zu finden, die diesem Umstand gerecht werden.

Diese sind unter vielen verschiedenen Labels zusammengefasst: Transfergeschichte, Globalgeschichte, *Histoire Croisée*, *Entanglement History* bzw. Verflechtungsgeschichte, *Shared History* und *Connected History* sind die wichtigsten Namen für ein heute nahezu unübersichtliches Feld von Ansätzen, die zu einem gewissen Teil weiterhin als vergleichende Methoden der Geistes- und Sozialwissenschaften gelten, aber sich teilweise auch von dem Begriff des Vergleichs distanzieren bzw. diesen zu komplementieren versuchen (vgl. Kocka/Haupt 2009, S. vii sowie 19–21).

Zur besseren Übersichtlichkeit möchte ich diese vielfältigen Ansätze in drei Oberkategorien zusammenfassen. Zunächst gibt es die traditionellen komparatistischen Ansätze, die bei Kocka und Haupt als „comparative history" beschrieben werden (Kocka/Haupt 2009, S. 1). Demgegenüber stehen solche Ansätze, die die Autoren als „entangled histories" beschreiben (Kocka/Haupt 2009, S. 1). Die Transfer Studies bzw. Transfergeschichte schließlich fallen/fällt zwischen diese beiden Ansätze. Alle drei haben sie gemein, dass sie sich in einer bestimmten Weise von einer streng monolithischen Nationalgeschichtsschreibung distanzieren und mindestens zwei verschiedene nationale Bezugspunkte für die wissenschaftliche Analyse einer Fragestellung heranziehen.

Hartmut Kaelble definiert die so genannten traditionellen komparatistischen Ansätze konkreter als

> explizite und systematische Gegenüberstellung von zwei oder mehreren historischen Gesellschaften, um Gemeinsamkeiten und Unterschiede sowie Prozesse der Annäherungen und Auseinanderentwicklungen zu erforschen. (Kaelble 1999, S. 12)

Dabei können die Ziele eines Vergleichs „entweder die Erklärung der vorgefundenen Unterschiede und Gemeinsamkeiten oder ihre Typisierung" sein (Kaelble 1999, S. 12), wobei die Erklärung versuche, die gefundenen Gemeinsamkeiten und/oder Unterschiede im Hinblick auf ihre Ursachen hin zu explizieren (vgl. Kaelble 1999, S. 12). Die Typisierung hingegen „behandelt eher die unterschiedliche innere Logik der gleichen Phänomene in verschiedenen Gesellschaften" (Kaelble 1999, S. 12–13).

Sebastian Conrad und Shalini Randeria beschreiben demgegenüber das Hauptanliegen der neueren, transnationalen Ansätze als „Überwindung des Tunnelblicks, der die Geschichte einer Nation/Europas im Kern aus sich heraus erklärt" (Conrad/Randeria 2002a, S. 17). Dem auf Nationalgeschichte fixierten Vergleich, aber auch der nationalgeschichtlich fixierten Geschichtswissenschaft, solle ein „Paradigma der Interaktion" entgegengesetzt werden (Conrad/ Randeria 2002a, S. 18). Eine solche Perspektive ermögliche es, „nationale und kulturelle Grenzen zu übertreten und den Austausch und Fluß von Ideen, Institutionen und Praktiken als Ausgangspunkt der Analyse zu wählen". Wichtige Impulse für diese Perspektivenverschiebung stammen aus den Theorieansätzen der Postcolonial Studies, die eine kritische Auseinandersetzung nicht nur mit der europäischen Kolonial- und Imperialgeschichte, sondern auch mit den Modellen traditioneller europäischer Geschichtsschreibung einfordern (vgl. Conrad/Randeria 2002a, S. 22–27).

3.1.2 Orientalismus und *Othering*: Postkoloniale Interventionen in der Geschichtswissenschaft

Gewissermaßen prägend und fundamental in dieser Impulsgebung ist Edward Saids 1978 erschienene Studie *Orientalism*, die sich in Anlehnung an die Diskurstheorie Michel Foucaults und den marxistisch geprägten Hegemoniebegriff Antonio Gramscis kritisch mit der europäischen Repräsentation des Konstruktes ‚Orient' auseinandersetzt (vgl. Castro Varela/Dhawan 2005, S. 30). Said beschreibt ‚Orientalismus' als Machtdiskurs, der in seiner klaren Intention, den Orient bzw. das ‚Andere' zu verstehen und damit zu dominieren, die Etablierung einer ungleich gewichteten Dichotomie von „the west and the rest" (eine Formulierung, die Stuart Hall in der Überschrift eines Aufsatzes verwendet, vgl. Hall 1992) bzw. von modernem westlichem Zentrum und nicht-moderner, nicht-westlicher Peripherie konstituiert:

> The relationship between Occident and Orient is a relationship of power, of domination, of varying degrees of a complex hegemony […] I myself believe that Orientalism is more particularly valuable as a sign of European-Atlantic power over the orient than it is as a veridic discourse about the Orient. (Said 2003, S. 6)

Die im orientalen Diskurs verfestigte binäre Opposition zwischen ‚colonizer' und ‚colonized' sei demnach eine inadäquate und vor allem machtpolitische Repräsentation, denn: „[All] cultures are involved in one another; none is simple and pure, all are hybrid, heterogenous, extraordinarily differentiated and unmonolithic" (Said 2003, S. XXV). Dass dieses ‚involvement in one another', welches Said allen ‚cultures' der Welt zuspricht, wohl als unterschiedlich stark gedacht werden muss, erscheint selbstverständlich – siehe bspw. den Hinweis von Conrad & Randeria, dass „nicht davon auszugehen [ist], dass alles und jeder in gleichem Maße, auf die gleiche Weise und zu jeder Zeit miteinander verbunden und entangled war" (2002a, S. 18).

Es besteht weitestgehend akademische Einigkeit darüber, dass Saids Studie das „Gründungsdokument" (Castro Varela/Dhawan 2005, S. 29) bzw. gar „Gründungsmanifest" (Conrad/Randeria 2002a, S. 22) der Postcolonial Studies darstelle. Seine „grundsätzliche Kritik an der westlichen Repräsentation und Aneignung des ‚Anderen'" (Conrad/Randeria 2002a, S. 22) ist in einem solchen Umfang zum Zeitpunkt seiner Veröffentlichung neuartig. Besonders schwer wiegt außerdem der explizite Vorwurf an die westliche Wissensproduktion an den Universitäten (besonders die westliche Orientalistik), niemals ‚neutral' über ihren Gegenstandsbereich geschrieben, sondern ihn immer in ein eurozentrisches Machtverhältnis eingebettet zu haben (vgl. Conrad/Randeria 2002a, S. 23).

Die Postcolonial Studies werden daher in Bezug auf die vergleichenden Ansätze der Geschichtswissenschaften an dem Punkt relevant, wo sie nicht nur den westlichen kolonialen Diskurs, sondern auch die bisherige Kolonialismusforschung kritisieren. Diese Kritik erfolgt u.a. an der Vorstellung, dass koloniale Transferprozesse nach einem binären Muster erfolgten, nach dem der Westen durch seinen Einfluss die kolonisierten Länder nachhaltig veränderte, selbst jedoch von Veränderungsprozessen unberührt blieb (vgl. Conrad/Randeria 2002a, S. 25). Damit würde Europa die Eigenschaft eines unveränderlichen Monolithen zugeschrieben. Diese Zuschreibung sei allerdings nach den Postulaten der Postcolonial Studies zu verwerfen, weil sie ignoriere, dass im kolonialen Kontakt Einflussnahmen und Einwirkungen nicht nur in eine Richtung erfolgten, sondern sowohl ‚colonizer' als auch ‚colonized' notwendigerweise von bestimmten Austauschprozessen betroffen seien. Dies liege in der komplexen Grundstruktur des kolonialen Kontaktes begründet. Dipesh Chakrabartys Überlegung einer ‚Provinzialisierung' Europas ist nach dieser Logik eine folgerichtige Konsequenz, um einen solchen Eurozentrismus bzw. eine solche eurozentrische Geschichtsschreibung zu überwinden (vgl. Chakrabarty 2000).

In ihrem Aufsatz „Geteilte Geschichte und verwobene Moderne" (1999) geht Shalini Randeria näher auf die Theorie der Verwobenheit zwischen europäischen Kolonialmächten und deren Kolonien ein. Grundsätzlich plädiert sie in der Analyse dieses Wechselverhältnisses für einen Ansatz, den sie als „interaktionistische und relationale Perspektive" beschreibt, und der dem Ansatz der ‚entangled history' zuzuordnen sei (Randeria 1999, S. 91). Sie schlägt vor,

> die Vorstellung alternativer oder paralleler Formen der Moderne aufzugeben, um statt dessen ein Modell miteinander verwobener Formen der Moderne zu entwickeln, die sich im Verlauf einer gemeinsamen Geschichte herausgebildet haben. (Randeria 1999, S. 90)

Diese Perspektive böte vor allen Dingen den Vorteil, als Ausgangspunkt einer Analyse der Geschichte der Moderne nicht von binären Oppositionspaaren auszugehen. Sie thematisiere stattdessen und von vornherein „die verwobene Geschichte der Moderne in westlichen und nichtwestlichen Gesellschaften [...], ohne hierbei die historischen Besonderheiten und wechselseitigen Abhängigkeiten aus dem Auge zu verlieren" (Randeria 1999, S. 91). Wie bereits oben erwähnt wurde, böte sich auch hier der Vorteil, dass aus dieser Perspektive heraus machtpolitischer Einfluss nicht primär monodirektional gedacht wird. Vielmehr würden sich in der Analyse der gemeinsamen Verwobenheit möglicherweise neue Perspektiven der gegenseitigen Wechselwirkung ergeben, die mit einem Ansatz, der von einem eher einseitigen Modell der Einflussforschung ausginge, nicht erfasst werden könnten.

Jürgen Osterhammel teilt diese Einschätzung und betont, dass die binäre Unterscheidung zwischen ‚Aktion' der Kolonisierenden und ‚Reaktion' der Kolonisierten nicht haltbar sei (vgl. Osterhammel 1995, S. 31). Die koloniale Situation sei „durch einen fortwährenden Kampf aller Beteiligten um Aktionsmöglichkeiten gekennzeichnet. Bei den Kolonisierten ist dies immer wieder auch ein Kampf um menschliche Würde gewesen" (Osterhammel 1995, S. 31–32). Auch bei Kraft, Lüdtke und Martschukat findet sich diese Beobachtung:

> [...] Verweise auf die Grenzen von Handlungsmacht der Kolonisierten [zeigen] genau das, was post-koloniale Kritikerinnen und Kritiker als Defizit ‚westlicher' Konzepte benennen: die Unfähigkeit, bei ‚fremden' Akteuren deren eigene beziehungsweise dritte, vierte Wege auch nur wahrzunehmen. (Kraft et al. 2010, S. 12–13)

Randeria greift in diesem Zusammenhang auf das literaturwissenschaftliche Konzept der Intertextualität zurück – ohne allerdings zu spezifizieren, auf welches genau. Grob unterschieden wird in der Literaturwissenschaft bzw. der vergleichenden Literaturwissenschaft (auch: Komparatistik) zwischen eher strukturalistischen und eher poststrukturalistischen Intertextualitätsmodellen. Gemein ist beiden, dass sie von (teils bewussten und im Text markierten, teils unbewussten und im Text nicht markierten) Wechselwirkungen zwischen literarischen Texten ausgehen, und damit das Modell einer Art genieästhetischen Autorinstanz infrage stellen, die ohne Fremdeinwirkung original und innovativ ‚schöpfe' (vgl. bspw. Broich/Pfister 1985; Martínez 2005). Die Modelle unterscheiden sich vor allem in der Ausprägung, in denen Texten eine Verwobenheit miteinander zugestanden wird. So ist nach eher engeren Konzeptionen Intertextualität nur dann vorliegend, wenn AutorIn und LeserIn sich einer intertextuellen Referenz auch bewusst sind (vgl. Broich/Pfister 1985, S. 31). Weiter gefasste

Intertextualitätsmodelle setzen dieses Bewusstsein weder bei AutorIn noch bei LeserIn voraus (vgl. Broich/Pfister 1985, S. 31).

Auf den ersten Blick ist Randerias Konzept der Verwobenheit tatsächlich mit literaturwissenschaftlicher Intertextualität vereinbar. Auf die Frage hin, welches der beiden hier skizzierten Modelle sie implizit meint, würde ich feststellen, dass sie sich eher auf die Schnittmenge zwischen diesen bezieht, also die Untersuchung von Wechselwirkungen zwischen Texten. Hierzu sollte allerdings angemerkt werden, dass diese Art von Verwobenheit zwischen Texten nicht dieselbe sein kann wie die Verwobenheit historischer Ereignisse. Zunächst sind literarische Texte selbstverständlich von anderer Beschaffenheit als historische Ereignisse. Wechselwirkungen zwischen Texten sind prinzipiell einseitig und monokausal – so kann ein bestimmter Text nicht einen anderen beeinflussen und gleichzeitig von ihm beeinflusst werden. Die Art von Komplexität, wie sie laut Randeria kennzeichnend für den kolonialen Kontakt sei, kann zwischen literarischen Texten also nicht bestehen. Man könnte allerdings von wechselseitigen Beziehungen sprechen, wenn zwei oder mehr AutorInnen zu Lebzeiten in einem Wechselverhältnis standen, und sich so gewissermaßen gegenseitig beeinflussten. Dennoch eignet sich das literaturwissenschaftliche bzw. literaturtheoretische Modell der Intertextualität offenkundig nur eingeschränkt für geschichtswissenschaftliche Analysen.

Aber was genau ist in der postkolonialen Diskussion und Theorie gemeint, wenn von einer Komplexität des kolonialen Kontaktes gesprochen wird? An dieser Stelle sind Homi Bhabhas Konzepte von Ambivalenz und Hybridität wichtige Stichworte. Anhand dieser größtenteils psychoanalytisch inspirierten Konzepte schlägt Bhabha Möglichkeiten vor, die komplexen Verflechtungen des kolonialen Kontaktes und Austausches besser zu verstehen. Zunächst und grundlegend geht er davon aus, dass im Dualismus ‚Colonizer/Colonized' weder Kolonisierende noch Kolonisierte unabhängig voneinander existieren können, wie Ania Loomba schildert:

> Colonial identities – on both sides of the divide – are unstable, agonised, and in constant flux. This undercuts both colonialist and nationalist claims to a unified self, and also warns us against interpreting cultural difference in absolute or reductive terms. (2005, S. 149)

In Bhabhas eigenen Worten handelt es sich bei der Abhängigkeit von bzw. dem Beharren auf dem Konzept der „fixity" um ein grundlegendes Merkmal des kolonialen Diskurses: „[It] is a paradoxical mode of representation: it connotes rigidity and an unchanging order as well as disorder, degeneracy and daemonic repetition" (Bhabha 1996, S. 37). Dieses Paradox ist grundlegend für Bhabhas

Konzept des kolonialen Stereotyps „as an arrested, fetishistic mode of representation" (Bhabha 1996, S. 46). In Rekurs auf Freuds Fetischtheorie konstatiert Bhabha also, dass koloniale Stereotype eine sehr große und ambivalente Reichweite besitzen – „from the loyal servant to Satan, from the loved to the hated; a shifting of subject positions in the circulation of colonial power" (Bhabha 1996, S. 46). Die Autorität des Kolonisierenden sei damit weit weniger stabil, als es bspw. mit Saids Orientalismusbegriff impliziert wird (vgl. Bhabha 1996, S. 41). Damit wird auch die bereits oben erwähnte Vorstellung des kolonisierenden Westens als monolithisch und im Zusammenhang damit sowohl „die Behauptung einer klaren Intentionalität der Kolonisatoren [als auch] die von Said angenommene instrumentalistische Beziehung von Macht und Wissen" (Castro Varela/Dhawan 2005, S. 86) infrage gestellt.

Es sollte aus den vorigen Ausführungen deutlich geworden sein, dass die Vorstellung eines ‚Entanglements' von Kulturen und Gesellschaften nicht nur eines der kennzeichnenden Merkmale postkolonialer Theoriebildung, sondern auch maßgeblich wichtig für die postkoloniale Aufarbeitung westlicher Geschichtswissenschaft (bzw. westlicher Wissenschaft allgemein) ist. Dazu abschließend Conrad und Randeria: „Die Aufmerksamkeit für diese Wechselwirkungen der kolonialen Begegnung ist ein wichtiger Impuls, den eine Analyse der ‚geteilten Geschichten' von den postkolonialen Debatten übernehmen kann" (Conrad/Randeria 2002a, S. 26).

3.1.3 Neueste Entwicklungen: *Histoire Croisée*, Transfergeschichte, Globalgeschichte

Im vorangegangenen Unterkapitel wurde aufgezeigt, dass es den neueren und neuesten Ansätzen geschichtswissenschaftlicher Vergleichsarbeiten im Gegensatz zur traditionellen vergleichenden Geschichtswissenschaft nicht darum geht, bestimmte Vergleichsgegenstände als separat, also als Gegenstände A und B zu untersuchen. Vielmehr scheint es innerhalb des postkolonialtheoretisch beeinflussten Paradigmas des ‚Entanglements' ein Anliegen zu sein, eben diese strikte Unterscheidung bzw. überhaupt die Möglichkeit, im Vergleich klar voneinander abzugrenzen, infrage zu stellen:

> While the comparative approach separates the units of comparison (in order to bring them again together under the viewpoints of similarity and difference), entanglement-oriented approaches stress the connections, the continuity, the belonging-together, the hybridity of observable spaces or analytical units and reject distinguishing them clearly (although, contrary to their self-understanding, they cannot do without distinguishing between them, either). (Kocka/Haupt 2009, S. 20)

Offenbar verfolgen neuere Ansätze des historischen Vergleichs eher eine Überwindung des auf Gegensatzpaaren (oder größerer Gegensatzgruppen) fixierten Blickes auf Untersuchungsgegenstände der traditionellen historischen Vergleiche. Hier ist gezeigt worden, dass die Postcolonial Studies maßgeblich Impulse für eine neue Perspektive auf die Analyse von Austauschprozessen zwischen Gesellschaften geliefert haben. Damit einhergehend wird infrage gestellt, ob Vergleiche überhaupt nach einem binären Muster erfolgen können.

Fraglich ist an dieser Stelle selbstverständlich, ob neuere vergleichende Ansätze damit automatisch auf traditionell vergleichende Ansätze verzichten bzw. diese ablösen können. Es handelt sich hier allerdings offenkundig um keinen Paradigmenwechsel im Kuhnschen Sinn. Der Grund dafür ist, dass hier keine völlig neue Wissenschaftssprache etabliert und damit eine alte abgelöst, sondern vielmehr ein bereits bestehendes heuristisches und analytisches Wissenschaftssystem komplementiert wird – oder, wie Kocka und Haupt es beschreiben: „comparative studies are not damaged, but improved by considering connections between the units of comparison wherever and whenever they exist" (Kocka/Haupt 2009, S. 20).

Dass *Histoire Comparée* und Entanglement-Ansätze sich in diesem Sinne nicht ausschließen, sondern sie eher miteinander kompatibel sind, erwähnen auch Kocka und Haupt (vgl. Kocka/Haupt 2009, S. 2). Wo es der ersten Richtung eher um Ähnlichkeiten und Unterschiede zwischen mindestens zwei verschiedenen Untersuchungsgegenständen geht, wird sich bei der zweiten auf die Transferbeziehungen und Interaktionen zwischen diesen konzentriert (vgl. Kocka/Haupt 2009, S. 2). An dieser Stelle sollte allerdings noch präzisiert werden, dass Entangled-History-Ansätze und Ansätze, die als Transfergeschichte beschrieben werden können, sich noch voneinander unterscheiden, wie Michael Werner & Bénédict Zimmerman (2006) beschreiben. Ihre Perspektive einer *Histoire Croisée* definieren sie dabei als die Betrachtung von „one or a group of histories associated with the idea of an unspecified crossing or intersection" (Werner/Zimmerman 2006, S. 31).

Der Unterschied zwischen dieser Art der Geschichtsschreibung und der Transfergeschichte (bei den Autoren auch: „connected" und „shared history", vgl. Werner/Zimmerman 2006, S. 31) bestehe darin, dass es der Transfergeschichte darum gehe, „[to] take the perspective of ‚re-establishment/rehabilitation' of buried reality". Der *Histoire Croisée* gehe es allerdings um „a multiplicity of possible viewpoints" (Werner/Zimmerman 2006, S. 32). Etwas umständlich formulieren sie, dass „in contrast to the mere restitution of an ‚already-there', *histoire croisée* places emphasis on what, in a self-reflexive process, can be generative of meaning" (Werner/Zimmerman 2006, S. 32). Der Unterschied zwischen traditioneller komparatistischer Methode und Transfergeschichte liege darin, dass erstere synchron, letztere diachron forsche (Werner/Zimmerman 2006, S. 35): „Inquiry into transfers is not based on assumptions of static units of analysis, but on the study of processes of transformation" (Werner/Zimmerman 2006, S. 36). Damit leiste der transfergeschichtliche Ansatz eine Komplementierung traditioneller komparatistischer Ansätze, die auf binäre Vergleiche von nicht kausal verknüpften Bezugsgrößen ausgelegt sind.

Nach Werner & Zimmerman leistet wiederum der Ansatz der *Histoire Croisée* diese Komplementierung in Bezug auf den transfergeschichtlichen Ansatz. Die Autoren benennen vier Punkte, die als Schwächen des transfergeschichtlichen Vergleichs bewertet werden. Zunächst sei es problematisch, dass auch transfergeschichtliche Analysen trotz der Diachronizität ihres Ansatzes dennoch 1. auf „a fixed frame of reference" beruhen (Werner/Zimmerman 2006, S. 36), weswegen 2. auch die Kategorien, die bei einem transfergeschichtlichen Vergleich bemüht werden, bereits aufgrund der Beschaffenheit ihrer Vergleichsgegenstände vorgegeben seien (vgl. Werner/Zimmerman 2006, S. 36).

Weiterhin sei aufgrund dieser beiden Punkte das Problem gegeben, dass das selbst zugeschriebene Ziel transfergeschichtlicher Analysen nicht erreicht würde. Dieses eigentliche Ziel sei es, so die Autoren, den Mythos zu widerlegen, Nationen wären homogene Einheiten, sondern vielmehr ihre Interdependenz zwischen diesen aufzuzeigen. Damit sei allerdings 3. „paradoxically" eher ein „strengthening" als ein „softening [of] the national grounding of historiographies and human and social-science disciplines" verbunden (Werner/Zimmerman 2006, S. 37). Grund dafür sei, dass die Bezugspunkte der Analyse, nämlich wiederum Nationen, zwar im Kontakt mit anderen Nationen analysiert werden, jedoch nicht hinterfragt wird, ob der Bezugspunkt ‚Nation' überhaupt ein angemessener ist (vgl. Werner/Zimmerman 2006, S. 37).

Zuletzt wird darauf hingewiesen, dass 4. komplexe Transfersituationen mittels des Ansatzes der Transfergeschichte nicht adäquat erfasst werden können: „Quite often, [...] a situation is more complex [...], bringing into play movements between various points in at least two and sometimes several directions" (Werner/Zimmerman 2006, S. 37). Solche Situationen seien nur schwer mit einem Modell erfassbar, welches von einem Anfangspunkt ausgeht, von dem aus sich sukzessive auf einen Endpunkt zubewegt wird (vgl. Werner/Zimmerman 2006, S. 37).

Aus Gründen der genannten vier Schwachstellen transfergeschichtlicher Analysen stellt sich der Ansatz der *Histoire Croisée* für die Autoren als hilfreich und überzeugender dar. Dieser würde durch seine immanente Multidimensionalität, genauer: seinem prozessorientierten, multiperspektivischen Blick auf Überkreuzungen verschiedener Phänomene sowie deren Folgen, komplexen historischen Phänomenen gerechter als komparatistische und transfergeschichtliche Ansätze (vgl. Werner/Zimmerman 2006, S. 38). Besonders hervorgehoben sei der Punkt, dass *Histoire Croisée* die Untersuchungsgegenstände selbst transformiere: „the entities, persons, practices, or objects that are intertwined with, or affected by, the crossing process, do not necessarily remain intact and identical in form" (Werner/Zimmerman 2006, S. 38).

Gerade dieser letztgenannte Aspekt erscheint in Bezug auf das häufig geäußerte Desiderat der Überwindung eines eurozentrischen und nationenfixierten Blickes auf (westliche) Geschichte relevant – und hier trifft sich die *Histoire Croisée* mit der Verflechtungsgeschichte. Die Autoren schreiben an anderer Stelle, dass der Ansatz der *Histoire Croisée*

> Antworten auf die Frage [bietet], wie wir, obschon primär in nationalzentrierten Sichtweisen, Terminologien und Kategorien befangen, dennoch sinnvolle Wege beschreiten können, welche die Begrenzungen und Zirkelschlüsse einer nationallastigen Sozialgeschichte überwinden helfen. (Werner/Zimmerman 2002, S. 607–608)

Ein Begriff, der an dieser Stelle genannt werden muss, ist der der Globalgeschichte (vgl. bspw. Conrad et al. 2007; Komlosy 2011). Diese wird definiert als „eine bestimmte Annäherung an die Erforschung von Geschichte, ein Erkenntnisinteresse, das nicht thematisch oder räumlich definiert ist, sondern jede Frage und jeden Raum betreffen kann" (Komlosy 2011, S. 8). Gerade unter dem Aspekt eines geschichtswissenschaftlichen Eurozentrismus ist es aus Perspektive der Globalgeschichte wichtig darauf hinzuweisen, wie eine globalgeschichtliche Perspektive auf historische Phänomene dazu beitragen kann, einen normativen eurozentrisch-universalisierenden Blickwinkel, mit dem diese in ein ideologisches Machtgefüge eingebettet worden sind, auszutauschen. Damit sei auch dieses Machtgefüge kritisch neuzubewerten (vgl. Komlosy 2011). Die Globalgeschichte knüpft dabei theoriegeschichtlich sowohl an die Entwicklung der transfergeschichtlichen, als auch der *Histoire Croisée-* und verflechtungsgeschichtlichen Ansätze an.

Vor dem Hintergrund der vorangegangenen Ausführungen über die Entwicklungen historischer Vergleichsmethoden in den vergangenen Jahrzehnten erscheint es möglicherweise nachvollziehbar, aus welchen Gründen AutorInnen wie Jürgen Zimmerer, der sich für eine „Globalgeschichte der Massengewalt" ausspricht (Zimmerer 2011c, S. 17), und A. Dirk Moses sich dem Holocaust als bisher so gut wie gar nicht beachtetem Gebiet der (geschichtswissenschaftlichen) Kolonialismusforschung und Postkolonialstudien annehmen: Sie verfassen ihre Arbeiten in einer Zeit, in der das Paradigma des ‚global Vernetzten' und ‚Verflochtenen' zunehmend an wissenschaftlicher und wissenschaftspolitischer Bedeutung gewonnen sowie eine postkoloniale Aufarbeitung bzw. ‚Dekolonisierung' der Geistes- und Sozialwissenschaften eingesetzt hat. Wie genau die beiden Autoren ihre Analysen vornehmen, von welchen Prämissen sie ausgehen, und zu welchen Schlussfolgerungen sie gelangen, soll im folgenden Kapitel kritisch rekonstruiert werden. Zunächst verbleibt allerdings noch eine weitere kritisch zu erörternde Problemdimension geschichtswissenschaftlicher Vergleiche, nämlich die Frage, was die Auswahl der Vergleichsgegenstände über die Angemessenheit eines Vergleichs aussagt. Auch wenn prinzipiell alles miteinander verglichen werden kann, so gibt es doch Vergleiche, die mehr oder weniger angemessen, sinnvoll oder überzeugend erscheinen.

3.1.4 Adäquat und homogen vs. inadäquat und heterogen: Zur Funktion des Vergleichs

Zur Beantwortung der Fragen nach der Angemessenheit eines Vergleiches beziehe ich mich im Wesentlichen auf eine Arbeit von Monika Schwarz-Friesel und Evyatar Friesel zum Vergleich von Antisemitismus und ‚Islamophobie' (Schwarz-Friesel/Friesel 2012).[1] Anhand dieses Beispiels diskutieren sie, welche Probleme ein unverhältnismäßiger Vergleich generell mit sich bringen kann. Die AutorInnen zeigen, dass der Vergleich und die implizite Gleichsetzung von Antisemitismus und ‚Islamophobie' aus historischer Perspektive „inadäquat" und „heterogen" sind, weiterhin auch aus „prozeduraler, didaktischer und kognitionswissenschaftlicher Betrachtung unangemessen" (Schwarz-Friesel/Friesel 2012, S. 40–41). „Bei einem heterogenen Vergleich", so schreiben sie, „werden zwei Vergleichsgrößen aus unterschiedlichen Realitätsbereichen in Beziehung zueinander gesetzt" (Schwarz-Friesel/Friesel 2012, S. 40). Prinzipiell sei gegen einen Vergleich aus wissenschaftlicher Perspektive selbstverständlich nichts einzuwenden: Erst durch einen solchen könne erschlossen werden, welche Gemeinsamkeiten, aber auch Unterschiede zwischen zwei Gegenständen bestehen. So schreiben sie: „[...] auch Pauschal-Kritiker des Vergleichs sollten bedenken, dass sie selbst auf diese Operation zurückgreifen, wenn sie die Sin-

---

[1] Die AutorInnen der Studie weisen darauf hin, dass der Begriff ‚Islamophobie' selbst problematisch ist. Sie verwenden ihn in ihrem Text, da dieser in einem Sammelband mit dem Titel *Islamophobie und Antisemitismus – ein umstrittener Vergleich* erscheint, distanzieren sich jedoch auch bei der ersten Nennung: „Erstens weist die Semantik dieser Wortkonstruktion in die falsche Richtung, und zweitens lassen sich unter diesem mittlerweile heterogen benutzten Sammelbegriff alle möglichen Formen von Furcht, Kritik, Rassismus und Hass subsumieren, die tatsächlich präzise voneinander abgegrenzt werden müssen" (Schwarz-Friesel/Friesel 2012, S. 29). Vgl. weiterführend im selben Band den Aufsatz von Luzie H. Kahlweiß und Samuel Salzborn (2012).

gularität des Antisemitismus fokussieren und (zu Recht) die Unterschiede hervorheben" (Schwarz-Friesel/Friesel 2012, S. 46). Hier sei es allerdings adäquater, von einer kontrastierenden Analyse als von einem Vergleich zu sprechen, da ein Vergleich auch immer eine spezifische „didaktische und erkenntnisfördernde Funktion" habe (Schwarz-Friesel/Friesel 2012, S. 46). Diese Funktion bestehe gegenüber einer kontrastierenden Analyse darin,

> [...] auf eine anschauliche Weise die noch unbekannte Vergleichsgröße, das Komparandum, besser zu verstehen, es in seiner Eigenart präziser zu beschreiben und zwar durch den Transfer der bereits bekannten Eigenschaften des Komparatum. Können aus der schon bekannten Vergleichsgröße konkrete Schlussfolgerungen für die neue Vergleichsgröße gezogen werden, liegt ein Analogieschluss vor. Damit können also Vergleiche der Wissensvermittlung und -erweiterung dienen. (Schwarz-Friesel/Friesel 2012, S. 46)

Hervorzuheben ist vor allem, dass die AutorInnen explizit zwischen ‚Vergleich' und ‚kontrastierender Analyse' unterscheiden – eine Unterscheidung, die in den geschichtswissenschaftlichen Ansätzen zum Vergleich meines Wissens tendenziell nicht angestellt wird. Mit „Wissensvermittlung und -erweiterung" ist hier gemeint, dass ein guter Vergleich dazu beitragen kann, einen der beiden Vergleichsgegenstände besser zu verstehen. Also im hier vorliegenden Fall: Ein Vergleich der Phänomene Antisemitismus und ‚Islamophobie' könne dazu beitragen, mindestens eines dieser beiden Phänomene durch einen Analogieschluss besser zu verstehen. Zur Legitimation eines Vergleiches wird dann angeführt, dass es sich bei beiden Vergleichsgegenständen um ähnliche und gleichartige Phänomene handele bzw. dass einer der beiden Vergleichsgegenstände Eigenschaften des anderen aufweise, es also „wesentliche relevante Überschneidungspunkte" gebe (vgl. Schwarz-Friesel/Friesel 2012, S. 44).

Diese Überschneidungspunkte sind das *tertium comparationis*, das Dritte der Vergleichung. Laut Schwarz-Friesel und Friesel sei dieses Dritte aber bei den Untersuchungsgegenständen ‚Islamophobie' und Antisemitismus nicht gegeben (Schwarz-Friesel/Friesel 2012, S. 44). Der wesentliche Unterschied zwischen beiden Phänomenen bestehe darin, dass es sich bei ‚Islamophobie' um eine „Vorurteilsstruktur" handele, die auf übergeneralisierten Projektionen beruhe. Antisemitismus sei jedoch gekennzeichnet durch „komplett irreale Projektionen": „Antisemitische Konzeptualisierungen liefern keine übergeneralisierten Aussagen über Juden oder die jüdische Religion, sondern stellen Projektionen von konstruierten Juden-Konzeptualisierungen von Nicht-Juden dar" (Schwarz-Friesel/Friesel 2012, S. 44). So folgern die AutorInnen: „Ein Vergleich zwischen zwei so unterschiedlichen Phänomenen wie Islamophobie und Antisemitismus birgt die Gefahr, den Blick auf beide eher zu verzerren, statt sie angemessen zu erklären" (Schwarz-Friesel/Friesel 2012, S. 44). Damit wird deutlich, was einen inadäquaten und heterogenen Vergleich kennzeichnet: Er dient nicht nur nicht dazu, mindestens einen der Vergleichsgegenstände besser zu verstehen, sondern ist möglicherweise sogar *erkenntnisschädigend* (Schwarz-Friesel & Friesel sprechen davon, dass solche Vergleiche „derealisieren" können, Schwarz-Friesel/Friesel 2012, S. 45). Nur ein Beispiel, aber möglicherweise das schwerwiegendste für eine solche erkenntnisschädigende und derealisierende Konsequenz, ist Relativismus.

Ein analoger Fall sind für die AutorInnen bestimmte NS- und Holocaust-Vergleiche. Häufig wird völlig zu Recht angemerkt, dass ein inadäquater Vergleich von Holocaust mit Phänomenen wie bspw. Massentierhaltung innerhalb bestimmter Teile der Tierrechtsszene, die neo-nazistische Umdeutung der alliierten Angriffe auf Dresden als ‚Bombenholocaust'[2] oder der Begriff des ‚American Holocaust'[3] in Bezug auf die dezimierende koloniale Unterwerfung der indigenen Bevölkerung der Amerikas seit 1492, den Holocaust in seiner Spezifik verkenne und die Holocaust-Opfer instrumentalisiere. Das Verkennen von Spezifika führt bei allen Arten von Vergleichen in einem weiteren Schritt dazu, dass das Phänomen, dessen Spezifika ignoriert werden, am Vergleichsgegenstand relativiert wird. Eine Verkennung von Spezifika ist allerdings nicht nur unwissenschaftlich und trivialisierend, sondern in Bezug auf Holocaustvergleiche auch unangebracht. So schreiben Schwarz-Friesel und Friesel:

> So wie der Holocaust als historische Größe besonderer Art nicht geeignet ist, als Paradigma für alle ethnischen Verbrechen, Tierexperimente oder sonstigen Gewalttaten herzuhalten, so ist der Antisemitismus, der im Holocaust mündete, nicht geeignet, in Analogie zu allen Vorurteilsmechanismen, xenophobischen Abwehrreflexen und Diskriminierungspraktiken gesetzt zu werden. (Schwarz-Friesel/Friesel 2012, S. 45)

---

[2] Vgl. Benz 2009, S. 410: „Mit voller Absicht erfolgte im Januar 2005 im Sächsischen Landtag eine revisionistische Attacke der NPD-Fraktion. In der Sitzung am 21. Januar 2005, bei der der Bombardierung Dresdens 1945 gedacht wurde, hatte zunächst der NPD-Abgeordnete Holger Apfel vom ‚kaltblütig geplanten industriellen Massenmord an der Zivilbevölkerung' Dresdens geredet und die Forderung nach einer ‚Staatsstiftung als zentrale Gedenkstätte für die zivilen Opfer des Bombardements' erhoben. Dann hatte Jürgen Gansel (NPD) erklärt: ‚Der Bomben-Holocaust von Dresden steht ursächlich weder im Zusammenhang mit dem 1. September 1939 noch mit dem 30. Januar 1933. Die Pläne zur Vernichtung des Deutschen Reiches existierten nämlich schon lange, bevor in Versailles der erste Nationalsozialist geboren wurde' [Benz zitiert aus dem Plenarprotokoll der 4. Wahlperiode, 8. Sitzung des Sächsischen Landtags vom 21.01.2005]".

[3] Ein Beispiel für so einen Vergleich liefert Lilian Friedberg in Form ihres häufig zitierten und kontrovers diskutierten Aufsatzes „Dare to Compare: Americanizing the Holocaust" (Friedberg 2000). Vgl. auch David Stannards ebenfalls kontrovers rezipiertes Buch *American Holocaust: The Conquest of the New World* (Stannard 1992).

Ein Vergleich von Nationalsozialismus und Holocaust mit dem (deutschen) Kolonialismus sieht sich prinzipiell also auch, wie jeder Vergleich, mit dem Risiko konfrontiert, inadäquat und heterogen zu sein. Er wäre es, wenn das behauptete *tertium comparationis* nicht gegeben ist. Eine Behauptung wie die, dass der Holocaust ein (kolonialer) Genozid wie jeder andere und damit eben nicht einzigartig und singulär sei, benötigt allerdings ein solches *Drittes des Vergleichs*. VertreterInnen der historischen Kontinuitätsthese behaupten, wie im Folgenden geschildert wird, dass dieses gemeinsame Dritte in verschiedenen strukturellen Gemeinsamkeiten bestehe. Ob und inwiefern dadurch eine Gleichsetzung von Holocaust und Kolonialismus bzw. kolonialen Genoziden vorgenommen wird, soll ebenfalls untersucht werden. Für einen adäquaten und homogenen Vergleich von Kolonialismus und Nationalsozialismus/Holocaust müsste also überzeugend dargelegt werden, wie das gemeinsame Dritte in die Operation des Vergleichs und der eventuellen Gleichsetzung integriert ist. Es genügte dafür nicht – in den Worten Dan Diners „im Sinne einer totalitarismustheoretisch geleiteten Wahlverwandtschaft" (Diner 1995, S. 59) – lediglich Analogien und Parallelen zwischen Nationalsozialismus, Holocaust und Kolonialismus aufzuzeigen. Zusammenfassend und gewissermaßen programmatisch schreiben Schwarz-Friesel und Friesel:

> Prinzipiell gilt, dass je geringer das erkennbare Tertium comparationis, je kleiner die gemeinsame Schnittmenge ist, desto schwerer wiegt der missglückte Vergleich in seiner kognitiven, aber auch seiner politisch-kommunikativen Dimension und desto unverhältnismäßiger erscheint uns die konzeptuelle Analogie. Dass Vergleiche in den Wissenschaften, und besonders in der Geschichtswissenschaft, als Methode nur mit Sorgfalt und Bedacht benutzt werden sollten, ist daher schon des Öfteren angemahnt worden [...]. (Schwarz-Friesel/Friesel 2012, S. 44)

Wie argumentiert also ein Forschungsansatz, der eine strukturelle Ähnlichkeit bzw. Kontinuität von Kolonialismus und Nationalsozialismus/Holocaust postuliert? Dies herauszuarbeiten ist Ziel der folgenden Unterkapitel, in denen ich zwei ausgewählte Forschungsansätze, die sich einer historischen Kontinuitätsthese verschrieben haben, kritisch rekonstruiere. Beginnen werde ich mit den Arbeiten Jürgen Zimmerers und seiner These eines Weges „von Windhuk nach Auschwitz" (Zimmerer 2011d), dessen Thesen eine kritische Rekonstruktion der Konzeption A. Dirk Moses' des Holocausts als ‚subalternem Genozid' folgt – aus Sicht der NationalsozialistInnen, wie Moses betont.

3.2 „Nationalsozialismus postkolonial"? Kritische Rekonstruktion einer „Globalisierung der deutschen Gewaltgeschichte"

Wie vielleicht niemand zuvor, weder in der Wissenschaft noch in der außeruniversitären gesellschaftspolitischen Debatte, hat Jürgen Zimmerer in seinen Publikationen der vergangenen Jahre eine breite und intensiv geführte Debatte darüber angestoßen, inwiefern der Nationalsozialismus und der Holocaust postkolonial und aus der Perspektive der Globalgeschichte betrachtet und kritisch aufgearbeitet werden können.[4] Wie in der Einleitung bereits erwähnt, wurde die Frage nach möglichen Bezugs- und Verbindungslinien zwischen Kolonialismus, Imperialismus und Holocaust bereits in der Mitte des 20. Jahrhunderts von einer Reihe TheoretikerInnen wie Hannah Arendt, W.E.B. DuBois und Aimé Césaire aufgegriffen und versuchsweise beantwortet. Zimmerers Arbeiten sind vor diesem Hintergrund allerdings diejenigen, die solche Verbindungslinien ein knappes halbes Jahrhundert später in akademischen Kontexten mit dem Anliegen aufgreifen, sie in die Historiographie von Holocaust und Kolonialismus zu integrieren.

Zimmerers originäres Ziel, die Historiographie des Holocausts um die der (deutschen) Kolonialgeschichte zu erweitern, ist dabei insofern erreicht worden, als dass nun vermehrt die Frage gestellt wird, ob diese Erweiterung überhaupt wissenschaftlich geboten oder zulässig ist. Ziel dieses Kapitels ist daher nicht nur die Rekonstruktion von Zimmerers Thesen, sondern zu einem gewissen Teil auch die Rekonstruktion einer wissenschaftspolitischen Debatte über Vergleichbarkeit, Ähnlichkeit, Singularität, historische Spezifika, terminologische Grenzen und aktuelle Fragen der Historiographie in Bezug auf die Gewaltgeschichten von Nationalsozialismus und Kolonialismus.

3.2.1 Strukturelle Ähnlichkeit und genozidale Gedanken: Grundannahmen der historischen Kontinuitätsthese

Eine der ersten Arbeiten Jürgen Zimmerers, die sich explizit mit der Frage nach strukturellen Ähnlichkeiten zwischen Nationalsozialismus, Holocaust und Kolonialismus auseinandersetzt, ist der 2003 in der *Zeitschrift für Geschichtswissenschaft* veröffentlichte Artikel „Holocaust und Kolonialismus. Beitrag zu einer Ar-

---

4 Vgl. bspw. Zimmerer 2004, 2011a sowie die von Zimmerer herausgegebene Aufsatzsammlung *Von Windhuk nach Auschwitz? Beiträge zum Verhältnis von Kolonialismus und Holocaust*, in der auch die beiden zuvor zitierten Texte zu finden sind (2011d).

chäologie des genozidalen Gedankens" (2011a).[5] Da der Artikel grundlegende Annahmen Zimmerers in kompakter und nachvollziehbarer Art und Weise kompiliert, soll an dieser Stelle anhand einer engen Textlektüre rekonstruiert werden, auf welchen Überzeugungen Zimmerers Argumente beruhen, die eine strukturelle Ähnlichkeit und historische Kontinuität zwischen Kolonialismus und Holocaust postulieren.

Selbsterklärtes Ziel des Artikels ist der „systematische Versuch [...], die nationalsozialistische Expansions- und Besatzungspolitik als kolonial darzustellen" (Zimmerer 2011a, S. 142) – ein Versuch, der nach Ansicht des Autors so bisher noch nicht bzw. nur unzureichend und ansatzweise vorgenommen wurde (vgl. Zimmerer 2011a, S. 142).[6] Ausgangspunkt der Untersuchung ist dabei der nationalsozialistische Eroberungsfeldzug im Rahmen des ‚Generalplan Ost' gegen Polen und die UdSSR, der laut Zimmerer

> ohne Zweifel den größten kolonialen Eroberungskrieg in der Geschichte [darstellt]. Niemals vorher wurden so viele Menschen und Ressourcen auf Seiten des Eroberers aufgewendet, niemals vorher waren die Kriegsziele derart weit gespannt und wurde die Ermordung einer derart großen Zahl von Menschen bewusst eingeplant oder deren Tod zumindest billigend in Kauf genommen. All dies mit dem Ziel, den Deutschen vermeintlich zustehenden Lebensraum im Osten, ein bis weit über den Ural hinausreichendes Kolonialreich, zu erobern. (Zimmerer 2011a, S. 140)

Bereits an dieser Stelle wird der für Zimmerer zentrale koloniale Bezug deutlich: Der deutsche Eroberungskrieg im Osten war ein ‚kolonialer' Eroberungskrieg, das Ziel war die Etablierung eines ‚Kolonialreiches'. Zur Untermauerung dieser These wird ein Zitat aus den Gedächtnisprotokollen Heinrich Heims über Hitlers *Monologe im Führerhauptquartier 1941–1944* (Jochmann 1980) angeführt. Heim protokollierte in seiner Funktion als Adjutant von Martin Bormann, Reichsleiter und Vertrauter Hitlers im Führerhauptquartier, in dessen Auftrag Hitlers abendliche Monologe, Gespräche sowie Reflexionen ebendort.[7] Mehrere Ausschnitte dieser Gedächtnisprotokolle dienen Zimmerer als Beleg dafür, dass Hitler „das

---

[5] Die folgenden Seitenangaben beziehen sich auf die im von Zimmerer herausgegebenen Sammelband *Von Windhuk nach Auschwitz?* veröffentlichte Version dieses Artikels, die mit dem in der *ZfG* erschienenen identisch ist.

[6] Zimmerer beruft sich hier auf folgende Texte: Mark Mazower: „After Lemkin: Genocide, the Holocaust and History", in: *Jewish Quarterly*, 41(4), 1994 (die bei Zimmerer angeführte Quellenangabe ist fehlerhaft); Sven Lindqvist: *Exterminate all the Brutes*, 1996; Ward Churchill: *A Little Matter of Genocide: Holocaust and Denial in the Americas 1492-Present*, 1997; und Andreas Hillgruber: *Hitlers Strategie. Politik und Kriegsführung 1940–1941*, 1982.

[7] Die geschichtswissenschaftliche Forschung ging lange Zeit davon aus, dass die von Heim angefertigten Gedächtnisprotokolle die Qualität von Stenogrammen hatten. Tatsächlich handelte es sich bei den Protokollen um eine nachträgliche Rekonstruktion aus der Erinnerung

britische Empire als Vorbild beschwor" und dass ihm „die Parallele zur Kolonialgeschichte klar vor Augen [stand]" (Zimmerer 2011a, S. 140). Folgende Passagen zitiert Zimmerer aus den Protokollen Heims (sortiert nach Vorkommen im Text Heims, bei Zimmerer sind sie nicht in dieser Reihenfolge zitiert):

> Der Kampf um die Hegemonie in der Welt wird für Europa durch den Besitz des russischen Raumes entschieden; er macht Europa zum blockadefesten Ort der Welt [...] Die slawischen Völker hingegen sind zu einem eigenen Leben nicht bestimmt. [...] Der russische Raum ist unser Indien, und wie die Engländer es mit einer Handvoll Menschen beherrschen, so werden wir diesen unseren Kolonialraum regieren. [...] Den Ukrainern liefern wir Kopftücher, Glasketten als Schmuck und was sonst Kolonialvölkern gefällt. (Jochmann 1980, S. 62–63)

Aus diesen Zitaten[8] konstruiert Zimmerer gleich zu Beginn seines Textes eine koloniale Intention in den Plänen der NationalsozialistInnen respektive Hitlers. Tatsächlich spiegeln sich in den Zitaten einige (post)koloniale Tropen wie globale Hegemonie (1.), kolonialrassistisches ‚Othering' (2. und 4.) sowie die Eroberung und Beherrschung kolonialer Räume (3.) wieder. Im selben Protokoll, aus dem die entsprechenden Zitate stammen, finden sich aber auch eine Reihe von Zitaten, die möglicherweise nicht zu hundert Prozent für eine Klassifizierung der Pläne Hitlers bzw. der NationalsozialistInnen als ‚kolonial' sprechen:

> Die Volkskraft, die im Blut unserer Menschen schlummert, zu wecken, ist die Aufgabe, die wir uns zu stellen haben. Wir dürfen es nicht so machen wie vor dem Krieg in den Kolonien, wo neben der deutschen Kolonial-Gesellschaft eigentlich nur kapitalistische Interessen am Werk waren. Der Deutsche soll das Gefühl für weite Räume bekommen. Wir müssen ihn in die Krim bringen und in den Kaukasus. [...] Das deutsche Volk soll in diesen Raum hineinwachsen. (Jochmann 1980, S. 63–64)

Möglicherweise distanziert Hitler sich mit dem Verweis auf von ihm ausgemachte Defizite auch von der bisherigen Kolonialgeschichte. Demgegenüber wird an dieser Stelle die Vorstellung eines mit dem geophysischen Raum verwachsenen deutschen Volkes gestellt, dem es eben nicht primär darum gehe, kapitalistische Interessen zu befriedigen, sondern dem eigenen Volk nach deutscher Blut-und-Boden-Ideologie einen angemessenen Lebensraum zur Verfügung zu stellen. Eine Zivilisierungsmission wie im britischen oder französischen Kolonialismus scheint Hitler nicht zu interessieren (vgl. Stone 2010, S. 226–227), im Gegenteil: „Es wäre verfehlt, den Eingeborenen erziehen zu wollen. [...] Man kann

---

Heims von Hitlers Monologen und den Diskussionen im Führerbunker (vgl. Janßen 1980; Jochmann 1980, S. 7–34).

8 Alle Zitate stammen aus einem Protokoll Heims, das auf den Zeitraum „17.9. mittags, abends und in der Nacht zum 18.9.1941" im Führerhauptquartier datiert ist (Jochmann 1980, S. 60).

Kaninchen nicht zum Leben der Bienen oder Ameisen erziehen" (nach Jochmann 1980, S. 63) Hier könnte eine fundamentale strukturelle Differenzierung zur und damit eine Distanzierung gegenüber der europäischen Kolonialgeschichte herausgelesen werden.

Was sich allerdings mittels dieser Stelle auch illustrieren lässt ist, dass es schwierig bis unmöglich ist, anhand von Gedächtnisprotokollen über Monologe Hitlers und einige wenige Zitate daraus eine koloniale Intention zu konstruieren. Genauso ist es mittels eines anderen Zitates auch möglich, genau das nicht zu tun. Eine systematische Auswertung von Heims Protokollen zu dieser Frage liegt meines Wissens bisher nicht vor.

Zimmerer nimmt diesen Exkurs auf Heims Protokolle direkt im Anschluss als Anlass, darauf zu verweisen, dass „das Dritte Reich und seine Expansionsbestrebungen von der Wissenschaft nicht unter dem Blickwinkel der Kolonialgeschichte betrachtet [wurden]" (Zimmerer 2011a, S. 140). Die kolonialgeschichtliche Forschung zum Nationalsozialismus habe sich bisher fälschlicherweise auf Afrika konzentriert, allerdings spielte die Wiedergewinnung der afrikanischen Kolonien in Hitlers Vorstellung, wie Zimmerer richtig feststellt, keine große Rolle (vgl. Zimmerer 2011a, S. 141). Die im NS verbreitete Rede vom „Volk ohne Raum", Titel von Hans Grimms gleichnamigem völkischen und in Süd- und Südwestafrika situierten Roman, wird herangezogen um zu illustrieren, dass sich die koloniale Aufmerksamkeit Deutschlands im Nationalsozialismus vielmehr „vom Süden in den Osten" verschob (Zimmerer 2011a, S. 141).

Den Umstand, dass die Forschung sowohl zur Kolonialgeschichte als auch zum Nationalsozialismus der jeweils ‚anderen Seite' bisher keine größere Aufmerksamkeit geschenkt hat, sieht Zimmerer folgendermaßen begründet:

> Das Problem des Zusammenhangs zwischen Kolonialismus und Nationalsozialismus ist hochpolitisch und emotionalisiert, ist die Frage nach der Singularität des Holocausts, nach dem Zusammenhang der NS-Verbrechen mit früheren wie späteren, kollektiv verübten Massenmorden, doch längst von einer historisch-akademischen Frage zu einer geschichtsphilosophischen und identitätsstiftenden geworden. Sehen die Verfechter der Singularitätsthese im Vergleich eine blasphemische Verspottung der Opfer, so erblicken deren Gegner darin, in Analogie zum Vorwurf der Holocaustleugnung, die Leugnung aller anderen Genozide. (Zimmerer 2011a, S. 143)

Implizit stellt er die Debatte damit als tabuisierte dar, in der bestimmte Fragen zum Zusammenhang zwischen Holocaust und Kolonialismus aus ‚emotionalen' oder ‚identitären' Gründen nicht gestellt würden. So sei es für westliche Gesellschaften schwierig, sich angemessen mit der Aufarbeitung, der Entschuldigung an die Nachfolgegenerationen der Opfer und dem Gedenken an die eigene Kolonialgeschichte auseinanderzusetzen (Zimmerer 2011a, S. 143).

Gerade auf Seiten dieser Nachfolgegenerationen sei aber, so Zimmerer, zu beobachten, dass sie die Wahrnehmung des Holocausts als „schlimmstes Menschheitsverbrechen überhaupt" gegenüber der eigenen Gewaltgeschichte als marginalisierend empfinden (Zimmerer 2011a, S. 144). Sie möchten vielmehr, „dass das betreffende Massenverbrechen von seiner moralischen Verwerflichkeit auf einer Stufe mit der Ermordung von sechs Millionen Juden durch die Nazis steht" (Zimmerer 2011a, S. 144). Daher berufen sich diese Gesellschaften (Zimmerer sagt an keiner Stelle des Textes genau, welche) auf den Genozid-Begriff, da er sowohl Holocaust als auch koloniale Völkermorde gleichermaßen erfasse (Zimmerer 2011a, S. 144). Jedoch gibt Zimmerer zu bedenken, und damit spricht er ein wichtiges Thema an, dass der „inflationäre Gebrauch" des Genozidbegriffes auch Probleme (wie bspw. fehlende analytische Trennschärfe) mit sich bringt: „Schließlich erfüllt nicht jedes von Fremden initiiertes [sic] Massensterben den Tatbestand des Genozids" (Zimmerer 2011a, S. 144). Ein Beispiel hierfür wären Massentötungen politischer Dissidenten, was offenbar eher in die Kategorie ‚Politizid' fallen würde und keinen Fall von Genozid darstellt (vgl. bspw. Barth 2006, S. 28).

Als Ausweg aus dieser von ihm so beschriebenen Situation sieht er die UN-Genozidkonvention. Sie biete eine brauchbare terminologische Arbeitsgrundlage „für eine universalgeschichtliche Betrachtung" sowohl von Kolonialismus als auch von Holocaust und Nationalsozialismus, da sie seine Forderung erfüllt: Nämlich „eine Arbeitsdefinition, die weder ein Ereignis aus der historischen Betrachtung ausschließt, noch die Ungeheuerlichkeit des bewussten Mordes an ganzen Völkern in einer allgemeinen Geschichte der Massentötungen aufhebt" (Zimmerer 2011a, S. 145).[9]

---

9 In Artikel II und III der UN-Genozidkonvention vom 9. Dezember 1948 (in Kraft getreten am 12. Januar 1951) heißt es:
„Article II In the present Convention, genocide means any of the following acts committed with intent to destroy, in whole or in part, a national, ethnical, racial or religious group, as such:
(a) Killing members of the group;
(b) Causing serious bodily or mental harm to members of the group;
(c) Deliberately inflicting on the group conditions of life calculated to bring about its physical destruction in whole or in part;
(d) Imposing measures intended to prevent births within the group;
(e) Forcibly transferring children of the group to another group.
Article III The following acts shall be punishable:
(a) Genocide;
(b) Conspiracy to commit genocide;

Auch wenn damit viele Fälle von Massengewalt gegen Menschen, wie bspw. „die Sklaverei" oder der „Tod von Millionen von amerikanischen Ureinwohnern, überwiegend Opfer durch die Eroberer eingeschleppter Krankheiten" (Zimmerer 2011a, S. 146), aus der globalgeschichtlichen Gesamtperspektive auf genozidale Verbrechen herausfallen, wie Zimmerer durchaus bewusst ist, hält er am Genozidbegriff fest. Denn abgesehen von einigen solcher Fälle, die (möglicherweise konterintuitiv) nicht vom Genozidbegriff erfasst werden, kämen neue hinzu, die bisher nicht als solche gewertet wurden (vgl. Zimmerer 2011a, S. 146) – und dies sei ein großer Gewinn.

Der deutsche Kolonialismus in Deutsch-Südwestafrika und die Niederschlagung des Herero-Nama-Aufstandes 1904 sind dafür möglicherweise gute Beispiele. Galt der deutsche Kolonialismus im öffentlichen Bewusstsein Deutschlands lange Zeit als lediglich marginal (siehe bspw. Gann 1987), hat die Aufarbeitung seiner genozidalen Komponente durch die postkoloniale (oder postkolonialtheoretisch beeinflusste) Geschichtswissenschaft zu einer stärkeren Auseinandersetzung mit der deutschen Kolonialvergangenheit geführt. Wenn das Insistieren auf den Genozidbegriff also dazu führt, dass Massengewaltverbrechen gegen Menschen in den Fokus der wissenschaftlichen und gesellschaftlichen Aufmerksamkeit rücken, die bisher nicht sichtbar waren, so ist es durchaus nachvollziehbar, ihn für eine globalhistorische Perspektive auf Massengewalt heranzuziehen. Gerade im Zuge der Auseinandersetzung um die (zu einem großen Teil auch moralische) Aufarbeitung der westlichen Kolonialgeschichte, wäre der Genozidbegriff daher hilfreich.

Aber gibt es – neben der bereits konstatierten fehlenden analytischen Trennschärfe – möglicherweise noch weitere Probleme mit dem Genozidbegriff? Wie überzeugend sind die in der UN-Konvention genannten Kriterien? Wie sinnvoll ist es, so wie es in der Konvention festgehalten wird, Geburtenkontrolle und Kinderraub bereits als Fälle von Genozid zu werten? Eine kritische Diskussion des Genozidbegriffes kann an dieser Stelle nur kurz umrissen werden. Insgesamt lässt sich feststellen, dass es keine einheitliche Begriffsverwendung gibt. So beschreibt bspw. Boris Barth, dass es sowohl AutorInnen gebe, die den Genozidbegriff der UN als zu eng sehen, für andere gehe er viel zu weit:

> Um nur einige Beispiele zu geben: Genozidverdacht ist geäußert worden bei Drogenmissbrauch, Methadonprogrammen, Geburtenkontrolle, medizinischer Behandlung fundamentalistischer Katholiken, der Schließung von Synagogen in der Sowjetunion oder bei der Abtreibung von Kindern in den USA. [...] Aufgrund dieser wachsenden begrifflichen

---

(c) Direct and public incitement to commit genocide;
(d) Attempt to commit genocide;
(e) Complicity in genocide" (United Nations 1951).

Konfusion argumentieren einige Historiker/innen, dass nur eine strenge und enge Definition Sinn macht, denn Genozid sei ein relativ seltenes Staatsverbrechen, das erst im 20. Jahrhundert auftrete. [...] Der wichtigste Punkt ist die Intention [...] eine selbst definierte religiöse, ethnische oder nationale Gruppe ohne Ausnahme auszulöschen. (Barth 2011)

Es scheint, der Genozidbegriff sei ein solcher, der einen ‚kleinsten gemeinsamen Nenner' in einer Reihe von Ereignissen sucht und damit deren Spezifika ignoriert. Dieser Umstand wird z.B. bei Jörg Ganzenmüller formuliert: „Indem man all diese Verbrechen mit dem Begriff ‚Völkermord' oder ‚Genozid' belegt, geraten nur die spezifischen Umstände und die unterschiedlichen Ziele der Gewalt aus dem Blick" (Ganzenmüller 2012, S. 153). Dagegen schreibt Zimmerer über die Anwendung des Genozidbegriffs auf eine Reihe von Beispielen für tödliche, von Menschen herbeigeführte Massengewalt gegen Menschengruppen: „Es geht auch nicht um eine vollständige Gleichsetzung oder der [sic] Leugnung historischer Spezifika" (Zimmerer 2011a, S. 146). Auch würde damit die möglicherweise behauptete Singularität von bestimmten historischen Ereignissen nicht geleugnet, im Gegenteil: „alle Fälle von Völkermord oder von gesellschaftlich oder staatlich organisiertem Massenmord sind in wichtigen Punkten singulär" (Zimmerer 2011a, S. 146). Was Zimmerer an dieser Stelle nicht berücksichtigt ist, dass in der Verwendung des Genozidbegriffes möglicherweise die Gefahr der Vereinheitlichung und damit der essentialistischen Zuschreibung gleicher ‚Wesenszüge' bestimmter historischer Beispiele von Genozid liegt.

Für Zimmerer ist die Verwendung des Genozidbegriffes insgesamt wenig problematisch. Einerseits bietet er ihm die Möglichkeit, beobachtete strukturelle Ähnlichkeiten zeitlich distinktiver historischer Phänomene unter einem Terminus zu subsumieren. Andererseits ließe sich aus dieser Beobachtung struktureller Ähnlichkeiten möglicherweise eine neue Sichtweise auf beide (oder mehrere) Phänomene vornehmen – um sie weiterhin, wie in diesem Fall, als prinzipiell gleichartig (oder eben ‚wesensgleich') zu bewerten.

Die strukturelle Ähnlichkeit, die Zimmerer zwischen europäischem Kolonialismus und Nationalsozialismus erkennt, beruhe auf bestimmten Konzepten von Rasse und Raum, die in beiden Fällen vorlägen und funktionalistisch wie historisch eine gleichartige Bedeutung hätten (Zimmerer 2011a, S. 147). Im Nationalsozialismus findet Zimmerer diese Konzepte einerseits in bestimmten Konzepten von ‚Rasse' innerhalb der NS-Ideologie, und andererseits der Eroberung des Ostraumes und der damit verbundenen Vorstellung von Raumaneignung. Sein Begriff von Rasse ist dabei sehr weit gefasst und rekurriert auf Ulrich Herberts Verständnis von Rassismus als „umfassende ‚Biologisierung des Gesellschaftlichen'" (Herbert 1995, S. 13. Zitiert bei Zimmerer 2011a, S. 147). „Legt man dieses Konzept zugrunde", so Zimmerer, „werden die Opfer der Zwangssterilisation, der Ermordung ‚lebensunwerten Lebens', die sowjetischen Kriegsgefangenen und die Juden als *Opfer der gleichen menschenverachtenden Ideologie* erkennbar" (Zimmerer 2011a, S. 147; Hervorhebung S.K.).

Wie bereits beim Genozidbegriff wird deutlich, dass in einem solchen Rassismusbegriff bestimmte Spezifika ignoriert werden, wenn man ihn (wie Zimmerer) auf die Fälle Kolonialismus, Stalinismus sowie Nationalsozialismus und Holocaust anwendet. Aber es erscheint darüber hinaus überhaupt bemerkenswert, dass Zimmerer im Rekurs auf den Massenmord an jüdischem Leben in Deutschland keinen Verweis auf Antisemitismus vornimmt, sondern davon ausgeht, dass diese „[rassistische] Sicht auf Geschichte und Gesellschaft" das alles vereinende ideologische Band im Nationalsozialismus sei (Zimmerer 2011a, S. 148). Dass sich der moderne Antisemitismus in der Zuschreibung bestimmter Merkmale deutlich von Stereotypen des (kolonialen) Rassismus unterscheidet, ist hier ein wichtiger Aspekt.

Bei Zimmerer ist diese Unterscheidung allerdings auch überhaupt nicht relevant für seine Argumentation, dass es im NS rassisch-völkische Vorstellungen von ‚blutsreinen', körperlich überlegenen und gesunden ‚Volkskörpern' gab (vgl. Zimmerer 2011a, S. 148). Diese waren wiederum stets eng mit Vorstellungen eines adäquaten ‚Lebensraumes' verknüpft. Der Begriff ‚Lebensraum' innerhalb der NS-Ideologie (und insbesondere im ‚Generalplan Ost') rekurriert auf sozialdarwinistische Ideen über biologischen Raum und Staatlichkeit, die der Zoologe und Geograph Friedrich Ratzel unter anderem in seinen Werken *Politische Geographie* (1897) und *Der Lebensraum. Eine biogeographische Studie* (1901) formulierte. Innerhalb der deutschen völkischen Bewegung im Kaiserreich und der Weimarer Republik wurden diese Ideen aufgegriffen (Ratzel selbst war Gründungsmitglied im ‚Alldeutschen Verein') und finden auch im zweiten Band von Hitlers *Mein Kampf* Verwendung (vgl. Lange 1965, S. 426).

Im Nationalsozialismus finden sich biologisch-rassenantisemitische Verknüpfungen der Konzepte ‚Volk' und ‚Lebensraum' unter anderem beim NS-Ideologen Alfred Rosenberg, dem NS-Funktionär und -Staatstheoretiker Carl Schmitt sowie dem Schmitt-Schüler Ernst Forsthoff (vgl. Kapferer 2003). Schmitt setzte sich im Übrigen dafür ein, dass der Nationalsozialismus auf keinen Fall mit ‚Imperium' oder ‚Empire' verwechselt werden dürfe:

> Während Imperium oft die Bedeutung eines universalistischen, Welt und Menschheit umfassenden, also übervölkischen Gebildes hat [...], ist unser Deutsches Reich wesenhaft volkhaft bestimmt und eine wesentlich nicht-universalistische, rechtliche Ordnung auf der Grundlage der Achtung des Volkstums. (Schmitt 1941, S. 51. Zitiert nach Kapferer 2003, S. 183)

Gemeinsam formulieren sie die Forderung nach Lebensraum für das sogenannte deutsche Volk – ausgehend von einer Ideologie, die z.B. Rainer F. Schmidt in Bezug auf die Ideologien Rosenbergs und Himmlers als „alles überwölbende[s] Dogma der Rassereinheit und des Sozialdarwinismus" beschreibt (Schmidt 2002, S. 95). Dieses Dogma, das später im ‚Generalplan Ost' seine praktische Umsetzung fand, impliziere

> [...] die ‚Ausmerzung unwerter Elemente' aus der Volksgemeinschaft; die scharfe Frontstellung gegen den ‚jüdisch verseuchten Bolschewismus'; die Züchtung eines neuen Menschen durch ‚Aufadelung der Blutsubstanz' und ‚Aufnordung'; und die Agrarromantik bzw. Blut-und-Boden-Ideologie, um dem biologischen Verfall der Stadtbewohner Einhalt zu gebieten und die bäuerliche Lebensweise zu kultivieren. Aus all diesen Vorstellungen leiteten sich die Forderung nach Lebensraum, nach Landnahme und Siedlungsgebieten im Osten ab, wobei in der Konsequenz dieses rassistisch durchtränkten Ansatzes von Beginn auch die Vertreibung, Versklavung und Ausrottung der örtlichen Bevölkerung lag. (Schmidt 2002, S. 95)

Norbert Kapferer schließt sich dieser Ansicht an und betont, dass „die Elemente Antisemitismus, völkischer Rassismus und Antikommunismus sich im Bild des ‚jüdischen Bolschewismus' verdichten" und sie „im Zentrum nationalsozialistischer Ideologiebildung und Propaganda" stehen (Kapferer 2003, S. 160). So auch Saul Friedländer: „Die Juden waren [aus Hitlers Sicht] die Bedrohung, die letztlich hinter dem Bolschewismus stand" (Friedländer 1998, S. 198. Zitiert nach Kapferer 2003, S. 160), weiterhin Omer Bartov: „It should be pointed out, however, that the Nazi regime associated socialist and Communist opponents, both domestic and foreign, with the Jews, and persecuted them from the very beginning" (Bartov 1998, S. 794).

Ulrike Jureit stellt weiterhin fest, dass in diesem Zusammenhang ein wichtiger Unterschied zu kolonialen Praktiken der Vergangenheit deutlich werde:

> Lebensraum kennzeichnete [im NS] die Totalität eines Zerstörungs- und Neuordnungswillens, der die eroberten Gebiete nicht mehr im kolonialen Sinne als *leer* phantasierte, sondern sie im Sinne rassischer Auslese zu *leeren* und neu zu sortieren beabsichtigte. (Jureit 2012, S. 28; Hervorhebung im Original)

Darüber hinaus merkt Schmidt an, dass die völkisch-rassistische Raumkonzeption Himmlers und Rosenbergs sich von anderen Positionen zur nationalsozialistischen Raumerschließung innerhalb der NSDAP unterscheiden lässt. Als Gegenbeispiel erwähnt er die stärker kolonial-imperialistischen Ansichten Ribbentrops und Görings, die aus völkischer Sicht „eine ‚rassengefährdende' Politik, die nur ‚Blutsverbrauch' und ‚Kraftverschwendung' führe", darstelle

(Schmidt 2002, S. 97). Diese Unterscheidung deckt sich mit der Darstellung Jureits.

Auch Zimmerer sieht bestimmte Verbindungslinien zwischen biologischem und völkischem Rassismus mit Konzepten des Raumes. So schreibt er:

> [Es] wurde die Vorstellung des Raumes direkt an die rassische Ideologie angeschlossen. Er beinhaltete sowohl Vorstellungen einer ökonomischer [sic] Autarkie als auch eines Siedlungsgebietes für Deutsche, das in Polen und Russland liegen sollte. (Zimmerer 2011a, S. 148)

Eine primär völkisch-rassistische und im Kern antisemitische Raumkonzeption der NationalsozialistInnen, die u.a. bei Jureit und Schmidt beschrieben wird, sieht Zimmerer dabei aber offenkundig nicht. Die zentrale Ideologie hinter der nationalsozialistischen Eroberung Osteuropas ist laut Zimmerer ausschließlich als ‚kolonial' zu beschreiben. So sieht er auch konsequent die Konzepte Rasse und Raum, die er als zentral in der nationalsozialistischen Eroberungspolitik im Osten definiert, als wesentlich für den Kolonialismus (vgl. Zimmerer 2011a, S. 148): „Sowohl die Siedlerkolonien bildeten, wie die spätere deutsche Besatzungspolitik im Osten, eine Großraumwirtschaft, gekennzeichnet durch das Bestreben, sich ein riesiges abhängiges Territorium zu erschließen" (Zimmerer 2011a, S. 148).

Bestimmte rassische und völkische Komponente werden von Zimmerer zwar erwähnt, sie bilden für seine Argumentation allerdings kein zentrales Moment – vom Antisemitismus ganz zu schweigen, dessen Thematisierung bei Zimmerer allenfalls einer Randnotiz gleichkommt und von ihm als Unterform von Rassismus behandelt wird. Für den weiteren Aufbau von Zimmerers historischer Kontinuitätsthese zwischen Kolonialismus und Nationalsozialismus liegt der Schwerpunkt eher auf Analogien zu kolonialen Herrschaftsstrukturen und deren Legitimation – und weniger zu bestimmten rassistischen, völkischen und antisemitischen Komponenten in der Ideologie des Generalplan Osts.

3.2.2 Legitimation und Herrschaft: Zimmerer über Parallelen zwischen „situation coloniale" und Generalplan Ost

Wo genau liegen für Zimmerer also die Analogien bzw. die strukturellen Ähnlichkeiten zwischen der Gewaltherrschaft in den europäischen bzw. deutschen Kolonien und der Eroberungs- und Vernichtungspolitik des nationalsozialistischen Krieges um Lebensraum? Insgesamt lassen sich fünf Aspekte in Zimmerers Argumentation rekonstruieren, die zentral für seine These sind. Im Folgenden möchte ich diese Aspekte kurz skizzieren.

3.2.2.1 Legitimation und ‚Auserwähltheit'

Der Glaube an die besondere und unanfechtbare Rechtschaffenheit bestimmter unterdrückender und/oder massenmörderischer Handlungen der eigenen Gruppe gegenüber einer anderen ist für Zimmerer ein gemeinsames Merkmal von europäischem Kolonialismus und nationalsozialistischen Expansionsplänen. In Rekurs auf bekannte Schlagworte des kolonialimperialistischen Diskurses wie ‚The White Man's Burden' oder der ‚Manifest Destiny' hebt Zimmerer den Gedanken „der eigenen Rechtgläubigkeit oder Auserwähltheit" seitens der Kolonialmächte hervor, der „immer eine wichtige Rolle bei der ideologischen Vorbereitung der Herrschaftsausdehnung" gespielt habe (Zimmerer 2011a, S. 149). Diesen Umstand beschreibt Zimmerer als eine der „wesentlichsten Parallelen zwischen dem Kolonialismus und der nationalsozialistischen Expansionspolitik" (Zimmerer 2011a, S. 149).

3.2.2.2 Tabula Rasa: Koloniale Raumordnungen

Die koloniale Vorstellung einer zu erobernden Region als ‚leer' ist bereits oben von Jureit angesprochen worden. Diese Vorstellung impliziert, dass ein realer geographischer Raum als menschenleer und ungeordnet imaginiert wird, der im Rahmen der kolonialen Eroberung ‚gefüllt' werden soll. Sollten Menschen in diesem Raum leben, würden diese, so Zimmerer, als „wild, chaotisch und gefährlich" beschrieben (Zimmerer 2011a, S. 149) – ein bekannter Topos im kolonialen Diskurs. In diesem Kontext soll der Raum also im Sinne einer Mission zivilisiert und geordnet werden – was impliziere, „das Land nach eigenen Vorstellungen" und „ohne Rücksicht auf indigene Siedlungs- und Wirtschaftsräume [...] zu gestalten" (Zimmerer 2011a, S. 149).

Sowohl im Kolonialismus als auch im Nationalsozialismus habe es laut Zimmerer derartige Raumvorstellungen gegeben: „Als riesige tabula rasa, die nach eigenen Vorstellungen neu zu erschaffen war [...] sahen auch die nationalsozialistischen Eroberer den Osten" (Zimmerer 2011a, S. 150). Dabei griffen sie „auf die Kolonialgeschichte als Referenzpunkt zurück" (Zimmerer 2011a, S. 151). Die vermeintliche Unterentwicklung des Raumes ist dabei für Zimmerer das zentrale Merkmal, aus dem die NS-Führung ihre Eroberungslegitimation ableitete. Dies möchte Zimmerer an einem Zitat eines Landesplaners für Ostpreußen, Ewald Liedecke, belegen, der im Jahr 1939 schreibt:

[W]ir können bei der Neugestaltung deutschen Landes nicht in polnischen Spuren wandeln und die polnische Siedlung und Landteilung zur Grundlage einer deutschen Siedlungslandschaft machen. Statt diesem partiellen Vorgehen ist ein totaler kolonisatorischer Akt nötig, der das ganze Gebiet erfaßt, neu umlegt und aus deutschen Vorstellungen heraus neu besiedelt. (Zitiert nach Zimmerer 2011a, S. 151, welcher wiederum bei Hartenstein 1998, S. 79 zitiert)

3.2.2.3 Rückständigkeit und Unmündigkeit

In Verbindung zu diesem unter 3.2.2.2. subsumierten Aspekt, also die Vorstellung des zu erobernden Raumes als leer und ungeordnet, ist für Zimmerer „die vermeintliche Rückständigkeit und Unmündigkeit seiner Bewohner" ein weiteres Legitimationsmerkmal der NationalsozialistInnen (Zimmerer 2011a, S. 151). In Anlehnung an den kolonialen Prozess des ‚Otherings' versucht Zimmerer hiermit zu zeigen, dass die Vorstellungen der NationalsozialistInnen auf ähnlichen stereotypen Zuschreibungen beruhen, wie sie im europäischen Kolonialismus seitens der Kolonialmächte gegenüber der zu kolonisierenden Gruppe geäußert wurden. Im Kolonialismus dienten diese auf rassistischen Vorstellungen beruhenden Zuschreibungen der (nachträglichen) Legitimation zur Kolonisierung.

3.2.2.4 Herrschaftstechniken

Die Punkte 3.2.2.1. bis 3.2.2.3. konzentrieren sich vor allem auf die Frage der Legitimation zur Eroberung des Ostraumes und mögliche Parallelen zum europäischen Kolonialismus. Im nun folgenden Abschnitt, den ich als vierten Aspekt in Zimmerers Plädoyer für Parallelen zwischen Kolonialismus und Nationalsozialismus verstehe, geht er schwerpunktmäßig auf Parallelen in den Herrschaftstechniken ein, die er in beiden dieser historischen Phänomene sieht. Zentral ist dabei für ihn einerseits das Merkmal der „permanente[n] symbolische[n] Unterwerfung" aufgrund unterschiedlicher Rechtssysteme für Herrschende und Beherrschte (Zimmerer 2011a, S. 152), und anderseits das Merkmal der „völlige[n] Verfügbarkeit" (Zimmerer 2011a, S. 155), welches er sowohl bei ZwangsarbeiterInnen in den von Deutschen besetzten und beherrschten Gebieten, als auch bei der Beherrschung und Ausbeutung der Arbeitskraft der „einheimische[n] Bevölkerung" (Zimmerer 2011a, S. 152) in den Kolonien sieht.

Das erste dieser Merkmale lässt sich anhand zweier Zitate Zimmerers skizzieren. Erstens:

Kolonisatoren wie Kolonisierte gehörten unterschiedlichen Rechtssystemen an, wobei dieses ‚duale Rechtssystem' auf dem Kriterium der Rassenzugehörigkeit beruhte. Die ‚situation coloniale' durchzog alle Sphären der gesellschaftlichen Interaktion zwischen Kolonisatoren und Kolonisierten. Europäer wurden immer und überall bevorzugt. (Zimmerer 2011a, S. 152)

Zweitens:

> Auch im besetzten Polen mussten die Polen jedem Deutschen gebührend ihre Demut zeigen, indem sie auf dem Bürgersteig den Hut abnahmen und salutierten [...] Diese alltägliche Diskriminierung verliert zwar vor dem Hintergrund der gleichzeitig verübten Massenmorde an Bedeutung, dennoch gibt es den Blick auf einen Traditionsstrang der deutschen Politik in den besetzten Gebieten des Ostens frei, der meist übersehen wird. (Zimmerer 2011a, S. 152–153)

Deutlich wird anhand dieser Beispiele, dass Zimmerer ein Oppositionspaar zwischen Kolonisierenden und Kolonisierten sowohl im (hier: deutschen) Kolonialismus, als auch den von deutschen eroberten östlichen Gebieten im Nationalsozialismus postuliert. Für die einen gelten privilegierende Rechte, für die anderen diskriminierende und ausschließende Mechanismen, die jeweils entweder juristisch festgelegt sind, oder sich in soziokultureller Alltagspraxis manifestieren (vgl. Zimmerer 2011a, S. 153).

Zimmerer findet dafür den Begriff einer „rassistischen Privilegiengesellschaft" (Zimmerer 2011a, S. 153) und verweist gleichzeitig auf das Phänomen der Verhinderung jeglicher ‚Vermischung' zwischen Angehörigen der europäischen Kolonialmächte und der afrikanisch-indigenen Bevölkerung in den deutschen Kolonien. „Ausgehend von den englischen Kolonien in Nordamerika", so Zimmerer, „[wurden in den deutschen Kolonien] ‚Mischehen' zunehmend verboten", sie galten als „Bedrohung" (Zimmerer 2011a, S. 153). Dabei bleibt unklar, welche Art von Bedrohung sie in Zimmerers Argumentation implizieren. Er spricht einerseits von einem „Abstand zwischen der privilegierten Ober- und der nicht-privilegierten Unterschicht", der zur Erhaltung des sozialen Gefüges „zu bewahren war", andererseits ein paar Sätze weiter von der Gefahr der „Verkafferung" (Zimmerer 2011a, S. 153), welches eher eine rassistische Konnotation aufweist bzw. mit dem Kulturverlust kolonialer Männlichkeit assoziiert ist (vgl. Kundrus 2003a, S. 80–81). Die Vermutung liegt allerdings nahe, dass Zimmerer im Verbot der Mischehen seitens der deutschen KolonistInnen eher eine rassistische Motivation sieht, da er diesen Aspekt besonders betont, um im Folgenden eine Verbindungslinie zur Rassenpolitik im Nationalsozialismus zu ziehen. So schreibt er: „Verfehlungen gegen das Verbot der sexuellen Beziehungen [in den deutschen Kolonien] wurden als ‚Versündigung an dem Rassenbewusstsein' gebrandmarkt" (Zimmerer 2011a, S. 153. Vgl. auch Zimmerer 2002).

Von hier aus zieht Zimmerer eine Verbindung zum Nationalsozialismus: „Unschwer ist darin eine Parallele zur ‚Rassenschande' und zu den Rassengesetzen im Dritten Reich erkennen [sic]" (Zimmerer 2011a, S. 153). Er bezieht sich hier auf das „Gesetz zum Schutze des Deutschen Blutes und der deutschen Ehre" vom 15.09.1935 (Quelle bei Hofer 1988, S. 285) und bemerkt, dass in diesem juristisch festgeschrieben wurde, dass sowohl „Eheschließungen zwischen Juden und Staatsangehörigen deutschen oder artverwandten Blutes" als auch „außerehelicher Verkehr" (Hofer 1988, S. 285) zwischen diesen Gruppen untersagt sind.

3.2.2.5 Verfügung über Arbeitskraft

Ein weiterer Punkt in Zimmerers Parallelisierung von Kolonialismus und Nationalsozialismus ist die „Entrechtung der Ureinwohner und deren Degradierung zur Verfügungsmasse, die im Interesse der Kolonialherren eingesetzt werden konnte" (Zimmerer 2011a, S. 154). Damit bezieht er sich einerseits auf die „Zwangsrekrutierung von Arbeitskräften" und andererseits auf die willkürliche „Umsiedlung der einheimischen Bevölkerung" seitens der jeweiligen Kolonialmächte bzw. der nationalsozialistischen Herrschaft (Zimmerer 2011a, S. 154) – und zwar immer „gemäß den eigenen ökonomischen Erfordernissen" (Zimmerer 2011a, S. 155). So parallelisiert Zimmerer nicht nur die „Sklavenwirtschaft" im europäischen Kolonialismus (bzw. den Dreieckshandel der so genannten ‚Middle Passage'[10]) mit Zwangsarbeit im Nationalsozialismus, sondern auch „die Indianerreservate Nordamerikas oder die Reservate in Südwestafrika" mit den nationalsozialistischen Ghettos für die jüdische Bevölkerung in den besetzten Ostgebieten (vgl. Zimmerer 2011a, S. 153–154).

Die Politik und Ideologie hinter beiden dieser Prozesse ist für Zimmerer offenbar ein und dieselbe – nämlich eine auf ökonomische Vorteile zielende Zwangsbehandlung in Form von Unterdrückung und Ausbeutung der Arbeitskraft gegenüber Menschen in europäischen Kolonien und im nationalsozialistisch beherrschten Osteuropa – wobei Zimmerer hier nicht weiter auf Unterschiede zwischen der jüdischen und der nicht-jüdischen Bevölkerung eingeht. Dieser Punkt wäre allerdings eventuell überaus aufschlussreich gegenüber der Tatsache, dass es im nationalsozialistisch besetzten Osteuropa zwar mehr als 1000 jüdische Ghettos gab, aber keine Ghettos dieser Art für nicht-jüdische Menschen (vgl. Michman 2011).

---

10 Vgl. bspw. Diedrich et al. 1999; Klein 1978, 1999.

3.2.2.6 Zusammenfassung

Insgesamt ist Zimmerer darum bemüht, Parallelen, Homologien und Ähnlichkeiten zwischen Kolonialismus und Nationalsozialismus auf struktureller Ebene nachzuweisen. Dabei geht es ihm schwerpunktmäßig um, im weitesten Sinne, kolonialistische Herrschaftspraktiken, die aus dem europäischen Kolonialismus bekannt sind, und die er in der nationalsozialistischen Gewaltherrschaft in Osteuropa ebenfalls in Anwendung sieht. Er fokussiert sich insgesamt eher auf mögliche Gemeinsamkeiten als auf mögliche Unterschiede. In ähnlichen Konzepten von ‚Rasse' und ‚Raum', die Zimmerer sowohl in den (deutschen) Kolonien als auch im nationalsozialistisch besetzten Osteuropa sieht, manifestieren sich damit in seiner Darstellung strukturelle und morphologische Gemeinsamkeiten, die in der Praxis auf eine essentielle Gleichartigkeit hinweisen. An dieser Stelle ließe sich fragen, ob die konkreten Vernichtungspläne und deren Umsetzungen gegenüber der kolonisierten/unterdrückten Bevölkerung auch diese Art von Gleichartigkeit aufweisen. Zentrale Kategorie ist hier für Zimmerer der Genozid:

> Radikalste Konsequenz einer auf den Konzepten ‚Rasse' und ‚Raum' beruhenden Eroberungs- und Siedlungspolitik war der Genozid, d.h. die Ermordung von Menschen, die als Feinde, als überflüssig oder als Hindernis für die eigene Entwicklung betrachtet wurden. (Zimmerer 2011a, S. 156)

In welcher Beziehung stehen für Zimmerer also Nationalsozialismus und Kolonialismus in Relation zur Kategorie ‚Genozid' zueinander? Diese Frage soll im folgenden Abschnitt anhand von Zimmerers Text rekonstruiert werden.

3.2.3 Rasse, Raum – Genozid?

„Im Dritten Reich", so Zimmerer,

> trat die genozidale Politik derart konzentriert, gegen so viele verschiedene Opfergruppen gerichtet und in so kurzer Zeit auf, dass in den Genoziden [...] ein, wenn nicht das Hauptmerkmal der nationalsozialistischen Politik gesehen werden kann. (Zimmerer 2011a, S. 156)

Er definiert den Begriff Genozid wie folgt: „[D]ie Ermordung von Menschen, die als Feinde, als überflüssig oder als Hindernisse für die eigene Entwicklung betrachtet wurden" (Zimmerer 2011a, S. 156). Für Zimmerer stellt der Genozid damit eine Art Prototyp des „modernen, bürokratischen [...] Staatsverbrechen[s]" dar. Im weiteren Verlauf seines Textes möchte er aufzeigen, in welcher Hinsicht Aspekte von Nationalsozialismus und Kolonialismus als genozidale Herrschaftspraxen verstanden werden können (Zimmerer 2011a, S. 156).

Zentral ist für Zimmerer in diesem Zusammenhang die Rolle staatlicher Macht bzw. staatlicher Weisungen in Bezug auf bspw. Schießbefehle, Ermordungen, etc. Daher stellt er die Frage, ob „[d]ie staatliche Durchführung und die bürokratische Organisation" in Bezug auf genozidale Praxis in Kolonialismus und Nationalsozialismus „ein wichtiges Unterscheidungskriterium [darstellt], mit denen [sic] sich die Verbrechen der NationalsozialistInnen von den Völkermorden in den Kolonien abgrenzen lassen" (Zimmerer 2011a, S. 159). Auf den ersten Blick erscheine das einleuchtend, wie Zimmerer schreibt, aber bei genauerer Betrachtung sei eine solch scharfe Unterscheidung eher problematisch. Es sei für ihn schlüssig, dass sich in Anbetracht der Kategorien ‚Rasse' und ‚Raum' von strukturellen Ähnlichkeiten zwischen Kolonialismus und Holocaust reden lasse. Dies gelte allerdings nur eingeschränkt für die Kategorie ‚Genozid': Der Unterschied zwischen Holocaust und Kolonialismus, der sich in Anbetracht dieser Kategorie für Zimmerer ergibt, sei kein „strukturell-essentielle[r] Unterschied", sondern es handele sich um einen „graduellen" (Zimmerer 2011a, S. 159). So wie der Historiker Norman M. Naimark zwischen stalinistischen Verbrechen und dem Holocaust nur einen graduellen Unterschied sieht und der Holocaust für ihn den „allerschlimmsten Fall von Genozid" (Naimark 2010, S. 140) darstelle, argumentiert analog auch Zimmerer: Der Holocaust sei graduell ein größerer Fall von Genozid als die Niederschlagung des Herero-Nama-Aufstandes, aber es seien eben beides strukturgleiche und damit essentiell gleichartige Genozide.

Die Kernprämisse von Zimmerers Argument ist also, dass die Genozide sowohl in den Kolonien als auch im Nationalsozialismus sich als „staatliche Verbrechen [...], auch mit starken bürokratischen Elementen" verstehen lassen (Zimmerer 2011a, S. 159). Im Nationalsozialismus sei relativ einfach aufzuzeigen, dass eine „staatliche Durchführung und bürokratische Organisation" (Zimmerer 2011a, S. 159) hinter den verübten Massenmorden stand, und dass diese dadurch staatlich legitimiert wurden: Der Staat handelte autoritär, gab Anweisungen und Aufträge zu Massenmorden. So schreibt Zimmerer:

> [Die Täter] töteten im Auftrag und mit Billigung ihres Staates, sei es als Besatzungssoldaten, als Mitglieder der Erschießungskommandos, als Aufseher in Konzentrations- wie Gefangenenlager oder als Vordenker in den Planungsstäben, Ministerien oder Universitäten. (Zimmerer 2011a, S. 159)

Gilt dies gleichermaßen für den Kolonialismus? Sind Konzepte von Staatlichkeit in Kolonialismus und Nationalsozialismus eins zu eins kommensurabel? Zimmerer ist hier skeptisch. Zunächst gibt er zu bedenken, dass es möglicherweise nicht so einfach möglich ist, im gleichen Maße von staatlich organisiertem Massenmord sowohl in den Kolonien als auch im Nationalsozialismus zu sprechen: „Im Gegensatz zum Nationalsozialismus, in dessen Kern der Völkermord steht, sind die einzelnen Fälle von Genozid in der Geschichte des europäischen Kolonialismus schwieriger zu identifizieren" (Zimmerer 2011a, S. 160). Damit sei natürlich nicht gesagt, dass es nicht in der Geschichte des europäischen Kolonialismus extreme Formen von Gewalt, Mord und allgemein „Massensterben" gegeben habe (Zimmerer 2011a, S. 160). Es sei nur schwierig, sie explizit als Fälle von Genozid zu bewerten, und zwar aus einem bestimmten Grund: „Da die Intention zur Vernichtung ganzer Völker dabei nicht gegeben war, kann in diesem Zusammenhang nicht von Genozid gesprochen werden" (Zimmerer 2011a, S. 160). Tatsächlich ist ja die Verfügung über Arbeitskraft im kolonialen Handelssystem und der Sklaverei zweckmäßig, wie auch Zimmerer bemerkt: „Die koloniale Ökonomie bedurfte ja gerade der indigenen Bevölkerung als Objekte der Ausbeutung. Ähnliches gilt auch für die Sklaverei" (Zimmerer 2011a, S. 160. Vgl. bspw. auch Wirz 1984). „D.h. die Eroberung Amerikas", so Zimmerer weiter,

> und im Grunde gilt dies auch für die anderen Kontinente – war zum überwiegenden Teil nicht genozidal. Sie war rassistisch und gewalttätig, aber sie zielte ursprünglich nicht auf die Vernichtung vorgefundener Ethnien. (Zimmerer 2011a, S. 160)

Diese Unterscheidung zwischen dem Vorhandensein einer Intention zur Vernichtung und dem Fehlen dieser (also auf staatlicher Ebene) ist möglicherweise ein wichtiger Aspekt in der Problematisierung der Frage, ob für einen Genozid eine klare Vernichtungsintention gegeben sein muss oder nicht.[11] Zimmerer geht allerdings offenbar davon aus, dass es eine hinreichende Bedingung für einen Genozid ist, dass eine (totale) Vernichtungsintention gegeben ist und dass deren Ausführung angeordnet wurde. Dies äußert sich darin, dass er zwischen einerseits Geneziden, und andererseits „genozidale[n] Momenten", „genozidale[n] Gedanken" oder „genozidale[r] Dynamik" (Zimmerer 2011a, S. 160–161) unterscheidet:

> Dennoch gab es in diesem Prozess [hier: die Eroberung Amerikas] genozidale Momente, schimmerte der Willen, die ursprünglichen Bewohner des Landes zu ‚Untermenschen' zu erklären, sie nicht nur zu berauben, sondern generell zu eliminieren, mancherorts durch. (Zimmerer 2011a, S. 160)

---

[11] Zumindest in der Genoziddefinition des Juristen Raphael Lemkins, auf der die UN-Konvention beruht (vgl. Unterkapitel 3.3), muss nicht notwendigerweise eine Intention zur vollständigen Vernichtung vorliegen, damit ein Genozid festgestellt werden kann.

Für solche Momente, Gedanken und Dynamiken im kolonialen Kontext liefert Zimmerer eine Reihe von Beispielen. Neben der bereits genannten Eroberung Amerikas rekurriert er schwerpunktmäßig auf „die Siedlerkolonien in Nordamerika, Australien, Neuseeland und im Südlichen Afrika" (Zimmerer 2011a, S. 161). Hier sieht er vor allem die wichtige Tatsache als gegeben an, dass sie allesamt in verschiedenen Kontexten und Zeiträumen ähnliche strukturelle Züge aufwiesen und Voraussetzungen bereitstellten, damit sich überhaupt diese Art von genozidaler Dynamik entwickeln konnte. So ergebe sich „aus der Besiedelung eine genozidale Dynamik, und aus dem Massenmord wieder Raum für Besiedelung" (Zimmerer 2011a, S. 161). Ein kolonialer Zirkel – gespeist durch religiöses Sendungsbewusstsein sowie biologischen und anthropologischen Rassismus.

Diesen Rassismus illustriert Zimmerer am Beispiel Lothar von Trothas, Kommandeur der Schutztruppe in Deutsch-Südwestafrika, und dessen Vernichtungsbefehl, dem ‚Aufruf an das Volk der Herero' (vgl. Zimmerer 2011a, S. 161.[12] Von Trotha interessierte sich nicht mehr dafür, die indigene Bevölkerung als Arbeitskraft einzusetzen, weswegen er auch vor einem Genozid gegen die Herero und Nama nicht zurückschreckte. Damit ist von Trotha nach heutigem wissen-

---

[12] Der vollständige Aufruf:
„Aufruf an das Volk der Herero
Abschrift zu O.K. 17290 Osombo-Windembe, den 2. Oktober 1904
Kommando der Schutztruppe.
J.Nr. 3737
Ich, der große General der deutschen Soldaten, sende diesen Brief an das Volk der Herero. Die Hereros sind nicht mehr deutsche Untertanen. Sie haben gemordet und gestohlen, haben verwundeten Soldaten Ohren und Nasen und andere Körperteile abgeschnitten, und wollen jetzt aus Feigheit nicht mehr kämpfen. Ich sage dem Volk: Jeder der einen der Kapitäne an eine meiner Stationen als Gefangenen abliefert, erhält 1000 Mark, wer Samuel Maharero bringt, erhält 5000 Mark. Das Volk der Herero muß jedoch das Land verlassen.
Wenn das Volk dies nicht tut, so werde ich es mit dem Groot Rohr dazu zwingen. Innerhalb der Deutschen Grenze wird jeder Herero mit und ohne Gewehr, mit oder ohne Vieh erschossen, ich nehme keine Weiber und Kinder mehr auf, treibe sie zu ihrem Volke zurück oder lasse auf sie schießen. Dies sind meine Worte an das Volk der Hereros.
Der große General des mächtigen deutschen Kaisers.
Dieser Erlaß ist bei den Appells der Truppen mitzuteilen mit dem Hinzufügen, daß auch der Truppe, die einen der Kapitänen fängt, die entsprechende Belohnung zuteil wird und das Schießen auf Weiber und Kinder so zu verstehen ist, daß über sie hinweggeschossen wird, um sie zum Laufen zu zwingen. Ich nehme mit Bestimmtheit an, daß dieser Erlaß dazu führen wird, keine männlichen Gefangenen mehr zu machen, aber nicht zu Grausamkeiten gegen Weiber und Kinder ausartet. Diese werden schon fortlaufen, wenn zweimal über sie hinweggeschossen wird. Die Truppe wird sich des guten Rufes des Deutschen Soldaten bewußt bleiben.
der Kommandeur
gez. v. Trotha, Generalleutnant" (Behnen 1977, S. 291–292).

schaftlichem Konsens maßgeblich verantwortlich für den ersten Genozid des 20. Jahrhunderts.

Zimmerer ist damit an einem Punkt angekommen, an dem er eine „ideologische Voraussetzung" identifiziert, „um aus ganz normalen Menschen Massenmörder zu machen" (Zimmerer 2011a, S. 163). Diese bestehe im Kern daraus, dass bestimmte Menschengruppen als „gar nicht mehr zur menschlichen Gesellschaft gehörig" bewertet werden (Zimmerer 2011a, S. 163). Damit werde es auch einfacher, eine Legitimation für einen Genozid zu konstruieren. Hier sieht er relativ deutlich eine Gemeinsamkeit zwischen nationalsozialistischer Vernichtungspolitik und kolonialen Massakern: Es sei dieselbe Ideologie, die hinter den einzelnen Verbrechen stehe. Die weiterhin offene Frage bleibt allerdings: Handelt es sich bei beiden gleichermaßen um *staatlich* angeordnete und legitimierte Massenverbrechen? Im Rekurs auf Helen Fein (1999) stellt Zimmerer nämlich fest, dass die meisten Genoziddefinitionen den Genozid als Staatsverbrechen werten, und nicht als das Handeln eines oder mehrerer „Vertreter des Staates: [D]ie exterminatorische Intention eines Einzelnen [konstituiert] noch keinen Genozid" (Zimmerer 2011a, S. 163).

Damit würde ein offensichtlicher Unterschied zwischen Gewalt und Vernichtung in Nationalsozialismus und Kolonialismus offenbar werden, wie auch Zimmerer erkennt:

> Denn während die Ermordung von Juden, Sinti und Roma, von Polen und Russen zentral gesteuert war und durch staatliche Organe durchgeführt wurde, ist diese Art staatlicher Einmischung im kolonialen Kontext selten zu finden. (Zimmerer 2011a, S. 164)

Zimmerer stellt an diesem Punkt allerdings grundsätzlich infrage, ob das Kriterium ‚staatlich legitimiert' im Vergleich von Kolonialismus und Holocaust überhaupt sinnvoll ist: „Gilt es nicht, vielmehr den Staatsbegriff zu historisieren?" fragt er in diesem Zusammenhang, und gibt zu bedenken: „Um im kolonialen Kontext ein Staatsverbrechen zu konstituieren, muss die Befehlskette nicht bis in die koloniale Zentrale, die aus den Kolonien ja letztendlich nach Europa führt, zurückreichen" (Zimmerer 2011a, S. 165).

Mit dem Plädoyer für eine Historisierung des Staatsbegriffs spielt Zimmerer letztlich darauf an, dass der koloniale Verwaltungsapparat ein „vormoderner, eben noch nicht vollständig bürokratischer Staat" (Zimmerer 2011a, S. 165) war. Vielmehr sei es der Fall gewesen, dass verschiedene Arten von Befehlsketten ihren Ursprung eben nicht im kolonialen Zentrum hätten (s.o.). Das allerdings ist auch im Beispiel des Nationalsozialismus der Fall und wird u.a. beschrieben bei Friedländer:

> Das nationalsozialistische Herrschaftssystem war weithin chaotisch, und wichtige Entscheidungen waren oft das Ergebnis unterschiedlichster Bestrebungen, wobei jede zentrale Planung, Vorüberlegung oder klare Befehle von oben, die die Ziele und Mittel zur Durchführung einer Politik angaben, fehlten. (Friedländer 1987b, S. 30)

Der NS war auch ein bürokratischer Staat, aber er war ein chaotischer Staat. Dennoch erlaubt dieser Schritt bzw. diese Definition von Staatlichkeit Zimmerer, auch im kolonialen Kontext von staatlich legitimierten Genoziden zu sprechen: „Sie, die (Pfarr-) Gemeindeoberhäupter und lokalen Milizbefehlshaber vertraten den Staat vor Ort, sie hatten die – zumindest symbolische – Macht, Handeln staatlicherseits zu legitimieren" (Zimmerer 2011a, S. 165).

Letztendlich möchte Zimmerer allerdings auch auf etwas anderes hinaus: Der graduelle Unterschied zwischen der Staatlichkeit im Nationalsozialismus und im Kolonialismus sei weniger entscheidend für die Frage, ob genozidale Massaker staatlich legitimiert waren oder in Eigenregie verübt wurden, sondern *welche* Art von genozidalen Massakern es überhaupt geben konnte. So schreibt er: „[D]as genozidale Massaker [erfordert] doch keine höhere Organisation, während die quasi-industrielle Vernichtung in Lagern den modernen zentralisierten und bürokratischen Staat voraussetzt" (Zimmerer 2011a, S. 166). Während das koloniale System die systematische Vernichtung in Lagern nicht kannte, gebe es im Nationalsozialismus sowohl genozidale Massaker als auch den bürokratischen und auf Vernichtung abzielenden Genozid (vgl. Zimmerer 2011a, S. 166).

Im Kolonialismus überwogen Zimmerer zufolge eher „Massaker oder Strategien mit relativ niedrigem Organisationsgrad", bspw. in Form von Strafexpeditionen oder „Vernichtungszüge[n]" (Zimmerer 2011a, S. 166–167). Ein radikales Beispiel für so einen kolonialen Vernichtungsfeldzug sieht er im Krieg gegen die Herero und Nama zwischen 1904 und 1908, der ein „entscheidendes Bindeglied" zwischen Kolonialgenozid und NS-„Verbrechen" darstelle (Zimmerer 2011a, S. 167).

Dies begründet Zimmerer aus dem Umstand heraus, dass sich hier eine gemeinsame „Tradition des ‚Rassen-' und Vernichtungskrieges" offenbare (Zimmerer 2011a, S. 169). Diese Tradition illustriert er (erneut) an eben jenem Krieg und der Rekonstruktion seiner genozidalen Qualität am Beispiel des so genannten „Vernichtungsbefehls" Lothar von Trothas (s.o.). Auch wenn in diesem ‚lediglich' davon die Rede ist, die männlichen Herero auf deutschem Boden sofort zu erschießen, dass über Frauen und Kinder „hinweggeschossen" werden solle, und dass ansonsten alle Herero von deutschem Gebiet zu vertreiben seien („Das Volk der Herero muß jedoch das Land verlassen"), gilt das militärische Vorgehen gegen die Herero vielen HistorikerInnen als Genozid mit einer deutlichen

Intention zur vollständigen Vernichtung sämtlicher Mitglieder dieser Gruppe. So schreibt zum Beispiel Sebastian Conrad, „daß Trothas Krieg von Historikern heute mehrheitlich als Vernichtungskrieg interpretiert wird" (Conrad 2012, S. 52).[13]

Nach der Niederlage der Herero in der Schlacht von Hamakari am 11. und 12. August 1904, wurde die zerstörerische und mörderische Politik von Trothas radikal umgesetzt: Durch die kriegerische Niederlage erzwungen, flohen die verbleibenden Herero nach dieser Schlacht in die östlich gelegene Omaheke. Von Trotha ließ sie allerdings bis in die Wüste verfolgen, sie dort an strategisch günstigen Positionen bekämpfen und von den (zu wenigen) Wasserquellen und -stellen vertreiben, so dass die Herero nicht nur den Großteil ihres Viehs verloren, sondern selbst zu tausenden verdursteten (vgl. Krüger 1999, S. 51–52, 124–126).[14] Der Vernichtungsbefehl von Trothas folgte am 02. Oktober 1904. Das in diesem verschriftlichte ‚Hinwegschießen' über Frauen und Kinder implizierte im Übrigen natürlich, dass diese ebenfalls in die Omaheke getrieben und dort ihrem potentiell tödlichen Schicksal überlassen wurden (vgl. Schaller 2004, S. 395–400).

Nahezu zeitgleich wurden in Deutsch-Südwestafrika mehrere Gefangenenlager eingerichtet, die auch nach der offiziellen Abwahl Lothar von Trothas zu Beginn des Jahres 1905 bestehen blieben. In diesen wurde, in den Worten Krügers, „die Politik der totalen Unterwerfung fortgesetzt" (Krüger 1999, S. 126). Auf diese Politik beruft sich auch Zimmerer in seiner Darstellung und erkennt in diesen dabei offenbar eine gewisse ‚genozidale' Qualität: „Wenn bei den Todesursachen [in den Lagern] sicherlich auch Krankheiten und Schwächung durch die Entbehrungen des Krieges eine Rolle spielten, so war der Tod vieler doch auch beabsichtigt" (Zimmerer 2011a, S. 169). Hier schließt nun auch Zimmerers zentrale Argumentation, indem nochmals auf eine gemeinsame ‚genozidale' Qualität von (deutschem und europäischem) Kolonialismus und der nationalsozialistischen Expansionspolitik in Osteuropa hingewiesen wird:

---

13 Vgl. auch Steinmetz: „The first genocide of the 20th century occurred not in Europe but in Southwest Africa, a colony that had been annexed by Germany in the early 1880s. Between August 1904 and 1907, the Germans attempted to exterminate the indigenous Ovaherero people, along with the groups of rebellious Khoikhoi. [...] The Germans did not succeed in killing all of these insurgents, but their explicit intentional effort to do so qualifies their actions clearly as genocidal" (Steinmetz 2005).

14 Krüger weiterhin: „Die deutschen Truppen riegelten keineswegs die Wüste ab, wie oft behauptet wird [bspw. bei Schaller 2004, S. 397], sondern orientierten sich ebenfalls am Verlauf der Trockenflüsse und den Wasserstellen, wo sie die fliehenden Gruppen in Gefechte verwickelten" (Krüger 1999, S. 52).

> Vor allem im Hinblick auf die Bereitschaft, ganze Völker zu vernichten, beginnt mit dem europäischen Kolonialismus eine sowohl an eine bestimmte Raumvorstellung als auch an ein Rassekonzept gebundene Entwicklung, an deren vorläufigem Ende der ‚Hungerplan' von 1941 und die genozidalen Massaker der Partisanenbekämpfung und die organisierte Erstickung im Gas stehen. (Zimmerer 2011a, S. 170)

Daher schlussfolgert Zimmerer:

> Sicherlich lassen sich die Verbrechen der NationalsozialistInnen nicht monokausal auf die Tradition des europäischen Kolonialismus zurückführen, dazu war der Nationalsozialismus selbst zu komplex und zu ekklektizistisch in seiner Ideologie wie in seiner Politik. Dennoch handelt es sich dabei [...] um einen wichtigen Ideengeber. Selbst die Ermordung der Juden [...] wäre wohl nicht möglich gewesen, wenn der ultimative Tabubruch, zu denken, und danach zu handeln, dass andere Ethnien einfach vernichtet werden können, nicht schon früher erfolgt wäre. (Zimmerer 2011a, S. 171)

Nicht nur die nationalsozialistische Eroberung des Ostraumes steht für Zimmerer also in einer nahen genealogischen Verwandtschaft zum (deutschen wie europäischen) Kolonialismus: Auch die gezielte Tötung in den deutschen Vernichtungslagern ist für Zimmerer anscheinend in diese Linie einzuordnen. Ist der Tod der Gefangenen in den Lagern Südwestafrikas in derselben Art und Weise ‚beabsichtigt', wie der in den dezidierten Vernichtungslagern Treblinka, Belzec und Sobibór, sowie auch den Lagern Majdanek und Auschwitz-Birkenau?[15] Zimmerer hat hier relativ klare Vorstellungen:

> Genozide in den Kolonien stellen keine grundsätzlich von den nationalsozialistischen Genoziden verschiedene Kategorie dar, sondern vielmehr frühere, weniger organisierte, bürokratisierte und zentralisierte Formen. Im Grunde lassen sich die verschiedenen kolonialen Ausprägungen des Genozids auch in der nationalsozialistischen Mordpolitik wiederfinden. (Zimmerer 2011a, S. 170–171)

Hier zeigt sich eine Schwäche des Genozidbegriffes: Sind die ‚verschiedenen Ausprägungen' des Genozids im Kolonialismus und im Nationalsozialismus tatsächlich dieselben? Lässt sich die Judenvernichtung mit der Tötung Kriegsgefangener in den Lagern des deutschen Kolonialismus nicht nur vergleichen,

---

15 Majdanek und Auschwitz-Birkenau stellten in der Vielzahl der verschieden nationalsozialistischen Lager eine Art Sonderfall dar. Karin Orth schreibt hierzu: „Zu den ‚Konzentrationslagern' zählen ausschließlich diejenigen 30 Lager, die der sogenannten Inspektion der Konzentrationslager (IKL) unterstanden. Zu den Konzentrationslagern im definierten Sinne gehören also nicht die frühen Lager der Jahre 1933/34 und nicht die Vernichtungsstätten der ‚Aktion Reinhardt' wie Treblinka und Sobibór, wohl aber die Lager Dachau, Sachsenhausen oder Groß-Rosen, auch Majdanek und Auschwitz, die einzigen Lager der IKL, die sowohl Konzentrations- als auch Vernichtungslager waren" (Orth 2002, S. 93).

sondern sogar *gleichsetzen*? Denn darauf würde eine solche Argumentation faktisch hinauslaufen, da explizit von keinen *grundsätzlichen* Unterschieden des Genozids zwischen den beiden von Zimmerer angeführten ‚Untersuchungsgegenständen' ausgegangen wird.

Dass diese allerdings bestehen, ist bereits zuvor in meinem Text ansatzweise problematisiert worden: Der Judenvernichtung im Holocaust liegt eine andere Ideologie und eine andere Intention zugrunde, als der Vernichtung und Niederschlagung der Herero und Nama in Deutsch-Südwestafrika – und zwar der Erlösungsantisemitismus der ‚deutschen Volksgemeinschaft', auf den Zimmerer nirgends eingeht. Die Behauptungen, die Vernichtungspolitik Nazideutschlands bediene sich ‚genozidaler' und kolonialer Erfahrungswerte (wobei auch das umstritten ist, s.u.), ist eine andere als zu sagen, sie sei dieselbe. Zimmerer betont zwar, dass er keine Gleichsetzung dieser beiden historischen Phänomene vornehmen möchte, aber wird er diesem Anspruch mit seiner Argumentation tatsächlich gerecht? Der einzige Unterschied, den Zimmerer nämlich *tatsächlich* explizit zwischen Kolonialismus, Nationalsozialismus und Holocaust benennt, ist der „weit niedrigere [...] Zentralisierungs- und Bürokratisierungsgrad des kolonialen Staates" (Zimmerer 2011a, S. 171). Also: Im Grunde sei beides dasselbe, bestehende Unterschiede seien lediglich gradueller Natur. Das ist allerdings keine qualitative Unterscheidung, sondern lediglich eine Beschreibung von verschiedenen Ausprägungen.

Ist die Kategorie ‚kolonialer Genozid' überhaupt eine sinnvolle und brauchbare? Diese Frage stellt Zimmerer sich u.a. in seinem Text „Kolonialer Genozid? Vom Nutzen und Nachteil einer historischen Kategorie für eine Globalgeschichte" (2011b). In ihm wägt er ab, ob diese Kategorie im Rahmen einer postkolonialen Betrachtung von Verbindungslinien zwischen Holocaust und Kolonialismus brauchbar ist und welche Vorteile sie eventuell mit sich bringt. „Gibt es die [Kategorie] überhaupt? Ist sie sinnvoll?" fragt Zimmerer noch eingangs (2011b, S. 197), verneint dies dann allerdings:

> Der Nachteil einer eigenständigen Kategorie ‚kolonialer Genozid' liegt in der Gefahr einer semantischen Abkopplung der im kolonialen Kontext sich ereignenden Völkermorde von der Geschichte intra-europäischer Genozide, und damit die Perpetuierung des Gegensatzes europäische Geschichte vs. außereuropäische Geschichte. (2011b, S. 220)

Für Zimmerer wird also durch das Attribut ‚kolonial' suggeriert, koloniale Genozide seien etwas qualitativ anderes als Genozide ohne dieses Merkmal, insbesondere der Holocaust. Dies komme für ihn offenbar einem gewissen Eurozentrismus oder einer gewissen Kolonialapologetik gleich, wie er auch an anderer Stelle bemerkt (s.o., vgl. Zimmerer 2011c). Zimmerer geht aber nicht davon aus, dass deswegen neue Kategorien für Genozide gefunden werden sollten (wie er zumindest im Vorfeld noch andeutet, vgl. 2011b, S. 220). So schreibt er am Ende seines Textes „Kolonialer Genozid?": „An dieser Stelle muss ich auch meine Aussage, dass es keine kolonialen Völkermorde gäbe, korrigieren. Richtiger müsste es wohl heissen, dass es *nur* koloniale Völkermorde gab" (2011b, S. 220; Hervorhebung S.K.). Damit haben sowohl ‚koloniale' Genozide als auch der Holocaust dieselbe Qualität. Sie sind für Zimmerer damit allerdings explizit nicht gleichermaßen ‚Genozide', sondern gleichermaßen ‚koloniale Genozide' – jeder Fall von Genozid in der Menschheitsgeschichte, so wird dadurch suggeriert, sei also im Kern ein Fall von kolonialem Genozid.

Einerseits plädiert Zimmerer also für eine Abschaffung der Kategorie ‚kolonialer Genozid', andererseits setzt er sich auch für sie als Universalkategorie für alle bisher verübten Genozide ein. Das mag für Zimmerer kein Widerspruch sein, erscheint aber paradox. Jedoch: Er hätte mit dieser Argumentation sein initial gesetztes Ziel einer „postkolonialen Betrachtung des Dritten Reiches [und damit] die Überwindung des euro- und teilweise germanozentrischen Blickes auf den Zweiten Weltkrieg" (Zimmerer 2011c, S. 18) erreicht: Wenn es keine genuinen qualitativen Unterschiede zwischen europäischen Genoziden und insbesondere dem Holocaust mit außereuropäischen kolonialen Genoziden gibt, ist es für Zimmerer offenbar logisch folgerichtig, ab sofort *nur* noch von kolonialen Genoziden zu sprechen, also auch den Holocaust als kolonialen Genozid einzustufen. Dies erscheint in Zimmerers Argumentation möglicherweise folgerichtig, ist allerdings auch überaus vereinfacht bzw. schlicht falsch. Hierauf werde ich im Verlauf der Arbeit noch eingehen.

3.2.4 Persönliche Erfahrung als verbindendes Element

Ein weiterer Aspekt in Zimmerers These der historischen Kontinuität zwischen Kolonialismus und Holocaust betrifft den Bereich der Weitergabe von Wissen. Auf diesen Aspekt geht er schwerpunktmäßig in seinem Text „Die Geburt des Ostlandes aus dem Geiste des Kolonialismus" (2004) ein – und bereits die Wortwahl im Titel ist auffällig. Eine „Geburt" als Sinnbild für das Verhältnis von Kolonialismus und Nationalsozialismus suggeriert eine klare kausale Beziehung zwischen beiden: das eine sei ohne das andere nicht möglich (vgl. Zollmann 2007, S. 118). Ist dies tatsächlich Zimmerers Überzeugung?

Zimmerer untergliedert den Teilaspekt ‚Weitergabe von Wissen' in drei verschiedene „Rezeptionskanäle": „Persönliche Erfahrung, institutionelle Speicherung und kollektive Imagination", wobei der erste dieser Kanäle zwar der „eindeutigste", allerdings „auch der am schwierigsten festzustellende" sei

(Zimmerer 2004, S. 277). Für eine Reihe von Personen sei zu vermuten, dass sie das im Kolonialprojekt des Kaiserreichs erworbene Wissen aufgrund von persönlicher Teilhabe in ihre späteren Ämter in Freikorps oder im Nationalsozialismus mitnahmen (z.B. Georg Ludwig Rudolf Maercker, Wilhelm Faupel, Paul Rohrbach, Franz Xaver Ritter von Epp, vgl. Zimmerer 2004, S. 277–278). Andererseits ist Zimmerer sich durchaus bewusst, dass aus der Tatsache dieser Einzelfälle nicht „von einem geradlinigen Weg von der Kolonialbegeisterung und der Erfahrung in den deutschen Kolonien zum Nationalsozialismus auszugehen" ist (Zimmerer 2004, S. 278).

Dennoch sieht Zimmerer in der „Brutalität in den Kämpfen der Freikorps" nach dem ersten Weltkrieg (deren Kämpfer später teilweise in die SA übergingen) eine bestimmte Weitergabe kolonialer Gewaltpraktiken. „Es handelt sich also", so Zimmerer weiterhin, „um indirekte oder abgeleitete Erfahrungen", die eben auch transinstitutional weitergegeben werden könnten. Ein wichtiges Beispiel hierfür sieht Zimmerer im Anthropologen und rassistisch-eugenischem Mediziner Eugen Fischer, der häufig herangezogen wird, um eine strukturelle und personelle Kontinuität zwischen deutschem Kolonialismus und Nationalsozialismus zu illustrieren (vgl. bspw. Schaller 2004, S. 408–409). Ist eine solche Argumentation aber überzeugend? Welche inhaltlichen Erkenntnisse liefert sie, wo bleibt sie Spekulation?

3.2.5 Kontinuität oder Zäsur? Die historische Kontinuitätsthese in der kritischen Diskussion

Bereits in der kritischen Rekonstruktion von Zimmerers Thesen hat sich vereinzelt gezeigt, dass bestimmten seiner Argumentationssträngen und Schlüssen innerhalb der Forschung auch konträre Positionen gegenüberstehen. Tatsächlich ist Zimmerers Theorie von struktureller Ähnlichkeit der Kategorien ‚Rasse' und ‚Raum' „von Windhuk nach Auschwitz" in der akademischen Diskussion vielfach und ausgiebig debattiert worden. Dieser Abschnitt möchte nun wiederum diese Kritik kritisch rekonstruieren, da sie für ein genaueres (und vor allem kritisches) Verständnis Zimmerers historischer Kontinuitätsthese elementar ist.

3.2.5.1 Semantische und strukturelle Differenzen

Eine der umfassendsten Kritiken der von Zimmerer postulierten Verbindungslinien zwischen deutschem Kolonialismus und Holocaust sowie dessen Einstufung als Kolonialgenozid wurde 2007 von Robert Gerwarth und Stephan Malinowski in dem in der Zeitschrift *Geschichte und Gesellschaft* publizierten Artikel

„Der Holocaust als ‚kolonialer Genozid'? Europäische Kolonialgewalt und nationalsozialistischer Vernichtungskrieg" formuliert.[16] Die Autoren kritisieren Zimmerers Thesen auf mehreren Ebenen, betonen aber auf allen diesen Ebenen übereinstimmend, dass es konträr zu Zimmerers Analysen eben nicht strukturelle Gemeinsamkeiten und Parallelen sind, die das Verhältnis von Kolonialismus und Holocaust kennzeichnen. Vielmehr offenbaren sich bei genauerer Betrachtung strukturelle Unterschiede und Brüche zwischen diesen beiden Bezugspunkten, so dass es sehr schwierig sei, von Gemeinsamkeiten geschweige denn einer Kontinuität zu sprechen.

Implizit sehen die Autoren eine Verbindung zwischen Zimmerers These einer Kontinuität ‚Von Windhuk nach Auschwitz' und Ernst Noltes Thesen zur Ursprünglichkeit von Auschwitz (vgl. Kap. 2.1):

> Zwar hat [Zimmerer] sich deutlich und explizit von jener Monokausalität distanziert, die in Anlehnung an denkwürdige Begriffsbestimmung Ernst Noltes im Historikerstreit als Theorem von der ‚afrikanischen Tat' bezeichnet werden könnte. Dennoch ist der ‚kausale Nexus' implizit und explizit das argumentative Kernstück, das suggeriert, mit den ‚afrikanischen' Wurzeln des Holocausts sei ein zentrales Element zur Erklärung des Völkermordes an den europäischen Juden von der internationalen Forschung übersehen worden. (Gerwarth/Malinowski 2007, S. 442)

Zimmerer, so die Autoren, versuche mit seiner Argumentation aufzuzeigen, dass der „ultimative Tabubruch" der Vernichtung von Menschen nicht erst im Holocaust, sondern bereits im Kolonialismus vorgefallen sei, und „‚im Holocaust seine radikalste Ausprägung gefunden habe'" (Gerwarth/Malinowski 2007, S. 442). „Der Krieg von 1907", so Gerwarth & Malinowski weiter, „sei somit [aus Sicht Zimmerers] ein ‚entscheidender Schritt' in Richtung Auschwitz gewesen, ja ein ‚wesentlicher Vorläufer' des Dritten Reiches" (Gerwarth/Malinowski 2007, S. 442). In ihrem Aufsatz wollen sie genau diese These, die sie als „koloniale Wiederauferstehung" der Sonderwegsthese beschreiben (Gerwarth/Malinowski 2007, S. 445), einer kritischen Überprüfung unterziehen.

Dazu gehen sie schrittweise die zentralen Argumentationspunkte Zimmerers durch und stellen diese infrage bzw. überprüfen sie kritisch. Einer der wesentlichen Kritikpunkte Gerwarths & Malinowskis ist der Stellenwert, den Zimmerer dem deutschen Kolonialismus zuspricht – und dabei insbesondere Zimmerers These, beim deutschen Kolonialismus und der Vernichtung der He-

---

[16] Der Artikel wurde für die englischsprachige Akademie im Jahr 2009 in leicht revidierter, in der inhaltlichen wie intellektuellen Stoßrichtung allerdings unveränderter englischer Übersetzung unter dem Titel „Hannah Arendt's Ghosts: Reflections on the Disputable Path from Windhoek to Auschwitz" in der Zeitschrift *Central European History* publiziert, vgl. Gerwarth/Malinowski 2009.

rero und Nama habe es sich um einen Tabubruch gehandelt, der so in der Geschichte neu war. Diese These, so die Autoren, „wird [...] mehr als fraglich, wenn man das Gemeinte in den Kontext des westlichen Kolonialismus einordnet" (Gerwarth/Malinowski 2007, S. 444). Folgt man dieser Forderung und stellt den deutschen Kolonialismus den zahlreichen weiteren Fällen von kolonialer Landeroberung, rassistischer Sondergesetzgebung, Versklavung, Zwangsarbeit und auch Vernichtung gegenüber, „lässt sich die These von der einzigartigen Qualität und Bedeutung der deutschen Kolonialmassaker in Afrika [...] durch die Ergebnisse und Zusammenstellungen der neueren Genozid-Forschung stark in Zweifel ziehen" (Gerwarth/Malinowski 2007, S. 449).

Hierbei unterliegen Gerwarth & Malinowski allerdings offenbar einem Missverständnis bzw. einer ungenauen Lektüre des herangezogenen Textes Zimmerers. Tatsächlich spricht Zimmerer in dem von Gerwarth & Malinowski referierten Text davon, dass der so genannte „ultimative Tabubruch" (Zimmerer 2005, S. 48) im europäischen Kolonialismus, und nicht erst im Holocaust verübt wurde. Dieser Tabubruch sei durch ein Denken und Handeln gekennzeichnet, „dass andere Ethnien einfach vernichtet werden können" (Zimmerer 2005, S. 48). Auch in anderen Texten Zimmerers (bspw. Zimmerer 2004, 2011a, b), thematisiert der Autor diesen ultimativen Tabubruch. Gerwarth & Malinowski rezipieren Zimmerer dabei offenbar so, dass er explizit den deutschen Kolonialismus als diesen ultimativen Tabubruch beschreibt. Das ist allerdings nicht der Fall. In allen Texten Zimmerers, in denen von einem ultimativen Tabubruch die Rede ist, ist ausdrücklich der gesamte europäische Kolonialismus gemeint und nicht nur explizit der deutsche.[17] Es bleibt dabei natürlich weiterhin die Frage, ob es nicht auch schon vor dem europäischen Kolonialismus Denken und Handeln gegeben hat, welches von der Vorstellung gekennzeichnet war, dass, um Zimmerer zu paraphrasieren, Menschengruppen bzw. ‚andere Ethnien', einfach vernichtet werden können.

---

17 Eine Arbeit, in der explizit auf einen vermuteten Ausnahmecharakter des deutschen Kolonialismus hingewiesen wird, ist Isabel V. Hulls Studie *Absolute Destruction: Military Culture and the Practices of War in Imperial Germany* (Hull 2005). Diese Arbeit vertritt noch am ehesten das, was man als These eines deutschen ‚kolonialen Sonderwegs' beschreiben könnte (vgl. Fitzpatrick 2008, S. 491: „[Hull] rehearses precisely the ‚feudalization of the bourgeoisie' thesis that Blackbourn and Ely effectively refuted in the 1980s"). Sie sieht in einer einzigartig radikalen deutschen Militärkultur aufgrund fehlender zivilgesellschaftlicher ‚Gegengewichte' ein wichtiges distinktives Merkmal der deutschen Geschichte im Vergleich zu anderen europäischen Gesellschaften im 19. Jahrhundert. Hull argumentiert, dass eine institutionalisierte Vernichtungsbereitschaft in den deutschen Kolonien ein überaus bedeutsamer Katalysator für die Massengewalt gegen bspw. die Herero und Nama war (vgl. bspw. Gerwarth/Malinowski 2007, S. 460).Gerwarth/Malinowski 2007, S. 460

Zimmerer spricht also nicht, wie Gerwarth & Malinowski postulieren, von einer tabubrechenden „einzigartigen Qualität und Bedeutung der deutschen Kolonialmassaker in Afrika" – er ist so gesehen also gar nicht der vermutete Vertreter einer ‚deutsch-kolonialen Sonderwegsthese'. Wovon er allerdings tatsächlich spricht, ist, dass es einen kolonial-genozidalen Tabubruch gegeben hat – und dass dieser sich bereits in vielfältiger Art und Weise im europäischen Kolonialismus ereignet habe.

Streng genommen ändert diese ungenaue Lektüre aber nichts an der fundamentalen Kritik, die Gerwarth & Malinowski an Zimmerers These einer historischen Kontinuität zwischen Windhuk und Auschwitz üben. Denn selbst wenn nicht explizit vom deutschen Kolonialismus, sondern vom gesamten europäischen Kolonialismus als wichtigem Ideengeber für den Nationalsozialismus ausgegangen wird, stelle sich die Frage:

> Warum sind die Länder mit der längsten und langfristig gewaltreichsten Kolonialtradition gerade nicht identisch mit jenen Staaten, die nach 1918 das größte Maß an rassistischer Zerstörung nach innen und außen freisetzten? (Gerwarth/Malinowski 2007, S. 449)[18]

Dies ist sicherlich eine der offensichtlichen Fragen, die in Bezug auf Kontinuitäten zwischen europäischem Kolonialismus und Holocaust gestellt werden muss. Sie lässt sich an Hannah Arendts These eines ‚Bumerang-Effekts' der europäischen überseeischen Imperial- und Kolonialgewalt illustrieren: Die Hannah Arendt zugeschriebene Bumerang-These besagt grob, dass die europäische Erfahrung und Gewaltausübung in den Kolonien sich rückwirkend auch in der innereuropäischen politischen und intellektuellen Kultur niederschlug und dass bestimmte Techniken des außereuropäischen Kolonialismus nunmehr Anwendung in Europa fanden (vgl. King/Stone 2007, S. 3).[19] Das Bedenken, das

---

18 Vgl. auch die Beobachtung von Pascal Grosse: „[...] why did Germany's National Socialist variant of authoritarian rule establish such a thoroughgoing racial order as compared to the other authoritarian regimes, and despite Germany's relatively short colonial experience?" (Grosse 2006, S. 39). Obschon Grosse hier vom NS als einer ‚Variante' totalitärer Herrschaft spricht und damit eine Relativierung durch impliziten Rekurs auf die Totalitarismustheorie in Kauf nimmt, ist seine Fragestellung sicherlich relevant.

19 Die so genannte ‚Bumerang-These' oder These eines Bumerang-Effekts ist allerdings keine ausgearbeitete und ausformulierte Theorie Arendts, sondern vielmehr ein recht unsystematisches, retrospektives und textexternes Konstrukt in Bezug auf ihre Totalitarismustheorie. Insgesamt taucht der Begriff „boomerang effect" in ihrem Werk *The Origins of Totalitarianism* (1951) nur vier Mal auf, und zwar im Vorwort zu Teil 2 auf Seite xvii sowie auf den Seiten 155, 206 und 223. In Kapitel 7 wird explizit von „real and immediate boomerang effects of South Africa's race society on the behavior of European peoples" (206; Hervorhebung S.K.) gesprochen, ansonsten formuliert sie keine weiteren Gedanken zu möglichen Bumerang-Effekten des europäischen Kolonialismus. Richtig ist, dass Arendt im Imperialismus eine Voraussetzung für

Gerwarth & Malinowski allerdings in diesem Zusammenhang äußern, ist das folgende:

> Warum der britische und französische Kolonialismus zwar weit über 1945 hinaus Rassismus und Gewalt praktizierte, beide Staaten jedoch gleichzeitig den politischen Kern der europäischen Demokratien, nicht des genozidalen Totalitarismus bildeten, lässt sich mit der These ungebrochener Kontinuität schwer erklären. (Gerwarth/Malinowski 2007, S. 450)

In Bezug auf eine Art Bumerang-These lässt sich dieser Einwand möglicherweise so fassen: Wenn die europäische Kolonialgewalt einer von mehreren Faktoren[20] war, der zum Erstarken ‚totalitärer' Gesellschaftsstrukturen führte, warum hat dieser Bumerang-Effekt nicht in allen am Kolonialismus beteiligten Ländern in äquivalenter Ausprägung zu dem geführt, was Gerwarth & Malinowski als „genozidalen Totalitarismus" beschreiben? Zimmerer würde diese Frage möglicherweise so beantworten, dass es keinen monokausalen Weg von Windhuk nach Auschwitz gegeben habe, sondern dass der Kolonialismus nur ein Faktor unter vielen weiteren war.

Einen weiteren Aspekt der historischen Kontinuitätsthese, den Gerwarth & Malinowski kritisch hervorheben und untersuchen, ist der der personellen Kontinuität. Sie beziehen sich auf die These, dass zwischen deutschem Kolonialismus in Südafrika und Administration im Nationalsozialismus intergenerationale Weitergabe von Wissen zwischen u.a. Familienmitgliedern erfolgte: „Die 1904 verantwortlichen Offiziere in Rängen zwischen Hauptmann (Ritter von Epp) und General (von Trotha)", so die Autoren,

> entstammten Geburtsjahrgängen der 1840er bis 1860er Jahre und waren zu Beginn des Ostfeldzuges – so sie nicht vor Jahrzehnten verstorben waren – zwischen 80 und 90 Jahre alt. Befürworter der Kontinuitätsthese haben versucht, diese „Lücke" zwischen 1904 und 1941 mit dem Verweis auf tradiertes Wissen zu überbrücken. (Gerwarth/Malinowski 2007, S. 451)

---

jede Art von Totalitarismus sah (vgl. bspw. Zollmann 2007, S. 110). Von einer expliziten Bumerang-These Arendts zu sprechen erscheint aber etwas übereifrig. Jean-Paul Sartre greift im Übrigen diese Bumerang-Metapher im Vorwort zu Fanons *Les Damnés de la Terre* auf (vgl. Gerwarth/Malinowski 2009, S. 280). Zur Adäquatheit der ambivalenten und teils missverstehenden Rezeption Arendts in der Genozidforschung vgl. Stone 2011.
20 Arendt spricht im Zusammenhang des Phänomens Totalitarismus von einer Kristallisierung verschiedener Faktoren wie Bürokratisierung, Rassismus und Antisemitismus (im Original: „nearly all elements that later crystallized in the novel totalitarian phenomenon", Arendt 1951, S. xv).

Mit tradiertem Wissen argumentiert auch Zimmerer (s.o.). Gerwarth & Malinowski sehen in dieser Argumentationsstrategie allerdings das Problem, dass es sehr schwierig sei, tradiertes Wissen dieser Art wirklich nachzuweisen bzw. in seiner tatsächlichen Relevanz richtig einzuschätzen:

> [...] wenn zum Beispiel Benjamin Madley [ein weiterer Vertreter der Kontinuitätsthese, vgl. Madley 2005] suggeriert, der Auschwitz-Arzt Josef Mengele sei nachhaltig durch den Anthropologen Eugen Fischer beeinflusst worden, der 1908 in Südwestafrika rassistische Feldstudien unternommen hatte (und damit im Übrigen den internationalen Gepflogenheiten seines Faches folgte), wenn suggeriert wird, dass Hermann Göring über seinen Vater, den ersten deutschen Reichskommissar von Deutsch-Süd-West-Afrika (1885–1891), zum Verfechter einer Kolonialisierung des Ostens geworden sei, stellt sich die Frage nach der Gewichtung einzelner Einflüsse für biografische Prägungen und Radikalisierungsprozesse. (Gerwarth/Malinowski 2007, S. 451)

Die Versuche, Einflüsse dieser Art nachzuweisen, stünden also gewissermaßen vor dem Problem, dass sie über Spekulationen nicht hinausgingen – und dazu aufgrund des Materials auch überhaupt nicht in der Lage seien. Einflüsse wirken gemeinhin in viele verschiedene Richtungen und nicht monokausal – das ist, wie gesagt, auch eine Überzeugung Zimmerers. Der Nachweis a) eines Einflusses einzelner Personen auf andere Personen, oder b) von bestimmten wissenschaftlichen Diskursen auf Institutionen (und zwar über mehrere Jahre hinweg) ist wissenschaftlich schwierig begründbar. Solch eine Begründung in Form eines Nachweises wäre selbstverständlich kein Problem, gäbe es denn explizite Quellen für solch eine Weitergabe von tradiertem Wissen. Konkrete (und zahlenmäßig überzeugende) Belege für seine Annahmen, bspw. in Familienhistorien, liefert Zimmerer allerdings nicht. Und selbst wenn solche vorlägen, so Gerwarth & Malinowski ergänzend, „bleibt fraglich, was genau die Darstellung von zwanzig oder gar zweihundert dieser Militärkarrieren interpretatorisch trägt und bedeuten würde" (Gerwarth/Malinowski 2007, S. 451–452). Die kolonialen sprachlichen und symbolischen Analogien, die teilweise in der Sprachwahl der Kolonialadministration und der NS-Führung bestanden,[21] erschienen in ihrer geringen Anzahl und „inmitten von Myriaden anderer Sprach- und Symbolbezüge" im Nationalsozialismus eher marginal (vgl. Gerwarth/Malinowski 2007, S. 451). Und warum die persönlichen und wissensdiskursiven Formationen des Ersten Weltkriegs nicht bzw. nur äußerst marginal von der historischen Kontinuitätsthese beachtet werden, sei ein weiterer bemerkenswerter bis wenig verständlicher Aspekt dieser (vgl. Gerwarth/Malinowski 2007, S. 453–454). Neben Gerwarth & Malinowski ist u.a. auch Pascal Grosse der Ansicht, dass von perso-

---

21 Zimmerer nennt eine solche Parallele selbst im Vergleich von Trothas ‚Schießbefehl' mit einem Tagesbefehl Heinrich Himmlers vom 01.08.1941, vgl. Zimmerer 2011a, S. 170.

nellen Kontinuitäten nicht auf eine Kausalität geschlossen werden könne. Auch wenn ehemalige deutsche Kolonialisten später auch Funktionäre des NS gewesen seien: „Their cooperation or collaboration with National Socialism does not in itself indicate causality or meaningful, structural continuity across different epochs" (Grosse 2005, S. 129).

Zu Zimmerers theoretischem Fokus der Klassifizierung nationalsozialistischer Eroberung des Ostraumes als Kolonialgenozid äußern Gerwarth & Malinowski sich ebenfalls nahezu durchgehend kritisch. Hier widersprechen die Autoren der Annahme, dass Kolonialismus „gleichbedeutend mit Vernichtung" sei bzw. diese Intention notwendigerweise impliziere – und zwar „weder generell noch in Deutsch-Südwestafrika" (Gerwarth/Malinowski 2007, S. 455). Vielmehr stellen sie bestimmte strukturelle und administrative Unterschiede zwischen Kolonialismus und nationalsozialistischem Vernichtungskrieg im Osten heraus. Den Grundcharakter kolonialer Eroberung und Herrschaft beschreiben sie als „ambivalente Gleichzeitigkeit von Zwangsmodernisierung und *development* einerseits, Gewalt und Vernichtung andererseits" (Gerwarth/Malinowski 2007, S. 455; Hervorhebung im Original). Sie betonen, dass es im Zuge kolonialer Landeroberungen seitens der Kolonialmächte in vielen Fällen nicht primär Pläne zur völligen Unterwerfung oder gar Vernichtung gab, sondern vielmehr Pläne, die kolonisierte Bevölkerung zu selbstständigem Wirtschaften im Zuge der kolonialen Effizienzsteigerung zu ‚erziehen' (vgl. Gerwarth/Malinowski 2007, S. 455–456). Diese Art von ‚development', wie es die Autoren nennen, fände sich allerdings nirgends im nationalsozialistischen Eroberungsfeldzug im Osten. Die Geschichte des europäischen Kolonialismus sei weniger eine Geschichte „schiere[r] Tyrannei und Vernichtung", sondern vielmehr eine Geschichte „des Findens von Kompromisslösungen, ‚widersprüchlicher Kooperationen und Auseinandersetzungen'" (Gerwarth/Malinowski 2007, S. 455).[22]

Demnach, so urteilen Gerwarth & Malinowski, sei die Rede von der nationalsozialistischen Eroberung des Ostraumes als Kolonialgenozid eigentlich nur durch das Unvermögen zu erklären, „die Ungeheuerlichkeit des noch nie Dagewesenen durch verbale Orientierung am Bekannten zu mindern" (Gerwarth/Malinowski 2007, S. 458). Für die beiden den europäischen Kolonialismus mittra-

---

22 Die Autoren beziehen sich hier wiederum auf Eckert 2006, S. 60. Dort heißt es: „Doch erscheint in der jüngeren Forschung die Kolonialgeschichte gleichsam weniger kolonial als früher. Sie kann heute weder als ‚zivilisatorische Mission' noch als Zeit des heroischen Widerstands gegen eine von außen aufgezwungene Tyrannei gedeutet werden. Vielmehr lässt sie sich als eine Geschichte ebenso vielfältiger wie widersprüchlicher Kooperationen und Auseinandersetzungen interpretieren. Afrikaner suchten in diesem Kontext die im Zuge der Kolonialherrschaft verfügbaren Ressourcen für sich zu nutzen. Dazu gehörten westliche Erziehung, Märkte für Massengüter, aber auch militärisch-politische Allianzen mit den Kolonialregimes".

genden Faktoren *development* und *indirect rule*[23] gebe es kein Pendant in der nationalsozialistischen Eroberungs- und Vernichtungspolitik: „Nicht Teile der unterworfenen Bevölkerung sollten ‚entwickelt' werden, sondern ein durch Vertreibung und Ermordung etabliertes, germanisches Wehrbauerntum [...]" (Gerwarth/Malinowski 2007, S. 459).

Ein weiterer Punkt, auf den die Autoren eingehen, ist die Frage nach dem zeitlichen Rahmen, in dem sich der nationalsozialistische Eroberungsfeldzug vollzog. Sie stellen die Vermutung auf, dass der relativ kurze Zeitraum, in dem dieser stattfand, nicht kongruent sei zu den weit größeren Zeitfenstern, in denen die Kolonialprojekte großer europäischer Imperien situiert sind:

> Das römische Imperium hatte über fünfhundert Jahre Zeit, koloniale Praktiken zu entwickeln. Die englische Herrschaft über Indien dauerte dreihundertfünfzig, die französische über Algerien über einhundertdreißig, die deutsche in Afrika rund dreißig Jahre (Gerwarth/Malinowski 2007, S. 459).

Allerdings spezifizieren Gerwarth & Malinowski an dieser Stelle nicht, ob das Kriterium ‚zeitliche Ausdehnung' tatsächlich relevant für die Einstufung eines Herrschaftsverhältnisses als ‚kolonial' ist – oder aus welchen Gründen. Es bleibt fraglich, wie hier die Bedingungen aussehen sollten, ab wie vielen Jahren also bereits von Kolonialismus gesprochen werden könne und solle. Zu heterogen erscheint doch die Vielfalt kolonialer Macht- und Herrschaftsverhältnisse der Geschichte, als dass hier wirklich von einem sinnvollen Kriterium gesprochen werden könne.

Wie in der Darstellung von Zimmerers Thesen bereits erläutert worden ist, ist das Postulat von lediglich graduellen Unterschieden in den Herrschaftstechniken in deutschem Kolonialismus und Nationalsozialismus ein zentraler Punkt in seiner Argumentation. Während ersterer nur einen geringen Grad an Büro-

---

[23] Das Prinzip der *indirect rule* (z.B. in den indirekt von britischer Seite regierten ‚Native' oder ‚Princely States' Indiens im 18. und 19. Jahrhundert) wird als Gegenbegriff zur direkten Herrschaft von den Autoren als „zentrale[r] Baustein" des europäischen Kolonialismus gewertet (Gerwarth/Malinowski 2007, S. 458). Zum Begriff *indirect rule* schreiben die Autoren: „‚Trade with informal control if possible; trade with rule when necessary' – die berühmte Kurzformel von Robinson und Gallagher über den britischen Imperialismus umschreibt eine Leitlinie, die für die nationalsozialistische Vernichtungspolitik in Osteuropa zu keiner Zeit galt. Dies trifft ebenso auf die koloniale Herrschaftstechnik der *indirect rule* zu, die traditionell vor allem Großbritannien zugeschrieben wird, sich mit Abstrichen aber auch auf das französische Kolonialreich anwenden lässt. Programmatik und Realitäten indirekter Herrschaft, wie sie etwa in der Zwischenkriegszeit zwischen Frederick Lugard und Bronislaw Malinowski verhandelt wurden, lassen sich mit entsprechenden Planungen im deutschen Kolonialreich bis 1914 und anderen europäischen Pendants vergleichen, finden jedoch kein Analogon im [nationalsozialistischen] Vernichtungskrieg" (Gerwarth/Malinowski 2007, S. 458).

kratisierung aufweise, sei diese im Nationalsozialismus ungleich ausgeprägter gewesen (s.o.). Dieses Postulat greifen auch Gerwarth & Malinowski in ihrer Kommentierung von Zimmerers Thesen auf. Hierzu merken sie an, dass sie die Gleichsetzung der Staatlichkeit in beiden Herrschaftsformen grundsätzlich anzweifeln:

> In den Thesen über angebliche Kontinuitäten wird einfach übergangen, dass der NS-‚Staat' schließlich nicht eine besonders ‚weit' entwickelte Form europäischer Staatsbildung, sondern einen immer wieder beschriebenen Sonderfall darstellt. (Gerwarth/Malinowski 2007, S. 461)

Sie formulieren die These, dass die Einzelpersonen, die in beiden historischen Situationen für extreme und genozidale Gewalt verantwortlich waren, in Zeiten des Kolonialismus gegen ihre Obrigkeit, im Falle des Nationalsozialismus jedoch in Übereinkunft mit der Staatsgewalt handelten:

> In einer strukturell ähnlichen Debatte über den Algerienkrieg von 1954–1962 hat Pierre Vidal-Naquet Auschwitz-Vergleiche mit dem Argument zurückgewiesen, dass im ersten Fall einige Generale gegen die geltenden Gesetze und Regeln des Staates verstoßen hatten, Himmler, Eichmann oder die Kommandeure der Einsatzgruppen jedoch im Einklang mit ihnen. Das Argument, dass es sich zwischen ersterem und zweiterem um einen essenziellen Unterschied handle, dürfte auch für den strukturellen Vergleich zwischen 1904 und 1941 ebenso gültig wie zentral sein. (Gerwarth/Malinowski 2007, S. 461)

Damit sehen die Autoren in dem Plädoyer Zimmerers für eine strukturell-qualitative Ähnlichkeit unter Berücksichtigung von lediglich graduellen Unterschieden in der Ausprägung staatlicher Bürokratie kein geeignetes Merkmal für den Vergleich zwischen Kolonialismus und Nationalsozialismus. Sie folgern daher: „Es erscheint diskussionswürdig, ob in dieser Differenz lediglich ein unterschiedlicher Reifegrad in der ‚Staatsbildung' oder nicht doch grundlegende Differenzen zwischen zwei unterschiedlichen Typen zu beschreiben sind" (Gerwarth/Malinowski 2007, S. 463).

Zusammenfassend betonen Gerwarth & Malinowski, dass in der ausgebliebenen Thematisierung von kolonialer „Ambivalenz von Zwangsmodernisierung und *development* einerseits, Gewalt und Vernichtung andererseits" das größte Manko in Zimmerers historischer Kontinuitätsthese liege (Gerwarth/Malinowski 2007, S. 464; Hervorhebung im Original). Diese Ambivalenz fehle im Nationalsozialismus, da sich die Aspekte Zwangsmodernisierung und *development* in der nationalsozialistischen Vernichtungspolitik und der Eroberung des Ostraumes nicht vorfinden lassen. Die Autoren bestreiten nicht, dass eine Aufarbeitung der deutschen Kolonialgeschichte ein begrüßenswertes Unterfangen ist. Sie stellen allerdings die Frage, ob denn diese Aufarbeitung notwendigerweise mit „Holocaust-Analogien bzw. Holocaust-Assoziationen legitimiert und ‚aufgewertet' werden [muss]" (Gerwarth/Malinowski 2007, S. 464).

3.2.5.2 Ambivalente, problematische und fehlende Bezugsrahmen und -punkte

Zu Zimmerers Rekurs auf den Genozidbegriff (s.o.) bemerken die Autoren, dass es fraglich sei, ob ein Begriff, der dem Bereich des Völkerrechtes entlehnt ist, auch ein geeigneter sei, um historische Ereignisse zu beschreiben und zu bewerten. Ob ein bestimmtes historisches Ereignis nun unter der Oberkategorie ‚Genozid' subsumiert werden könne oder nicht, sei eine Frage, die für historische Ursachenforschung (bspw. nach Tätermotivation, historischen und politischen Voraussetzungen, etc.) nur von zweitrangigem Interesse sei (vgl. Gerwarth/Malinowski 2007, S. 464).

Die Kritik am Genozidbegriff wird auch von Birthe Kundrus geteilt. Zwar seien sowohl deutscher Kolonialismus als auch Nationalsozialismus von „Ereignissen massenhafter exzessiver Gewalt" gekennzeichnet, wie sie in einem Text in der Zeitschrift *iz3w* betont (Kundrus 2008, S. 96). Jedoch sei es verfehlt, beide dieser Fälle aufgrund dieser Gewaltpraxis unter dem Typus einer „genozidalen Kriegsführung" zu subsumieren (Kundrus 2008, S. 96). Der Genozidbegriff fokussiere hauptsächlich auf die Intention der TäterInnen, die vorliegen müsse, wodurch allerdings andere, z.B. situative Faktoren, ignoriert würden (vgl. Kundrus 2008, S. 96). Es sei im Fall des deutschen Kolonialismus nicht klar auszumachen, ob die Tötungsaktionen einem Kalkül folgten und welche Rolle Chaos, Inkompetenz und Planlosigkeit spielten. Trothas so genannter Vernichtungsbefehl sei kein ausreichender Beleg für eine genozidale Intention, da er nicht die „Entgrenzung der Gewalt" anordnete, sondern vielmehr deren „Begrenzung und Regelung", da er zwar die Erlaubnis zum Erschießen von Männern anordnete, Massaker an Frauen und Kindern aber untersagte, „um die Disziplin der Truppe sicherzustellen" (Kundrus 2008, S. 96). Daher folgert Kundrus:

> Gerade wegen dieser Uneindeutigkeiten, wegen diesem Lavieren zwischen Vertreibung und Erschießen, Absicht und Überforderung, Unwillen und Unfähigkeit ist es unabdingbar, sich vom Konzept des Genozids zu lösen und nicht weiter auf einem Modell zu beharren, in dem es einen Lenker gibt, der alle von vornherein umbringen wollte. (Kundrus 2008, S. 96)

Insofern seien die Ereignisse in Afrika eigentlich eher ein geeignetes Beispiel dafür, dass der Genozidbegriff „wenig hilfreich" zur Beschreibung der deutschkolonialen Gewalt gegen die Herero und Nama sei (Kundrus 2008, S. 96). Auch darüber hinaus ist Kundrus eine der prominentesten Kritikerinnen der historischen Kontinuitätsthese Zimmerers. Im Gegensatz zu den von Zimmerer postulierten strukturellen Ähnlichkeiten zwischen deutschem Kolonialismus und Holocaust betont Kundrus vielmehr die strukturellen Differenzen, die zwischen diesen beiden Phänomenen auszumachen sind. „Was Nazi expansionism indeed merely a radicalized continuation of imperial ambitions of the nineteenth century, a kind of worst empire ever? Or did it instead break with key elements of colonial rule"? – dies sind die zentralen Fragen eines 2011 im Sammelband *German Colonialism. Race, the Holocaust, and Postwar Germany* erschienenen Aufsatzes (Kundrus 2011, S. 33). Weiterhin: „[W]hat distinguished German colonialism from the colonial systems of other European nations?" (Kundrus 2011, S. 34)

Beantwortet werden diese Fragen bereits in einem zeitlich weiter zurückliegenden Text von Kundrus. So formuliert sie in ihrem 2010 veröffentlichten Aufsatz ‚Kolonialismus. Imperialismus. Nationalsozialismus?' die These, „dass direkte koloniale Überseeambitionen im ‚Dritten Reich' weniger bedeutsam als die ‚Osterweiterung' waren", sich aber auf der anderen Seite auch „koloniale Konnotationen für die Besatzungsherrschaft in Osteuropa" nachweisen lassen (Kundrus 2010, S. 188–189). Dennoch:

> [I]n der Gesamtschau agierte der Nationalsozialismus zwar imperialistisch, aber nicht imperial. Er war kein Empire, kein Imperium, sondern eine neue Form von Fremdherrschaft. Er brach – und zwar in Kernelementen – mit imperialen Herrschaftsformen (Kundrus 2010, S. 189).

Diese These führt Kundrus in den folgenden Abschnitten ihres Textes in direktem Bezug auf die Thesen Zimmerers weiter aus – und dies unter Einhaltung des selbstgestellten (und durchaus begrüßenswerten) Anspruchs,

> der Singularität des ‚Dritten Reiches' genau so gerecht zu werden wie seiner Historisierung, ohne dabei koloniale Herrschaftsformen zu idyllisieren oder ein nur verkürztes Verständnis von Kolonialismus zu reproduzieren. (Kundrus 2010, S. 188)

Wie bereits Gerwarth & Malinowski sieht auch Kundrus in der Kontinuitätsthese Zimmerers durchaus produktive und positive Aspekte. So gibt sie zu bedenken, dass in Zimmerers Kontinuitätsmodell „der Kolonialismus und vor allem der deutsche Kolonialismus in ihrer Bedeutung für die deutsche Geschichte betont werden und an Stellenwert gewinnen" (Kundrus 2010, S. 189). Dies ist tatsächlich auch ein zentrales Anliegen Zimmerers: die Bedeutung des deutschen Kolonialismus in der deutschen Geschichtsschreibung hervorzuheben und aus ihrer bisherigen akademischen Nischenhaftigkeit zu befreien.

„Gleichzeitig", so Kundrus allerdings weiterhin, „liegt in einer möglichen Überdehnung dieser Bedeutung auch der Nachteil dieses Zugriffs" (Kundrus 2010, S. 189). Wie bereits Gerwarth & Malinowski stellt auch sie die Frage:

> Warum nur Deutschland? Wenn alle europäischen Staaten ein exzessives koloniales Gewalterbe aufweisen, allein aber die Deutschen mit dem Zweiten Weltkrieg das größte Maß an Zerstörung innerhalb Europas entfesselten, dann rückt das koloniale Erbe als Beschleunigungsmoment in den Hintergrund – und andere Triebkräfte für das Ausscheren Deutschlands sollten in den Fokus genommen werden. (Kundrus 2010, S. 189–190)

An dieser Stelle könnte vielleicht der Einwand erhoben werden, dass es der Verlust der Kolonien als Ergebnis des Versailler Vertrags war, der den Fall Deutschland von anderen Kolonialmächten unterscheidet. Gerwarth & Malinowski stellen in diesem Zusammenhang fest, dass in solchen Annahmen die Gefahr einer impliziten Vorstellung einer „Mindestmenge von Gewalt, die Gesellschaften irgendwo entladen müssen", liege (Gerwarth/Malinowski 2007, S. 450). Diese Vorstellung lässt sich möglicherweise wie folgt zusammenfassen: Da Deutschland keine Kolonien mehr besaß, in denen es sein koloniales ‚Gewalt- und Vernichtungsbedürfnis' umsetzen konnte, müsste sich dieses nahezu notwendigerweise in anderer Form äußern – in Form des Nationalsozialismus. Doch so eine These erinnere an das, das Gerwarth & Malinowski als „Ähnlichkeit mit kybernetischen Modellen" beschreiben (Gerwarth/Malinowski 2007, S. 450). Sie rekurrieren dabei auf die Idee, nach der der deutsche „Faschismus als Fortführung der Kolonialgewalt mit anderen Mitteln" dargestellt wird (Gerwarth/Malinowski 2007, S. 450). Hierbei beziehen sie sich auf Aimé Césaire bzw. dessen Behauptung, dass der „christliche Bourgeois" es Hitler nicht verzeihen könne, „die koloniale Gewalt innerhalb Europas entfesselt und den weißen Mann behandelt zu haben, wie man es zuvor nur an Indern, Afrikanern und Arabern praktiziert habe" (Césaire 1955, S. 10. Zitiert nach Gerwarth/Malinowski 2007, S. 450). Weiterhin beziehen sie sich auf Dirk Schumann, der behauptet, dass „zwischen der relativen innenpolitischen Stabilität Frankreichs und Großbritanniens in der Zwischenkriegszeit und einem im kolonialen Raum entladenen Gewaltpotential" ein Zusammenhang bestehe (vgl. Schumann 2003; Gerwarth/Malinowski 2007, S. 450).

Letzten Endes greife eine solche Interpretation allerdings zu kurz, weil sie die Bedeutung des Ersten Weltkrieges gegenüber der Bedeutung der Kolonien bzw. deren Verlust niedriger gewichte:

> Doch auch dann, wenn man der Deutung, in der faschistische Gewalt in Europa als Ersatz für die entfallenen ‚Gewalttheater' in den Kolonien interpretiert wird, nicht folgen mag, stellt sich hier die hilfreiche Frage nach den zwischen Windhuk und Auschwitz liegenden

> Gewalterfahrungen, die für die Prägung der Protagonisten im deutschen Vernichtungsfeldzug nach 1941 von größerer Bedeutung gewesen sein dürften als die afrikanischen Kolonialmassaker. (Gerwarth/Malinowski 2007, S. 450)

So stimmen Gerwarth & Malinowski an dieser Stelle mit Kundrus überein: In der Annahme von Kontinuitäten zwischen deutschem Kolonialismus und Holocaust liegt das Problem, dass der Erste Weltkrieg offenbar nicht genug bedacht wird. Die These vermag ebenfalls nicht zu erklären, warum es nicht in allen Staaten mit (deutlich längerer und größer angelegter) kolonialer Vergangenheit im Verlauf ihrer Geschichte und Prozessen der Dekolonisierung nicht ebenfalls zu Gesellschaftsformationen wie dem deutschen Nationalsozialismus gekommen ist. Oder zu einer intendierten und versuchten Vernichtung allen jüdischen Lebens.

Eine weitere Frage, die Kundrus in ihrem Text stellt, ist, inwiefern sich die NationalsozialistInnen tatsächlich in Beziehung zur Geschichte des Kolonialismus setzten – welchen Stellenwert bspw. die Wiedererlangung der deutschen Kolonien oder die Etablierung eines nationalsozialistischen Kolonialsystems tatsächlich hatten. Hier gibt Kundrus zunächst zwei zentrale Punkte zu bedenken. „Nach 1933", so schreibt sie, „begann eine überraschend intensive Planungs- und Vorbereitungszeit für ein neues Kolonialreich", und weiterhin, „dass der deutsche Kolonialismus im Nationalsozialismus von erheblicher Bedeutung war" (Kundrus 2010, S. 194). Diese hohe Bedeutung liege unter anderem in der Art und Weise begründet, wie die NationalsozialistInnen sich in Bezug auf bspw. kolonialrevisionistische Bewegungen seit der Weimarer Republik bezogen. Dies sei vor allem machtpolitischen Interessen geschuldet, wie Kundrus aufzeigt (vgl. Kundrus 2010, S. 195). Sie stellt dar, dass der Anschluss der NationalsozialistInnen an Kolonialorganisationen vor allem dem (symbolischen) Zweck diente, „Teile der alten Eliten an das NS-System [zu binden]", war also zu einem sicherlich nicht unerheblichen Teil instrumenteller Natur (Kundrus 2010, S. 195).

Dieser Eindruck wird noch verstärkt durch den von Kundrus beobachteten Umstand, dass Hitler erst vergleichsweise spät mit Planungen begann, die nach dem Ersten Weltkrieg verlorenen Kolonien und Gebiete in Afrika wieder zurückzuerlangen: „Für Hitler schien bis Mitte der 1930er Jahre weniger der reale Besitz von überseeischen Kolonien wichtig gewesen zu sein, als die Kolonialforderung zum Spielball in seinem Bemühen um England zu machen" (Kundrus 2010, S. 196).[24] Erst ab 1939 begannen sich Pläne zur Rückeroberung der deut-

---

24 Vgl. auch Kundrus 2010, S. 198: „[Die] Prioritätensetzung auf den Kontinent als Ziel der Expansion wurde oftmals gerade damit begründet, dass der Kolonialismus alten Schlages ein Irrweg gewesen sei, den das ‚Dritte Reich' nicht wieder betreten würde. Hitler hatte sich

schen Kolonien in der nationalsozialistischen Außenpolitik zu konkretisieren. Allerdings sollte es auch nur bei Plänen bleiben: Letztendlich gab es faktisch keinen nationalsozialistischen Kolonialismus in Afrika und auch keine Rückeroberung der Kolonien des Kaiserreichs (vgl. bspw. Hildebrand 1969; Linne 2008). Auch wenn es im Nationalsozialismus von verschiedenen Seiten durchaus eine Befürwortung für afrikanische Kolonien gegeben hat, stellte Osteuropa doch die „eigentliche Begehrlichkeit" für die NS-Führung dar (Kundrus 2010, S. 198): „Obwohl der Kolonialismus alter Prägung im Nationalsozialismus noch einmal einen kräftigen Schub erhielt, wurden ernsthafte Anstrengungen, die Kolonien zurückzubekommen, nicht eingeleitet" (Kundrus 2010, S. 198).

Interessant und relevant ist an dieser Stelle auch Kundrus' Verweis darauf, dass in den nationalsozialistischen Planungen für ein überseeisches Kolonialreich gewissermaßen „Altes mit Neuem kombiniert [wurde]" (Kundrus 2010, S. 196). So findet sich in einem Sitzungsprotokoll des Ausschusses für Kolonialrecht sowie des kolonialpolitischen Amtes vom 16.06.1938 ein Hinweis darauf, „dass gerade das ‚Dritte Reich' berufen sei, auch in Afrika den jüdischen bzw. jüdisch-bolschewistischen Einfluss zu bekämpfen", und es den entsprechenden Instanzen weniger um „Raubbau" oder „Massenansiedlung von Deutschen" ging (Kundrus 2010, S. 196). Unverkennbar vermischt sich hier ein koloniales Sendungsbewusstsein mit dem nationalsozialistischen Antisemitismus und Antibolschewismus. Andererseits weist Kundrus auch nach, dass Hitlers Kolonialismusinterpretation sich deutlich mit einer Blut-und-Boden-Ideologie vermischte und er Kolonialprojekte nur befürwortete, solange sie einen unmittelbaren geographischen Zusammenhang mit dem „Mutterland" aufwiesen (Kundrus 2010, S. 198). So scheint es plausibel, dass sich die NS-Führung in der Planung und Konzeption des Ostfeldzuges „in eine ausdrückliche Diskontinuität zum klassischen Kolonialismus" begab (Kundrus 2010, S. 198): Der überlieferte Kolonialismus sei nicht kompatibel mit der Vorstellung einer in den Boden verwachsenen deutschen Volksgemeinschaft.[25]

So war die Rezeption des Kolonialismus durch den NS in Kundrus Bewertung „sehr eigen" und blieben Kolonialplanungen „nicht sehr relevant" (Kundrus 2010, S. 200). Der britische Imperialismus bliebe zwar ein „Bezugsrahmen" (Kundrus 2010, S. 200) – von einer strukturellen Kontinuität kolonialer Politi-

---

früh, noch vor der Machtergreifung, gegen allzu konkrete koloniale Pläne ausgesprochen, wieder in Afrika Fuß zu fassen."

25 Kundrus: „So beschloss zum Beispiel der Reichslehrgang der Gau-Sachbearbeiter im NS-Lehrerbund im Februar 1938, nicht mehr von ‚ostdeutscher Kolonisation', sondern von ‚osteuropäischer Landerschließung', ‚Rückgewinnung' oder ‚Wiederbesiedlung' zu sprechen, nicht zuletzt um sich von der ‚grobschlächtigen Propaganda' der deutschen Kolonialenthusiasten abzuheben" (Kundrus 2010, S. 198f.).

ken oder ganz konkret britischer Kolonialpolitik könne allerdings nicht die Rede sein, und dies wäre auch nicht in Hitlers Interesse gewesen. Dessen häufig angeführtes Zitat, um eine Kontinuität zwischen Kolonialismus und Nationalsozialismus nachzuweisen – „Was für England Indien war, wird für uns der Ostraum sein" – (Jochmann 1980, S. 55) ist demnach hierfür nicht geeignet, da Hitler den Kolonialismus als negative Kontrastfolie der deutschen Volksgemeinschaft sah.

3.2.5.3 Vom kolonialen „Mischehenverbot" zu „Nürnberger Gesetzen" und „Kolonialblutschutzgesetz"?

In der Rekonstruktion Zimmerers historischer Kontinuitätsthese ist ein Argument deutlich geworden, welches auf eine Parallele bzw. ideologische Kontinuität zwischen der kolonialen und nationalsozialistischen Rassengesetzgebung hinweist. Dieses Argument besagt, dass es eine strukturelle Verwandtschaft zwischen kolonialem ‚Mischehenverbot' und den nationalsozialistischen ‚Nürnberger Gesetzen' gebe, und dass erstere einen Vorläufer letzterer darstellten. Kundrus überprüft dieses Argument kritisch, auch wenn sie sich dabei nicht auf Zimmerer bezieht. In einem Text aus dem Jahr 2003 untersucht und hinterfragt sie die These einer engen Beziehung von kolonialen und nationalsozialistischen Eheverboten (Kundrus 2003b, S. 110). Sie weist schwerpunktmäßig auf deutlich sichtbare „Differenzen der zugrundeliegenden rassistischen Feindbilder und der aus ihnen resultierenden Praxis der Verfolgung" hin (Kundrus 2003b, S. 111). Zunächst verweist sie auf die grundlegenden Unterschiede zwischen Antisemitismus und Rassismus: es gebe im nationalsozialistischen anthropologischen Rassismus keine Entsprechung zu antisemitischen Bildern von jüdischen Menschen als unerkennbar in die deutsche Gesellschaft integrierte „Parasiten" oder DrahtzieherInnen einer Weltverschwörung (Kundrus 2003b, S. 111–112). Eben aus dieser Unerkennbarkeit resultiere eine potentiell größere Bedrohung für die von der NS-Rassenhygiene ersehnte ‚Blutsreinheit' der deutschen ‚Volksgemeinschaft':

> Das Judentum [...] gehöre überproportional der Intelligenz und der Oberschicht an, besitze aus biologischen wie historischen Gründen zersetzende Eigenschaften und sei zudem weit in den deutschen Volkskörper eingedrungen. (Kundrus 2003b, S. 112)

Die Nürnberger Gesetze vom 15. September 1935 bedeuteten eine „neue Stufe der Ausgrenzung" sowohl gegen Jüdinnen und Juden, als auch gegen schwarze Deutsche sowie Sinti und Roma, um eine so verstandene biologische Homogenität der ‚Volksgemeinschaft' sicherzustellen (Kundrus 2003b, S. 114). „DeutschSein", so Kundrus, „sollte sich allein und ausschließlich nach ‚Rasse' bestimmen" – weswegen im Reichsbürgergesetz als Teil der Nürnberger Gesetze reglementiert wurde, dass nur ReichsbürgerIn sein könne, wer a) nicht jüdisch und/oder b) nicht einer anderen als „,artfremd'" verstandenen „,Rasse'" angehöre (Kundrus 2003b, S. 115. Kundrus zitiert hier aus dem entsprechenden Gesetzestext nach Frick 1935, S. 1391). Allerdings existierten in dieser Differenzierung doch auch „unterschiedlich intensive Bedrohungs-Vorstellungen" in Bezug darauf, in welchem Maße sie als Gefahr für den Erhalt der eigenen ‚Rasse' bewertet wurden (Kundrus 2003b, S. 117). Die Gesetze divergierten hier in mancher Hinsicht: eine den Gesetzen zwar widersprechende, aber dennoch „irgendwie" zustande gekommene Eheschließung zwischen Schwarzen und Deutschen wurde im Nationalsozialismus als gültig erachtet, während sich ein „jüdisch-arisches" Paar strafbar machte (Kundrus 2003b, S. 117). Gewichtiger wertet Kundrus jedoch den Umstand, dass §2 des Blutschutzgesetzes „auf Menschen afrikanischer Herkunft und Roma und Sinti keine Anwendung finden sollte, der Straftatbestand ‚Rassenschande' also auf Kontakte zwischen Juden und ‚Deutschblütigen' beschränkt blieb" (Kundrus 2003b, S. 117). Gleichwohl sollte darauf verwiesen werden, dass diese Divergenz in der Gesetzgebung im Kontrast zur tatsächlichen Diskriminierung und Verfolgung Schwarzer Menschen sowie Sinti und Roma stand (vgl. Kundrus 2003b, S. 117).

Als einer imaginierten jüdischen ‚Rasse' angehörig galten im Nationalsozialismus seit dem Reichsbürgergesetz vom 14. November 1935 diejenigen, deren Großeltern zu mindestens drei Teilen jüdisch waren bzw. mindestens zwei, wenn die entsprechende Person zusätzlich selbst dem jüdischen Glauben angehörte oder mit einer jüdischen Person verheiratet war (Kundrus 2003b, S. 118). Als ‚jüdischer Mischling' galt, wer einen oder zwei jüdische Großelternteile hatte, selbst aber nicht dem jüdischen Glauben angehörte.

Um nach NS-Definition als ‚Mischling' aus einem Verwandtschafts- bzw. Familienverhältnis mit einer schwarzen Person klassifiziert zu werden, wurde die individuelle Familiengeschichte weit rigider überprüft – und auch weit über die dritte Generation hinaus: ‚Afrikanisches' Blut besitze laut NS-Rassenkunde eine höhere biologisch-erbliche ‚Einschlagkraft' – hier war die Rassenkunde möglicherweise von der aus dem kolonialen Kontext bekannten *one-drop-rule* beeinflusst, nach der bereits ein Tropfen schwarzen Blutes weißes Blut dauerhaft und über Generationen hinweg ‚kontaminiere' (Kundrus 2003b, S. 119). Fatima El-Tayeb ergänzt dies um die Feststellung, dass der spezifische Rassismus gegenüber Schwarzen im Nationalsozialismus dadurch gekennzeichnet gewesen sei, dass sie als „besonders aggressiv" galten, auch im Vergleich zu „anderen ‚minderwertigen Rassen'" (El-Tayeb 2001, S. 200). Sie wurden primär mit aggressiver Sexualität assoziiert, und aufgrund der Kombination „verschiedener sozialdarwinistischer Diskurse" projizierte die bürgerliche Gesellschaft die „beängstigenden und bedrohlichen Aspekte" von Sexualität auf ein ‚Außen' bzw. ein ‚Unten', „und hier ganz besonders auf Schwarze" (El-Tayeb 2001, S. 200–201). Dies diente zur Rechtfertigung sexueller Gewalt gegen schwarze Frauen einerseits, und brandmarkte schwarze Männer als bestialische Vergewaltiger andererseits (vgl. El-Tayeb 2001, S. 200).

‚Rassenmischung' im Interesse einer ‚arischen Blutsreinheit' zu verhindern war das primäre Ziel der Nürnberger Gesetze – aber sind diese Gesetze von ähnlicher Qualität wie die kolonialen Mischehenverbote, und besteht zwischen beiden eine historische Kontinuität? Kundrus sieht hier einige Unterschiede, die gegen eine solche Kontinuität sprechen. Die kolonialen Mischehenverbote dienten ultimativ, trotz allem offensichtlichen Rassismus, doch anderen Zwecken als die Rassengesetze des Nationalsozialismus – und weisen den vielleicht nicht entscheidenden, aber dennoch bemerkenswerten Unterschied auf, dass sie niemals tatsächlich bestehende Gesetze waren, sondern vielmehr sozialen Regeln entsprachen (Kundrus 2003a, S. 222). Laut Pascal Grosse waren die kolonialen Mischehenverbote durch zwei prinzipiell entgegengesetzt erscheinende Aspekte gekennzeichnet: Einerseits galten sexuelle Kontakte und Beziehungen deutscher Kolonialisten zu kolonisierten Frauen als größtenteils legitim und der männlichen kolonialen ‚Moral' dienlich, da davon ausgegangen wurde, „daß sich europäische Frauen in den Tropen allenfalls begrenzt akklimatisieren könnten" (Grosse 2000, S. 146). Andererseits waren die deutschen Kolonialbestrebungen um „eine Politik der strikten Dissimilation" zwischen KolonistInnen und Kolonisierten bemüht (Grosse 2000, S. 146). Die Hintergründe der kolonialen Mischehenverbote seien dabei vordergründig mit ersterem Aspekt verknüpft, wie Grosse beschreibt. So seien sexuelle Beziehungen, „ob als Konkubinat, in legalen Ehen oder im Rahmen der Prostitution", zwischen deutschen Kolonialisten und kolonisierten Frauen deswegen so verbreitet gewesen, weil „die Zahl der in den Kolonien lebenden deutschen bzw. weißen Frauen äußerst gering" war (Grosse 2000, S. 149). Hinzu kommt sicherlich der Aspekt einer kolonialen autoritären Männlichkeit, die in der Kolonisierung auch eine Berechtigung zur sexuellen ‚Eroberung', Unterwerfung und Ausbeutung sah (vgl. Grosse 2000, S. 149).

Koloniale autoritäre Männlichkeit äußerte sich in dem Wunsch nach Besitz und Dominanz von/über Landbesitz und Vieh, militärischer Stärke, sozialer Manipulation und Einflussnahme lokaler Netzwerkstrukturen sowie sexuelle Dominanz und Ausbeutung von (kolonisierten) Frauen einerseits und Autorität über vermeintlich ‚rassisch' Unterlegene andererseits (vgl. Wildenthal 2001, S. 80–81). In einer Studie über Eheverhältnisse und sexuelle Beziehungen in den deutschen Kolonien untersucht Lora Wildenthal darüber hinaus die Frage, inwiefern die Reglementierung solcher sozialen Beziehungen Aussagen über die ihnen zugrundeliegenden Motivationen erlauben. In Deutsch-Südwest-Afrika, Deutsch-Ost-Afrika und Deutsch-Samoa waren ab den Jahren 1905, 1906 und 1912 Ehen zwischen deutschen KolonistInnen und Kolonisierten durch administrative Dekrete (und nicht per Gesetz) untersagt[26] – eine kontroverse Regelung, die, so Wildenthal, im europäisch-kolonialen Kontext einzigartig war (vgl. Wildenthal 2001, S. 84–85).

In der zusammenfassenden Einschätzung Matthew P. Fitzpatricks sieht eine Reihe von Forschungsansätzen (u.a. auch von Kundrus und Wildenthal) über die Dekrete zu sogenannten Mischehenverboten deren Motivation in der Aufrechterhaltung einer kolonialen Dominanzstruktur und -kultur – und dezidiert weniger in der Aufrechterhaltung einer ‚arischen Blutsreinheit': ‚Rasse' bzw. Hautfarbe sei im Kaiserreich nicht primär ein Marker für eine intrinsische biologische Minderwertigkeit der kolonialen Anderen, sondern für deren zugeschriebene sozio-politische Unterlegenheit gewesen (Fitzpatrick 2008, S. 497). Damit ist gemeint, dass die Gründe für die kolonialen Mischehenverbote weniger in der Furcht vor einer biologischen Kontamination ‚rassisch-reinen arischen Blutes' liegen – vielmehr sei das „main objective" im deutschen Kolonialismus „the maintenance of a system of dominance" gewesen (Fitzpatrick 2008, S. 498). Dies macht Fitzpatrick auch anhand einer Lektüre von Ann-Laura Stolers *Race and the Education of Desire* (1995) deutlich: Stoler zeige, so Fitzpatrick, dass koloniale Ordnung weniger um die Sicherung einer vermeintlichen ‚Blutsreinheit' (bzw. Unterbindung von ‚Rassenschande') bemüht war. Vielmehr war die Angst vor einem Verlust sozialer und kultureller Dominanz ausschlaggebend für die kolonialen Dekrete zu ‚Mischehenverboten': Durch sexuelle Beziehungen zwischen KolonistInnen und Kolonisierten sowie möglicherweise daraus hervorgehenden Nachkommen würde die binäre Opposition dieser beiden Gegensatzpaare, die zur Aufrechterhaltung einer kolonialen Ordnung notwendig sei, gewissermaßen unterwandert (vgl. ADDIN BECStoler 1995, S. 52. Zitiert bei Fitzpatrick 2008, S. 497–498). „Miscegenation", so Fitzpatrick folgernd, „was a social and intellectual impediment to neat hierarchical thinking because it transgressed conceptual barriers that had been erected for clear reasons of hegemony maintenance" (Fitzpatrick 2008, S. 499). So sei es schwierig bis unmöglich, einen direkten Weg von den kolonialen per Dekret veranlassten Mischehenverboten zu den Nürnberger Gesetzen zu ziehen (Birthe Kundrus beschreibt diesen Weg, so man dessen Realität denn annimmt, als „weit, sehr weit", Kundrus 2003b, S. 126), da koloniale Unterdrückung, Kriegsführung und Massengewalt sich in dieser Hinsicht vom „biologically framed *Existenzkampf*"

---

[26] Die rechtliche Situation in den deutschen Kolonien und das juristische Verhältnis zum Kaiserreich waren ohnehin ambivalent und konfliktgeladen, vgl. bspw. Essner 2005, S. 37–46.

der nationalsozialistischen Volksgemeinschaft fundamental unterscheide (Fitzpatrick 2008, S. 499). Auch wenn Fitzpatrick zugesteht, dass sich die zunehmende Einflussnahme des biologisch-anthropologischen Rassismus auf die westlichen Wissenschaften im 18. und 19. Jahrhundert auch in der kolonialen Ordnung der deutschen Kolonien wiederfinde, so müsse hier doch unterschieden werden. Biologischer Rassismus erscheint in dieser Interpretation als Mittel zum Zweck der kolonialen Machtsicherung, nicht aber unbedingt als dem Kolonialismus juristisch festgeschriebener ideologischer Endzweck. Gerade in Anbetracht der Nürnberger Gesetze erscheint dieser Umstand bemerkenswert. Auch Pascal Grosse deutet die Mischehenverbote in den Kolonien in dieser Art. Nachkommen aus „gemischten Verbindungen" galten in den Kolonien als reale Katalysatoren für politische Umstürze und Aufstände: in dieser Sicht dienten die Mischehenverbote nicht nur zur Aufrechterhaltung des kolonialen status quo, sondern in Antizipation eines politischen Umsturzes auch präventiv (Grosse 2000, S. 157–158). Grosse nennt die Mischehenverbote daher einen „Ausdruck der Proletarierangst der deutschen Kolonialmacht" – und ausdrücklich nicht einen Ausdruck des Schutzes vor einer Kontamination deutschen ‚Blutes' (Grosse 2000, S. 160).

An diesem Punkt liefert der Aufsatz Cornelia Essners mit dem Titel „‚Border-Line' im Menschenblut und Struktur rassistischer Rechtsspaltung" (2005) weitere aufschlussreiche Erkenntnisse. In einer ausführlichen Studie über rassistisch fundierte Bevölkerungspolitik sowohl in den deutschen Kolonien als auch im Nationalsozialismus weist sie nach, dass es in beiden historischen Konstellationen unterschiedliche Positionierungen zu dem gibt, was sie als „Blutaberglaube" beschreibt (Essner 2005, S. 34). Dieser sei Kernbestandteil der Nürnberger Gesetze, aber im Kolonialismus „eher marginal" gewesen: „1933 wurde er [der Blutaberglaube, Anm. S.K.] vom völkisch-antisemitischen Staat unendlich ausgedehnt und quasi auf ein unsichtbares, inländisches Objekt geworfen" (Essner 2005, S. 60). Essner skizziert zwei Hauptströmungen innerhalb der nationalsozialistischen ‚Rassenlehre': Zum einen eine Strömung, die der wissenschaftlichen Eugenik zuzurechnen sei und die Vorstellungen von Nationen als „Fortpflanzungsgemeinschaft oder ‚Vitalrasse'" propagierte, die durch die Eliminierung von „degenerierten Keimzellen" „Aufartung" erfahren konnte (Essner 2005, S. 47). Zum anderen nennt sie die völkisch-religiöse nordische Rassenlehre, nach deren Ideologie die Ausbreitung einer nordisch-arischen ‚Rasse' den „drohenden Untergang des Abendlandes" verhindern könne – und diese Strömung sei diejenige gewesen, die sich ab 1935 in der NS-Führungsriege tatsächlich schwerpunktmäßig durchsetzte (Essner 2005, S. 47). Auch wenn ich auf diese Unterscheidung noch in Kapitel 5.4.2 eingehen werde, so soll doch an dieser Stelle vorerst festgehalten werden, dass sich die Rassetheorie der Nürnberger Gesetze nach Essner von der der kolonialen Mischehenverbote unterschied.

3.2.5.4 Zusammenfassung

Zimmerer selbst hat zu der Kritik von Gerwarth & Malinowski sowie einigen Aspekten von Kundrus Kritik in seinem Text „Nationalsozialismus Postkolonial. Plädoyer zur Globalisierung der deutschen Gewaltgeschichte" aus dem Jahr 2011 Stellung bezogen. So sieht er in Kundrus Darstellungen eine Verharmlosung des Kolonialismus, da die von ihr geschilderten Unterschiede faktisch mehrere Dinge übersähen (Zimmerer 2011c, S. 33). Kundrus Hinweis auf den Unterschied zwischen nationalsozialistischen Gesetzen und kolonialen Dekreten sei nicht geeignet zu illustrieren, dass jüdische Menschen im nationalsozialistischen Deutschland stärker verfolgt würden, als Herero, sollten sie es geschafft haben ins Deutsche Reich zu gelangen. Denn dies sei aufgrund der kolonialen Situation überhaupt nicht möglich gewesen, da die Herero im deutschen Kolonialismus durch nahezu völlige Bewegungsfreiheit eingeschränkt waren. So gibt Zimmerer zu bedenken, dass die Chancen, dass ein Herero oder Nama die Hafenorte Swakopmund, Lüderitzbucht oder Walvisbay bzw. sogar Hamburg oder Bremen erreichen könnte, „gleich null" waren (Zimmerer 2011c, S. 34). Weiterhin wirft Zimmerer Kundrus vor, den Vernichtungsbefehl von Trothas nicht als Genozid anzuerkennen, weil in ihm darauf verwiesen wurde, Frauen und Kinder nicht zu erschießen, obschon er sie in der Realität in die Wüste treiben ließ, „um sie dort dem Tod durch Verdursten preiszugeben" (Zimmerer 2011c, S. 35). In der Tat erscheint es bemerkenswert, dass Kundrus in ihrem oben zitierten Artikel das Schreiben von Trothas wörtlich nimmt und als Appell an die Moral der Truppe versteht, obschon bekannt ist, dass im Verlauf der Vertreibung systematisch die Wasserstellen in der Wüste gesperrt, die Überlebenden in Konzentrationslager interniert wurden und dort zu 50 % starben (vgl. Schaller 2004, S. 398–399). Die Vorstellung, von Trotha sei für seine Anordnung sanktioniert worden, sei ebenfalls falsch: „korrekt ist, dass Trotha von höchster Stelle zu besonderer Rücksichtslosigkeit ermuntert worden war und letztlich sein Kommando verlor, weil er den Krieg nicht schnell genug gewonnen hatte" (Zimmerer 2011c, S. 38. Vgl. auch Schaller 2004, S. 397).

Tatsächlich war es offenbar der Fall, dass Trotha keine konkreten Anweisungen zur vollständigen Vernichtung der Herero erhielt, weder von Reichskanzler Bernhard von Bülow noch von Theodor Leutwein, dem vorherigen Kommandeur der Kaiserlichen Schutztruppe in und Gouverneur von Deutsch-Südwestafrika. Beide standen Trothas Vernichtungspolitik vielmehr mit deutlicher Kritik gegenüber (vgl. Hull 2005, S. 28). Trotha erklärte Leutwein am 5. November 1904 schriftlich, dass er anlässlich seiner Benennung als Kommandeur keine besonderen Instruktionen erhalten habe, von ihm lediglich erwartet worden sei, dass er den Aufstand der Herero mit allen Mitteln besiegen sollte und ihm dabei alle Freiheiten gelassen wurden (vgl. Hull 2005, S. 28–29). Seine Strategie der Verfolgung und Vernichtung habe er nach eigenen Angaben im September 1904 offengelegt und keine Unterlassungsaufforderung erhalten, dementsprechend aber auch keinen konkreten Vernichtungsbefehl (mögliche mündlich erfolgten Anweisungen müssen Spekulation bleiben):

> The Battle of Waterberg occured on 11 August 1904. Trotha's decision to annihilate occured a month later. Neither then nor earlier did he receive an order to this effect; otherwise he would hardly have had to inform the General Staff of his new policy, or to ask its blessing. (Hull 2005, S. 29)

Isabel V. Hull interpretiert die Vernichtungsabsicht gegen die Herero und Nama als eine Art unheilvoller Kulmination von Trothas durch und durch rassistischem Weltbild mit standardisierten brutalen Militärpraktiken der deutschen Schutzgebiete:

> If these practices were not limited by negotiations (or other brakes), they spiraled into ever widening swaths of destruction. It remained only to declare the resulting extermination as policy, which was easy given Trotha's racist worldview. (Hull 2005, S. 53)

Trothas ‚Vernichtungsbefehl' sei daher der Höhepunkt einer sich stetig ausweitenden Gewaltausübung der Schutztruppen – und gleichzeitig das wohl kontroverseste Dokument des gesamten Krieges, welches zumal erlassen wurde, als die Vernichtung der Herero bereits begonnen hatte (vgl. Hull 2005, S. 57). Laut Hull habe Trotha mit der Proklamation lediglich ein konkretes Ziel verfolgt, nämlich sämtliche Verhandlungen mit der Herero-Führung ein für alle Mal zu verunmöglichen: Den Krieg vollständig zur Aufgabe des Militärs zu machen implizierte für Trotha, politische Kompromisslösungen zu verhindern und einen starken wie umfassenden vollständigen Sieg herbeizuführen (vgl. Hull 2005, S. 58–59). Die komplette Zerstörung der Herero war das militärische Ziel Trothas, und dies konnte nur durch eine äußerst brutale und kompromisslose Vorgehensweise erreicht werden, die die vollständige Vernichtung aller Herero vorsah. Auch wenn Bülow der Politik Trothas weiterhin kritisch gegenüberstand und er sie als unchristlich und unmenschlich verurteilte, erhielt Trotha offizielle Unterstützung durch Heinrich von Schlieffen, der Trothas Vernichtungsintention teilte, und nicht zuletzt durch Kaiser Wilhelm II. (vgl. Hull 2005, S. 63–66; Schaller 2004, S. 398–399).

Den Einwänden Gerwarth & Malinowskis hält Zimmerer entgegen, dass sie mit ihrer Kolonialismusdefinition einseitig auf das „Entwicklungspotenzial" (Zimmerer 2011c, S. 36) des Kolonialismus fokussierten. So verweist er in Bezug auf das von den Autoren angeführte Fehlen von „indirect rule" im Nationalsozialismus einerseits darauf, dass Siedlungskolonialismus entgegen der von ihnen vertretenen Annahme das Hauptmerkmal der NS-Eroberung des Ostraumes gewesen sei (vgl. Zimmerer 2011c, S. 36). Zimmerers Argument scheint zu sein, dass die Autoren, wo sie doch keine „indirect rule" erkennen, eigentlich bemerken müssten, dass es sich bei der NS-Eroberung damit um Siedlungskolonialismus gehandelt haben müsse, weil es im Siedlungskolonialismus auch keine Form der „indirect rule" oder „Entwicklungsversprechen" gegeben habe, die laut Gerwarth & Malinowski kennzeichnend für koloniale Situationen seien (Zimmerer 2011c, S. 36). Tatsächlich sprechen Gerwarth & Malinowski nicht von Siedlungskolonialismus, allerdings spricht auch Zimmerer zumindest in seinem Text aus 2003 nicht von Siedlungskolonialismus, sondern von einem nationalsozialistischen „Kolonialkrieg" und der Etablierung eines deutschen „Kolonialreichs" im Osten (Zimmerer 2011a, S. 140). Hauptsächlich ist es aber auch eher Zimmerers Intention, auch bei Gerwarth & Malinowski die „Diskreditierung der postkolonialen Perspektive durch eine positivere Bewertung des Kolonialismus" zu kritisieren (Zimmerer 2011c, S. 36). Auf die genauen Argumente struktureller Unterschiede, die bei Kundrus und Gerwarth & Malinowski angeführt werden, geht Zimmerer allerdings nicht gesondert ein.

3.2.6 Koloniale und völkische Bewegung, Antisemitismus und antikolonialer Befreiungskampf

Gegen Zimmerers Argumente für eine historische Kontinuität zwischen und strukturelle Ähnlichkeit von deutschem Kolonialismus und Nationalsozialismus sind eine Reihe von Einwänden formuliert worden, die ich im Rahmen meiner kritischen Rekonstruktion aufgeführt habe. Zusammengefasst lassen sie sich auf den Nenner bringen, dass a) die empirischen Beweise für tatsächliche Kontinuitäten im Sinne von Wissenstransfers nicht konkret nachweisbar seien und damit spekulativ blieben, und b) die strukturellen Unterschiede zwischen deutschem Kolonialismus und Nationalsozialismus deren Gemeinsamkeiten so sehr überwögen, dass Holocaust und Kolonialgenozid einerseits unterschiedlich seien, andererseits nicht als lediglich graduell unterschiedlich beschrieben werden können.

Ist damit Zimmerers These einer Kontinuität zwischen deutschem Kolonialismus und Nationalsozialismus widerlegt? Gerhard Scheit bspw. vertritt die

These, dass der „politische Massenmord" an den Herero und Nama durchaus als „Vorgeschichte des Holocausts" begriffen werden könne – „nicht jedoch, wie es Zimmerer fordert" im Rekurs auf vermeintliche strukturelle Gemeinsamkeiten zwischen dem Genozid an den Herero und Nama und der nationalsozialistischen Vernichtung (Scheit 2007, S. 96). Was Zimmerer übersehe sei, dass der deutsche Kolonialismus weniger eine koloniale Dimension des Holocausts illustriere, sondern vielmehr anders herum sich im deutschen Kolonialismus, einer „‚Kolonialmacht' neuer Prägung", bereits das Bild des heranreifenden „genuinen Volksstaats" abzeichne, dessen Außenposten die Kolonien in Deutsch-Südwestafrika gewesen seien (Scheit 2007, S. 96). Dies macht er an Trothas Worten fest, „dass die Nation als solche vernichtet werden" müsse (vgl. Scheit 2007, S. 96; vgl. auch Schaller 2004; Sobich 2006, S. 59). Wenn der deutsche Kolonialismus als Vorläufer des Holocausts interpretiert werden solle, so müsse man aber zunächst anerkennen, dass der deutsche Volksstaat wie kein anderer Staat und keine andere Ideologie illustriert habe, „daß Antisemitismus und Rassismus ‚strukturell' nicht dasselbe sind, und doch eines das andere notwendig zu steigern imstande" sei (Scheit 2007, S. 96). Die AntisemitIn möchte „die Juden umbringen, weil es Juden sind, und [findet] darin [ihre] Erfüllung" – mit diesem Konzept der „Vernichtung um der Vernichtung willen" seien rassistische Verfolgung und Gewalt aber nicht erfassbar und vor allen Dingen nicht identisch (Scheit 2007, S. 96).

Scheit postuliert also nicht eine vermeintliche koloniale Qualität des Nationalsozialismus, sondern vielmehr eine völkische Qualität des deutschen Kolonialismus. Eine solche lässt sich beispielsweise in der spannungsreichen Beziehung zwischen deutsch-völkischer Bewegung und wilhelminischer Kolonialplanung erkennen, bspw. des Alldeutschen Verbandes auf die Deutsche Kolonialgesellschaft oder allgemein der Kolonialpolitik dieser völkischen Gruppierung (vgl. bspw. Peters 1996). Obschon auch hierbei betont werden muss, dass völkische Bewegung und Kolonialbewegung im Kaiserreich sich ideologisch eher diametral gegenüberstanden, da die völkischen Gruppierungen ihre rassistischen Forderungen in den an ökonomischen Bestrebungen ausgerichteten Kolonialgesellschaften nur unzureichend verwirklicht sahen und diese als jüdisch unterwandert abwerteten (vgl. Puschner 2001, S. 150–151). Dies führte im Jahr 1904 zur Gründung des streng völkischen „Deutschvolklichen" bzw. seit 1907 „Deutschnationalen Kolonialvereins", der explizit einen auf das Volkswohl im Sinne der „Erhaltung des wahrhaft deutschen Sinns und Geistes" ausgerichteten deutschen Kolonialismus propagierte und sich von den Kolonialismusvorstellungen bspw. eines Otto von Bismarck distanzierte (Stauff 1912, S. 61–62; zitiert nach Puschner 2001, S. 152). Noch weiter ging der Regierungsrat Rudolf Martin in seinem 1911 unter dem Pseudonym Otto Richard Tannenberg veröffentlichten „Pangermanischen Manifest", von dem selbst der Alldeutsche Verband aufgrund der Radikalität der in ihm vertretenen Thesen (u.a. umfassende außereuropäische koloniale Eroberungspläne mit durch und durch völkischen „Weltmachtvisionen") auf Distanz ging (vgl. Puschner 2001, S. 154).

Diese Themendimension fehlt bei Zimmerer. Auch auf den Themenkomplex des Antisemitismus geht Zimmerer erst in seinem 2011 – also mit deutlichem zeitlichen Abstand zu den von mir schwerpunktmäßig untersuchten Texten (als Vorwort zum Sammelband *Von Windhuk nach Auschwitz* konzipierten) Text „Nationalsozialismus postkolonial" ansatzweise ein – und dort auch lediglich marginal. Antisemitismus wird in diesem Text als dieselbe Ideologie wie der Rassismus im Kolonialismus begriffen, nur mit anderen Vorzeichen: Die ehemals Kolonialdeutschen seien im Nationalsozialismus in ihrer Vorstellung zu vom Judentum Kolonisierten geworden. Auch wenn Zimmerer zugesteht, dass der Antisemitismus sich insofern vom Kolonialrassismus unterscheide, dass er jüdische Menschen als „besonders gefährlicher Gegner" in der „Position des überlegenen Kolonisators" (Zimmerer 2011c, S. 27) lokalisiert, ist die automatische Assoziation von „überlegen" und „Kolonisator" allerdings problematisch, wie im Verlauf der Arbeit noch gezeigt werden wird. Obschon Zimmerer mit seiner Unterscheidung zwischen Antisemitismus und (kolonialem) Rassismus im Grunde durchaus richtig liegt, führt er diesen Gedanken in den von mir untersuchten Texten nicht aus.

In dem genannten Aufsatz aus dem Jahr 2011 ist der Holocaust bei Zimmerer kein kolonialer Genozid mehr, sondern ein „antikolonialer Befreiungskampf" (Zimmerer 2011c, S. 28). Die antisemitischen Wahnvorstellungen über das Judentum seien kongruent zu denen einer Kolonialmacht, da für Zimmerer die Idee einer abstrakten Weltverschwörung des Judentums gleichzusetzen sei mit der Vorstellung einer unterdrückenden Kolonialmacht. Diese Gleichsetzung wird bei Zimmerer allerdings nicht weiter argumentativ konkretisiert, sondern einfach behauptet und bleibt damit assoziativ-spekulativ. In späteren Arbeiten ist Zimmerer meines Wissens nach nicht näher auf dieses Thema eingegangen.

Doch in dieser Auslassung liegt womöglich das größte Defizit von Zimmerers Theorie, da, neben möglichen Überschneidungen, eine genaue Analyse der unterschiedlichen Ideologien und Funktionsweisen von kolonialem Rassismus und Antisemitismus, auch deutlich die verschiedenen Ideologien von deutschem Kolonialismus und Nationalsozialismus hätten differenziert werden können. Indem der Antisemitismus bei Zimmerer aber zusammen mit kolonialem Rassismus in einer allgemeinen „menschenverachtenden Ideologie" (Zimmerer 2011a, S. 147) aufgeht, verliert er seine für eine Analyse des Nationalsozialismus elementar wichtige Spezifik. Insgesamt ist Zimmerers Vergleich zwischen Kolonialismus und Nationalsozialismus bzw. Kolonialgenozid und Holocaust damit insofern problematisch, als dass er seinen Vergleichsgegenstand „Nationalsozialismus" bereits im Vorfeld so an seinen Vergleichsgegenstand „Kolonialismus" anpasst bzw. trivialisiert, dass nicht mehr von einem adäquaten, sondern eher von einem ‚homogenisierten' und damit in der Tendenz eher inadäquaten Vergleich gesprochen werden muss. Auch wenn ein Vergleich von Kolonialismus und Nationalsozialismus legitim ist, ist er das nur, wenn das *tertium comparationis* so weit gegeben ist, als dass es gleichermaßen auf beide Seiten zutrifft. Am Beispiel Kolonialrassismus und Antisemitismus als Beispiele für eine vermutete allgemeine ‚Menschenfeindlichkeit', in denen die Zuschreibungen des Kolonialismus auch für die des Antisemitismus gelten bzw. mit diesen kommensurabel sind, ist aber gezeigt worden, dass dies problematisch ist. Diesen Aspekt werde ich vorerst als Zwischenergebnis offenlassen, da er auch in dem zweiten von mir rekonstruierten Forschungsansatz von A. Dirk Moses relevant ist. Wo Zimmerer vom Nationalsozialismus als antikolonialer Befreiungsbewegung ausgeht, spricht Moses vom Holocaust als einem ‚subalternen Genozid'. Wie genau er argumentiert und ob seine Argumentation überzeugt, soll im Folgenden rekonstruiert und kritisch erörtert werden.

3.3 Der Holocaust als ‚subalterner Genozid'? Grenzen des Vergleichs

A. Dirk Moses ist neben Jürgen Zimmerer einer der einflussreichsten VertreterInnen der These, dass es eine historische Kontinuität vom Kolonialismus zum Nationalsozialismus/Holocaust gebe (vgl. auch Stone 2010, S. 239). Der zentrale Aspekt in Moses Argumentation für diese Kontinuität ist dabei die Einstufung des Holocausts als ‚subalterner Genozid', und damit, wie Dan Stone es beschreibt,

> a genocide undertaken by the (self-perceived) ‚weak' out of fear of the supposed threat posed by their victims. In this sense, the Holocaust can be seen as an ‚anti-colonial' genocide – from the point of view of the perpetrators of course. (Stone 2010, S. 240)

Wie Moses dieses Argument begründet und ob die Begründung überzeugt, möchte ich in diesem Kapitel zunächst kritisch rekonstruieren sowie im Anschluss analysieren und erörtern. Das erste Textbeispiel, an dem ich seine Argumentation rekonstruieren möchte, ist sein Eintrag zum Schlagwort „Colonialism" im *Oxford Handbook of Holocaust Studies* (2010a). In diesem Text widmet Moses sich der Frage, welche Rolle die Geschichte des europäischen Kolonialismus in der Genese und dem heutigen Verständnis des Holocausts spielt und gespielt hat. Bereits in diesem eher einführenden Text wird deutlich, dass er dem Kolonialismus in dieser Hinsicht eine besondere Signifikanz beimisst, die für ihn mindestens genauso relevant und beachtenswert ist wie die Faktoren Antisemitismus und Faschismus sowie der Ausgang des Ersten Weltkriegs. Der Text greift Diskussionen über historische Kontinuitäten und/oder Gemeinsamkeiten zwischen/von Kolonialismus und Holocaust auf und bietet erste Schritte auf dem argumentativen Weg zu Moses' Darstellung des Holocausts als ‚subalternem Genozid'.

3.3.1 Der europäische Kolonialismus: Ein ‚Enabler' des Holocausts?

Prinzipielles Anliegen des Textes ist die Identifizierung der Geschichte des Kolonialismus als „enabler", also als ‚Ermöglicher' oder ‚Befähiger' des Holocausts (Moses 2010a). In der Einleitung zu dem Oxford-Sammelband, in dem Moses' Text erschienen ist, wird der Begriff ‚enablers' von den Herausgebern Peter Hayes und John K. Roth folgendermaßen beschrieben: Es handele sich bei einem „enabler" des Holocausts um „the broad and necessary contextual conditions for the Holocaust" (Hayes/Roth 2010, S. 4) oder auch „contributors to the occurence of the Holocaust" (Hayes/Roth 2010, S. 4). Weiter: „A governing theme throughout the book [...] is that specific conditions, decisions, and actions were necessary for the Holocaust to happen, but it was neither fated nor determined" (Hayes/Roth 2010, S. 4).

Die hier skizzierte Verbindungslinie zwischen Kolonialismus und Holocaust ist grundlegend für Moses' Argumentation: In einem zunächst nicht näher definierten Sinn wird der Kolonialismus als eine nicht näher definierte Bedingung für den Holocaust beschrieben. Am ehesten scheint eine notwendige Bedingung gemeint zu sein, nicht zuletzt, da die Autoren das Wort „necessary" gebrauchen. An dieser Stelle ist es möglicherweise sinnvoll zu rekapitulieren, welche Arten von logischen Bedingungen überhaupt möglich sind. Die weitgehend bekannte Unterscheidung zwischen hinreichenden und notwendigen Bedingungen ist allerdings elementar für ein genaueres Verständnis von Moses' Argumentation. Eine hinreichende Bedingung von A für B bedeutet, dass, wenn A der Fall ist, ganz sicher B eintreten wird. Eine notwendige Bedingung von A für B bedeutet, dass B ganz sicher nicht eintritt, wenn A nicht der Fall ist – dass A der Fall ist, genüge dabei aber nicht für das sichere Eintreten von B (vgl. Beckermann 1997, S. 155).

Analog zu dieser Klassifikation scheinen Hayes & Roth davon auszugehen, dass der Kolonialismus (A) eine notwendige Bedingung für den Holocaust (B) darstellt. Das Vorliegen einer kolonialen Vergangenheit führe also nicht unausweichlich zu deutschem Nationalsozialismus und Vernichtungsantisemitismus. Dass es allerdings den deutschen Nationalsozialismus und Vernichtungsantisemitismus gegeben hat, sei darauf zurückzuführen, dass es in der Vergangenheit Kolonialismus gegeben hat. Behauptet Moses hier also, dass es den Holocaust nicht gegeben hätte, wenn es keinen Kolonialismus gegeben hätte? Im Zitat von Hayes und Roth erscheint es zumindest so, wenn sie im Zusammenhang von ‚enablers' darüber sprechen, dass bestimmte Konditionen wie der Kolonialismus nicht hinreichend, aber notwendig waren, damit der Holocaust geschehen konnte.

Moses gibt zu Beginn seines Textes zu, dass der Behauptung, der Kolonialismus sei ein ‚enabler' des Holocausts gewesen, erst einmal skeptisch begegnet werden könne: Waren nicht der Erste Weltkrieg sowie die jahrhundertealte antijüdische und antisemitische Tradition Europas viel wichtigere Referenzpunkte in der Frage nach solchen ‚Ermöglichern'? Ist nicht die deutsche Kolonialgeschichte im Vergleich zu den imperialen und kolonialen Bestrebungen und Handlungen anderer europäischer Nationen nur marginal und in ihrer Ausprägung vergleichsweise gering (vgl. Moses 2010a, S. 68)?

Auch sei es schwierig, bei der Beziehung von Kolonialismus und Holocaust von spezifischen, empirisch gesicherten und damit belegbaren konkreten Verbindungen zu sprechen: „Nevertheless, challenges remain in demonstrating significant *empirical* links between late nineteenth- and early twentieth-century colonialism and the Holocaust" (Moses 2010a, S. 68; Hervorhebung im Original). Wie bereits Zimmerer nennt auch Moses zwar eine Reihe von Beispielen, in denen tatsächlich eine empirische Verbindung zwischen bspw. Funktionären der deutschen Kolonialherrschaft in Südwest-Afrika und deren späterer Arbeit für das NS-Regime festgestellt werden kann (Herman Göring, Franz Xaver Ritter von Epp, etc.; vgl. Moses 2010a, S. 68). Dennoch sei hier ausschlaggebend, dass solche Beobachtungen relativ wenig über die tatsächliche vermeintliche Kontinuität von Kolonialismus und Nationalsozialismus/Holocaust aussagen.

Deswegen, so Moses, sei es in den letzten Jahren verstärkt der Fokus der Forschung gewesen, nach morphologischen und strukturellen Kontinuitäten und Ähnlichkeiten zwischen diesen beiden historischen Ereignissen zu suchen. Hier nennt er auch explizit die Arbeiten Zimmerers als Beispiel (vgl. Moses 2010a, S. 69). Da diese Ähnlichkeiten bestünden, werde von einer Art Äquivalenz ausgegangen: Wenn sowohl beim deutsch-südwestafrikanischen Kolonialismus als auch beim Holocaust ähnliche strukturelle Parallelen bestünden, dann scheint es sich hier auch um ähnliche, wenn nicht gar kommensurable, Phänomene zu handeln. Aus dieser strukturellen Parallele wird dann bei Moses implizit der Schluss auf eine Kontinuität vorgenommen. Dabei beruft er sich auf Zimmerers These, dass die NS-Eroberung des Ostraums der größte koloniale Eroberungskrieg der Geschichte gewesen sei (vgl. Moses 2010a, S. 69). Damit erhalte die Niederschlagung des Herero-Nama-Aufstandes den Status eines Vorläufers, eines ‚enablers' des Holocausts – ein ‚Rassenkrieg', ohne dessen ‚Vorbildcharakter' der Holocaust möglicherweise nicht denkbar gewesen wäre (vgl. Moses 2010a). Aus dieser Beobachtung heraus wird die Vorstellung formuliert, der Holocaust lasse sich allgemein in die Geschichte des westlichen Imperialismus und Kolonialismus einbetten:

> Because Europe comprised colonial powers and continental empires, Nazi Germany cannot be understood outside a colonial or imperial frame. To understand how the guerilla wars, racism, colonial rule, and settlement patterns of the imperial are related to the Nazi conquest of Europe and the destruction of the Jews, Roma, and Slavs entails examining German expansionism in relation to European empire in general, as well as determining the colonial and imperial features of the Holocaust. (Moses 2010a, S. 69)

Moses weist in diesem Zusammenhang darauf hin, dass es in Deutschland seit der Mitte des 19. Jahrhunderts vermehrt koloniale und imperiale Ambitionen gegeben hat. Diese versucht er dann auch folglich in direkten Bezug zum Nationalsozialismus zu setzen. Er bezieht sich dabei auf eine Kolonialismusdefinition von George Steinmetz, der modernen Kolonialismus als „the annexation of a territory by people with ties to a foreign state who perceive the conquered population as culturally distant and inferior" beschreibt (vgl. Steinmetz 2007, S. 42. Zitiert nach Moses 2010a, S. 70).

Moses möchte mit dieser Definition vor allem hervorheben, dass das Phänomen Kolonialismus sich nicht nur in maritimen außereuropäischen Überseeimperien finde (Moses 2010a, S. 70). Vielmehr sei es genauso gut denkbar, dass eine europäische Nation sich eines benachbarten Territoriums gewaltsam versuche anzunehmen, die Bevölkerung dieses Gebietes zu unterdrücken, sich regionaler Ressourcen anzueignen und eine politische Kolonialverwaltung zu etablieren. Es handele sich in so einem Fall um genau denselben Fall von Kolonialismus, der bspw. auch die Eroberung der Amerikas charakterisiere (Moses 2010a, S. 70).

Diese Kolonialismusdefinition wendet Moses auf den deutschen Kontext und die deutsche Geschichte seit dem 19. Jahrhundert an. Wenn man ihr in dieser Hinsicht folgt, dann zeige sich, dass Deutschland nicht nur eine eigene Kolonialvergangenheit besitzt. Es zeige sich auch, dass die ideologischen Überzeugungen dieser Kolonialpolitik, die dem eigentlichen kolonialen Projekt in Deutsch-Südwestafrika vorausgehen, deckungsgleich mit der Eroberungspolitik des Nationalsozialismus seien: „Weltpolitik (the acquisition of extra-European colonies with a strong navy) and Ostpolitik (eastern Europe as Germany's imperial space) represented flipsides of the same coin" (Moses 2010a, S. 70). Interessanter- und konsequenterweise ist der Unterabschnitt des hier rekonstruierten Textes, in dem sich vorangegangenes Zitat findet, mit „German Empires, African *and* European" betitelt, was als Anspielung auf einen vermuteten kolonialimperialen Charakter der nationalsozialistischen Eroberung des Ostraumes verstanden werden kann (Moses 2010a, S. 70; Hervorhebung S.K.). Damit macht Moses den für seine historische Kontinuitätsthese zentralen Punkt stark, dass die nationalsozialistische Eroberung Osteuropas im Wesentlichen dasselbe sei wie der Kolonialismus in Deutsch-Südwestafrika. Denn wer davon ausgeht, dass zwei vermeintlich verschiedene Dinge in Wirklichkeit jeweils eine Seite derselben Medaille seien, geht offenbar davon aus, dass bestimmte Rückschlüsse über die gemeinsame ‚Natur' oder das gemeinsame ‚Wesen' dieser vielleicht doch nicht so verschiedenen Dinge möglich sind.

Im folgenden Unterabschnitt „Colonial Rule & Antisemitism" beschäftigt Moses sich weiterhin mit der Verwobenheit (er gebraucht den Ausdruck „intertwined", wobei er sicherlich auch von ‚entanglement' hätte sprechen können) von Antisemitismus und Kolonialrassismus im Kaiserreich zum Ende des 19. Jahrhunderts (Moses 2010a, S. 71). Dabei bezieht und konzentriert er sich vor allem auf den pangermanischen, pro-expansionistischen und insgesamt völkisch ausgerichteten Alldeutschen Verband („pan-German league", Moses 2010a, S. 71) und dessen Beziehung zu Kolonialismus, Rassismus und Antisemitismus. Der Alldeutsche Verband sah durch die vermehrte Inklusion jüdischen Lebens und der Emanzipation jüdischer Menschen innerhalb der deutschen Gesellschaft eine bedrohliche Entwicklung.

Interessant sei hier laut Moses vor allem, dass sich in den Äußerungen und Ansichten des Alldeutschen Verbands die unterschiedlichen Ideologien von Kolonialismus, Rassismus und Antisemitismus überschnitten: Auf der einen Seite hätte sich der Alldeutsche Verband einer drohenden Unterwanderung und im Prinzip einer Art ‚parasitären Kolonisierung' durch jüdische Menschen in Deutschland ausgesetzt gesehen. Auf der anderen Seite stehe auf den Seiten der Alldeutschen der Wunsch bzw. das Bedürfnis, dieser drohenden Kolonisierung und der Schande der ‚Bastardisierung' durch Expansion und schlussendlich der Etablierung eines eigenen kolonial eroberten und kontrollierten Raumes (Lebensraum) zu entgehen (vgl. Moses 2010a, S. 71). Exemplarisch stehen dafür laut Moses die sozialdarwinistischen Pläne der Alldeutschen, den Ostraum zu erobern und damit ein eigenes germanisches Stammesreich zu schaffen, in dem eine Verunreinigung des deutschen Volkskörpers keine Bedrohung mehr darstellte (Moses 2010a, S. 71).

Für Moses illustriert dieses Beispiel sehr gut, in welchem produktiven Wechselverhältnis Antisemitismus und Kolonialismus innerhalb der rechts-völkischen Elite Deutschlands standen: Auf der einen Seite hätten rechts-völkische

Deutsche sich in ihrer selbst zugeschriebenen Rolle als blutsreines ‚Naturvolk' vor einer phantasierten ‚kolonialen' Unterwanderung und Übernahme durch das Judentum bedroht gesehen. Auf der anderen Seite hätte es von eben jenen Deutschen den Wunsch gegeben, das eigene Volk, den eigenen Volkskörper, mittels der kolonialen Unterwerfung einer anderen Gruppe und der Aneignung deren Raumes vor einer ‚rassischen Verunreinigung' zu bewahren (vgl. Moses 2010a, S. 71).

Nach dem Ersten Weltkrieg wurde ebenfalls von deutsch-rechtsvölkischer Seite eine weitere Verbindung von Rassismus und Antisemitismus illustriert. So gibt Moses zu bedenken, dass die alliierte französische Rheinlandbesetzung in der Vorstellung rechtskonservativer und antisemitischer Deutscher antisemitisch-verschwörungstheoretische Dimensionen annahm: Da die französischen Truppen der Alliierten zu einem großen Teil aus Afrika zwangsrekrutiert worden waren, vermuteten die Deutschen eine geplante ‚Verunreinigung deutschen Blutes', und dass diese gezielt durch das Judentum herbeigeführt worden war – entsprechende Passagen finden sich auch in Hitlers *Mein Kampf* (vgl. Moses 2010a, S. 72. Vgl. auch Kundrus 2010, S. 193–194). Diese weit verbreiteten Ängste vor einer „reverse colonization" hätten Hitler schließlich dazu bewogen, sich aus dem Weltzusammenhang und „international finance control" zu entziehen und fortan autark ökonomisch zu handeln – und Deutschland im Zuge dessen von einer imaginierten jüdischen Kolonisierung zu befreien:

> Traumatized by Germany's loss in World War I and convinced that Germans faced extinction, Hitler applied the lessons of a world history that he imagined imperialistically and without sentimentality. Germany must never again be vulnerable to internal colonization by a foreign people (Jews) or at the mercy of foreign powers in the manner oft he Weimar Republic. Salvation lay in founding a self-sufficient, continental, Germanic empire [...]. (Moses 2010a, S. 74)

Auch an dieser Stelle ist sehr deutlich zu sehen, dass Moses den Nationalsozialismus als kongruent mit imperialen Bestrebungen in den deutschen Kolonien einstuft: Im Rekurs auf Woodruff D. Smith spricht er davon, dass das ‚Wesen', also das Kernelement des Nationalsozialismus, imperiale Expansion gewesen sei (vgl. Moses 2010a, S. 74).[27]

Im weiteren Verlauf seines Textes zieht Moses eine Vielzahl von Äußerungen Hitlers heran (bspw. aus *Mein Kampf* oder den protokollierten *Monologen aus dem Führerhauptquartier*, s.o.), um dessen Einstellung zum Verhältnis von

---

[27] Vgl. auch Smith 1986, dessen Arbeiten zu den ersten und umfassendsten gehören, in denen die historische Kontinuität einer imperialen Ideologie vom deutschen Kaiserreich bis in den Nationalsozialismus postuliert wird.

Kolonialismus und Nationalsozialismus zu illustrieren. Zunächst stellt Moses fest, dass Hitler ein großer Bewunderer des englischen Imperialismus gewesen sei und dabei vor allem dessen kapitalistische Ausrichtung wertschätzte (Moses 2010a, S. 73–74). Er wolle bei den Deutschen eine ähnliche „racial arrogance and born-to-rule mentality" evozieren, wie er sie in der Herrschaft der Briten über Indien sah (Moses 2010a, S. 74). Hitler habe sich anhand des ihm bekannten Lebensraum-Konzeptes in der Annahme bestärkt gesehen, dass die Zukunft Deutschlands in einem europäischen Imperium liege: „He attributed Rome's success to the absorption of Aryan blood by its ruling strata and Rome's decline to racial intermixing and Christianity, with its pernicious doctrine of racial equality" (Moses 2010a, S. 74). Für Moses sind Hitlers Vorstellungen einer autarken, ökonomisch unabhängigen und rassisch ‚reinen' ‚Volksgemeinschaft' offenbar unmittelbar mit einem affirmativen Bezug auf die imperiale und koloniale Vergangenheit Europas im Allgemeinen und Deutschlands im Besonderen verknüpft.

Insgesamt versucht Moses im weiteren Verlauf seines Textes darzustellen, inwiefern imperiale und koloniale Praktiken für den nationalsozialistischen Eroberungskrieg gegen Osteuropa eine Rolle spielten. Dies macht er vor allem an zwei Aspekten fest: einerseits teile Hitlers Imperialismus mit dem europäischen Kolonialismus eine Art „quest for security", die charakteristisch für koloniale Eroberungspraktiken sei (Moses 2010a, S. 76). Diese sei vor allem im ‚Generalplan Ost' und, später, dem ‚General-Siedlungsplan' offensichtlich zu erkennen (Moses 2010a, S. 75). „Political pacification", wie von Reinhard Heydrich angestrebt, „meant the elimination of actual or even potential resistance to German rule" (Moses 2010a, S. 75). Diese „pacification" sei gespeist durch antisemitische Vorstellung sowjetischer Juden, die u.a. für die Niederlage Deutschlands im Ersten Weltkrieg verantwortlich gemacht wurden. Sie wurden von Hitler weiterhin mit bolschewistischer Ideologie in Verbindung gebracht und somit als Bedrohung für die deutsche Besiedelung des Ostraums empfunden: „There could be no place for such a dangerous people in the German empire" (vgl. Moses 2010a, S. 76).

Andererseits beobachtet Moses, wie auch Zimmerer, eine bestimmte Ideologie von „race and space" der Nazis in Bezug auf die Eroberung Osteuropas, die in engem Zusammenhang mit „colonial-style warfare" stehe (Moses 2010a, S. 76). So sei es auffällig, dass bestimmte Vorstellungen, die die Nazis mit den in Osteuropa lebenden Menschen assoziierten, der ‚Othering'-Dynamik europäisch-kolonialer Imagologie entsprächen: „the German occupiers consistently referred to the land and their mission in colonial terms, depicting the Poles and Jews as backward and uncivilized and the land as underdeveloped" (Moses 2010a, S. 75. Moses bezieht sich hier auf Götz Alys und Susanne Heims *Vorden-*

ker der Vernichtung, vgl. Aly/Heim 1991). Hier vermischen sich laut Moses also zwei verschiedene Arten und Weisen, über die osteuropäischen Juden zu sprechen: Einerseits wurden sie als Bedrohung, als Gefahr für den Volkskörper empfunden (s.o.). Andererseits aber seien sie, insbesondere in Verbindung mit und nicht im Unterschied zu Hitlers Antislawismus, Antikommunismus und Antibolschewismus, auch als koloniale ‚Andere' gesehen worden:

> [Hitler's] administrators and soldiers were taught to think of eastern Jews in terms of colonial stereotypes: as dirty, lazy, and uncivilized. For this reason, they had no place in Germany's future- Like many other colonized people, these Jews were murdered of worked to death. (Moses 2010a, S. 77)

Hieraus ergeben sich für Moses am Ende des Textes mehrere zusammenfassende Gedanken. Der wichtigste ist möglicherweise, dass der Holocaust laut Moses zwar keinen klassischen Fall von kolonialem Genozid darstelle. Dennoch sei es sinnvoll und produktiv, den Holocaust aus der Geschichte und der Epistemologie des Kolonialismus heraus zu denken – und zwar aus mehreren Gründen. Erstens sei der Holocaust, obschon nicht klassisch, doch mittels des Begriffes eines „subaltern genocide" zu beschreiben und besser zu verstehen (Moses 2008, S. 31). So schreibt Moses in einem einleitenden Kapitel zu dem von ihm herausgegebenen Sammelband *Empire, Colony, Genocide: Conquest, Occupation, and Subaltern Resistance in World History*:

> [The] genocidal impulse and national liberation impulse are effectively the same: to preserve the endangered genus or ethnos against an Other that supposedly threatens its existence. This is the origin of what we might call *subaltern genocide*: the destruction of the colonizer by the colonized. (Moses 2008, S. 31; Hervorhebung im Original)

Als Beispiel für einen solchen subalternen Genozid nennt Moses den Sklavenaufstand der haitianischen Revolution von 1804, aber auch den Genozid der Roten Khmer an der kambodschanischen Bevölkerung in den Jahren ihrer Herrschaft (1975–1978). Ob ‚genozidale' und ‚nationalbefreierische' Impulse tatsächlich effektiv dasselbe sind, und ob die Kategorie ‚subalterner Genozid' eine passende Kategorie für die Beschreibung der nationalsozialistischen Vernichtungspolitik darstellt, soll im weiteren Verlauf dieser Arbeit geklärt und problematisiert werden. Hierzu ist es notwendig, genau zu rekonstruieren, wie Moses' Begriff des subalternen Genozids gebraucht wird und werden kann, auf welchen Grundannahmen er beruht und inwiefern er laut Moses relevant und adäquat für die Analyse von Nationalsozialismus und Holocaust ist.

3.3.2 Von Haiti nach Auschwitz? Moses' ‚Subaltern Genocide'

Diese Aspekte werden in Moses' Text „Empire, Colony, Genocide. Keywords and the Philosophy of History" ausführlich thematisiert (2008) – wobei bereits an dieser Stelle angemerkt werden muss, dass Moses an keiner Stelle seines Textes eine genaue Begriffsdefinition von ‚subaltern' liefert. Der Begriff der ‚Subalternität' wurde in der Theorie Antonio Gramscis geprägt, in den Forschungsarbeiten der ‚Subaltern Studies Group' aufgegriffen und später (in kritischer Distanzierung zur SSG) bei Gayatri Chakravorty Spivak gebraucht, um auf Individuen und soziale Gruppen zu verweisen, die keine Möglichkeit der Teilhabe an den sozialen und politischen Prozessen einer Gesellschaft haben. Spivak beschreibt Subalternität als „the space out of any serious touch with the logic of capitalism or socialism" (Spivak 1995, S. 115). Der Begriff sei damit explizit nicht pauschal auf gesellschaftlich marginalisierte, aber dennoch zumindest minimal gesellschaftlich organisierte und vor allem handlungsfähige Subjekte und Gruppen anzuwenden: „Please do not confuse it with unorganised labour, women as such, the proletarian, the colonized, [...] migrant labour, political refugees etc. Nothing useful comes out of this confusion" (Spivak 1995, S. 115. Zitat und ausführliche weiterführende Diskussion bei Dhawan 2007). Die selbstgestellte Frage „Can the Subaltern Speak?" (Spivak 1988) verneint Spivak daher, da das subalterne Subjekt im Gegensatz zum (post-)kolonialen oder migrantischen, „class-and gender-differentiated" Subjekt immobil und kategorial abgeschnitten sei und daher mangels einer metaphorischen Stimme nicht gehört werden könne (vgl. Dhawan 2007).

Ausgangspunkt von Moses Text ist die Feststellung einer, in seinen Worten, „phallic logic" in Debatten über Genozide, Kolonialgeschichte und Imperialismus (Moses 2008, S. 6). Damit ist gemeint, dass im Sprechen über genozidale Verbrechen gegen die Menschheit davon ausgegangen werde, dass sich bestimmte dieser Verbrechen qualitativ von anderen unterscheiden. Generelles Anliegen seines Textes ist daher der Versuch, begriffssemantische Klarheit in die Frage zu bringen, in welchem Verhältnis die Begriffe bzw. Phänomene ‚Empire/Imperialism', ‚Colony/Colonialism/Colonization' und ‚Genocide' zueinanderstehen.

In Moses' eigenen Worten impliziere diese Grundaufgabe die Problematisierung und Klärung der folgenden Fragen:

> What did the founder of ‚genocide studies', Lemkin, have to say about the links between empires, colonies, and genocides? What can one say more generally about their interrelationship? And how is the Holocaust linked to them? (Moses 2008, S. 6)

Deren Beantwortung könne dann wiederum Klarheit in der Frage nach qualitativen Unterschieden verschiedener Arten von staatlich ausgeübter Gewalt gegen Menschengruppen bringen (in Form von bspw. kolonialen Eroberungskriegen, Genoziden, Niederschlagungen von Aufständen, etc.):

> Posing these questions allows us to ponder wether colonial wars of conquest and counterinsurgency are qualitatively different to genocides in Europe. Indeed, whether „colonial genocide" or „indigenocide" should be a subcategory of analysis distinct from genocide proper. Or wheter colonial logics inhere in all genocides. (Moses 2008, S. 6)

Was spricht überhaupt dafür, den Begriff des Genozids für verschiedene historische Beispiele von Gewalt gegen Menschengruppen zu gebrauchen? Moses sieht hier eine gewisse Ambivalenz: Einerseits könne ein geradezu inflationärer Gebrauch des Begriffes ‚Genozid' für eine Reihe verschiedener historischer Ereignisse dazu führen, distinktive Merkmale, Komplexitäten und Spezifika auf einen gemeinsamen Nenner zu reduzieren (vgl. Moses 2008, S. 7). Außerdem führe dies möglicherweise dazu, dass die Analyse komplexer historischer Ereignisse anhand der Kategorie ‚Genozid' zu einer moralisch aufgeladenen und personalisierten Symbolpolitik verkürzt würde: „the temptation is great to ‚catch a crook' rather than ‚write a book'", wie Moses es ausdrückt, und das ist sicherlich ein richtiger und wichtiger Einwand (Moses 2008, S. 6).

Andererseits könne auch das Gegenteil eines inflationären Gebrauches, nämlich der vollständige Verzicht auf den Begriff ‚Genozid' dazu führen, dass bestimmte historische Ereignisse retrospektiv verklärt würden, beispielsweise der Kolonialismus bzw. die Kolonialgeschichte einzelner Nationen (vgl. Moses 2008, S. 7). Auch eine nicht-materialistische Auseinandersetzung mit der Kolonialgeschichte (Moses beschreibt dies als „unintentionally quietist, postcolonial fascination with the construction of identities and intricate networks of cultural circulation", 2008, S. 7) würde durch den Verzicht auf eine genaue Benennung kolonialer Konflikte als Genozide begünstigt. Es erscheint zumindest so, dass Moses sich gegen die Auflösung binärer Oppositionspaare aussprechen möchte, da dadurch der analytische Rahmen einer Kolonisierer/Kolonisierte- bzw. Herrscher/Beherrschte-Dichotomie aufgelöst würde. So bemängelt er:

> Notwithstanding the different political intentions between these two positions, they share a desire to disrupt the binaries of colonizer/colonized, dominator/dominated, and center/periphery in order to view empires and colonies in less rigid terms. [...] This is a view of colonization and empire that does not really admit the possibility of genocide. (Moses 2008, S. 7)

Für Moses wäre es also problematisch, wenn koloniale Gewalt bzw. Gewalt in kolonialen Situationen nicht als genozidal beschrieben und bewertet werden könne:

> Investing agency in the colonized does not mean empire needs to be seen as a symmetrically structured opportunity for cultural exchange. Remaining faithful to the complexity and contingency of the past need not entail abandoning the search for patterns or logics. (Moses 2008, S. 7)

In meiner Lesart wird dabei impliziert, dass Moses zwar einer holistischen Perspektive auf historische Ereignisse, hier: koloniale Eroberungen, durchaus keine Absage erteilen will. Es soll dabei nur sichergestellt sein, dass die Kategorie Genozid nicht verloren geht. Und diese Tendenz sieht er in bestimmten (postkolonialen) Ansätzen bzw. in bestimmten Perspektiven auf die Kolonialgeschichte.

Die Kategorie ‚Genozid' in der Analyse bestimmter Ereignisse von Gewalt gegen Menschengruppen wie z.B. kolonialen Eroberungen mitzudenken, heiße allerdings nicht, sie in den Mittelpunkt der Analyse bspw. einer kolonialen Eroberung zu stellen. Es müsse immer, und hierin zeigt sich Moses' holistischer Ansatz, darum gehen, „the sum total" aller Faktoren einer „colonial situation" zu betrachten (Moses 2008, S. 7). Denn erst in solch holistischen Analysen würde sich zeigen, ob ein bestimmtes Ereignis als ‚genozidal' einzustufen sei oder nicht. So ließe sich das, was er an den genannten Ansätzen kritisiert, nämlich eine stärkere Fokussierung auf die Handlungsfähigkeit („agency") der Kolonisierten (vgl. Moses 2008, S. 7), mit seinem Desiderat des Festhaltens an der Kategorie Genozid vereinen. Damit wäre sowohl einer Überfokussierung auf die Kategorie Genozid und damit einer Vereinfachung, als auch einer Vernachlässigung der Kategorie und damit einer Verklärung/Verharmlosung komplexer kolonialer Phänomene entgegengewirkt.

An dieser Stelle knüpft Moses an eine der zentralen Figuren der internationalen und vergleichenden Genozidforschung an: Den polnisch-jüdischen Juristen Raphael Lemkin. Lemkin prägte den Neologismus ‚Genozid' in seinem Werk *Axis Rule in Occupied Europe* (1944)[28], seine Arbeiten führten maßgeblich zur Schaffung der Konvention über die Verhütung und Bestrafung des Völkermor-

---

28 „New conceptions require new terms. By ‚genocide' we mean the destruction of a nation or an ethnic group. This new word, coined by the author to denote an old practice in its modern development, is made from the ancient Greek word *genos* (race, tribe) and the Latin *cide* (killing), thus corresponding in its formation to such words as tyrannicide, homocide, infanticide, etc." (Lemkin 1944, S. 79). In einer an dieses Zitat anschließenden Fußnote schreibt Lemkin weiterhin: „Another term could be used for the same idea, namely, *ethnocide*, consisting of the Greek word ‚ethnos' – nation – and the Latin word ‚cide'" (Lemkin 1944, S. 79).

des der Vereinten Nationen (vgl. Moses 2008, S. 8 sowie bspw. Cooper 2008; McDonnell/Moses 2005; Schaller/Zimmerer 2005). Moses sieht in ihm eine Art politischen ‚Aktivisten', dessen Intention es gewesen sei, historisches Wissen zur Schaffung eines kritischen Bewusstseins zu instrumentalisieren: „historical knowledge was to serve consciousness-raising in the present" (Moses 2008, S. 8). Wichtig scheint in diesem Zusammenhang eine bestimmte moralische Komponente zu sein – und zwar sowohl für Moses als auch für Lemkin. Dies wird in einem Zitat aus einem Zeitschriftenartikel Lemkins deutlich, welches Moses anführt: „the fight against the destruction of the human group has a more profound moral significance than the fight between states" (Lemkin 1948, S. 2. Zitiert nach Moses 2008, S. 8). Im Folgenden soll rekonstruiert werden, auf welche Art und Weise Lemkins Genozidkonzeption von Moses rezipiert wird und welche Rückschlüsse Moses daraufhin in Bezug auf Kolonialismus, Imperialismus und Nationalsozialismus zieht.

3.3.3 Genozid, Kolonialismus – Nationalsozialismus?

Lemkin ging es nach Moses vor allem darum, anhand seiner groß angelegten dreiteiligen Studie zu zeigen, dass das, was er in dieser als Genozid definiert, Teil der *conditio humana* sei. Damit einher geht die Hypothese, dass es in der Geschichte der Menschheit immer wieder Fälle von Genozid gegeben habe („a recurring feature of human history", Moses 2008, S. 8). In der Tat erarbeitet Lemkin eine genaue Definition, in der er versucht zu beschreiben, was Genozid konstituiert und was nicht. So schreibt er:

> Generally speaking, genocide does not necessarily mean the immediate destruction of a nation; except when accomplished by mass killings of all members of a nation. It is intended rather to signify a coordinated plan of different actions aiming at the destruction of essential foundations of the life of national groups, with the aim of annihilating the groups themselves. The objectives of such a plan would be disintegration of the political and social institutions, of culture, language, national feelings, religion, and the economic existence of national groups, and the destruction of the personal security, liberty, health, dignity, and even the lives of the individuals belonging to such groups. Genocide is directed against the national group as an entity, and the actions involved are directed against individuals, not in their individual capacity, but as members of the national group. (Lemkin 1944, S. 79)

Bei Genozid handele es sich nach Lemkin also um ein organisches Konzept mit mehreren konstituierenden Faktoren. Genozid einfach mit ‚Massenmord an Menschengruppen' gleichzusetzen, wie es die im deutschen Sprachraum verbreitete synonyme Verwendung des (nicht unproblematischen) Begriffes ‚Völkermord' suggeriert, würde dem Phänomen zumindest in Lemkins Verständnis nicht gerecht werden: „He was", so Moses, „more concerned with the loss of culture than the loss of life" (2008, S. 12). Genozid nach Lemkin sei eine „,total social practice' that affected all aspects of group life" (Moses 2008, S. 13).[29] Er konstituiere sich aus acht verschiedenen Faktoren, allerdings wird nicht klar definiert, ob diese hinreichend oder notwendig für das Vorliegen eines Genozides sein sollen bzw. welche dieser Bedingungen notwendig, und welche bereits hinreichend sind.[30] Die acht Techniken, die Lemkin nennt, sind deklariert als politische, soziale, kulturelle, ökonomische, biologische, physische, religiöse und moralische, und beziehen sich jeweils auf Techniken dieser verschiedenen Bereiche. Diese Techniken können von Menschen angewendet werden, um klar definierte nationale, ethnische oder religiöse Gruppen auszulöschen (vgl. Lemkin 1944, S. 82–90. vgl. auch Docker 2008, S. 83).

Eines von Moses' Hauptanliegen ist es nun aufzuzeigen, dass Lemkins Verständnis von Genozid impliziere, Genozid sei immer auch intrinsisch kolonial (Moses 2008, S. 9). Es sei nämlich auffällig, dass die von Lemkin definierten ge-

---

[29] Moses bezieht sich hier auf ein Konzept von Patrick Wolfe, der in anderem Zusammenhang von ‚total cultural practice' spricht, und der dieses Konzept wiederum von Marcel Maus' Konzept ‚total social phenomena' ableitet. Vgl. Wolfe 1991, S. 198 und Moses 2008, S. 44–45

[30] Lemkin selbst geht auf diese Frage zumindest in seinem Werk *Axis Rule in Occupied Europe*, in dem diese acht Faktoren genannt werden, nicht ein. Er nennt sie im ersten von drei Teilen seines Werkes, und zwar im neunten Kapitel ‚Genocide', welches aus drei größeren Unterabschnitten besteht. Dort werden sie im zweiten dieser Unterabschnitte aufgelistet, allerdings ohne im Vorfeld oder im Anschluss genauer zu bestimmen, ob diese Techniken für Lemkin notwendig oder hinreichend für die Bestimmung eines Falles als Genozid sind.
Ich vermute allerdings, dass Lemkin diese Techniken als hinreichende Bedingungen für das Vorliegen eines Genozides wertet, da er im Unterabschnitt III schreibt: „The above-described techniques of genocide represent an elaborate, almost scientific, system developed to an extent *never before achieved by any nation*" (Lemkin 1944, S. 90; Hervorhebung S.K.). Das erscheint an dieser Stelle widersprüchlich, da Lemkin die genannten Techniken am Beispiel der nationalsozialistischen Herrschaft etabliert, wo offensichtlich alle von ihnen Anwendung fanden.
Dennoch: Sollte Genozid nach Lemkin erst dann vorliegen, wenn alle dieser acht Techniken auf einmal vorzufinden sind, dann hätte es seiner Definition nach abgesehen vom Fall des Holocausts noch keine weiteren Genozide in der Menschheitsgeschichte gegeben, weil zu keinem Zeitpunkt der Geschichte alle dieser acht Techniken zur Anwendung gekommen seien. Daher ist meine Vermutung, die aufgelisteten Techniken haben die Qualität von hinreichenden, nicht notwendigen Bedingungen. Es ist noch einmal wichtig zu betonen, dass Lemkin mit Genozid nicht den tatsächlichen Tod bzw. das Sterben einer Menschengruppe vor Augen hat, sondern die Auflösung der Gruppe ‚an sich'. Für Lemkin ist auch das Zerstören kultureller Symbole einer Gruppe ein Genozid, da es die Existenz dieser Gruppe in der Welt auslöscht, weswegen auch religiöse Techniken des Genozids, bei denen streng genommen kein einziger Mensch sterben muss, als Genozide gewertet werden könnten (vgl. Moses 2008, S. 12). Lemkin unterscheidet also nicht scharf zwischen kultureller und physischer Vernichtung.

nozidalen Techniken überwältigende Ähnlichkeit zu Formen kolonialer Herrschaft aufwiesen (Moses 2008, S. 9). Als Aspekt und Form von Fremdherrschaft und Besatzung sei Genozid „necessarily imperial and colonial in nature", schlussfolgert Moses (Moses 2008, S. 10). In der Tat geht Lemkin in seiner Beschreibung der Struktur von Genoziden auf diesen Aspekt ein: „Genocide has two phases", schreibt er dort:

> [O]ne, destruction of the national pattern of the oppressed group; the other, the imposition of the national pattern of the oppressor. This imposition, in turn, may be made upon the oppressed population which is allowed to remain, or upon the territory alone, after removal of the population and the colonization of the area by the oppressor's own nationals. (Lemkin 1944, S. 79)

Moses schreibt an anderer Stelle (und zusammen mit Michael A. McDonnell), dass die weit verbreitete Ansicht, Lemkin habe bei seiner Definition von Genozid vor allem den Holocaust im deutschen Nationalsozialismus vor Augen gehabt, falsch sei: „Most commonly, and erroneously, he is understood as coining the term genocide in the wake of the Holocaust of European Jewry in order to reflect its features as a state-organized and ideologically-driven program of mass murder" (McDonnell/Moses 2005, S. 501). Vielmehr sei es Lemkin darum gegangen, seine Genoziddefinition in Relation zu jahrhundertealten Debatten über die moralische Bewertung und Be-/Verurteilung von Besatzungsmacht und Kolonisierung zu etablieren. So schreiben McDonnell und Moses: „What Lemkin's manuscripts reveal is that early modern and modern colonialism was central to his conception of genocide. Indeed, the very notion is colonial in nature because it entails occupation and settlement" (2005, S. 501). Und Moses weiterhin: „[Lemkin] called his book in the Nazi empire *Axis Rule in Occupied Europe* in order to place it in the tradition of criticizing brutal conquests" (Moses 2008, S. 10).[31] Er spricht hier sogar von Kontinuität, was in der Debatte von der Kontinuität zwischen Kolonialismus und Holocaust ein vielleicht wichtiger und bemerkenswerter Aspekt ist: „Indeed, the new discipline of ‚genocide studies' [die Lemkin als ihr Namensgeber gewissermaßen mitbegründet hat] is a *continuation* of the long-standing European debate about the morality and le-

---

[31] Diese Ansicht ist allerdings umstritten. Eine dem widersprechende Bewertung von Lemkins Behandlung der nationalsozialistischen Herrschaft vertritt bspw. Omer Bartov: „When Raphael Lemkin coined the term that was eventually embraced by the United Nations Resolution on Genocide, he was thinking first and foremost of the Holocaust, although he certainly considered many other cases as ‚worthy' of the term" (Bartov 2004, S. 316). Vgl. auch Stone: „But it was the genocide of the Jews, above all, that provided [Lemkin] with the main impetus for his research and for his campaign to have the crime of genocide incorporated into international law" (Stone 2005, S. 539).

gality of occupying and dominating other peoples" (Moses 2008, S. 9). Gibt es für Lemkin also vielleicht auch eine Kontinuität zwischen Kolonialismus und Holocaust? Die Tatsache, dass er sowohl Kolonialismus als auch Holocaust als Beispiele für Genozide wertet, würde dafür sprechen. Mit der Feststellung, jeder Fall von Genozid sei auch intrinsisch kolonial, ließe sich auch logisch folgern, dass der Holocaust als Genozid intrinsisch kolonial sei. Ist das auch Lemkins Überzeugung?

Moses selbst führt zur Beantwortung dieser Frage, die er sich auch selbst stellt, folgendes Zitat von Lemkin an:

> The case against the Jews and the Gypsies was not based upon colonisatery [sic] but upon racial considerations. [...] The case against the Jews and Gypsies was of a purely racial rather than emotional political nature. The race theory served the purpose of consolidating internally the German people. The Germans had to be shown that they are racially valuable Nordics. Their favorable racial classifications could be understood better by comparing them with those who were called and classified as vermin of the earth – the Jews and the Gypsies. (Moses zitiert hier aus einem unveröffentlichten Manuskript Lemkins. Für eine genauere Quellenangabe vgl. Moses 2008, S. 46)

Dieses Zitat macht deutlich, dass Lemkin eine klare Unterscheidung zwischen kolonialen Genoziden und dem Holocaust sowie dem Porajmos vornimmt. Koloniale und rassische Erwägungen seien zwei verschiedene Ideologien, die nicht identisch miteinander seien. Die beiden entsprechenden mit diesen Ideologien verknüpften Intentionen lassen sich als ‚rein rassisch' (bezogen auf Holocaust und Porajmos) und ‚emotional-politisch' (bezogen auf koloniale Situationen) übersetzen.

Andererseits wertet Lemkin die nationalsozialistische Eroberung Osteuropas durchaus als kolonialen Genozid: „As a matter of fact, Hitler wanted to commit G. against the Slavic peoples, in order to colonize the East, and to extend the German empire up to the rural mts." (zitiert nach Moses 2008, S. 20).[32] Wichtig ist an dieser Stelle noch zu betonen, dass es für Lemkin allerdings unerheblich ist, ob einem Genozid im Vorfeld eine genozidale Intention vorausging oder nicht.

Vorerst zusammenfassend scheint Lemkin also im Fall des deutschen Nationalsozialismus von zwei verschiedenen Arten von Genozid auszugehen: einem kolonialen (Eroberung des Ostraums) und einem rassistisch motivierten (Holocaust und Porajmos). „Given this distinction", fragt Moses sich daraufhin, „if we cannot explain the Holocaust of european Jewry and genocide of the roma in colonial terms – do we reach a conceptual limit in the linking of colony, em-

---

[32] Dass Lemkin in seinem Text Abkürzungen wie ‚G.' und ‚mts.' benutzt ist dem Umstand geschuldet, dass es sich bei der Quelle um eine unveröffentlichte Rohfassung handelt.

pire, and genocide?" (Moses 2008, S. 21). Mir erscheint es an dieser Stelle bemerkenswert, dass Moses Lemkins Unterscheidung zwischen kolonialen und rassistischen ‚Erwägungen' (s.o.) offenbar vorerst übernimmt: auf der einen Seite gibt es für Moses während des Nationalsozialismus' einen Genozid, der kolonial geprägt ist:

> The main purpose of the Nazis was a commission of a G. against nations [the Poles, the Serbs, the Russians, the Frenchmen] to get hold of their territory for colonisation purposes. This was the case of the Poles, and the Russians and the Ukranians. (Lemkin nach Moses 2008, S. 21)

Auf der anderen Seite steht „the case against the Jews and Gypsies" (s.o.), der sich mit territorialen bzw. kolonialen Eroberungs- und Besatzungsplänen nicht wirklich vereinbaren ließe, weil er eben nicht primär solchen Plänen folgte. Vielmehr handele es sich um eliminatorische Pläne einer ‚Volksgemeinschaft', die sich vor einer wahnhaft phantasierten jüdischen Bedrohung und Verunreinigung arischen Blutes durch als minderwertig angesehene Menschen bedroht sah.

Gibt Moses sich hiermit aber zufrieden? Er verrät es an dieser Stelle seines Textes noch nicht. Vielmehr möchte er zunächst in einem Unterabschnitt mit dem Titel „Empire, Imperialism, Colony, Colonization, Colonialism" (Moses 2008, S. 21) eine Explikation der im Titel des Abschnittes genannten Begriffe vornehmen. Damit soll herausgearbeitet werden, ob die Verbindung der Begriffe „colony, empire, and genocide" tatsächlich am Holocaust bzw. am „Holocaust of European Jewry and genocide of the Roma" an ihre Grenzen stößt (Moses 2008, S. 21).

Für Moses' weitere Argumentation ist begriffliche Genauigkeit essentiell. Nicht nur sind eine genaue Unterscheidung und Abgrenzung von Imperialismus und Kolonialismus für ihn geboten, sondern auch eine klare Unterscheidung und Abgrenzung der Begriffe Kolonisierung und Kolonialismus. Grob lässt sich Moses' Argumentation folgendermaßen rekonstruieren:

Der Begriff „Empire" gehe auf die Selbstbeschreibung des Römischen Reiches als *Imperium* zurück (Moses 2008, S. 21). „There is consensus", schreibt Moses weiterhin, „that empire means the domination of one society by another, usually backed by military force" (Moses 2008, S. 22). „Imperialism" beschreibe analog hierzu den Prozess bzw. eine bestimmte Regierungsform und eine bestimmte Politik, diese Herrschaft zu etablieren (vgl. Moses 2008, S. 22). Mit der Schaffung eines imperialen Herrschaftsverhältnisses sei gemeinhin auch die Besiedlung und/oder Kolonisierung eroberter Gebiete verbunden (vgl. Moses 2008, S. 22). Hier sei aber zu beachten: „settlement does not necessarily imply colonization", es gibt in der Geschichte also auch nicht-koloniale Siedlungen, wofür Moses u.a. die Siedlungen der Russlanddeutschen anführt (vgl. Moses 2008, S. 22).

„Colonialism" in Relation zu den Begriffen ‚empire' und ‚imperialism' zu definieren stehe vor dem Problem bzw. der Frage, inwiefern überhaupt eine Relation zwischen ihnen besteht. Doch häufig werden sie entweder synonym verwendet, werde ‚empire' / ‚imperialism' als Antonym zu ‚colony' / ‚colonialism' verwendet, werde ‚colony' / ‚colonialism' als Unterkategorie von ‚empire' / ‚imperialism' verstanden oder anders herum (vgl. Gosden 2004, S. 5; Moses 2008, S. 22). Imperien können allerdings, so Moses, auch ohne Kolonien ihr Herrschaftsverhältnis aufrechterhalten, z.B: „Ottoman rule in Egypt was not colonial because of the large measure of local self-administration and absence of permanent settlers. India was not an English colony for similar reasons" (Moses 2008, S. 22). Kolonialismus sei allerdings vor allem auch ein Herrschaftsverhältnis gewesen[33], und an diesem Punkt unterscheide er sich auch von Kolonisierung.

„Colonization" beschreibe laut Moses nicht notwendigerweise ein Herrschaftsverhältnis. Grundsätzlich bezeichnet der Begriff die Ansiedlung von Menschengruppen in ein normalerweise peripheres Randgebiet. Das kann entweder innerhalb von Landesgrenzen erfolgen, oder in imperial besetzten Gebieten. Diese Ansiedlung müsse allerdings nicht zwingend in einem Herrschaftsverhältnis stattfinden bzw. Herrschaft über eine kolonisierte Gruppe implizieren. Moses macht dies am Beispiel von innerer Kolonisierung und innerem Kolonialismus deutlich: „The former [internal colonization] is the settlement of peoples, usually in frontier areas, to ensure security and encourage economic development of semi- or unoccupied land within a national or imperial territory" (Moses 2008, S. 23). Es handele sich hier also streng genommen um eine neutrale, nicht herrschaftliche Umsiedlung von Menschengruppen. Im Gegensatz dazu stehe das Konzept des inneren Kolonialismus: „The concept of in-

---

33 So definiert es auch Jürgen Osterhammel: „Kolonialismus ist eine Herrschaftsbeziehung zwischen Kollektiven, bei welcher die fundamentalen Entscheidungen der Lebensführung der Kolonisierten durch eine kulturell andersartige und kaum anpassungswillige Minderheit von Kolonialherren unter vorrangiger Berücksichtigung externer Interessen getroffen und tatsächlich umgesetzt werden" (Osterhammel 1995, S. 21). Dieser Definition würde Moses sich sicherlich anschließen – vor allem aus dem Grund, weil Osterhammel im Verlauf seines Textes betont, dass durchaus auch „*Kolonien ohne Kolonialismus*", bspw. eben Siedlungskolonien, in der Geschichte vorzufinden sind (Osterhammel 1995, S. 21; Hervorhebung im Original).
Analog zu Moses' Unterscheidung zwischen innerer Kolonisierung und innerem Kolonialismus (s.u.) stellt Osterhammel auch fest, dass auch anders herum „*Kolonialismus ohne Kolonien*" denkbar ist, also „Abhängigkeiten ‚kolonialistischer Art' [...] zwischen dominanten ‚Zentren' und abhängigen ‚Peripherien' *innerhalb* von Nationalstaaten oder territorial zusammenhängenden Landimperien" (Osterhammel 1995, S. 21; Hervorhebung im Original).

ternal colonialism, which originated with Lenin, first meant the Russian metropole's economic exploitation of the periphery, that is, of the country by the towns" (Moses 2008, S. 23). Der Stalinismus sei hierfür ein prominentes Beispiel (vgl. Moses 2008, S. 23).

Zusammengefasst lässt sich also feststellen, dass der deutlichste Unterschied zwischen Kolonisierung und Kolonialismus für Moses darin bestehe, dass der letztere durch ein bestimmtes Herrschaftsverhältnis gekennzeichnet sei, welches im ersteren nicht vorliege. An den Begriffen ‚Siedlung' und ‚Siedlungskolonialismus' lässt sich das neben den von Moses erwähnten Beispielen recht gut illustrieren: Wo eine Siedlung nicht prinzipiell in ein Herrschaftsverhältnis eingebettet ist, so ist Siedlungskolonialismus immer in einem kolonialherrschaftlichen Bezugsrahmen aufzufinden und einzuordnen.

Was hat das nun mit Lemkin zu tun – und was mit dem Nationalsozialismus? Zunächst einmal ist die von Moses vorgenommene Begriffsexplikation für ein besseres Verständnis und eine bessere Einordnung von Lemkins Genozidbegriff relevant. Denn an der Frage, inwiefern ein bestimmtes Siedlungsverhältnis oder eine bestimmte Kolonialisierung eines Gebietes auch mit administrativer (politischer, wirtschaftlicher, kultureller, etc.) Herrschaft verbunden ist, entscheide sich laut Lemkin, wie wahrscheinlich es ist, dass dieses Herrschaftsverhältnis auch genozidal ist: „In light of Lemkin's elaborate techniques of genocide", so schreibt Moses, „the proposition can be ventured that the greater the intensity of colonial rule, the greater the likelihood that it is genocidal" (Moses 2008, S. 23). So seien Fälle von Siedlungskolonialismus zwar potentiell genozidal, aber nicht notwendigerweise. Auch Plantagen- oder Handelskolonien müssten nicht notwendigerweise genozidal sein (vgl. Moses 2008, S. 25).

Dennoch ist für Moses offenbar ein zentraler Ausgangspunkt seiner Argumentation, dass koloniale Eroberungen tendenziell genozidal sind. Er geht in seinem Text sehr viel häufiger auf diesen Aspekt des Kolonialismus ein als auf den Punkt, dass nicht notwendigerweise jeder Kolonialismus auch genozidal ist. Typisch sind Sätze wie die folgenden: „colonial conquest and warfare possess a number of potentially genocidal dimensions" (Moses 2008, S. 26); „in the first place, the aim of the colonizer was not just to defeat military forces but also to annex territory and rule over a foreign people" (Moses 2008, S. 26) und „war aims were not limited, as they customarily were in intra-European wars; they were absolute" (Moses 2008, S. 26).

Mit dieser Einschätzung wendet Moses sich gegen Positionen, die davon ausgehen, dass koloniale und imperiale Kriege nicht per se genozidal seien. Diese Positionen, so Moses, gingen vielmehr von einem kolonialen Prozess aus, in dem Regionen zunächst pazifiziert und im Anschluss besiedelt und kolonial regiert würden (vgl. Moses 2008, S. 25). Für Moses ist diese Position axiologisch

„benign" gegenüber kolonialen Eroberungen, also gutartig, wohlwollend, allgemein positiv und nicht abwertend – und sie entspringt in Moses' Lesart einer impliziten Gleichsetzung von ‚Genozid' mit „Holocaust of European Jewry" (Moses 2008, S. 25). Laut dieser Position, so Moses, würde ein Genozid nur dann vorliegen, wenn er dem Holocaust gleiche: „where no death camps can be found, genocide cannot be said to have occured" (Moses 2008, S. 25). Dieser für ihn aber unbefriedigenden Position stellt er seine eigene gegenüber, nämlich die, dass koloniale Eroberungen tatsächlich per se genozidal sein können – und es in den meisten Fällen auch tatsächlich seien.

An dieser Stelle führt Moses ein Konzept ein, welches er „security syndrome" nennt. Es beschreibt die Sorgen bzw. die Paranoia kolonialer und imperialer Mächte, die Kontrolle über besetzte Gebiete in den kolonialen/imperialen Peripherien aufgrund von bewaffneten Aufständen seitens der Kolonisierten zu verlieren (vgl. Moses 2008, S. 28). Thomas Kühne definiert das ‚security syndrome' bei Moses als „the fear factor as trigger of genocidal action" (2013, S. 355), also als eine übersteigerte Angst, die letzten Endes der Trigger (nicht Auslöser) für genozidale Handlungen seitens der Kolonisierenden gegenüber der als aufständische Bedrohung wahrgenommenen Kolonisierten sein kann. Beispiele hierfür seien Deportationen oder die Zerstörung ganzer subnationaler Gruppen – historische Beispiele sind laut Moses u.a. die Deportation von Millionen von Juden im imperialen Russland 1914, die britische Niederschlagung der Mau-Mau-Bewegung im kolonial besetzten Kenia 1952, oder die „regime paranoia" in Kambodscha unter Pol Pot im Jahre 1978 (vgl. Moses 2008, S. 28–29). Für Moses ist das Konzept eines ‚security syndromes' von großer Bedeutung für die Einbettung des Holocausts in ein koloniales Framework – zusammen mit einem weiteren Konzept, nämlich dem des subalternen Genozids.

3.3.4 ‚Sicherheitssyndrom' und ‚subalterner Genozid': Moses' Einbettung des Holocausts in ein globales koloniales Framework

‚Subalterner Genozid' steht für Moses in einem bestimmten Zusammenhang zu dem, was er ‚security syndrome' nennt: Beim ‚subalternen Genozid' seien es allerdings nicht Ängste, den eigenen kolonialen Herrschaftsanspruch zu verlieren, die einen Genozid motivieren können, sondern die Ängste einer bestimmten Gruppe, selbst kolonisiert zu werden: „the perception of being colonized by outsiders leads to colonization projects of one's own", schreibt Moses hierzu, und seiner Ansicht nach ist hiermit natürlich die Möglichkeit von Genoziden impliziert, je nachdem, wie solche kolonialen Projekte schließlich konstituiert sind (Moses 2008, S. 29). Das Konzept ‚subalterner Genozid' geht allerdings nicht so weit, dass die sich als kolonisiert wahrnehmende Gruppe notwendigerweise auch selbst koloniale Ambitionen verfolgt: Es gehe ihr vornehmlich und zuallererst darum, sich von den sie kolonisierenden Mächten zu befreien. Hier sind wir nun wieder am bereits auf Seite 110 erwähnten Punkt angekommen, dass Moses nicht nur dem Kolonialismus eine gewisse genozidale Tendenz zuschreibt, sondern auch nationalen Befreiungsbewegungen bzw. „indigenous revenge":

> The reason for the excess [of atrocities in indigenous revenge], I suggest, is that the genocidal impulse and national liberation impulse are effectively the same: to preserve the endangered genur or ethnos against an Other that supposedly threatens its existence. (Moses 2008, S. 31)

Moses zitiert an dieser Stelle Karl Marx, Frantz Fanon, Jean-Paul Sartre und Albert Memmi, die seiner Ansicht nach einen engen Zusammenhang zwischen kolonialer Gewalt und subalternem Genozid sahen. So zitiert Moses zuerst Marx, der die ‚Indian Mutiny' im Jahr 1857 als historische Wiedergutmachung beschreibe (Moses 2008, S. 32). Fanon und Sartre sind sich in den von Moses angeführten Zitaten ebenfalls einig, dass subalterne Genozide offenbar Resultat einer Art Bumerang-Effekt seien: „In Algeria and Angola, Europeans are massacred at sight", zitiert Moses Sartre, „it is the moment of the boomerang; it is the third stage of violence; it comes back at us, it strikes us, and we do not realize any more than we did the other times that it's we who have launched it" – und von Fanon zitiert Moses: „The violence of the colonial regime and the counter-violence of the native balance each other and respond to each other in an extraordinary reciprocal homogeneity" (beide Zitate finden sich in der von Moses herangezogenen englischen Ausgabe von Fanons *The Wretched of the Earth*, und zwar auf den Seiten 20 (Sartres Vorwort) und 88 (Fanons Text), vgl. Moses 2008, S. 32, 52).

Moses geht einen ähnlichen Schritt, indem er AutorInnen zitiert, die eine Reziprozität, wie sie von Fanon in Bezug auf Kolonialismus und subalternen Genozid festgestellt wurde, auch in Bezug auf Kolonialismus und Nationalsozialismus sehen. Unter anderem zitiert Moses zunächst Rosa Luxemburg als ‚Urheberin' dieses Gedankens: „She is the source of the now well-known trope that Europe's criminal exploitation of the non-European world would be dialectically imported in heightened form into Europe itself" (Moses 2008, S. 34).[34] Auch

---

[34] Moses führt folgendes Zitat von Rosa Luxemburg an: „‚The triumph of imperialism' would mean ‚the destruction of all culture, and, as in ancient Rome, depopulation, desolation, degeneration, a vast cemetery [...] It was clear to everyone, therefore, that the secret underhand war of each capitalist nation against every other, on the backs of Asiatic and African peoples must

3.3 Der Holocaust als ‚subalterner Genozid'? Grenzen des Vergleichs — 123

zitiert er hier aus Césaires *Discours sur le Colonialisme*: „[Césaire] saw liberalism and capitalism as the essence of Nazism, which was less genocidal than exploitative" (Moses 2008, S. 34). Auch die bereits genannten Autoren Fanon und Du-Bois werden von Moses als Stimmen herangezogen, die eine enge Verbindung zwischen nationalsozialistischer Herrschaft und europäischem Kolonialismus sehen – und obschon Moses zwar feststellt, dass jegliche „trauma competition" (Moses 2008, S. 35) in Bezug auf genozidale Verbrechen gänzlich unangebracht für das bessere Verständnis komplexer historischer Sachverhalte sei, scheint das aber auch sein einziges Problem mit diesen Ansätzen zu sein. In den Gedanken dieser AutorInnen sieht er durchaus wichtige Anknüpfungspunkte für seine eigene Argumentation: „In its more sophisticated moments, this tradition provides important insights into the relation of modern genocides to broader processes and structures by positing a theory of system radicalization" (Moses 2008, S. 35). Er sieht außerdem Verbindungslinien zwischen diesen AutorInnen und Hannah Arendts *Elemente und Ursprünge totaler Herrschaft* (1951). Tatsächlich gibt es in Arendts Werk wichtige Anknüpfungspunkte für Autoren wie Moses und Zimmerer und allgemein neuere Forschungsansätze, die sich mit möglichen Verbindungslinien zwischen Holocaust- und (Post)Colonial Studies beschäftigen (vgl. bspw. den Sammelband *Hannah Arendt and the Uses of History*, King/Stone 2007).

Auch findet Moses die Vermutung, der Nationalsozialismus habe gewisse Traditionslinien der europäischen Kolonialgeschichte übernommen, auch in verschriftlichten Äußerungen Hitlers wieder. Ausgehend von einigen Textbeispielen aus Reden und Monologen Hitlers attestiert Moses diesem eine imperialen Vision: „In Hitler, the imperial models of centuries of human history crystallized into a single, total, imperial fantasy of genocidal conquest and exploitation" (Moses 2008, S. 36). Hitler und die NationalsozialistInnen hätten ein koloniales Weltbild übernommen, indem die zivilisatorisch fortschrittlichen Kolonisatoren der Weltgeschichte die zurückgebliebenen und barbarischen ‚Völker' der Welt aus dem Lauf der Geschichte verbannen. So schreibt Moses: „He [Hitler] was convinced that conquest drives world history and human progress, and he spoke often about how the German destruction of Jewry and Bolshevism would rescue western civilization for the good of humanity" (Moses 2008, S. 36). Und dieser ‚drive', also ein ‚Drang', als unzivilisiert wahrgenom-

---

sooner or later lead to a general reckoning, that the wind that was sown in Africa and Asia would return to Europe as a terrific storm, the more certainly since increased armaments of the European states was the constant associate of these Asiatic and African occurrences'" (Luxem-Luxemburg 1970, S. 269, 281. Zitat bei Moses 2008, S. 34, 53).

mene Menschen aus der Weltgeschichte auszulöschen, entspringe einer kolonialen Sichtweise:

> Europeans at the time plotted the course of world history in colonial terms. *Kulturvölker* enter history by conquering and colonizing other nations and peoples. The defining distinction between nations was that of colonizer or colonized. (Moses 2008)

Unabhängig von der Frage, wie adäquat diese Einschätzung wirklich ist, illustriert sie erneut die Zentralität des Gedankens für Moses, dass der Nationalsozialismus in einer kolonialen Tradition stehe.

Aber an dieser Stelle gerät Moses auch in einen Konflikt: Lemkin, auf den Moses sich in seiner Argumentation häufig beruft, wertet den Holocaust – verstanden als nationalsozialistischen Genozid an jüdischen Menschen – nicht als kolonial (s.o., S. 117). Für Moses stellt sich an dieser Stelle daher erneut die Frage:

> But even if the Nazis established an empire and subjected conquered people to colonial rule, can the Holocaust of European Jewry be explained in terms of imperial and colonial logics? [...] What if we take a transnational or global approach that situates the Holocaust in processes that are universal in imperial and colonial situations? (Moses 2008, S. 37)

Er versucht, diese Fragen im Folgenden zu beantworten und etabliert dafür eine Argumentation, die sich auf vier Punkte beruft. Aufbauend auf diese Argumentation legitimiert Moses die Einbettung des Holocausts in ein transnationales koloniales Framework.

Erstens: Die nationalsozialistische Eroberung und Besetzung des ‚Ostraumes' folgt für Moses einer imperialen und kolonialen Logik. Sie stünden in der „tradition of imperial conquests since antiquity" (Moses 2008, S. 37).

Zweitens: Im Gegensatz dazu ließe sich allerdings die Vernichtung des europäischen Judentums zunächst nur als Kontrastfolie dazu verstehen. Moses schließt sich dabei auf den ersten Blick Lemkins Konzeption an, dass zwischen der nationalsozialistischen Vernichtung des Judentums und der Eroberung des Ostraumes unterschieden werden müsse. Der Grund dafür sei, dass erstere auf eher biologisch-rassistische bzw. antisemitische, letztere eher auf kolonialistische Logiken rekurriere. Auf den zweiten Blick jedoch stellt Moses auch die Vernichtung des Judentums in ein transnationales, globales und koloniales Framework. Mit diesem Schritt versucht er, einen Genozid wie den Holocaust auch als Beispiel einer „imperial and colonial situation" zu werten. Hierfür gebraucht er das Konzept des ‚subalternen Genozids'.

Wie bereits oben dargelegt versteht Moses unter diesem Konzept den genozidalen Widerstand einer kolonisierten Gruppe gegen deren kolonialistische UnterdrückerInnen. Auf den deutschen Kontext übertragen bedeutet das für Moses:

> The Nazis regarded Germans as an indigenous people who had been colonized by Jews, principally from Poland, the perceived home world of world Jewry. From the time of Jewish emancipation, anti-Semites in Germany (and not just in Germany) had complained of a ‚Judaization' of public life, a term equating ‚Jewish rule' with capitalist modernization and social liberalization. (Moses 2008, S. 37)

Für Moses ist also an dieser Stelle entscheidend, dass die zugeschriebene *Selbstwahrnehmung* Deutschlands am Ende des 19. und zu Beginn des 20. Jahrhunderts, also in der Endphase des Kaiserreichs und in der Weimarer Republik, besonders aber während und nach dem Ende des Ersten Weltkriegs, von einer antisemitischen Ideologie durchdrungen war, die bei weiten Teilen der Bevölkerung verschwörungstheoretische Züge annahm. Jüdisches Leben, so die weit verbreitete Annahme, unterwandere die deutsche Kultur, wie sie es bereits schon über Jahrhunderte hinweg auf der ganzen Welt getan habe. Hitler sah die Finanzwelt in der Hand eines wahnhaft phantasierten parasitären Judentums, welches die gesamte deutsche Kultur beherrsche und bedrohe – oder, so Moses, kolonisiere und ausbeute (vgl. Moses 2008, S. 37–38).

An dieser Stelle fällt Moses auf, wie stark ihn die Selbstwahrnehmung der Deutschen als jüdisch unterwandert, beherrscht und ‚kolonisiert' an Lemkins acht Techniken des Genozids erinnert:

> [Hitler's] perception that Jews were undermining German nationality is couched in terms strikingly similar to Lemkin's eight techniques of genocide. Jews undermined German morality through prostitution, its strength through pacifism, its national spirit via the cosmopolitan press, and so on. (Moses 2008, S. 38)

Allerdings konkretisiert Moses diese Einschätzung nicht weiter und belässt es bei einer eher anekdotenhaften Assoziation. Für die NationalsozialistInnen wäre der Zweite Weltkrieg also vor allem ein antikolonialer Befreiungskrieg – jedenfalls suggeriert Moses dies in seiner Interpretation der Selbstwahrnehmung der Nazis als kolonisiertes ‚Volk'. Dies kulminiert in Moses' Aussage, dass „racist rage of the subaltern subject" nicht der „non-European world" vorbehalten sei (Moses 2008, S. 39). Die Frage liegt auf der Hand, ob Moses klar genug zwischen der von ihm suggerierten Selbstwahrnehmung der NationalsozialistInnen und seiner eigenen Zuschreibung unterscheidet. Zumindest wertet er die NationalsozialistInnen im letzten Zitat explizit als subalterne Subjekte. Ich werde weiter unten noch genauer auf diese Frage eingehen, denn sie erscheint mir in der abschließenden Bewertung von Moses' Ansatz von großer Relevanz. An dieser Stelle möchte ich aber vorerst festhalten, dass Moses den Antisemitismus der NationalsozialistInnen mit antikolonialen Bewegungen einer Klasse von ‚Subalternen' gleichsetzt.

Drittens: Moses begnügt sich nicht mit seiner Einschätzung, der Holocaust am europäischen Judentum lasse sich mit der Begrifflichkeit des ‚subalternen Genozids' in den Kontext des europäischen Kolonialismus einbetten (vgl. Moses 2008, S. 39). Auch das, was ich zuvor schon als Moses' Konzept des ‚security syndrome' vorgestellt habe, findet an dieser Stelle seines Textes erneut Erwähnung. Zusammen mit dem Konzept des subalternen Genozids sei es dabei entscheidend für die Kontextualisierung in einen transnationalen, kolonialhistorischen Bezugsrahmen (vgl. Moses 2008, S. 39). Für die NationalsozialistInnen sei das Judentum also zwei Bedrohungen auf einmal gewesen: einerseits „an Other that was [...] the threatening colonizer", andererseits aber auch, „paradoxically, a deadly security threat in the manner of civil and colonial wars" (Moses 2008, S. 39). Mit dem Genozid am europäischen Judentum hätten sich die NationalsozialistInnen also nicht nur aus ihrer eigenen Position als subaltern-Kolonisierte befreit, sie hätten *gleichzeitig* in ihrer Rolle als KolonisatorInnen des Ostraumes mittels der Vernichtung jüdischen Lebens eine vorsorgliche Maßnahme gegen mögliche Aufstände getroffen. Damit wertet Moses die nationalsozialistische Eroberung des Ostraumes aus ihrer Sicht als Präventivmaßnahme, und explizit nicht als Eroberungs- und Angriffskrieg zur Gewinnung von Lebensraum.

Der vierte und letzte Aspekt, den Moses in Bezug auf den Nationalsozialismus und dessen Einbettung in ein koloniales Framework nennt, steht in engem Zusammenhang zu seinem ersten Punkt, die Eroberung des Ostraumes sei ein imperialer und kolonialer Eroberungskrieg gewesen. Für Moses weise die Wahrnehmung und Repräsentation der dort lebenden jüdischen Menschen Züge eines kolonialen ‚Othering' auf: „the Nazis also viewed the eastern Jews they encountered in Poland and the Ukraine in terms of the traditional colonial Other: dirty, lazy, stateless, uncivilized" (Moses 2008, S. 39). Moses bezieht sich hier auf einen Aufsatz von David Furber und Wendy Lower (2008), der im selben Sammelband erschienen ist, aus dem auch der hier zitierte Text von Moses stammt. Ihm entgeht dabei allerdings offenbar, dass Furber und Lower explizit zwischen der stereotypen Darstellung von jüdischen und polnischen bzw. ukrainischen Menschen unterscheiden:

> The Jews did not represent a typical colonial other. Nazi anti-Semitism instead portrayed Jews as alien exploiters, the archetypal colonial settlers who must be destroyed if native society was to return to its former state of community and equality [...] The Poles and Ukranians came closest to the colonial stereotype of the ‚native'. (Furber/Lower 2008, S. 393)[35]

3.3 Der Holocaust als ‚subalterner Genozid'? Grenzen des Vergleichs — 127

Diese Unterscheidung nimmt Moses nicht vor – streng genommen verwickelt er sich hier auch in einen argumentativen Widerspruch. Für ihn gibt es einerseits offenbar keinen Unterschied zwischen antisemitischen und kolonialistischen Stereotypen, jedenfalls ist er an dieser Stelle nicht spezifischer. Gleichzeitig vertritt er aber genau wie Furber & Lower die Position, dass der nationalsozialistische Antisemitismus jüdische Menschen als „colonial settlers" begreife (Furber/Lower 2008, S. 393). Für Moses stünden osteuropäische JüdInnen also aus nationalsozialistischer Sicht sowohl für eine Siedlungskolonie, als auch stellvertretend für das koloniale ‚Andere'.

Dass die Behandlung jüdischer Menschen in Polen und der Ukraine in vielen materiellen bzw. ‚genozidalen' Aspekten denen in euro-kolonialen Gewalt- und Herrschaftssituationen ähnelt, ist sicherlich nicht von der Hand zu weisen, bspw. in Bezug auf Arbeits- und Nahrungseinschränkungen sowie Massentötungen, die Moses auch nennt (vgl. Moses 2008, S. 40). Dennoch bleibt die Frage offen, ob dieser Punkt argumentativ überzeugen kann oder was mit ihm bewiesen werden kann, wenn Moses nicht einmal zwischen kolonialem Rassismus und Antisemitismus unterscheidet – obwohl er diesen Aspekt ja bereits im Rekurs auf Lemkin angebracht hat (s.o., S. 117).

Diese vier Punkte sind für Moses zusammenfassend also Grundlage seines Postulats, dass sich „the Nazi project" in „global patterns" einordnen lasse (Moses 2008, S. 40). „But the Holocaust", gibt er allerdings abschließend zu bedenken, „was no colonial genocide in the common understanding of the term" (Moses 2008, S. 40). Die Kombination der von ihm genannten vier Punkte, die konstituierend für den Holocaust seien, bilden das, was er als „one terrible mentality and praxis" beschreibt (Moses 2008, S. 40). Ist Moses dabei sogar bereit einzugestehen, dass diese eine schreckliche Mentalität und Praxis nicht nur kein gewöhnlicher Genozid war, sondern vielleicht sogar ein einzigartiges, singuläres Ereignis?[36] Eigentlich ist Moses niemand, der der Singularitätsthese des

---

35 Auch wenn Furber und Lower Moses Einschätzung nicht teilen, dass die stereotype Darstellung jüdischer Menschen in Polen und der Ukraine der Logik eines kolonialen ‚Otherings' folge, so gehen sie in seiner Einschätzung, die nationalsozialistische Eroberung des Ostraumes und der Holocaust ließen sich in ein koloniales Framework einbetten, durchaus konform, vgl. bspw.: „[SS and Police Leader in Lublin [...] Odilo] Globocnik was working from a local perspective toward the larger goal of Germanization outlined in the SS's emerging, secret colonization plan for the East, the so-called *Generalplan Ost*" (Furber/Lower 2008, S. 378–379; Hervorhebung im Original). Weiterhin gehen sie sogar davon aus, dass die kolonialen Fantasien der NationalsozialistInnen und ihr Antisemitismus den selben Ursprung hätten: „the basic desire to free the nation from its perceived vulnerability to globalization, whether caused by war and blockade, hyperinflation, or economic depression" (Furber/Lower 2008, S. 394).

36 Vgl. hier auch Raymond Evans: „A Dirk Moses has called for an end to competitive, hierarchical ways of viewing mass-lethal processes, whenever or wherever they occur, and advo-

Holocausts zustimmen würde. So schreibt er in seinem Text „Conceptual Blockages and Definitional Dilemmas in the ‚Racial Century': Genocides of Indigenous Peoples and the Holocaust":

> Underlying this asymmetry is the claim that the Holocaust is ‚unique', ‚unprecedented' or ‚singular'. Its implications for the study of indigenous genocide are as significant as they are dire: that such ‚lesser' or ‚incomplete' genocides – if indeed they are considered genocides at all – are marginal or even ‚primitive', thereby reinforcing hegemonic Eurocentrism; and that the moral caché of the indigenous survivors of colonialism is less than that of Jews. Predictably, they are rejected by some scholars who counter that genocide lies at the core of western civilization [...]. (Moses 2002, S. 9)

Moses würde sich selbst sicherlich als einen dieser von ihm insinuierten „some scholars" ansehen, die im Holocaust nur einen weiteren Fall von westlichem Genozid erkennen und deshalb alle Argumente einer historischen Spezifik, Singularität, Einzigartigkeit und/oder Beispiellosigkeit ablehnen. Dem Holocaust eine dieser Qualitäten zuzuschreiben, kommt für Moses einem Akt von Eurozentrismus gleich und impliziere eine automatische Abwertung bzw. Delegitimierung der Leidensnarrative von Opfern weiterer Genozide bzw. Verbrechen gegen die Menschheit in der Weltgeschichte. Hier ähnelt Moses' Argumentation der von David E. Stannard und Ward Churchill bzw. sind sie nahezu identisch (vgl. Kapitel 2.3). Um den Themenkomplex der kollektiven Erinnerung und der Theorie konkurrierender Erinnerungen soll es schwerpunktmäßig im folgenden Kapitel gehen. Zunächst sollen allerdings noch die Thesen A. Dirk Moses' rekapituliert werden, bevor ich in einer größeren Zusammenfassung des Kapitels noch einmal gesondert auf Potential und Problematik der von mir untersuchten historischen Kontinuitätsthesen eingehen werde.

3.3.5 Antikolonialismus, Antisemitismus und die ‚Negation der Unterscheidung'

Waren die NationalsozialistInnen in Moses Analyse dazu determiniert, sich in einem subalternen Genozid gegen die Kolonisierung des Volkes durch das Judentum zur Wehr zu setzen? Ist der Holocaust für ihn damit als Widerstands-

---

cates instead the study of linkages between potentially genocidal phenomena that remains sensitive to their historically distinctive features [...] Yet even this broadly encompassing approach does not entirely escape the problems of hierarchy and primacy. For although Moses is sensitive to expanding Western technological capacities for human carnage, he still views the Holocaust as the ‚culmination' of an ‚upwardly spiralling violence' swelling across time from ‚periphery' to center" (2008, S. 135).

handlung zumindest nachvollziehbar? Das schreibt er so selbstverständlich nicht, vielmehr legt er Wert darauf zu betonen, dass die NationalsozialistInnen sich selbst zur Befreiung gezwungen sahen, der Holocaust als ‚subalterner Genozid' für sie also einer Art antikolonialem Befreiungskampf gleichkäme.

Moses betont in seiner These des ‚subalternen Genozids', dass dem jüdischen Volk aus Sicht der NationalsozialistInnen die Rolle einer Art Kolonialmacht zukomme (s.o.): Das Judentum habe Deutschland unter kolonialer Herrschaft unterdrückt, und die Nazis sahen sich als Kolonisierte, gewissermaßen als Subalterne. Dagegen betont Dan Michman, dass dieser Vergleich (Jüdinnen und Juden = KolonisatorInnen) auch aus Sicht der NationalsozialistInnen nicht adäquat sei. So schreibt er: „Eastern European Jews were not seen as colonizers but as invaders, a stereotype going back to late nineteenth-century antisemitic thought" (Michman 2014, S. 33). Auch anders herum ließe sich eher feststellen, dass die Bilder osteuropäischer jüdischer Menschen seitens NS-Deutschlands weniger am Kolonialrassismus denn an der europäischen antisemitischen Tradition seit dem Mittelalter entlehnt seien (Michman 2014, S. 33), obschon es hier durchaus Überschneidungen gibt (vgl. bspw. Grigat 2007, S. 311). Auch Klaus Holz geht auf diese Unterscheidung mit der von ihm postulierten ‚Figur des Dritten' ein (vgl. Salzborn 2010, S. 336). So beschreibt Holz, ein jüdischer Mensch sei aus Sicht des/der AntisemitIn „weder das eine noch das andere, weder Inländer noch Ausländer" (Holz 2001, S. 270. Zitiert nach Salzborn 2010, S. 337). Er ist damit weder innen noch außen, sondern die „Negation der Unterscheidung" (Salzborn 2010, S. 337). Damit ist gemeint, dass im Antisemitismus nicht von einer dichotom-bipolaren Differenzlogik von ‚Wir' und ‚die Anderen' ausgegangen wird, in der das Judentum das (koloniale) ‚Andere' repräsentiere, sondern dass das Judentum mit dieser Logik überhaupt nicht erfasst werden könne, es vielmehr als abstrakt, diffus bedrohlich und unklar gelte. Wie bereits Adorno und Horkheimer im Kapitel ‚Elemente des Antisemitismus' in der *Dialektik der Aufklärung* schreiben:

> Für die Faschisten sind die Juden nicht eine Minorität, sondern die Gegenrasse, das negative Prinzip als solches; von ihrer Ausrottung soll das Glück der Welt abhängen [...] Die Juden sind heute die Gruppe, die praktisch wie theoretisch den Vernichtungswillen auf sich zieht, den die falsche gesellschaftliche Ordnung aus sich heraus produziert. Sie werden vom absolut Bösen als das absolut Böse gebrandmarkt. (Adorno/Horkheimer 1944, S. 177)

Mit dem Bild einer Kolonialmacht und kolonial Unterdrückten ist diese Beschreibung nur mit Abstrichen zu vereinbaren. Auch Roberta Pergher und Mark Roseman weisen auf diesen Aspekt ausdrücklich hin:

> Dirk Moses has attempted to deploy the imperial frame- work in reverse by characterizing German antisemitism as a subaltern rebellion against the „imperial Jew". Many Germans certainly saw themselves as beleaguered victims, and Jews as somehow linked both to Germany's oppression, and to its inner weakness. But the Jewish threat was seen as global, insidious, and exercised through disguise and conspiracy, and thus completely unlike the overt, regimented imposition of power experienced by the subalterns of *actual* empires. (Pergher/Roseman 2013, S. 44; Hervorhebung S.K.)

Selbstverständlich liegt Moses richtig in seiner Einschätzung der nationalsozialistischen Vernichtungspraxis, dass es sich dabei in nazistischer Selbstproklamation um eine millenaristische Befreiungsbewegung und/oder Revolte handelte: Eine Revolte gegen u.a. das ‚raffende' Finanzkapital, gegen minderwertiges und damit unwertes Leben, gegen ‚Zersetzung' der Volksgemeinschaft von innen und außen, gegen den ‚Westen' und gegen das Abstrakte in der modernen bürgerlichen Gesellschaft – alles hiervon dem Judentum zugeschrieben und kennzeichnend für den modernen Antisemitismus (hierzu ausführlicher in Kapitel 5. Vgl. zusammenfassend bspw. Salzborn 2010, S. 317–342). Doch die Einschätzung, das nationalsozialistische Deutschland hätte sich als ‚kolonisiert' und damit als ‚subaltern' wahrgenommen (was zumindest dem Begriffsgebrauch nach nicht möglich ist, da sich niemand selbst als subaltern wahrnehmen kann), so dass der Holocaust den Charakter eines Befreiungsschlages gegen koloniale Unterdrückung erhält, erscheint beispielsweise angesichts der oben zitierten Ausführungen schwierig nachzuvollziehen und damit problematisch.

Auch wenn Moses betont, dass es sich sowohl beim Vernichtungsfeldzug im Osten, als auch beim Holocaust gegen das Judentum lediglich (und nur auf Spekulation basiert) aus Sicht der Nazis um einen ‚subalternen Genozid' gehandelt habe, bleibt darüber hinaus auch ein fahler wissenschaftlicher Beigeschmack, ob der Terminus dann überhaupt verwendet werden sollte. Würde dadurch nicht die Ideologie der TäterInnen als nachvollziehbar übernommen? Insgesamt passt die Analogie meiner Vermutung nach also auch aus einer imaginierten Sicht der völkischen und antisemitischen NationalsozialistInnen nicht. Daher ist Moses hier zu widersprechen: Deutsche nationalsozialistische Vernichtungspolitik und Holocaust waren keine Beispiele von ‚subalternem Genozid' und lassen sich mittels dieser Terminologie auch nicht besser verstehen – nicht mal aus einer spekulativen und zugeschriebenen Perspektive und Wahrnehmung der Nazis. Er folgte schlicht keiner ‚kolonialgenozidalen' Logik, sondern der Logik des modernen und völkischen NS-Antisemitismus.

Hinzu kommt, dass Moses' Verwendung des Begriffes ‚subaltern' aus postkolonialtheoretischer Perspektive problematisch ist, da zumindest nach Spivak eine völlig andere Dimension gemeint ist, wenn von subalternen Subjekten gesprochen wird. Nicht nur, dass Moses den Zustand der Subalternität nur spekulativ zuschreibt, er verwendet ihn auch in einem Zusammenhang, den zumindest Spivak entschieden ablehnen würde: Nämlich in Bezug auf eine Gruppe mit durchaus vorhandener gesellschaftlicher Handlungsmacht.

Es könnte weiterhin argumentiert werden, dass ein wie auch immer gearteter Zustand der Subalternität theoretisch objektiv bestimmbar sein müsste. Man könnte verschiedene Bedingungen aufstellen, die erfüllt sein müssten, damit eine bestimmte soziale Gruppe als ‚subaltern' gelten könnte. Wie auch immer man diese Bedingungen aber bestimmen würde: Sie würden in Bezug auf eine durch das koloniale Judentum evozierte Subalternität der NationalsozialistInnen schlicht und ergreifend nicht zutreffen. Sämtliche gefühlten Bedrohungen durch das Judentum waren und sind nichts Anderes als wahnhafte antisemitische „falsche Projektion", das „Widerspiel zur echten Mimesis" (Adorno/Horkheimer 1944, S. 196) und entsprechen keiner realen politischen Bedrohung.

3.4 Zusammenfassung: Strukturelle Unterschiede

Anhand der Arbeiten von Zimmerer und Moses sind exemplarisch eine Reihe von Einwänden gegen die Vorstellung einer historischen Verwandtschaft, gemeinsamen Genealogie oder strukturellen Ähnlichkeit von Kolonialismus sowie Nationalsozialismus und Holocaust diskutiert worden. Es ist aufgezeigt worden, dass einige der vermuteten strukturellen Ähnlichkeiten bei genauerer Betrachtung keine sind – bspw. die vermutete Ähnlichkeit von kolonialen Mischehenverboten und Nürnberger Gesetzen. Es ist gezeigt worden, dass der Genozidbegriff die historischen Spezifika des Holocausts ignoriert. Es ist weiterhin gezeigt worden, dass sowohl Zimmerer als auch Moses die Unterscheidung zwischen kolonialem Rassismus und Antisemitismus nicht ausreichend adäquat berücksichtigen, um auf die bestehenden Unterschiede zwischen beiden aufmerksam zu werden. Somit wird der millenaristische Antisemitismus als Spezifikum des Nationalsozialismus verschleiert und geht der Holocaust auf in eine Reihe von (subalternen) ‚Genoziden', wie es Dan Diner treffend formuliert hat: „Wie unter der Hand wird der so seiner Geschichtlichkeit entblößte Holocaust – das zum bloßen Exempel verallgemeinerte Ereignis Auschwitz – zu einem Genozid unter anderen mutieren" (Diner 2007, S. 18). So waren Jean Amérys bereits in den 70er Jahren geäußerten Bedenken aus heutiger Sicht in Bezug auf die historische Kontinuitätsthese zwischen Kolonialismus und Nationalsozialismus nahezu prophetisch: „Alles wird untergehen in einem summarischen ‚Jahrhundert der Barbarei'" (Améry 1977, S. 127).

Dennoch muss anerkannt werden, dass gerade Jürgen Zimmerer als einer der prominentesten Forscher zur deutschen Kolonialgeschichte auch durch seine späteren Veröffentlichungen die Debatte um die koloniale Vergangenheit Deutschlands verstärkt auf die akademische und politische Tagesordnung gesetzt hat. Die Frage nach der großen Latenz zwischen Ereignis und Aufarbeitung in Bezug auf den deutschen Kolonialismus wird auch Thema des nächsten Kapitels sein. Wo liegen die Gründe für diese Latenz? Warum wurde die deutsche Kolonialgeschichte so lange als lediglich marginal abgetan? Warum wird sie es weiterhin? Die Aufarbeitung der deutschen Kolonialvergangenheit steht in engem Zusammenhang mit bundesrepublikanischer Erinnerungskultur und hat viel mit der Selbstinszenierung der BRD nach 1945 als geläuterter Nation zu tun. Ebenfalls wird die Frage nach dem europäischen Verhältnis zum Kolonialismus sowie den Gemeinsamkeiten und Unterschieden zwischen Kolonialismus und Nationalsozialismus eine Rolle spielen.

4 Kollektive Erinnerung: ein kompetitives Nullsummenspiel? Michael Rothbergs Theorie multidirektionaler Erinnerung im Spannungsfeld von Holocaust- und Postcolonial Studies

4.1 Holocaustgedenken im bundesrepublikanischen Post-Nazismus

„In anderen Ländern beneiden manche die Deutschen um dieses Denkmal. Wir können wieder aufrecht gehen, weil wir aufrichtig waren. Das ist der Sinn des Denkmals, und das feiern wir." Dies erklärte der Historiker Eberhard Jäckel öffentlich, als er zum fünfjährigen Bestehen des *Denkmals für die ermordeten Juden Europas* in Berlin am 10. Mai 2010 als Festredner auftrat.[1] Der explizit nationale Ton in dieser Äußerung ist auffällig: Es geht Jäckel unmissverständlich um ‚Aufrichtigkeit', um die kognitive wie affektive Überzeugung, auf der ‚richtigen Seite' zu stehen und mit der Errichtung eines solchen Denkmals ‚das Richtige' getan zu haben – und zwar aus explizit deutscher Perspektive. Schon zwanzig Jahre zuvor beschrieb der Journalist und Essayist Eike Geisel diese deutsche Sehnsucht nach moralischer Aufrichtigkeit und nationaler Selbstversöhnung als das Streben nach einer „Wiedergutwerdung der Deutschen" (Geisel 1984).

Die Eröffnung des häufig so genannten Holocaust-Mahnmals oder Holocaust-Denkmals am 10. Mai 2005 folgte bereits einem ähnlichen Schema. Paul Spiegel, zu diesem Zeitpunkt Vorsitzender des Zentralrates der Juden in Deutschland, fand damals allerdings auch (und als einziger Festredner) kritische Worte, wie Ulrike Jureit und Christian Schneider dokumentieren: So sagte Spiegel, das Mahnmal festige „die Vorstellung von den Juden als dem Volk der Opfer", berge die Gefahr einer „Hierarchisierung der Opfer" und „gehe einer unmittelbaren Auseinandersetzung mit Tat und Täter aus dem Weg" (Jureit/Schneider 2010, S. 47–48). Weiterhin sorgte der Auftritt der Fernsehjournalistin Lea Rosh für erhebliche Kontroversen um die Funktion des Holocaust-Mahnmals. Rosh kündigte im Rahmen der Eröffnung des Mahnmals an, in einer der Stelen einen Backenzahn, den sie nach eigenen Angaben in der Gedenkstätte

---

[1] Dokumentiert in der ARD-Sendung *Entweder – Broder* in der Folge „Die Deutschland-Safari". In der ARD-Mediathek ist die Sendung nicht mehr abrufbar (Stand: 10.10.2015), allerdings findet sie sich auch bei YouTube. Vgl. auch den Verweis bei Grigat 2012, S. 13.

Bełżec gefunden hatte, sowie einen gelben Judenstern aufbewahren zu wollen. Jureit und Schneider erkennen in dieser Geste eine Anlehnung an christliche Reliquienverehrung, die allerdings im Judentum „kaum entwickelt" sei: „[D]ie Vorstellung, Knochen, Haare oder Zähne von Verstorbenen nicht auf Friedhöfen zu bestatten, sondern als sakrale Gegenstände zu verehren, gehört nicht zum jüdischen Traditionsbestand" (Jureit/Schneider 2010, S. 49). Die Tatsache, dass bei der Eröffnung des deutschen Holocaust-Mahnmals auf eine christliche Sakralisierungsgeste zurückgegriffen wurde, sorgte bei vielen Beteiligten und Außenstehenden für Empörung – nicht zuletzt bei Paul Spiegel, der die Idee „pietätslos" nannte (vgl. Jureit/Schneider 2010, S. 50). Letztendlich rückte Rosh von ihrem Vorhaben ab. Was dieser Konflikt allerdings illustriere, so Jureit und Schneider, sei zweierlei:

> Der handfeste Konflikt verdeutlicht zum einen die umstrittene (christliche) Sakralisierung des Holocausts-Gedenkens, wie sie von nicht-jüdischen Deutschen praktiziert wird, zum anderen verweist er aber auch noch auf eine andere fragwürdige Inanspruchnahme. Hier greifen nicht-jüdische Deutsche in einem säkularen Erinnerungszusammenhang auf christliche Rituale der Heiligenverehrung zurück, ohne sich darüber Rechenschaft abzulegen, dass sie in der Nachfolge einer Gesellschaft stehen, die für genau diese Verbrechen verantwortlich ist. Sechs Millionen Juden werden dadurch nicht als Opfer des von Deutschen verübten Massenmords erinnert, sondern als *eigene* Tote rituell vereinnahmt. (Jureit/Schneider 2010, S. 50; Hervorhebung im Original)

Das Denkmal ist damit explizit kein jüdischer Gedenkort – und auch von vornherein nicht als solcher intendiert. Vielmehr ist es ein deutsches Mahnmal:

> Hier präsentiert sich eine Erinnerungsgemeinschaft, die auf ein geliehenes Selbstbild rekurriert und die sich der spezifisch deutschen Ambivalenz des Holocaust-Gedenkens durch Identifikation mit den Opfern zu entledigen sucht. (Jureit/Schneider 2010, S. 50)

In Anbetracht des eingangs erwähnten Ausspruchs Jäckels, dass es eine der Funktionen des Mahnmals sei, sich als Nachkommen der TäterInnen auf der moralisch richtigen Seite zu wähnen, erscheint es problematisch, dass die jüdischen Opfer in dieser Weise für eine Art „Ablasshandel" (Jureit/Schneider 2010, S. 50) instrumentalisiert werden.

Die Aufarbeitung des Nationalsozialismus und des Holocausts in der BRD ist häufig so beschrieben worden, dass Deutschland sich als eine Art ‚Erinnerungs-Weltmeister' inszeniert und verstehen möchte. So schreibt bspw. Aleida Assmann in ihrem als „Intervention" untertitelten Buch *Das neue Unbehagen an der Erinnerungskultur*: „Die Situation ist paradox. Seit einigen Jahren wird den Deutschen von der Außenwelt bescheinigt, dass sie etwas gut gemacht haben, und das ist der Aufbau ihrer Erinnerungskultur" (Assmann 2013, S. 13). Ein zentraler Themenkomplex ist dabei der explizit nationale Bezug. So beschreibt Assmann, dass der Holocaust innerhalb der deutschen Erinnerungskultur seit den 1990er Jahren zunehmend den Charakter eines „negativen Gründungsmythos" (Assmann 2013, S. 67–71) erhalte. Damit ist gemeint, dass es einen Bewusstseinswandel gegeben hat: Es wird nicht mehr verleugnet, relativiert und versucht, einen ‚Schlussstrich' unter die Zeit des Nationalsozialismus ziehen. Vielmehr werde die Erinnerung gesellschaftlich institutionalisiert und zu einem gewissen Grade Staatsräson:

> Seit den 1990er Jahren ist die Erinnerung an den Holocaust in die deutsche Gesellschaft zurückgekehrt und wurde durch Gedenkstätten, Jahrestag und Denkmäler als negativer Gründungsmythos des wiedervereinigten Staates verankert. (Assmann 2013, S. 67f)

Anders gesagt: Die deutsche Erinnerungskultur wurde „staatstragend" (Assmann 2013, S. 67). Um zu Deutschland ‚dazuzugehören', sollten Buße und Ablass in Form von Erinnerungskultur und Aufarbeitung ‚gezahlt' werden – wozu Dan Diner sicherlich richtig bemerkt, dass ein deutscher Bürger bspw. türkischer Herkunft es da schwer hat:

> Germans are those who define themselves in terms of belonging by rejection of the Nazi past. A German citizen of Turkish background can hardly fully belong to such a collective. He cannot use the common ‚we' concerning the contaminated past of Germany. In this sense, *ius sanguinis* is being prolonged by the rituals of memory and remembrance. Vice Versa, the introduction of *ius soli* would mean to cut off the past as frame of reference for belonging. It would amount to neutralizing the past and pleading for historical oblivion. (Diner 1998, S. 303)

Gleichzeitig wird das „*Modell Deutschland*" (Jureit/Schneider 2010, S. 20; Hervorhebung im Original) auch international als „beispiellos" (Jureit/Schneider 2010, S. 19) angesehen. So schreiben Jureit und Schneider: „Die deutsche Aufarbeitung der nationalsozialistischen Verbrechen gilt weltweit als vorbildlich" (Jureit/Schneider 2010, S. 19). Trotz aller Defizite, Versäumnisse, Verfehlungen und blinder Flecke stellen sie fest: „Nirgendwo wird so nachdrücklich erinnert und gemahnt wie in Deutschland" (Jureit/Schneider 2010, S. 19).

Eine Konsequenz dieses Umstands scheint es zu sein, dass im „globalen Wettbewerb der kollektiven Konfliktbewältigung" (Jureit/Schneider 2010, S. 19) dem Fall der deutschen Aufarbeitung der nationalsozialistischen Verbrechen eine Art Vorbildcharakter zukommt. Die Debatte über die Singularitätsthese des Holocausts sei dabei allerdings lediglich von geringem Interesse:

> Dass es sich in diesen [hier: die Aufarbeitung des Genozids an den Armeniern und japanischer Kriegsverbrechen im Zweiten Weltkrieg] um Verbrechenskomplexe handelt, die dem Holocaust nicht unmittelbar gleichzusetzen sind, spielt in den globalen Transfer- und Aneignungsdiskursen offenbar eine untergeordnete Rolle. (Jureit/Schneider 2010, S. 20)

Die Frage, welche Bedeutung der Singularitätsthese im globalen kollektiven Erinnern zukommt, wird im Verlauf dieses Kapitels erneut aufgegriffen. An dieser Stelle soll es zunächst weiterhin um die explizit bundesrepublikanische Erinnerungskultur an den Holocaust gehen. Und da diese Arbeit auch explizit postkolonialtheoretische Ansätze in der Holocaustforschung zum Gegenstand hat, soll im Folgenden erörtert werden, auf welche Arten und Weisen innerhalb von postkolonialen Initiativen (sowohl wissenschaftlich als auch alltags- und gedenkpolitisch) mit dem Umstand der Holocausterinnerung umgegangen wird – und wie sich eine adäquate Aufarbeitung des und Erinnerung an den deutschen Kolonialismus in diesem Zusammenhang überzeugend formulieren lässt. Als Nation mit weiterhin bestehenden Verstrickungen in eine koloniale Vergangenheit ist es durchaus zutreffend, von der BRD als unter anderem auch postkolonialer Nation zu sprechen.

Es lässt sich schwerlich leugnen, dass die Aufarbeitung deutscher Kolonialgeschichte und -verbrechen erst seit kurzem Gegenstand historischer und politischer Forderungen und Aufarbeitungen geworden ist. Erst im Jahr 2015 hat erstmals ein deutscher Regierungsangehöriger, der damalige Bundestagspräsident Norbert Lammert (CDU), die Niederschlagung des Herero-Nama-Aufstandes zwischen 1904 und 1905 explizit einen Genozid genannt (vgl. o.A. 2015). Im Jahr 2004, zum 100. Jahrestag des Beginns des Genozids, entschuldigte sich die damalige Bundesentwicklungsministerin Heidemarie Wieczorek-Zeul (SPD) zwar öffentlich bei den Nachkommen der Überlebenden und Opfer, bleibt damit allerdings als Regierungsangehörige bis zum heutigen Zeitpunkt alleine (vgl. Schwarzer 2015). Lammert hat zwar die Benennung als Genozid vorgenommen, eine offizielle Entschuldigung der Bundesregierung oder gar eine finanzielle Entschädigung in Form von Reparationszahlungen stehen allerdings weiterhin aus. Zu Beginn des Jahres 2017 haben VertreterInnen der Herero und Nama in den USA eine Sammelklage gegen Deutschland aufgrund von ausgebliebenen Entschädigungszahlen eingereicht; die Regierungen Kenias und Tansanias haben angekündigt, mit ähnlichen Klagen zu folgen (vgl. Schwarzer 2017).

4.2 Postkoloniale Erinnerungsprozesse im Post-Nazismus

In den vergangenen Jahren hat eine Reihe von städtischen Initiativen sich bemüht, die koloniale Vergangenheit Deutschlands deutlicher im öffentlichen Bewusstsein kenntlich zu machen – bspw. in den Initiativen ‚Freiburg Postkolonial', ‚Berlin Postkolonial' und ‚Frankfurt Postkolonial'. Durch begleitete Rundgänge soll anhand historischer Stätten und städtischer Einrichtungen (wie bspw. nach Kolonialherren benannte Straßen, öffentliche Institutionen wie Museen, Schulen, etc.) die bis in die Gegenwart wirkende koloniale Vergangenheit aufgezeigt und thematisiert bzw. ihre bisherige Nicht-Thematisierung problematisiert werden. All diesen Initiativen ist gemein, dass sie auf zivilgesellschaftlichen Impuls hin gegründet wurden und damit einem Bedürfnis nach Aufarbeitung der deutschen kolonialen Vergangenheit nachkommen (vgl. Messerschmidt 2016b, S. 24).

Es liegt auf der Hand, dass die koloniale Erfahrung und Herrschaftspraxis in den ehemaligen deutschen Kolonien dazu geführt haben, dass kolonialrassistische Einstellungen, Vorstellungen und Vorurteile bis heute einen signifikanten Wirkungsgrad aufweisen. Darin liegt mit an Sicherheit grenzender Wahrscheinlichkeit auch einer der Hauptgründe für die bisher nur unzureichende Aufarbeitung der kolonialen Vergangenheit: der deutsche Kolonialismus wird aufgrund von kolonialen Kontinuitäten bisher mehrheitlich noch nicht als die Art von brutaler und rassistischer Gewaltherrschaft wahrgenommen, die er faktisch und unbestreitbar war. Ein anderer Grund ist möglicherweise, dass die Bundesrepublik sich mittels der staatstragenden Holocaust-Aufarbeitung vergangenheitspolitisch als bereits ausreichend moralisch geläutert betrachtete, so dass eine zusätzliche Aufarbeitung der kolonialen Vergangenheit nicht notwendig erschien und erscheint. Sicherlich sind hier auch finanzielle Aspekte relevant.

Astrid Messerschmidt geht daher der Frage nach, wie in einer *„postkoloniale[n] Gegenwart* nach Auschwitz" eine doppelte Perspektive auf beide dieser kollektiven Trauma- und Erinnerungskulturen eingenommen werden kann (Messerschmidt 2016b, S. 25; Hervorhebung im Original): Einerseits zeige sich, dass koloniale Einstellungen und Weltbilder zwar nicht mehr Teil einer offiziellen politischen Ordnung seien, sich in bestimmten kollektiven Denkmustern bezüglich der kolonialen Dichotomie von ‚Selbst' und ‚Andere' allerdings weiterhin manifestieren (Messerschmidt 2016b, S. 25). Analog gelte allerdings auch für den Nationalsozialismus, dass ideologische Kontinuitäten in der BRD in vielerlei Hinsicht vorzufinden seien, und mitnichten von einer Abgeschlossenheit und Aufarbeitung der nationalsozialistischen Vergangenheit gesprochen werden könne (Messerschmidt 2016b, S. 25). Dabei gelte es allerdings, die Unterschiede zwischen Kolonialrassismus und Antisemitismus in Erinnerung zu behalten: Obschon beide als Teil „nationalistischer Identitätsvergewisserungen" verstanden werden könnten, unterschieden sie sich allerdings fundamental: „Während der Kolonialrassismus die Fremden exterritorialisieren konnte, ist der moderne Antisemitismus geprägt von der Vorstellung eines zersetzenden Elements im Inland" (Messerschmidt 2016b, S. 26). So werden die von antisemitischer oder kolonialrassistischer Diskriminierung betroffenen Menschen unterschiedlich im Verhältnis zur Gesellschaft positioniert: Während sich im Kolonialrassismus das Subjekt als (körperlich, intellektuell, zivilisatorisch) überlegen und dominant vergewissere, sei diese Projektion laut Messerschmidt im Antisemitismus „spiegelbildlich" zu deuten:

> Im Unterschied zum kolonialen Anderen ist der antisemitisch markierte Andere[2] nicht nur minderwertig, sondern mit Macht ausgestattet. Und deshalb gefährlich. Antisemitismus bietet Gelegenheit, sich selbst als Opfer zu sehen und sich vorzustellen, beherrscht und ausgebeutet zu werden. (Messerschmidt 2005, S. 139. Zitiert nach Messerschmidt 2016b, S. 26)

Dies führt Messerschmidt zu der Vermutung, dass der Antisemitismus auch die Funktion erfülle, die Geschichte des europäischen Kolonialismus und damit die kapitalistische Akkumulation durch Sklaverei und Kolonialhandel abzuwehren: „Anstatt sich mit den Nachwirkungen des Kolonialismus zu befassen, kann man mit antisemitischen Weltbildern bestehende Ungleichheiten und fortgesetzte Ungerechtigkeit so erklären, dass eigenes Involviertsein nicht reflektiert werden muss" (Messerschmidt 2016b, S. 26). In Anlehnung an die bekannte antisemitische Unterscheidung zwischen ‚schaffendem' und ‚raffendem' Kapital behauptet Messerschmidt, dass in der Selbstwahrnehmung europäischer Subjekte der eigene erwirtschaftete Wohlstand durch ehrliche und harte Arbeit gewissermaßen legitim erworben wurde. Sie kontrastiert diese Vorstellung mit den Praktiken des Kolonialismus:

> Zu Wohlstand gekommen zu sein, verdankt sich in diesem Selbstkonzept produktiver Arbeit und nicht den kolonialen Eroberungs- und Ausbeutungsstrategien. Das europäische Subjekt hat demzufolge alle Errungenschaften sich selbst zu verdanken. Dieses Selbst ist

---

[2] Hier bleibt anzumerken, dass es fraglich ist, ob der Antisemitismus überhaupt mittels der Dichotomie wie ‚Selbst-Andere' oder ‚innen-außen' beschrieben werden kann, oder ob das antisemitische Ressentiment nicht jenseits einer solchen Dichotomie operiert. Auf diese Problematik hat Klaus Holz mit seiner ‚Figur des Dritten' aufmerksam gemacht (vgl. Kapitel 3.3.5). Jüdische Menschen sind im Antisemitismus ja nicht hauptsächlich dadurch ausgezeichnet, ‚anders' zu sein, sondern ‚abstrakt', allmächtig und dadurch bedrohlich.

mit sich im Reinen, weil es eine Projektionsfläche für alles Unreine gefunden hat (Messerschmidt 2016b, S. 26)

Dieser Punkt ist wichtig, andererseits aber auch keine vollständige Erklärung. Denn es ist durchaus eine bekannte Strategie dieses „mit sich im Reinen"-Seins, die koloniale Vergangenheit als legitime wirtschaftliche und zivilisatorische Praxis zu verklären. Aus diesem Grund kann sie theoretisch auch als Element hart und ehrlich erworbenen Wohlstands herangezogen werden. So oder so ist Messerschmidts Punkt sicherlich zutreffend und in Bezug auf die ausgebliebene koloniale Aufarbeitung relevant.

Unabhängig von dieser Thematik ist Messerschmidts Unterscheidung von kolonialem Rassismus und Antisemitismus allerdings wichtig für die Frage nach konkurrierenden Erinnerungskulturen und -praktiken. Sie ist eine Grundvoraussetzung für alle Diskussionen um die Thematisierung der kolonialen und nationalsozialistischen Vergangenheit und Erinnerungskultur der BRD. Die Problematik könnte folgendermaßen dargestellt werden: Wie kann eine Erinnerungskultur an den deutschen Kolonialismus in der postnazistischen Gesellschaft nach Auschwitz formuliert und gestaltet werden? Messerschmidt schlägt vor, eine postkoloniale Erinnerungskultur könne und solle nicht einfach zur (wie auch immer gearteten) postnazistischen Erinnerungskultur als eine weitere „addiert", sondern vielmehr implementiert werden (Messerschmidt 2016b, S. 27). Alles andere führe nahezu notwendigerweise zu „Gedächtniskonkurrenzen", durch die der Blick auf die jeweiligen konkreten historischen Situationen und Zusammenhänge eher verschleiert werde (Messerschmidt 2016b, S. 27). Außerdem führe es zu problematischen Gleichsetzungen, Relativierungen und Trivialisierungen: In Konkurrenz zueinanderstehende kollektive Gedächtnisse und Erinnerungskulturen neigen im Zuge des Bemühens um Anerkennung zu diesen Strategien. Die ersten Reaktionen antikolonialer Intellektueller auf den Holocaust mögen als Beispiel dafür geeignet sein: So wurde der Holocaust als ein Fall unter vielen beschrieben, der gerade im Vergleich zur globalen Kolonialgeschichte keinen (Zivilisations-)Bruch, sondern eher eine Kontinuität darstelle.

Das Beispiel illustriert dabei auch einen aktuellen Themenkomplex: Wie konstituiert sich Erinnerungskultur im globalen Zeitalter? Sind multiple Gedächtnisse historischer Gewalt miteinander in einer Art kollektiver Gleichzeitigkeit denkbar? Gibt es eine Art Erinnerungskonkurrenz zwischen verschiedenen sozialen Gruppen, so dass um die Relevanz der eigenen Erinnerungskultur gegenüber anderen gestritten werden muss? Ist eine globale Erinnerungskultur denkbar, in der die Einzigartigkeit einer Gedenkkultur erhalten bleibt, oder wäre historische Singularität und das Beharren darauf dann ein Akt von ‚kategorialer Gewalt', wie es gelegentlich formuliert wird?[3] Und: Wie genau lässt sich in einer Zeit, in der Erinnerungskulturen gewissermaßen globalisiert werden, überhaupt von der Singularität des Holocausts sprechen? Bleibt der Holocaust auch in Zeiten der Postkolonialität und der globalisierten (zunehmend sich selbst als Eurozentrismus-kritisch inszenierenden) Geistes- und Sozialwissenschaften ein singuläres Ereignis?

Diesen Fragen ist in letzter Zeit am prominentesten Michael Rothberg in seinem Werk *Multidirectional Memories: Remembering the Holocaust in the Age of Decolonization* nachgegangen (Rothberg 2009). Nach eigenen Angaben bzw. eigenem Anspruch ist sein Werk in besonderer Weise dadurch gekennzeichnet, dass es wissenschaftshistorisch zum ersten Mal Holocaustforschung und Postcolonial Studies miteinander vereine: „*Multidirectional Memory* brings together Holocaust Studies and postcolonial studies for the first time in a book-length work" (Rothberg 2009, S. xiii). Es erhebt den Anspruch, „to change thinking about collective memory and its relation to group identity [...] by interrogating the logic of dominant accounts of memory and identity" (Rothberg 2009, S. xiii). Diese dominanten Darstellungen seien geprägt durch „competition and the zero-sum game" (Rothberg 2009, S. xiii), und es gelte sie durch den Ansatz multidirektionalen Erinnerns zu überwinden. Wie genau Rothberg dies begründet soll in diesem Kapitel kritisch rekonstruiert werden. Dabei soll zunächst kurz und überblicksartig dargestellt werden, zu welchen Erkenntnissen die Erinnerungskulturforschung in den letzten Jahren gekommen ist, in welchem Zusammenhang die Begriffe „Trauma", „Erinnerung", „Individuum" und „Kollektiv" hier stehen, und welche Herausforderungen postkoloniale Aufarbeitungsprozesse sowie Globalisierungsprozesse auf kollektive Erinnerungskulturen haben.

4.3 Kollektive Traumata, Gedächtnisse und Erinnerungskulturen

Dieses Kapitel hat zwei Funktionen. Zum einen soll ein Traumabegriff erarbeitet werden, der als grundlegend für mein Verständnis individueller und kollektiver Traumata gelten kann. Zum anderen möchte ich aufzeigen, ob es in Anlehnung an individuelle Traumata möglich ist, von kollektiven Traumata zu sprechen. Hier stellt sich die Frage, wie kollektive Traumata sich gekennzeichnet sind lassen und vor allem: wie Kollektive sich mit ihnen auseinandersetzen.

---

[3] Vgl. bspw. den Titel eines Aufsatzes von Vinay Lal: „Genocide, Barbaric Others, and the Violence of Categories" (1998).

Im zweiten Unterkapitel suche ich nach theoretischen und konzeptuellen Verknüpfungen zwischen dem Traumabegriff, dem Begriff der Erinnerung und dem Begriff des Gedächtnisses. Auch hier erörtere ich, wie sich diese Themen auf individueller und kollektiver Ebene konkretisieren.

4.3.1 Begriffsbestimmungen: Individuelles und kollektives Trauma

In welcher Verbindung stehen Traumata und Gedenkkulturen? Dominic LaCapra schreibt: „A memory site is generally also a site of trauma, and the extent to which it remains invested with trauma marks the extent to which memory has not been effective in coming to terms with it, notably through modes of mourning" (LaCapra 1998, S. 10). Und Jörn Rüsen, analog: „Mit ihm [dem Traumabegriff] wird zum Ausdruck gebracht, daß in der historischen Erfahrung eine Kraft der Sinnzerstörung beschlossen liegt, die auf das historische Denken selber durchschlägt" (2001, S. 147).

Den meisten gesellschaftspolitischen Gedenkdiskursen liegt eine Art historisches Trauma zugrunde. Der Begriff selbst stammt aus dem Altgriechischen und wird gemeinhin als ‚Wunde' übersetzt. In der Medizin beschreibt er eine körperliche Beeinträchtigung nach einer starken Erschütterung, in der Psychologie eine ‚seelische' Verletzung. Erst seit dem 19. Jahrhundert wird der Begriff des Traumas überhaupt auf psychische Phänomene angewandt (vgl. Kühner 2008, S. 33), heute ist er vor allem in der medizinisch-psychologischen Diagnostik als posttraumatische Belastungsstörung (PTBS, im englischen PTSD von ‚Post-Traumatic Stress Disorder') vorhanden.[4]

Was genau ein psychisches Trauma allerdings kennzeichnet, ist nicht annähernd so eindeutig wie im Falle eines körperlichen Traumas, für das relativ problemlos objektiv nachvollziehbare Kriterien etabliert werden können. So schreibt Angela Kühner:

> Ein Trauma ist also medizinisch sehr präzise definierbar und objektivierbar als eine Wunde oder Verletzung, [die] von außen durch Kraft verursacht wird. Auf der psychischen Ebene gibt es jedoch keine objektivierbare Wunde. (Kühner 2008, S. 33–34)

Aus diesem Grund habe sich die medizinische Forschung laut Alexander Friedmann auch erst sehr spät, nämlich erst in der zweiten Hälfte des 20. Jahrhun-

---

[4] Vgl. bspw. auch eine der wichtigsten Studien über die posttraumatische Belastungsstörung von van der Kolk 1994, z.B.: „[P]eople with chronic PTSD tend to suffer from numbing of responsiveness to the environment, punctuated by intermittent hyperarousal in response to conditional traumatic stimuli" (van der Kolk 1994, S. 254).

derts, psychischen Traumata zugewandt (Friedmann 2004, S. 7). Die Arbeiten zur psychoanalytischen Neurosenlehre, die maßgeblich von Sigmund Freud und Pierre Janet initiiert und beeinflusst wurden, seien so gesehen „die ersten Schritte zur Analyse der Pathogenese posttraumatischer seelischer Störungen" (Friedmann 2004, S. 7).

Für Freud ist ein Trauma, so Kühner,

> ein Erlebnis, welches dem Seelenleben, innerhalb kurzer Zeit einen so starken Reizzuwachs bringt, dass die Erledigung oder Aufarbeitung desselben in normalgewohnter Weise missglückt, woraus dauernde Störungen im Energiebetrieb resultieren müssen. (Freud 1916, S. 284. Zitiert bei Kühner 2008, S. 34)

Dabei ist wichtig zu betonen, dass die Prozesshaftigkeiten von medizinischem und psychischem Trauma sich deutlich voneinander unterscheiden, da das eine ein Ergebnis bezeichne, das andere einen Prozess – „das körperliche besteht in einer konkreten Verwundung, das psychische in einer metaphorischen Verwundung der Seele, deren Wirkungsweise nur schwer zu erfassen ist" (Kühner 2008, S. 35). Was beide Arten von Trauma miteinander verbindet, ist allerdings offenkundig die Tatsache, dass sie etwas ‚hinterlassen' – im Falle eines körperlichen Traumas beispielsweise eine Narbe oder eine andere Versehrtheit des körperlichen Gewebes einer Person. Was genau dieses Hinterbliebene im Falle eines psychischen Traumas ist, lässt sich dagegen weit schwieriger begreifen.

Freud spricht von einem ‚starken Reizzuwachs', und zwar so stark, dass er offenbar einer Überforderung gleichkommt. Es geht also, so Kühner, um eine Reizüberflutung, „die in so ‚kurzer Zeit' stattfindet und ‚so stark' ist [...], um ein ‚zu schnell' und ‚zu viel'" (Kühner 2008, S. 37), so dass der ‚Energiehaushalt' empfindlich gestört wird und in seiner Funktionsweise stark beeinträchtigt ist. Anna Freud spricht analog von einer Störung der „Ich-Funktionen" (vgl. Kühner 2008, S. 37) einer Person. Im *Lehrbuch der Psychotraumatologie* wird der Begriff Trauma etwas genauer als „[...] vitales Diskrepanzerlebnis zwischen bedrohlichen Situationsfaktoren und den Bewältigungsmöglichkeiten" einer Person, „das mit Gefühlen der Hilflosigkeit und schutzloser Preisgabe einhergeht und so eine dauerhafte Erschütterung im Selbst- und Weltverständnis bewirkt" (Fischer/Riedesser 1998, S. 79. Zitiert nach Kühner 2008, S. 38).

Gemein ist diesen Definitionen also, dass ein Trauma die wie auch immer gearteten regulären Funktionsweisen im Erleben und Handeln einer Person so stark beeinträchtigt, dass sie bestimmte Aufgaben nur noch eingeschränkt oder gar nicht erledigen kann. Diese Einschränkungen manifestieren sich vordergründig auf psychosomatischer Ebene in Form einer Reihe von Symptomen bzw. „Trauma-Phänomene[n]", über die in verschiedenen psychologischen, medizinischen und therapeutischen ‚Schulen' laut Kühner nicht uneingeschränkt, jedoch weitestgehend Einigkeit bestünde (Kühner 2008, S. 40). Diese referiert sie ausführlich und im Folgenden möchte ich diese Beschreibungen wenigstens kurz wiedergeben.

Zunächst beschreibt Kühner ein grundlegendes Merkmal in der Auseinandersetzung von Menschen mit traumatischen Belastungen:

> Auf der einen Seite lässt die betroffen [sic] Person das Ereignis nicht los, [...] auf der anderen Seite versucht er oder sie, die Angst und den Schmerz abzuwehren und verwendet auf diese Abwehr so viel Energie, dass er oder sie so gut wie gar nichts mehr spürt. (Kühner 2008, S. 40)

Dieser dialektische Spannungs- und auch Bewältigungsprozess wird vereinzelt als Integration eines Traumas in die persönliche Biographie verstanden (Kühner 2008, S. 41). Der zweite Aspekt in diesem Verhältnis, also die Abwehr, könne sich bspw. in Dissoziationen äußern, also Phänomenen, in denen betroffene Personen ihr Erleben von einer Situation abspalten. Kühner beschreibt dies auch als eine Art „Wahrnehmungsschutz" (Kühner 2008, S. 43), der sich häufig bei traumatisierten Menschen findet, auch noch Jahre nach dem eigentlichen traumatischen Ereignis in verselbstständigter Form.

In diesem Sinne bleibt ein Trauma häufig ‚latent' vorhanden, und es ist auch durchaus denkbar, dass sich direkt nach einem traumatischen Erlebnis nicht unmittelbar danach belastende Symptome manifestieren, sondern in manchen Fällen erst Jahre danach, wenn „die volle Wucht" des Traumas bewusstwerde (Kühner 2008, S. 43). In Dominick LaCapras Beschreibung wird diese Latenz besser verständlich: „The traumatic event is repressed or denied and registers only belatedly (*nachträglich*) after the passage of a period of latency" (LaCapra 1998, S. 9; Hervorhebung im Original).

Das Konzept der Nachträglichkeit stammt von Sigmund Freud. Für Kühner ist es von großer Bedeutung für das Verständnis der Verarbeitung traumatischer Erlebnisse, da hierdurch der „Prozesscharakter des Traumas" illustriert werde: „Das vergangene Trauma wirkt nicht nur (linear-kausal) auf das gegenwärtige Erleben, sondern das gegenwärtige Erleben wirkt auf die traumatische Erinnerung zurück, die Gegenwart verändert die Vergangenheit" (Kühner 2008, S. 44).

In Anlehnung an bereits oben benannte Phänomene ist es wichtig zu erwähnen, dass traumatische Erlebnisse die Bewältigungsmöglichkeiten einer Person stark beeinträchtigen, oder anders gesagt: ‚erschüttern' können. Kühner hierzu:

> Eine der zentralen Metaphern, mit der Traumata beschrieben werden, ist die der Erschütterung. Durch ein traumatisches Erlebnis werden menschliche Grundüberzeugungen er-

schüttert: der Glaube an eine im Prinzip gute Welt, das Vertrauen in die eigene Selbstwirksamkeit, d.h. in das Gefühl, äußeren Umständen nicht hilflos ausgesetzt zu sein, sondern aktiv handelnd wirksam sein zu können. (Kühner 2008, S. 45)

Diese Hilflosigkeit kann, so Kühner, dann sogar dazu führen, dass es Betroffenen psychodynamisch ‚leichter' bzw. ‚naheliegender' erscheinen kann, die Ursache für ein traumatisches Erlebnis bzw. die „real gegebene völlige Ohnmacht" bei sich selbst zu suchen, sich diese also „nicht eingestehen zu müssen" (Kühner 2008, S. 47). Dies führe zu teilweise massiven Schuldkomplexen und „irrationale[n] Schuldgefühlen" (Kühner 2008, S. 47), aber auch zu Scham: die Betroffenen traumatischer Erlebnisse scheinen diese „sehr oft als etwas zu empfinden, was mit Ekelgefühlen behaftet immer noch an ihnen klebt [...] so als wären sie an dem Erlebten selbst schuld" (Kühner 2008, S. 57).

Ein für eine historisch-politische Auseinandersetzung mit dem Traumabegriff wichtiger Umstand ist weiterhin, dass sich Traumata ‚vererben' können – in der psychoanalytischen Theorie wird hier von transgenerationaler ‚Weitergabe' von Traumata gesprochen. Zu den ersten Forschungen auf diesem Gebiet zählt die Arbeit über „Kinder von Überlebenden der Nazi-Verfolgungen" von Judith Kestenberg aus dem Jahr 1974. Ausgehend von der Beobachtung der Autoren Henry Krystal und Martin Wangh widmet sie sich der Frage, ob es eine „Übertragung der Verfolgten-Pathologie auf die folgende Generation" gibt (vgl. Kestenberg 1980, S. 495). In ihrer Studie zeigt Kestenberg auf, dass die Kinder von Überlebenden des Holocausts von den traumatischen Erfahrungen ihrer Eltern beeinflusst wurden (vgl. Kestenberg 1980, S. 494).

Anhand verschiedener Interviews weist Kestenberg nach, dass für die betroffenen Eltern zu jeweils gewissen Graden, aber doch durchgehend drei bestimmte „psychische Konstellationen" zutreffen: Erstens *„Liebesverlust und Zurücksetzung in ihrer sozialen Gruppe"*, zweitens ein *„Verlust der integrativen Funktionen"*, und drittens *„Sadistische Phantasien aus allen Phasen destruktiver Wunscherfüllung"* (Kestenberg 1980, S. 507–508; Hervorhebungen im Original). Diese Konstellationen seien überaus bedeutsam für die Erziehung von Kindern, und wenn die Eltern sie aufweisen, beeinflusse dies auch die psychische Struktur der Kinder: Laut Kühner „‚re-inszenieren' [Nachkommen von Überlebenden] die traumatischen Erlebnisse ihrer Eltern so, als hätten sie sie selbst erlebt" (Kühner 2008, S. 61).

Angela Moré geht auf diese ‚Re-Inszenierung' in einem Überblicksartikel aus dem Jahr 2013 genauer ein. Sie gebraucht dafür den aus der psychoanalytischen Theorie und Praxis geläufigen Begriff der ‚Übertragung':

Der psychoanalytische Begriff der Übertragung bezeichnet nicht nur ein unbewusstes Geschehen zwischen Therapeut/in und Klient/in im therapeutischen Prozess, sondern ein die menschlichen Beziehungen generell begleitendes und prägendes Phänomen, das sich auch in den Beziehungen zwischen den Generationen findet und diese im positiven wie negativen Sinn entscheidend beeinflusst. (Moré 2013)

Moré verweist in diesem Zusammenhang auf Freuds Begriff der „Gefühlserbschaft" (vgl. Moré 2013), den er in seiner Essaysammlung *Totem und Tabu* (1913) verwendet. ‚Gefühlserbschaft' meint in diesem Zusammenhang, dass bestimmte Affekte sich von einer Generation in die nächste übertragen können: „Traumatische Erfahrungen, die von Betroffenen nicht verarbeitet und integriert werden können [...] zeigen sich auch in den Träumen, Phantasien, im Selbstbild, emotionalen Erleben und unbewussten Agieren ihrer Nachkommen" (Moré 2013).

„Besonders bei Kindern und Enkeln von Überlebenden des Holocausts", so Moré weiter ausführend, „wurde dieser Zusammenhang seit Mitte der sechziger Jahre offensichtlich, als die nun jungen Erwachsenen der zweiten und dritten Generation vermehrt therapeutische Hilfe suchten", bei vielen dieser Nachfahren zeigten sich „schwere [...] Veränderungen der psychischen Struktur, des (Selbst-) Erlebens wie der Persönlichkeit" aufgrund der „der Verfolgungs- und Vernichtungserfahrungen" der Betroffenen (Moré 2013). Bedenkenswert hierbei ist, so gibt Moré zu verstehen, dass eine traumatische Erfahrung nicht zwangsläufig zu einer transgenerationalen Weitergabe führen muss: „Zum einen können die Reaktionen auf ähnliche Erlebnisse individuell sehr unterschiedlich sein, zum anderen gibt es Kinder mit traumatischen Erfahrungen, die nicht psychisch erkranken" (Moré 2013).

Die von Gabriele Rosenthal geleiteten Forschungen über drei Familiengenerationen von einerseits Überlebenden und Verfolgten im, andererseits auch TäterInnen und MitläuferInnen des Nationalsozialismus, sind in der Frage nach der Schwere transgenerationaler Traumata von großer Bedeutung (Rosenthal 1997a). Wie Moré feststellt sind diese Arbeiten deswegen so wichtig, weil sie die These widerlegen, „dass sich die Übertragungen der unbewussten traumatisierenden Botschaften von Opfern oder Tätern in der Generationenfolge abschwächen würden" (Moré 2013). Ausgangsfrage für die Studien von Rosenthal et. al. ist, wie sich der „familiale Dialog über die Familienvergangenheit während der NS-Zeit in Familien von Verfolgten des Nazi-Regimes [...] [und] in Familien von Nazi-Tätern und Mitläufern" unterscheidet (Rosenthal 1997b, S. 11). Der Umgang mit der belasteten Vergangenheit weise bei den Nachkommen auf beiden Seiten „zunächst ähnliche Phänomene" auf:

> Abwehr von Informationen über die Familienvergangenheit, Vernichtungsängste, Trennungsängste, Schuldgefühle, behinderte Autonomieprozesse und das Ausagieren der Vergangenheit in Phantasien und psychosomatischen Reaktionen. (Rosenthal 1997c, S. 18)

Dass diese Phänomene sich jedoch bezüglich ihrer „latente[n] Tiefenstruktur" unterscheiden, ist wenig überraschend:

> Wenn Großeltern oder Eltern als Überlebende der Shoah nicht von ihren Erlebnissen sprechen, so ist ihr Schweigen mit ganz anderen Problemen und Motiven verbunden als das Schweigen der Großeltern und Eltern, die aktiv an den Nazi-Verbrechen teilgenommen haben. (Rosenthal 1997c, S. 19)

Ein Beispiel für diese unterschiedliche Tiefenstruktur liefert Rosenthal selbst: „Eine Großmutter beispielsweise, die das Ghetto und das Vernichtungslager überlebt hat, leugnet im Unterschied zu den Tätern und auch Mitläuferin ihre Vergangenheit als Verfolgte nicht" (Rosenthal 1997c, S. 19). Das Schweigen gegenüber ihrer unmittelbaren Familie über die belastete Vergangenheit könnte laut Rosenthal dann eher darauf hindeuten, dass sie ihre Familie vor „all den Tag- und Nachtträumen, von denen sie selbst verfolgt wird, schützen will" (Rosenthal 1997c, S. 19). Anders der Fall von Familienmitgliedern, die aktiv oder als Mitläufer an den Nazi-Verbrechen beteiligt waren: Sie neigen eher dazu, die vergangenen Verbrechen zu leugnen oder zu verharmlosen, schützen durch die Vermeidung eines familiären aufarbeitenden Diskurses allerdings „in erster Linie sich selbst", und zwar „vor Anklage und Verlust von Zuneigung" (Rosenthal 1997c, S. 19).

Jan Lohl spricht ferner davon, dass die Abwehr von Schuld ein zentrales Moment in der transgenerationalen Weitergabe auf Täterseite darstellt:

> Als Eltern projizieren viele NationalsozialistInnen jene negativen psychischen Anteile, wie z.B. Schuldgefühle auf ihre Kinder, die die Vermeidung einer Melancholie aufbrechen und die Hoffnung auf erneute narzisstische Gratifikation nach nationalsozialistischem Vorbild gefährden könnten. Auf diese Weise entwickelt sich eine solche emotionale Beziehung der Eltern zu ihren Kindern, die sich aus jener unbewussten Repräsentanz von dem Kind speist, die die Eltern mit der Projektion ausbilden: Unbewusst repräsentieren die Kinder genau die negativen Eigenanteile der Eltern, die diese im Umgang mit ihrer Geschichte nicht wahrnehmen wollen, um ihren unbewussten kollektiven Narzissmus zu schützen. Das unbewusste Fortwirken des kollektiven Narzissmus mündet so in eine narzisstische Funktionalisierung der Kinder. (Lohl 2010, S. 25–26)

Diese Gedanken formuliert Lohl in Anlehnung an Adornos soziologische Studie über ‚Schuld und Abwehr' sowie dessen Aufsatz ‚Was bedeutet: Aufarbeitung der Vergangenheit'. Adorno geht dort genauer auf die narzisstischen Größenfantasien und Kränkungen ein, die der Nationalsozialismus auf TäterInnen-

und MitläuferInnenseite gebildet hat. Er spricht von einem „kollektive[n] Narzissmus]" oder auch einer „nationale[n] Einigkeit ins Ungemessene" (Adorno 1959, S. 563–564. Vgl. auch Lohl 2010, S. 23-25). Der Umstand, dass der Nationalsozialismus von außen zu Fall gebracht wurde, hinterließ eine tiefe narzisstische Kränkung: „Dieser kollektive Narzißmus ist durch den Zusammenbruch des Hitlerregimes aufs schwerste geschädigt worden" (Adorno 1959, S. 563). Diese Schädigung ereignete sich „im Bereich der bloßen Tatsächlichkeit", allerdings hätten sich die Betroffenen diese Tatsächlichkeit nie bewusst gemacht: „Das ist der sozialpsychologische Sinn der Rede von der unbewältigten Vergangenheit", so Adorno folgernd (Adorno 1959, S. 563). Dabei wird weiterhin vermutet, dass der kollektive Narzissmus der nationalsozialistischen deutschen Volksgemeinschaft zwar beschädigt, aber im Postnazismus offenbar nicht zerstört wurde: „Die Niederlage hat man genau so wenig ganz ratifiziert wie nach 1918" – was für Adorno die Vermutung nahelegt, dass die „schimärische Hoffnung" der Deutschen nach 1945 in einer ersehnten Heilung, Reparatur oder „Wiedergutwerdung" (vgl. Geisel 1984, s.o.) dieses beschädigten kollektiven Narzissmus bestehe (Adorno 1959, S. 564).

Die bundesrepublikanische Nachkriegsgeschichte auf TäterInnen- und MitläuferInnenseite sei laut Markus Brunner geprägt von einer durch Alexander und Margarete Mitscherlich diagnostizierten *Unfähigkeit zu trauern* (Mitscherlich/Mitscherlich 1987). Freud schreibt in seinem Aufsatz ‚Trauer und Melancholie': „Trauer ist regelmäßig die Reaktion auf den Verlust einer geliebten Person oder einer an ihre Stelle gerückten Abstraktion wie Vaterland, Freiheit, ein Ideal usw." (Freud 1946, S. 428–429). Die Trauerreaktion bestehe vornehmlich darin, die libidinösen Verknüpfungen an das vormals geliebte Objekt „unter großem Aufwand von Zeit und Besetzungsenergie" mit Symptomen wie Hemmung und Interesselosigkeit und unter Schmerzen abzubrechen und zu lösen (Freud 1946, S. 430–431). Nach dieser erfolgten und vor allem erfolgreichen Trauerarbeit werde das Ich wieder „frei und ungehemmt", frei von Symptomen sowie am Leben interessiert (Freud 1946, S. 430). Die Melancholie hingegen ist bei Freud gekennzeichnet durch eine starke Störung des Selbstgefühls, die bei der Trauerreaktion wegfalle (Freud 1946, S. 429): „Bei der Trauer ist die Welt arm und leer geworden, bei der Melancholie ist es das Ich selbst" (Freud 1946, S. 431). In der Melancholie unterscheide sich die Objektbeziehung dadurch von der in der Trauer, als dass sie auf narzisstischer Grundlage erfolgt, das heißt: „zum Ersatz der Liebesbeziehung [wird]", also ein „Ersatz der Objektliebe durch Identifizierung" (Freud 1946, S. 436). Der melancholische Mensch empfindet seine Welt als leer, unfreundlich und hoffnungslos, der trauernde Mensch empfindet ebenso, allerdings über die äußere Welt (vgl. Ohr 2009, S. 78). Gleichzeitig, und hier zeigt sich allerdings eine tiefe Ambivalenz der narzisstischen Melancholie, empfindet der/die MelancholikerIn auch tiefe Wut:

> Der Hass auf das enttäuschende Objekt geht Hand in Hand mit dem Hass auf das Selbst, welches das Objekt immer wieder aufs Neue verwunden muss, da es ihm dauernd neuen Anlass zu weiteren Enttäuschungsangriffen liefert. (Ohr 2009, S. 78)

„Der Nationalsozialismus", so Brunner, „gestatte es den ‚VolksgenossInnen' tatsächlich, in einer vorher nicht gekannten Weise Grandiositätsfantasien zu realisieren" (Brunner 2011, S. 16). Im Gegensatz zur postnazistischen Trauervermeidung der deutschen Gesellschaft (vgl. Mitscherlich/Mitscherlich 1987) spricht Brunner von einer Melancholievermeidung (Brunner 2011, S. 14).

4.3.2 Individuum, Gesellschaft, kollektives Gedächtnis

Worin bestehen nun die genauen Zusammenhänge zwischen traumatischen Ereignissen, den individuellen pathologischen Folgereaktionen darauf (auch über mehrere Generationen hinweg) und der Gesellschaft bzw. der Geschichte einer Gesellschaft? Nach Kühner sind in der (analytischen) Sozialpsychologie individuelle Phänomene wie Trauma immer sozial, so dass „die Grenze zwischen individuellen und sozialen Trauma-Phänomenen fließend [ist]" (Kühner 2008, S. 70). Und mit dieser Verwobenheit von Individuum und Gesellschaft, von individuellem Trauma und gesellschaftlicher Realität, ist die öffentliche Auseinandersetzung mit Fragen zu Anerkennung, Aufarbeitung, Schuld und Vergebung ein wichtiger Kernpunkt in der Auseinandersetzung mit den (Spät)Folgen individueller und kollektiver Traumata. Andererseits warnen Markus Brunner et.al. auch vor „der verbreiteten Tendenz einer mechanischen Anwendung angeblich feststehender psychoanalytischer Konzepte auf historische Personen und Konstellationen" – ferner sei „eine bruchlose Integration beider Wissenschaften [Psychoanalyse und Geschichtswissenschaft] nicht möglich" (Brunner et al. 2011, S. 9). Es sei allerdings möglich, einen Zusammenhang zwischen „gesellschaftlichen Einflüssen, ideologischen Prägungen und individuellen Psychodynamiken" aufzuzeigen (vgl. Brunner et al. 2011, S. 11). Diesen Zusammenhang verinnerlicht zeige sich, dass es in Gesellschaften eine „Aneignung kulturell angebotener Rationalisierungs- und Agierungsmuster zur Bewältigung intrasubjektiver Konflikte" gibt (Brunner et al. 2011, S. 11). Und es zeige sich, dass es hier „massenhafte Übereinstimmungen" darüber gebe, wie Subjekte mit den Konflikten einer Gesellschaft umgingen (Brunner et al. 2011, S. 11).

Friedländer sieht in der deutschen Geschichte nach 1945 viele Beispiele für eine Traumasymptomatik, die sich in gesellschaftlichen Prozessen manifestiere. So schreibt er beispielsweise über die historische Forschung über den Nationalsozialismus in den unmittelbaren Nachkriegsjahren: „Studies abound concerning the repression of the Nazi epoch in the German public sphere, including the early phases of history writing. Massive denial was blatant in the historical work of the late forties and fifties" (Friedländer 1993b, S. 124). Vor allem seien es jedoch Arten von Vermeidung und ein „splitting-off mechanism", die kennzeichnend für die geschichtswissenschaftliche Aufarbeitung der Nazizeit seien (Friedländer 1993b, S. 126). Am Beispiel israelischer Intellektueller zeigt Friedländer, dass es ein Schweigen gegenüber der Thematisierung der Judenvernichtung im Nationalsozialismus gab: „None of the most renowned Jewish historians of the postwar period elected to pursue the Shoah as a subject of their research" (Friedländer 1993b, S. 127).

„Geht man erneut von der (griechischen) Wortbedeutung aus", so Kühner, „dann sind kollektive Traumata ‚kollektive Verwundungen'" (Kühner 2008, S. 87). Dabei ist es offensichtlich, dass die Analogie zwischen individuellem Trauma und kollektivem Trauma sich nicht ohne weiteres ziehen lässt. „Eine Übertragung [individueller Traumaphänomene] auf die kollektive Ebene" gelinge nach Kühner daher „unterschiedlich gut" (Kühner 2008, S. 89). Kollektive Schamgefühle seien durchaus denkbar und wurden bereits von Freud im Begriff der ‚Gefühlsansteckung' in seinen Arbeiten zur Massenpsychologie theoretisiert (vgl. Kühner 2008, S. 89). Nicht zuletzt durch Begriffe wie ‚Trauma' oder auch anderen psychiatrischen Diagnosen und Klassifikationen wird in einem wie auch immer gefassten Kollektiv außerdem mehr oder weniger bewusst und unbewusst normativ festgelegt, welche Verhaltensweisen und Gefühle als ‚gesellschaftsfähig' gelten können und sollen – und welche demgegenüber als pathologisch oder deviant.

Kollektive Reaktionen auf kollektiv traumatische Erfahrungen sind also durchaus denkbar, auch wenn sie „einer völlig anderen Logik" als individuelle Reaktionen auf Traumata folgen (Kühner 2008, S. 111). Am Beispiel des 11. September 2001 gelingt es Kühner aufzuzeigen, dass „im Sinne massenhafter Traumatisierung von einem ‚kollektiven Trauma' gesprochen werden [kann]" (Kühner 2008, S. 112). Kühner betont allerdings auch, dass es ein weit verbreiteter Fehlschluss sei, die Begriffe ‚kollektives Trauma' und ‚kollektive Identität' synonym zu verwenden – kollektive Traumata können die kollektive Identität einer Gruppe beeinflussen, sind aber nicht mit ihr identisch. Dies zeigt sich deutlich in kollektiven identitätspolitischen Debatten über Erinnerungskulturen, Anerkennung und vereinzelt auch Instrumentalisierung kollektiver Traumata (vgl. Kühner 2008, S. 112).

Ein wichtiges Stichwort ist in diesem Zusammenhang das des kollektiven Gedächtnisses. Am ehesten wird es im deutschsprachigen Raum mit den Werken von Jan und Aleida Assmann assoziiert. Jan Assmanns *Das kulturelle Gedächtnis. Schrift, Erinnerung und politische Identität in frühen Hochkulturen* gilt als wegweisendes Werk in religionsgeschichtlicher und kulturwissenschaftlicher Gedächtnisforschung (Assmann 1992). Diskursbegründend für die kollektive Erinnerungsforschung insgesamt war allerdings eher das soziologische und philosophische Werk von Maurice Halbwachs (vgl. Moller 2010), und hier vor allem seine Arbeit *Das kollektive Gedächtnis* (im Original: *La Mémoire Collective*) (Halbwachs 1967). Dort schreibt Halbwachs:

> Aber unsere Erinnerungen bleiben kollektiv und werden uns von anderen Menschen ins Gedächtnis zurückgerufen – selbst dann, wenn es sich um Ereignisse handelt, die allein wir durchlebt und um Gegenstände, die allein wir gesehen haben. Das bedeutet, daß wir in Wirklichkeit niemals allein sind. Es ist nicht notwendig, daß andere Menschen anwesend sind, die sich materiell von uns unterscheiden: denn wir tragen stets eine Anzahl unverwechselbarer Personen mit und in uns. (Halbwachs 1967, S. 2)

Später spricht Halbwachs davon, dass Menschen einer Gruppe „im Gleichtakt schwingen", was auf eine Art kollektives Erinnerungsbewusstsein hindeuten soll: „Auf die eine oder andere Art bemüht sich jede soziale Gruppe, in ihren Mitgliedern eine ähnliche Überzeugung zu unterhalten" (Halbwachs 1967, S. 27). Laut Halbwachs fällt es uns dabei häufig schwer treffsicher differenzieren zu können, welche Erinnerungen wirklich unsere eigenen sind, und welche durch weitestgehend unbewusste Gruppenprozesse und -übertragungen an uns weitergegeben werden: „Wieviele Menschen haben genügend kritischen Sinn, um in dem, was sie denken, den Anteil der anderen zu unterscheiden und um sich selbst einzugestehen, daß sie meist nichts von sich aus dazu getan haben?" (Halbwachs 1967, S. 27). Dies sei ein sehr schwieriger Prozess, und häufig sei uns selbst gar nicht klar, in welchem Ausmaß wir durch unbewusste Überzeugungen Anderer beeinflusst sind: „So bleibt die Mehrzahl der sozialen Einflüsse, denen wir am häufigsten gehorchen, von uns unbemerkt" (Halbwachs 1967, S. 27).

Halbwachs' konstruktivistische und sozialdynamische Theorie ist deswegen gewinnbringend, weil sie zeige, wie Jureit und Schneider bemerken, dass „jedes Erinnern sozial gerahmt und damit stets gemeinschaftlich konstituiert ist" (Jureit/Schneider 2010, S. 55). Dabei ist es stetigen Veränderungsprozessen unterworfen, weil es als „sozial hervorgebracht" begriffen wird und sich dementsprechend verschiedenen sozialen Bezügen anpasst (Jureit/Schneider 2010, S. 57). So ergibt sich schließlich aus dem kollektiven Trauma eine kollektive Identität und ein kollektives Gedächtnis. Ljiljana Radonić und Heidemarie Uhl beschreiben diesen Prozess folgendermaßen:

> Konzepte einer kollektiven Identitätsvergewisserung [schöpfen] ihre Legitimation aus der Vergangenheit, durch die Berufung auf ein gemeinsames Trauma oder historisches und kulturelles Erbe. Erinnerung, Trauma und Erbe sind in (immer) heterogenen Gesellschaften wichtige Bezugspunkte nicht nur auf nationaler Ebene, sondern zunehmend auch in transnationalen Staatenverbänden wie der Europäischen Union. (Radonić/Uhl 2016, S. 8)

Die Frage, ob es so etwas wie ein kollektives Gedächtnis und eine kollektive Identität überhaupt geben kann, wird von Aleida Assmann in diesem Zusammenhang entschieden bejaht. So geht sie davon aus, dass jeder Mensch überall auf der Welt sich durch „gewählte Bindungen und gewachsene Zugehörigkeiten" als Teil einer Gemeinschaft sieht, und nicht lediglich als atomistisches Individuum (vgl. Assmann 2016, S. 30).

4.4 Hegemonialer Universalismus? Postkolonialtheoretische Überlegungen zum Traumabegriff

Zur Frage der globalen und universalen Gültigkeit des Traumabegriffs gibt es dabei allerdings unterschiedliche Auffassungen. In postkolonialer Theorie und Forschung wird der Traumabegriff spätestens seit Cathy Caruths kontrovers rezipierten Arbeiten zur Traumatheorie vor allem in der Literaturwissenschaft verwendet (vgl. Caruth 1996; Herman 1992. Zur (auch postkolonialen) Kritik an Caruth vgl. Brown 1995; Leys 2000). Die postkoloniale Literaturwissenschaft untersucht hier einen breiten Korpus postkolonialer literarischer sog. Trauma-Texte – einen ersten Überblick liefern bspw. die Ausgabe 40(1&2) der Zeitschrift *Studies in the Novel* aus dem Jahr 2008 mit dem Schwerpunkt zu *Postcolonial Trauma Novels*, weiterhin der von Abigail Ward herausgegebene Sammelband *Postcolonial Traumas: Memory, Narrative, Resistance* (2015) sowie Bryan Cheyettes *Diasporas of the Mind: Jewish and Postcolonial Writing and the Nightmare of History* (2013)

Gleichzeitig sind viele Arbeiten der postkolonialen Theorie generell damit befasst, die Nachwirkungen kolonialer Vergangenheit in verschiedenen Aspekten und Ausprägungen als traumatisch zu beschreiben. Ashcroft et.al. sehen in Fanons *Black Skin, White Masks* (1967) das erste Beispiel für die Thematisierung psychologischer Traumata in postkolonialen Debatten und Beiträgen (Ashcroft et al. 2000, S. 267). Das Werk befasse sich u.a. mit den psychologischen und existentiellen Bedrohungen und Leiden, die der Kolonialismus sowohl im Individuum als auch in ganzen Gesellschaften nachhaltig evoziere (Ashcroft et al. 2000, S. 267–268). Ein weiteres Beispiel ist Paul Gilroys *The Black Atlantic*, in dem die traumatische historische Erfahrung des transatlantischen Sklavenhandels der ‚Middle Passage' auf die globale afrikanische Diaspora untersucht wird.

Insgesamt, so Irene Visser, kritisiere die postkoloniale Theorie einerseits den Traumabegriff, andererseits die ICD-10 Klassifikation der posttraumatischen Belastungsstörung als ethnozentrisch und ‚westlich': Beide bezögen nicht-westliche Erklärungsmodelle traumatischen Leids nicht in ihr deskriptives Modell ein (Visser 2011, S. 272). Welche Erklärungsmodelle gemeint sind, wird nicht spezifiziert. Das Traumamodell wird in diesem Fall als universalistisch und damit auch als imperial-hegemonial kritisiert. Die Ablehnung universalistischer Vorstellungen und deren Klassifizierung als imperial, hegemonial und meist eurozentrisch ist in der postkolonialen Theorie verbreitet. So schreiben Ashcroft et. al.:

> [Universalism] is a crucial feature of imperial hegemony, because its assumption (or assertion) of a common humanity – its failure to acknowledge or value cultural difference – underlies the promulgation of imperial discourse [...]. (Ashcroft et al. 2000, S. 268)

Dass bestimmte kulturelle Wertevorstellungen und Eigenschaften im kolonialen Diskurs als universalistisch kommuniziert werden (bspw. der Wert bestimmter literarischer Werke) und damit hegemonial wirken, ist durchaus richtig – die Idee einer „common humanity", und damit auch Vorstellungen universalistischer Menschenrechte, als *per se* imperial oder hegemonial zu beschreiben, erscheint aber unverhältnismäßig und postmodern-antihumanistisch.

Postkoloniale bzw. postkolonialtheoretische Kritik am Traumabegriff wird also in verschiedenen Arbeiten ansatzweise thematisiert, ist allerdings bisher noch ein wenig bearbeitetes Forschungsfeld.[5] Ebenso wenig wird die Frage diskutiert, ob die Traumaforschung mit postkolonialen Studien kombiniert und jeweils ergänzt werden könne (vgl. Visser 2011, S. 270). Exemplarisch sei hier dennoch auf die Studie *Die Erfindung des Traumas – Verflochtene Geschichten* des Psychoanalytikers David Becker verwiesen (2006), in dem relativ ausführlich eine postkolonialtheoretisch inspirierte Kritik am Traumabegriff und am Konzept der posttraumatischen Belastungsstörung formuliert wird. Bereits der Untertitel insinuiert das Topos der Verflechtung, welches ich im Verlauf dieser Arbeit bereits mehrfach diskutiert und dargestellt habe. Tatsächlich fokussiert

---

5 Jedenfalls sind mir bei meinen Recherchen keine Arbeiten bekannt geworden, die sich ausschließlich, explizit, systematisch und umfassend mit einer postkolonialen Kritik am Traumabegriff befassen.

Becker auf den Begriff der Verflechtung, allerdings nicht in Anlehnung an Randeria (s.o.), sondern hauptsächlich an dessen Verwendung in Edward Saids Studie *Culture and Imperialism* (1994). Bereits im Vorwort weist Becker darauf hin, dass er den Traumabegriff als eine Art rücksichtslosen Kampfbegriff versteht: die Traumaforschung sei „nur ein neues Teilgebiet, das oft mehr Verwirrung als Hilfe gebracht hat und den Betroffenen [in Kriegs- und Krisengebieten] imperialistisch und kulturverleugnend übergestülpt wird" (Becker 2006). Der Begriff ignoriere bzw. verschleiere sozialpolitische und intrapsychische Dimensionen und Prozesse der von Trauma betroffenen (Becker 2006, S. 9–10) und bedürfe einer postkolonialen Neubetrachtung (Becker 2006, S. 11).

Was genau meint Becker damit? Warum ist der Traumabegriff, wie ich ihn oben skizziert habe, für ihn nicht nur wissenschaftlich problematisch und unscharf, sondern auch politisch bedenklich? Für Becker gehört der Traumabegriff nicht abgeschafft, vielmehr müsse er erweitert und modifiziert werden, da im Trauma keine universalistische Begrifflichkeit erkennbar sei. Vielmehr argumentiert Becker in Ansätzen explizit kulturrelativistisch, da er davon ausgeht, dass Trauma „nicht global zu definieren ist, sondern nur in Bezug auf bestimmte Kontexte" (Becker 2006, S. 178). Eine absolute und universelle Traumadefinition wird von Becker abgelehnt, alle Versuche in diese Richtung nennt er „nicht nur nutzlos, sondern auch schädlich und verlogen" (Becker 2006, S. 179), da sie die individuellen Kontexte von Trauma ignoriere. Angelehnt an die Studien Hans Keilsons über Traumatisierungen jüdischer Kriegswaisen in den Niederlanden (2005) schlägt Becker vielmehr vor, die durch die PTSD-Definition in seiner Lesart sehr enge Auslegung von Trauma durch ein Modell des sequentiellen Traumas zu ergänzen (vgl. Becker 2006, S. 188–189). Dieses sei vor allem dadurch gekennzeichnet, dass es Trauma nicht als „Ereignisse" versteht, die „Konsequenz[en]" haben, so dass nicht nur die Schwere des/der auslösenden Ereignisse(s) für das Verständnis eines Traumas relevant wäre, sondern ebenfalls und insbesondere deren anschließende gesamtgesellschaftliche soziale und kulturelle Ver- und Bearbeitung. Als Beispiel nennt Becker einen Vietnamkriegsveteranen, der nicht nur durch die Kriegserlebnisse traumatisiert sei, sondern durch die anschließende Isolation in der bzw. die defizitäre Reintegration in die Gesellschaft sich diese Traumatisierung noch verstärke (Becker 2006, S. 188–189). Das Konzept sequentieller Traumata illustriere, so Becker, dass Trauma sich in unterschiedlichen geopolitischen Kontexten qualitativ und quantitativ unterscheide und damit die Rigidität des PTSD-Komplexes auflöse (Becker 2006, S. 188–189).

Mittels dieser Konzeption versteht Becker seine eigenen Ausführungen gewissermaßen als postkoloniale Intervention in die Traumaforschung. Anhand seiner eigenen empirischen Feld- und Forschungsarbeiten in Lateinamerika will er aufzeigen, dass sich das Konzept der PTSD nur bedingt als universell gültig erweise, da es bestimmte lokale Spezifika (kulturell, sozial, familiär) nicht in Betracht ziehe. Das Konzept nennt er „zerstörerisch" (Becker 2006, S. 185), da es zu breit sei, um Traumata umfassend zu verstehen: Für die Diagnose PTSD sei es „nicht von Bedeutung, ob wir in Belfast, Santiago de Chile oder in Auschwitz sind, ob das Trauma Folge von Folter, eines Autounfalls oder eines Herzinfarktes ist" (Becker 2006, S. 185). Innerhalb der diagnostischen Rahmenbedingungen der PTSD würde nur das psychische, nicht aber das soziale Leid der Opfer anerkannt (Becker 2006, S. 185). Obschon Becker mit seinen Ausführungen sicherlich wichtige Themen und Kritikpunkte an der Diagnose der PTSD anspricht: Ob dieses Urteil in seiner Ausschließlichkeit innerhalb der psychotherapeutischen Traumaarbeit tatsächlich zutreffend ist, muss an dieser Stelle offenbleiben. Fest steht, und hier ist ihm zuzustimmen, dass die PTSD vor allem eine pragmatische medizinische, psychologische und psychiatrische Diagnose darstellt, in deren Kriterien historische, politische, kulturelle und soziale Faktoren wenige bis gar keine Bedingungen sind.

So oder so: Anlässlich dieser Zustandsbeschreibung der Traumatheorie möchte Becker „den Versuch wagen, mit Saids verflochtenen Geschichten als Rahmenkonzeption über das Verhältnis von Psychoanalyse und Politik und spezifisch die Entwicklung der Traumatheorie nachzudenken" (Becker 2006, S. 216–217). Als „Produkt von Empire" (Becker 2006, S. 217) und „der Aufklärung verpflichtet" (Becker 2006, S. 218) aufgefasst, habe sich die Psychoanalyse als Therapieform in der Nachkriegszeit nur unzureichend mit sozialen und politischen Konflikten auseinandergesetzt. Für psychosoziale Arbeit, welche Becker in einer Welt der „postkolonialen Realitäten" (Becker 2006, S. 262) als eines der „letzten großen imperialen Kulturprojekte" (Becker 2006, S. 263) beschreibt, sei weder die aktuelle psychoanalytische Therapie noch die Diagnose der PTSD adäquat in der Lage. Hier schließt er an Said an, der eine enge Verbindung von Kultur und Imperialismus postuliert. Mittels Saids Idee der globalen Verflochtenheit von Geschichten und Kulturen könne, so Becker, auch die tendenziell als neokolonial und kulturimperialistisch beschriebene westliche Entwicklungspolitik kritisiert werden. Es bleibt an dieser Stelle allerdings festzuhalten, dass viele Fragen offenbleiben und im Rahmen dieser Arbeit nicht geklärt werden können – bspw. Fragen zur universellen Gültigkeit des Traumamodells und ob es tatsächlich in unterschiedlichen globalen Kontexten relational unterschiedliche Arten von psychischen Traumata gibt.

4.5 Multidirektionales Erinnern: Singularität und Globalität?

Bisher ist in diesem Kapitel aufgezeigt worden, wie von einer Traumatheorie zu einer Theorie der kollektiven Erinnerung gelangt werden kann. Es ist allerdings auch, wie vor allem in den Ausführungen Messerschmidts illustriert wurde, deutlich geworden, dass offene Fragen zur Gleichzeitigkeit von mindestens zwei kollektiven Erinnerungskulturen bestehen. Im Rahmen dieser Arbeit sind dies die postkoloniale und postnazistische bzw. post-Holocaust Erinnerungskultur in der BRD. An dieser Stelle und in diesem Zusammenhang soll auf den Forschungsansatz Michael Rothbergs zur Multidirektionalität von Erinnerungskulturen verwiesen werden. Er ist für die Debatte um individuelles und kollektives Gedächtnis, Trauma und erinnerungspolitische Aspekte von großer Relevanz. Im Folgenden sollen die zentralen und für meine Arbeit relevanten Annahmen von Rothbergs Studie kritisch rekonstruiert und diskutiert werden. Zunächst soll allerdings einführend noch illustriert werden, in welchem thematischen Spannungsfeld sich Rothbergs Studie bewegt, nämlich dem der „Erinnerung im globalen Zeitalter" (Levy/Sznaider 2007).

4.5.1 Globales Erinnern

Im erinnerungskulturellen Diskurs hat in den vergangenen Jahren ein Prozess stattgefunden, der in bestimmten Aspekten analog zu geschichtswissenschaftlichen fachlichen Weiterentwicklungen steht. Es geht dabei im Kern um Fragen, die den Gegenstand des Erinnerns selbst betreffen, und wie bereits in der Geschichtswissenschaft beschäftigt sich auch die Erinnerungskultur mit der Frage, wie sich in Zeiten zunehmender Globalisierungs- und internationaler Vernetzungsprozesse von Erinnerungskultur sprechen lässt. „In the last decade", schreiben in diesem Zusammenhang Aleida Assmann und Sebastian Conrad, „the field of memory has been dramatically reconfigured. Under the impact of globalizing processes, both the spaces of memory and the composition of memory communities have been redefined" (Assmann/Conrad 2010, S. 1). Damit meinen sie vor allem, dass sich die akademischen und außerakademischen Diskurse und Entwicklungen zu Globalisierung und Transnationalität auch auf Diskussionen zur Erinnerung ausgewirkt haben: „It is in this global arena that memory activists currently vie for worldwide resonance for their claims, agendas and values", schreiben sie diesbezüglich (Assmann/Conrad 2010, S. 4). Gruppen kämpfen für die Anerkennung ihrer eigenen Leidensnarrative und beklagen vermehrt deren bisher ausgebliebene akademische und politische Beachtung.

Es überrascht nicht, dass eine zunehmende Internationalisierung und Globalisierung von Erinnerungsdiskursen zu Konflikten um Anerkennung und/oder Aufrechnung oder Kritik an bestehender Erinnerungspraxis führt. In den Worten von Assmann und Conrad heißt es hierzu: „With the attention of a global audience and its growing moral consciousness, the arena for public acts of commemoration have been widened" (Assmann/Conrad 2010, S. 5). Ein Beispiel für einen solchen Konflikt ist sicherlich der bundesrepublikanische Diskurs über die koloniale Vergangenheit Deutschlands, die erst seit einigen Jahren und beeinflusst durch vor allem postkoloniale Initiativen und politischen AkteurInnen verstärkt ins öffentliche Bewusstsein gerät (s.o.). Ein weiteres Beispiel ist die Aufarbeitung der haitianischen Revolution, deren Marginalisierung in der Geschichtsschreibung von Michel-Rolph Trouillot ausgiebig behandelt worden ist (vgl. Trouillot 1995).

Eine transnationale Perspektive auf die Geschichte einzelner Nationen zeigt, dass sich die Idee einer in Raum und Zeit abgeschlossenen und autarken Entität nicht aufrechterhalten lässt, sondern dass vielmehr ein komplexes Set von Wechselwirkungen verschiedenster geographischer und geopolitischer Räume angenommen werden muss. Dies wird u.a. mit dem Begriff des ‚entanglement', also der Verflechtung, zur Sprache gebracht. Assmann und Conrad schreiben hierzu: „The various forms of transnational communication and exchange, and the structures of global interaction more generally, have fundamentally altered the conditions of memory production across the globe" (Ass-Assmann/Conrad 2010, S. 5). Die Frage, wie sich diese Auseinandersetzung auf erinnerungspolitischer Ebene niederschlägt, ist auch eine, die von den beiden AutorInnen aufgegriffen wird. Daneben werfen sie auch die folgenden Fragen auf:

> In what ways has the globalizing process impacted on the agency of memory activists, on the constitution of memory coalitions and on the structures of debate? Is there an inbuilt tension between memory as a distinctive and divisive force on the one hand, and of memory with its expanding and integrating tendencies on the other? Are transnational connections prone to level national differences, or does memory serve to foster particularist identities in the face of the challenges of globalization? Is memory in a global age equivalent to global memory? (Assmann/Conrad 2010, S. 6–7)

In ihres Studie *Erinnerung im globalen Zeitalter: Der Holocaust* schreiben die Autoren Daniel Levy und Natan Sznaider, dass es im Zeitalter der Globalisierung zu einem Spannungsverhältnis zwischen kollektiven Gedächtnissen bzw. kollektiven Erinnerungen und der „Möglichkeit globaler Kulturen" komme (Levy/Sznaider 2007, S. 19). Sie versuchen zu erörtern, welche „politischen und kulturellen Formationen [...] kollektive Erinnerungen im Zeitalter der Globalisierung ausmachen" (Levy/Sznaider 2007, S. 20). Der Holocaust nimmt für die Autoren dabei die Rolle eines „Schlüsselereignis[ses]" ein, dessen erinnerungskulturelle Relevanz sich nicht nur aus der „Enormität des Ereignisses" erklärt (Levy/Sznaider 2007, S. 20). Vielmehr stellen sie fest, dass der Holocaust im Globalisierungsdiskurs zum universalistischen „Allgemeingut" werde: er „erlaubt es den Menschen, in den verschiedensten Ländern sich mit ihm auf unterschiedlichste Weise auseinanderzusetzen" (Levy/Sznaider 2007, S. 23). Dies führe dazu, dass sich kollektive Erinnerungen „entorten" (Levy/Sznaider 2007, S. 29) und neu konstituieren: Der Holocaust erhalte den Status eines „moralischen Maßstab[s] der Unterscheidung zwischen gut und böse [...] an welchem humanistische und universalistische Ansprüche gemessen werden" (Levy/Sznaider 2007, S. 21). An diesem „globalen kulturellen Horizont" könnten sich dann auch historisch und politisch nicht direkt mit dem Holocaust in Verbindung stehende Gruppen identifizieren (Livnat 2007). Denn dies war nunmehr möglich: Der Holocaust sei politisch „in eine weltweit verständliche Chiffre für jedwede Form der Verletzung von Menschenrechten verwandelt worden" (Eckel/Moisel 2008, S. 18).

4.5.2 Grenzen der Erinnerungen: Multidirektionalität, Singularität und Kompetitivität bei Rothberg

Michael Rothbergs Studie *Multidirectional Memory* nimmt in dieser Diskussion einen neuartigen Standpunkt ein. Nicht nur versucht sie, explizit globale Fragestellungen zu Erinnerungskulturen nach 1945 zu diskutieren. Ziel sei es außerdem, Lösungen für ein Problem zu finden, das Rothberg folgendermaßen formuliert: „How is it possible to remember the specifities of one history without silencing those of another?" (Rothberg 2009, S. 37). Dieses Problem sei für Rothberg konstitutiv für aktuelle Erinnerungsdebatten – und dies speziell im Fall der Holocausterinnerung, die für Rothberg paradigmatisch für ein „silencing" von anderen Erinnerungen stehe. Rothbergs Argumentation und Problemstellung soll im Folgenden dargestellt werden.

Rothberg leitet seine Studie mit einem Zitat aus einem im Journal *American Literary History* erschienenen Artikel Walter Benn Michaels ein, an dem er das Kernproblem der Erinnerungskulturen aktueller multikulturellen Gesellschaften illustrieren möchte. In besagtem Zitat wirft Michaels die Frage auf, warum es in den Vereinigten Staaten zwar ein Holocaust Memorial Museum (in Washington, D.C.) gebe, allerdings kein Museum über die Erinnerung an die Geschichte der amerikanischen Sklaverei.[6] Michaels zitiert in seinem Text eine Rede aus dem Jahr 1994 von Khalid Muhammad, ein antisemitischer und rassistischer Funktionär der nicht weniger rassistischen und antisemitischen ‚Nation of Islam'-Bewegung. In seiner Rede leugnet Muhammad nicht nur den Holocaust, sondern beteuert darüber hinaus: „The black holocaust was 100-times worse than the so-called Jew-Holocaust. You say you lost six million. We question that, but [...] we lost 600 million" (Michaels 2006, S. 289–90. Zitiert bei Rothberg 2009, S. 1–2). Nicht nur bezweifelt Muhammad darin die wissenschaftlich akzeptierten Opferzahlen der Holocaustforschung, er misst der Geschichte der Sklaverei qualitativ und quantitativ einen höheren Grad an Grausamkeit bei als dem Holocaust. Für Michaels ist dieses Zitat bemerkenswert:

> The force of these [Muhammad's] remarks consists not in the absurd Holocaust denial but in the point – made precisely by his visit to the Holocaust Museum – that commemoration of the Nazi murder of the Jews on the Mall was in fact another kind of Holocaust denial. Why should what the Germans did to the Jews be treated as a crucial event in American history, especially when, given the absence of any commemoration of American racism on the Mall, what Americans did to Black people is not? (Michaels 2006, S. 289–90.)

Wenn die Sklaverei wie bei Muhammad als „black holocaust" beschrieben wird, dann wäre die Verdrängung und Leugnung dieses Ereignisses ebenfalls ein Fall von Holocaustleugnung. Rothberg möchte mittels dieses Textbeispiels die Kernthematik seines Buches illustrieren: „In this passage Michaels takes up one of the most agonizing problems of contemporary multicultural societies: how to think about the relationship between different social groups' histories of victimization" (Rothberg 2009, S. 2). Michaels spricht davon, dass die US-amerikanische Erinnerung an den Holocaust eine weitere Art von Holocaustleugnung sei, nämlich des „black holocaust". Das wäre, wenn ernst gemeint, zunächst selbstverständlich ein klarer Fall von Holocaustrelativierung.[7] Unabhängig davon liegt Michaels mit seiner nachfolgenden Beobachtung allerdings ja durchaus richtig: Es erscheint verwunderlich, warum in den USA zwar ein global bedeutsames Holocaustmuseum steht, aber das auf amerikanischem Boden durch US-BürgerInnen verübte historische Massenverbrechen der Sklaverei nicht derart institutionalisiert erinnert wird (jedenfalls zum Zeitpunkt von Michaels' und Rothbergs Texten). Und so könnte geschlussfolgert werden, dass eine politische Fokussierung auf nur ein Verbrechen die Erinnerung an ein anderes versperre.

---

6 Seit 2016 gibt es ein solches Museum an der Washingtoner National Mall: Das Smithsonian *National Museum of African American History and Culture*.
7 Es ist nicht gänzlich ersichtlich, ob Michaels Muhammads Begriff des „black holocaust" hier affirmativ übernimmt. Zuvor nennt Michaels Muhammad noch einen „notorious black racist" und nennt seine Holocaustleugnung „absurd" (Michaels 2006, S. 289), problematisiert allerdings nicht explizit den Begriff des „black holocaust".

An dieser Stelle setzt Rothbergs Argumentation an: Wenn sowohl Muhammad als auch Michaels davon ausgehen, dass die US-amerikanische Holocaust-Erinnerungskultur den Blick auf die Geschichte der Sklaverei versperre, dann benutzten sie den Diskurs der Holocausterinnerung, um auf die Geschichte der Sklaverei aufmerksam zu machen: „they actually use the presence of widespread Holocaust consciousness to articulate a vision of American racism past and present" (Rothberg 2009, S. 3). Und dies sei das, was seine Theorie der multidirektionalen Erinnerung kennzeichne: „This interaction of different historical memories illustrates the productive, intercultural dynamic that I call multidirectional memory" (Rothberg 2009, S. 3).

Was genau ist also mit diesem Konzept gemeint? Laut Rothberg ist die Theorie multidirektionaler Erinnerungen dazu geeignet, in der bisherigen ‚Nullsummen-Logik', die er in einem Framework von so genannter *„competitive memory"* (Rothberg 2009, S. 3; Hervorhebung im Original) erkennt, einen Perspektivenwechsel für kollektive Erinnerungskulturen einzuleiten. Mit ‚Nullsummen-Logik' ist bei Rothberg also gemeint, dass multiple Erinnerungskulturen in einer Gesellschaft in ein Machtspiel um Dominanz und Alleinherrschaft verwickelt sind: Die eine Erinnerungskultur sei in der Lage, die andere ‚auszustechen' und damit zu marginalisieren.

Die Implikationen einer solchen Logik seien fatal. In einer direkten Replik an Michaels geht Rothberg an anderer Stelle näher auf den Umstand ein, warum eine moderne, globalisierte Erinnerungskultur nicht darauf ausgerichtet sein sollte, dass bestimmte Erinnerungen durch den Fokus auf andere bestimmte Erinnerungen aus einem kollektiven Gedächtnis ausgeschlossen werden. Rothberg ist der Ansicht, dass innerhalb der Logik konkurrierender und kompetitiver Erinnerungen durch das Erinnern an Ereignis A automatisch das Erinnern an Ereignis B ausgeschlossen sei: „Michaels states quite directly that remembering the Holocaust [...] entails *not* remembering slavery or the genocide of Native Americans" (Rothberg 2006, S. 307; Hervorhebung im Original). Rothberg setzt allerdings auf ein grundlegend anderes Verständnis von simultanen Erinnerungskulturen, die nicht in Konkurrenz zueinander, sondern gleichberechtigt und simultan nebeneinanderstehen.

Dieses Verständnis hebe sich, so Rothbergs Selbsteinschätzung, einigermaßen radikal von aktuellen Diskussionen um kollektive Erinnerungskultur und Gruppenidentität ab (vgl. Rothberg 2009, S. 5). Diese kontrastiert er anhand einer Illustration der Aushandlungen von kollektiven Erinnerungen mehrerer Gruppen innerhalb des öffentlichen Raumes einer Gesellschaft. Etwas archaisch beschreibt er das Wesen dieser Aushandlungen im Rahmen kompetitiver Erinnerungskultur als „life-and-death struggle": Jede soziale Gruppe in einer Gesellschaft kämpfe um die Anerkennung der eigenen Erinnerungskultur, und, nahezu Hobbesianisch, stünden alle Gruppen in diesem Zustand auch in Konkurrenz um Leben und Tod zueinander (Rothberg 2009, S. 5). Dies sei eines der zentralen Kennzeichen des Modells kompetitiver Erinnerungen.

Ein zweites, damit direkt verknüpftes Merkmal, betrifft die Frage, in welchem Verhältnis kollektive Erinnerung und kollektive Identität zueinanderstehen. Laut Rothberg sei es kennzeichnend für kompetitive Erinnerungskultur, dass ein sehr enges Verhältnis zwischen diesen beiden Faktoren bestehe bzw. sie prinzipiell und theoretisch untrennbar voneinander seien. „[T]he boundaries of memory parallel the boundaries of group identity", schreibt Rothberg hierzu, und fügt hinzu, dass im Modell der kompetitiven Erinnerungen im Kampf um die eigene Erinnerung und Identität notwendigerweise die Erinnerung und Identität Anderer (Individuen; Gruppen) ausgeschlossen würden: „As I struggle to achieve recognition of *my* memories and *my* identity, I necessarily exclude the memories and identities of others" (Rothberg 2009, S. 5; Hervorhebung im Original).

Beiden dieser Merkmale stellt Rothberg sein Konzept multidirektionaler im Sinne von explizit *nicht-kompetitiver* Erinnerungskultur gegenüber. Doch einige Fragen bleiben an dieser Stelle vorerst offen: Ist das Modell nicht-kompetitiver Erinnerung überzeugend? Werden kollektive Erinnerungen tatsächlich gegeneinander ausgespielt und bestimmte ‚memories' damit notwendigerweise marginalisiert, wie Rothberg es mit Michaels diagnostiziert? Ist das eine akkurate Ist-Zustands-Beschreibung? Zunächst soll allerdings genauer rekonstruiert werden, wie Rothberg die beiden Modelle, also kompetitive und nicht-kompetitive / multidirektionale Erinnerungskultur beschreibt und kontrastiert.

4.5.3 Singularität als Hindernis?

Rothberg schreibt der globalen Holocaust-Erinnerung einen besonderen Status zu, der sie quantitativ von Erinnerungskulturen an weitere historische Ereignisse unterscheide. Es gebe wahrscheinlich kein anderes Ereignis, bei dem der Kampf um Anerkennung der Erinnerung in einer solchen gleichzeitig verdichteten und globalen Art und Weise vorliege (Rothberg 2009, S. 6). Er geht im Weiteren davon aus, dass die globale Verbreitung des Holocaust-Erinnerns eben nicht, wie es im Modell der kompetitiven Erinnerungskulturen suggeriert wird, andere historische Erinnerungskulturen verdränge, sondern eher sichtbar mache: „[...] far from blocking other historical memories from view in a comparative struggle for recognition, the emergence of Holocaust memory on a global scale has contributed to the articulation of other histories" (Rothberg 2009, S. 6). Beispiele für solche „other histories" sind für Rothberg sowohl solche, die sich zeitlich vor dem Holocaust ereigneten, wie z.B. „slavery", aber auch solche, die nach dem Holocaust geschahen, wie der „Algerian War of Independence" (Rothberg 2009, S. 6). Außerdem behauptet Rothberg, dass die ersten Artikulationen von Holocaust-Gedenken sich in der unmittelbaren Nachkriegszeit formierten und bereits damals in bestimmter Verbindung zu Prozessen der Dekolonisierung standen – „[a] more surprising and seldom acknowledged fact", wie Rothberg zu verstehen gibt (Rothberg 2009, S. 7).

Der Status des ‚Besonderen', den Rothberg der Holocaust-Erinnerung zuspricht, bezieht sich bei ihm nach eigenen Angaben ausschließlich auf die Erinnerungspolitik und -kultur, und explizit nicht auf das Ereignis des Holocausts selbst. Dennoch setzt er sich auch kritisch mit der Singularitätsthese des Holocausts auseinander, da sie für ihn untrennbar mit der These der Einzigartigkeit einer Erinnerungskultur verbunden ist. So schreibt er beispielsweise:

> One of the major stumbling blocks to a recognition of the interactions that take place among collective memories is the belief that one's own history, culture, and identity are ‚a separate and unique thing', to adopt a phrase that W.E.B. DuBois uses critically [...]. (Rothberg 2009, S. 7)

Rothberg sieht also in der Behauptung, kollektive Erinnerungen allgemein, und die kollektive Erinnerung an den Holocaust im Besonderen, seien „separate and unique", ein Hindernis in globalen Interaktionen von Erinnerungskulturen – und damit also auch offenbar als Hindernis gegenüber seinem Modell multidirektionaler Erinnerungskulturen. „Separate" und „unique" sind selbstverständlich nicht synonym, und Rothberg sieht das auch: So stellt er fest, dass es eine irrige und wenig hilfreiche Ansicht sei, dass der Holocaust gewissermaßen völlig losgelöst von der Geschichte sei, also ein „sui generis" Ereignis, das die Geschichte damit transzendiere (vgl. Rothberg 2009, S. 8). Damit hat er sicherlich Recht: Selbstverständlich stehen Nationalsozialismus und Holocaust nicht völlig außerhalb ‚der' Geschichte – die Implikationen einer solchen Einschätzung wären nicht nur, dass sie nicht wissenschaftlich ist, sondern dass sie beide Ereignisse damit ins quasi-Mystische, Religiöse assoziiere. Damit ist es einer umfassenden Aufarbeitung des Holocausts nicht getan, und außerdem bedeutet das auch nicht, dass ein Ereignis nur „separate" und „unique" gleichzeitig sein kann.

Diese Option scheint für Rothberg allerdings nicht denkbar zu sein. Er argumentiert vielmehr, dass die Singularitätsthese nur in diesem Sinne (geschichtstranszendierend und beispiellos) zu verstehen ist und zitiert exemplarisch auch ausschließlich Autoren, die in seiner Lesart ein solches Verständnis vertreten (hier: Eli Wiesel, Claude Lanzmann, Steve Katz, vgl. Rothberg 2009, S. 8).[8] Dies wird deutlich, wenn Rothberg dieser Vorstellung folgende Beobachtung entgegenhält:

> At the same time that this understanding of the Nazi genocide emerged, and in direct response to it, intellectuals interested in indigenous, minority, and colonial histories challenged the uniqueness of the Holocaust and fostered research into other histories of extreme violence, ethnic cleansing, and genocide. (Rothberg 2009, S. 8)

Die „intellectuals", die Rothberg hier insinuiert, werden nicht explizit genannt. Im weiteren Verlauf seines Werkes bezieht er sich allerdings schwerpunktmäßig auf Aimé Césaire, Hannah Arendt und W.E.B. DuBois, und es ist zu vermuten, dass auch hier auf diese AutorInnen angespielt wird. Damit läge Rothberg allerdings zumindest historisch falsch: Wiesel, Lanzmann und Katz formulierten ihre Thesen der Holocaustsingularität erst ab den 1970er Jahren, während Césaire, Arendt und DuBois ihre Theorien eben nicht „at the same time", sondern bereits weit früher, nämlich in den 1940er Jahren, entwickelten. Von einer Art ‚hegemonialen' Prävalenz der Holocaustsingularitätsthese in der direkten Nachkriegszeit auszugehen, gegen die sich antikoloniale Intellektuelle wandten, erscheint daher nicht unbedingt treffend. Irritierend erscheint auch die Feststellung Rothbergs, dass die Singularitätsthese des Holocausts und das Hinweisen auf dessen historische Spezifik nur und ausschließlich deswegen formuliert wurden, um das weit verbreitete Schweigen bzw. die große Latenzphase zwischen Ereignis und Aufarbeitung zu überwinden und zu thematisieren: „[...] in the first postwar decades, there was a necessity to assertions of the Holocaust's specificity" (Rothberg 2009, S. 8) – fast schon so, als seien die Spezifika des Holocausts nur aus strukturell-historischen Gründen erklär- und begründbar, und nicht aus der Tat selbst heraus.

Wie auch immer: Rothberg sieht im Singularitätsdiskurs hauptsächlich moralische und politische Gefahren, da die Annahme der Singularität eines historischen Ereignisses eine Leidenshierarchie konstruiere (Rothberg 2009, S. 9).

---

8 Wie in Kapitel 2.3 gezeigt worden ist, rezipiert Rothberg Katz damit falsch, da Katz selbst sich gegen eine solche Singularitätsthese des Holocausts aussprach. Auch Rothbergs Verweis auf Claude Lanzmann erscheint hier verwunderlich, da Lanzmann eigentlich eben nicht für ein solches Verständnis von Singularität eintritt, sondern für eines, welches eventuell sogar Rothbergs Herangehensweise entspricht. Lanzmann: „Zu sagen, daß der Holocaust einzigartig ist und unvergleichlich, bedeutet nicht, daß er eine Verirrung darstellt, die sich allem intellektuellen und begrifflichen Verstehen entzieht, weil sie außerhalb der Geschichte fällt und ihr die Würde abzusprechen ist, ein historisches Ereignis zu sein. Im Gegenteil, wir betrachten den Holocaust als ein vollkommen historisches Ereignis, als das legitime, wenn auch monströse Produkt der Gesamtgeschichte der westlichen Welt" (Lanzmann 1979, S. 137–138. Zitiert in Übersetzung aus dem Englischen von Matthias Heyl nach Milchman/Rosenberg 1995, S. 168).

Auch der Vergleich des Holocausts mit anderen historischen Ereignissen werde im Singularitätsdiskurs gewissenhaft und unverdrossen (im Original: „assiduously") zurückgewiesen (Rothberg 2009, S. 9). Kritisch äußert er sich in diesem Zusammenhang über Deborah E. Lipstadt, die, so Rothberg, in ihrer wegweisenden Studie über Holocaustleugnung *Denying the Holocaust* (1993) annimmt, dass es Verbindungen zwischen einerseits Holocaustleugnung und andererseits Holocaustrelativierung durch Vergleich und Analogie gebe. Rothberg schreibt wörtlich: „[Lipstadt] suggests links between those who relativize the Holocaust through comparison and analogy and those who deny its very existence" (Rothberg 2009, S. 9).

Rothberg ist mit so einer Sichtweise nicht einverstanden. Allerdings übersieht er hierbei, dass Lipstadt explizit von *Relativierung* durch Vergleich und Analogie spricht, und nicht von Vergleich *per se*. Wie bereits oben angemerkt hat Yehuda Bauer darauf hingewiesen, dass Singularität selbstverständlich nur durch Vergleich festgestellt werden kann. Ob durch einen Vergleich ein Gegenstand an einem anderen relativiert wird, ist eine andere Frage. Rothberg vermutet aber, dass im Singularitätsdiskurs der Vergleich des Holocausts mit anderen Ereignissen ausnahmslos unerwünscht oder gar tabuisiert sei (vgl. allgemein auch Kapitel 3.1.4. dieser Arbeit). Offenkundig entspricht das aber nicht der Realität.

Dass Holocaustrelativierung tatsächlich ein Problem ist, gibt Rothberg zwar zu, allerdings hat er hier eigene Vorstellungen, wer am häufigsten hinter einer solchen Relativierung stünde:

> Relativization and banalization of the Holocaust do take place, although perhaps more frequently at the hands of a culture industry that seeks to exploit its currency than among marginal or oppositional intellectuals and activists. (Rothberg 2009, S. 10)

Welche „oppositional intellectuals and activists" Rothberg genau meint, führt er nicht aus, auch wenn es vermutlich erneut Césaire, Fanon und Arendt sind. Fest steht, dass die Singularitätsthese des Holocausts für Rothberg für die globale Erinnerung hinderlich sein kann : „[...] undue stress on the singularity of the Holocaust at the expense of its similarities with other events can block recognition of past as well as present genocides" (Rothberg 2009, S. 10). Multidirektionale Erinnerungskultur ist gewissermaßen also Rothbergs Vorschlag, um diesem Umstand Abhilfe zu schaffen.

4.5.4 Der Holocaust als Deckerinnerung? Multidirektionalität und Leidenshierarchien

Ein wichtiger Bezugspunkt für Rothbergs Theorie der multidirektionalen Erinnerungskultur als Alternative zur ‚Nullsummen-Logik' des kompetitiven Erinnerungsmodells ist Freuds Konzept der Deckerinnerungen, welches er in seinem Aufsatz ‚Über Deckerinnerungen' (1952) sowie weiterführend im Kapitel ‚Über Kindheits- und Deckerinnerungen' in seiner Schrift *Zur Psychopathologie des Alltagslebens* (1941) erörtert. Eine Deckerinnerung ist für Freud gewissermaßen ein „Ersatz" für eine andere:

> Ich bin von der auffälligen Tatsache ausgegangen, daß die frühesten Kindheitserinnerungen einer Person häufig bewahrt zu haben scheinen, was gleichgültig und nebensächlich ist, während von wichtigen, eindrucksvollen und affektreichen Eindrücken dieser Zeit (häufig, gewiß nicht allgemein!) sich im Gedächtnis der Erwachsenen keine Spur vorfindet. (Freud 1941, S. 51)

Ferner spricht Freud von einem „Fehlgehen des Erinnerns", in dem nicht das erinnert würde, was eigentlich erinnert werden ‚sollte' (Freud 1941, S. 53) – ein charakteristisches Merkmal von frühen Kindheitserinnerungen, welches den allgemeinen Erfahrungen der erwachsenen Erinnerungspsychologie widerspreche (Freud 1952, S. 534). Bedeutsam sei hierbei, dass dieses Fehlgehen aber nicht völlig wahllos und zufällig operiere. Vielmehr müsse man von der „Einmengung eines parteiischen Faktors, einer Tendenz" ausgehen, „welche die eine Erinnerung begünstigt, während sie einer anderen entgegenzuarbeiten bemüht ist" (Freud 1941, S. 54). Warum wird aber „das Bedeutsame unterdrückt, das Gleichgültige erhalten" (Freud 1952, S. 536)? Für Freud sind das Bedeutsame und das Gleichgültige psychodynamische Kräfte, die gegeneinander wirken: sie „heben einander nicht auf [...] sondern es kommt eine Kompromisswirkung zustande" (Freud 1952, S. 536).

Dieser Kompromiss bestehe darin, dass eben nicht ein eigentlich bedeutsamer Eindruck in der Erinnerung verbleibe, sondern dieser Eindruck durch ein anderes, weniger bedeutsames Erinnerungsstück verschoben werde. Das weniger Bedeutsame nehme dabei die Funktion eines Widerstandes ein, der ein bedeutsames, meist vor allem affektiv stärker aufgeladenes Ereignis nicht in der abrufbaren Erinnerung bewahren möchte (Freud 1952, S. 536). Zwischen beiden bestehe allerdings qua Assoziation ein Zusammenhang, weswegen der Gedächtnisinhalt einer Deckerinnerung per se unvollständig sei (Freud nennt ihn einen „Torso" (Freud 1952, S. 535)). Freud spricht hier von „Kontiguitätsassoziation", also einer bestehenden semantischen Relation der Elemente einer Assoziation, weiterhin von „Verdrängung mit Ersetzung durch etwas Benachbartes (im örtlichen und zeitlichen Zusammenhange)" (Freud 1952, S. 537). Dieser Hinweis auf eine Art semantische Verwandtschaft zwischen einerseits erinnertem und andererseits verdrängtem/ersetztem Gedächtnisinhalt ist entscheidend: Es sei nicht völlig arbiträr, durch welche Deckerinnerung eine andere Erinnerung verdrängt/ersetzt wird, es gebe eine bestimmte assoziative Beziehung zwischen beiden, auch wenn diese (wenig überraschend) nicht sofort ersichtlich ist.

Die Relevanz dieses Konzeptes für Rothbergs Theorie multidirektionaler Erinnerungen mag auf den ersten Blick ebenfalls nicht ersichtlich sein. Jedoch erörtert er ausführlich, aus welchen Gründen sich Freuds Deckerinnerungen als hilfreich für sein Anliegen erweisen. Denn, so sein Vorschlag, man könne eventuell auch den Holocaust als Deckerinnerung für eine andere Erinnerung, nämlich die Geschichte kolonialer Gewalt, beschreiben. Rothberg bezieht sich hier auf Argumente der Autoren Edward T. Lilienthal und David E. Stannard (siehe Kapitel 2.3). Diese postulieren, dass der Holocaust-Erinnerung in den USA möglicherweise der Status einer Deckerinnerung zukommt – eine Erinnerung an ein Ereignis, welche zwar auch schwierig und grausam, aber weniger schwierig und grausam sei, als die von ihr verdeckte Erinnerung – so dass in dieser Argumentation auch das Argument der Singularität des Holocausts nur zu einer Strategie verkommt, hinter der ‚opportunistische Regierungen' ihre aufzuarbeitende Vergangenheit verdecken (vgl. Rothberg 2009, S. 9–10).

„According to this Freud-inspired argument", so Rothberg jedenfalls im Anschluss an diese Argumentation, „memory of the Holocaust doesn't simply compete with that of other pasts, but provides [...] a greater level of ‚comfort' than confrontation with more ‚local' problems" (Rothberg 2009, S. 12). Gleichzeitig sieht er in der Freudschen Konzeption der Deckerinnerung auch einen Anschlusspunkt für sein eigenes Konzept multidirektionaler Erinnerungen. So schreibt er: „The displacement that takes place in screen memory[9] [Deckerinnerung] (indeed, in all memory) functions as much to open up lines of communication with the past as to close them off" (Rothberg 2009, S. 12). Für Rothberg

---

9 Das *Wörterbuch der Psychologie und Psychiatrie* übersetzt den Begriff der Deckerinnerung ins Englische als „cover memory, screen memory" (Haas 2003, S. 95). ‚Screen' kann u.a. als Schutzschirm oder Trennwand, aber auch als Leinwand, Projektionswand o.ä. übersetzt werden. Im freudschen Konzept der Deckerinnerung scheinen mir Projektionen allerdings weniger eine Rolle zu spielen als vielmehr Abtrennung, Verdrängung und Ersetzung aus Schutz. Um diese Ambiguität zu vermeiden, halte ich die Übersetzung als ‚cover memory' für adäquater. Rothberg selbst schreibt, dass er die Übersetzung als „screen memory" als zutreffend („apt") ansieht, da er davon ausgeht, dass Deckerinnerungen beide Übersetzungvarianten von ‚screen' implizieren, also gleichzeitig ‚Abtrennung' und ‚Projektionsfläche' (Rothberg 2009, S. 13). In meiner Lesart ist dies nicht der Fall und es erscheint auch nicht ganz ersichtlich, wie eine Deckerinnerung sowohl Verdrängtes als auch Projektion auf einmal sein kann.

sind Deckerinnerungen also gleichzeitig Verdrängungen als auch Möglichkeiten für weitere Kommunikation. Dies entspricht soweit den Ausführungen Freuds: Erst in der Bearbeitung von Deckerinnerungen lässt sich erschließen, welche anderen Erinnerungen durch sie verdrängt/ersetzt wurden. So schreibt Rothberg auch folgerichtig: „Memory is [...] primarily an associative process that works through displacement and substitution", um direkt im Anschluss zu bemerken: „it is fundamentally and structurally multidirectional, even though powerful forces are always trying to shape it according to more or less rigid psychic or ideological parameters" (Rothberg 2009, S. 12).

Diese Schlussfolgerung erscheint an dieser Stelle allerdings fraglich. Einerseits suggeriert der Begriff Multidirektionalität in Rothbergs Verwendung eine Abwesenheit von Hierarchien. Doch gerade im Modell der Deckerinnerungen sind es affektive hierarchische Beziehungen zwischen Erinnertem und Verdrängtem/Ersetztem, die ausschlaggebend dafür sind, woran sich erinnert wird. Rothberg argumentiert hier etwas diffus: „The mechanism of screen memory thus illustrates concretely how a kind of forgetting accompanies acts of remembrance, but this kind of forgetting is subject to recall" (Rothberg 2009, S. 13).

Was ist hiermit gemeint? Für Rothberg scheint das Verhältnis zwischen Erinnertem und Verdrängtem/Ersetztem weit offener und gewissermaßen beidseitig kommunikativer zu sein, als es durch Freud suggeriert wird. „While screen memory might be understood as involving a conflict of memories", so Rothberg, „it ultimately more closely resembles a remapping of memory in which links between memory are formed and then redistributed between the conscious and the unconscious" (Rothberg 2009, S. 14). Auch wenn dies eine durchaus schlüssige Interpretation der Freud'schen Terminologie ist: mir scheint es sich eher anders herum zu verhalten. Denn obwohl es beim Konzept der Deckerinnerung durchaus auch um die Verschiebung und Umverteilung von Gedächtnisinhalten geht, so ist es doch letztendlich vor allem ein Erinnerungs*konflikt*, in dem Kräfte *gegeneinander* wirken (s.o.), der den Deckerinnerungen zugrunde liegt. Allerdings ist letztlich Rothberg durchaus darin zuzustimmen, dass Verschiebungen und Ersetzungen von Gedächtnisinhalten tatsächlich stattfinden und man ihnen Aufmerksamkeit schenken sollte. Diese Verschiebungen und Ersetzungen finden laut Rothberg sowohl im Individuum als auch in öffentlichen Erinnerungsdebatten und -kulturen statt, und es sei notwendig, sich mit ihnen auseinanderzusetzen. Dabei sieht er eine enge Verwandtschaft zwischen seinem Konzept der multidirektionalen Erinnerung und Freuds Deckerinnerung (vgl. Rothberg 2009, S. 14).

Rothberg ist sich bewusst, dass es auch Schwierigkeiten in der Parallelisierung von Deckerinnerung und multidirektionaler Erinnerung gibt. So gesteht er ein, dass der von Freud postulierte Mechanismus der Deckerinnerung offenbar nicht vollständig überzeugend auf das Verhältnis der Erinnerungskulturen von Holocaust und Kolonialismus anwendbar sei. Auch die Vorstellung, dass der Holocaust eine ‚weniger problematische' Erinnerung darstelle als der in der Erinnerung ‚zurückgedrängte', ‚verschobene' oder ‚ersetzte' Kolonialismus, erscheine paradox. Weiterhin, so Rothberg, werde im Konzept der Deckerinnerung ja eine belastende Erinnerung durch eine weniger belastende und trivialere ersetzt. In multidirektionaler Erinnerung werden allerdings „two or more disturbing memories" miteinander vertauscht, so dass es keine Hierarchien zwischen deren kognitiven und affektiven Inhalten gebe – Rothberg spricht hier von einer „juxtaposition" von Erinnerungsinhalten, also einem Nebeneinanderstellen – und damit in gewisser Weise auch einer Gleichstellung (Rothberg 2009, S. 14). Dies führe zur Störung („disrupts") von „everyday settings" – also offenbar einer Störung oder Erschütterung von Rothberg so wahrgenommenen alltäglichen Konfigurationen der Erinnerungskultur, in der für ihn der Holocaust aufgrund der ihm zugeschriebenen Singularität andere Ereignisse verdecke (Rothberg 2009, S. 14).

Rothberg geht auf diese Unterschiede im Verlauf seiner Ausführungen näher ein. Die Definition, die er seiner Vorstellung kollektiver Erinnerung zugrunde legt, ist im Wesentlichen die bereits oben skizzierte Schilderung von Halbwachs. Rothberg legt besonderen Wert auf dessen Beschreibung von der Gleichzeitigkeit individueller und kollektiver Erinnerung, also dass jede individuelle Erinnerung sich mit kollektiven Erinnerungen überschneide und umgekehrt (Rothberg 2009, S. 15). Im Rekurs auf Avishai Margalits zwei Grundformen kollektiver Erinnerung definiert Rothberg weiterhin kollektive Erinnerung in Bezug auf historische Ereignisse als „shared memory" im Gegensatz zu „common memory" – ich würde beide als ‚geteilte' (‚shared') und ‚gemeinsame' (‚common') Erinnerungen übersetzen (Rothberg 2009, S. 15). Nach Margalit seien ‚gemeinsame' kollektive Erinnerungen solche, in denen die Erinnerung einer Gruppe von Menschen an ein bestimmtes Ereignis gesammelt und gewissermaßen archiviert werden.

‚Geteilte' Erinnerungen seien wiederum solche, die von einer bestimmten Gruppe von Menschen miteinander kommuniziert, ausgehandelt und in einer Art konsensualer und offizieller Version kulminieren – also in einer allgemein akzeptierten und von der überwiegenden Mehrheit geteilten gesellschaftlich-gemeinschaftlichen Erinnerungskultur. Rothberg vermutet, dass heutige gesellschaftliche kollektive Erinnerung in den allermeisten Fällen der Theorie von ‚shared memories', also geteilter Erinnerung entspreche. Gleichzeitig gibt er allerdings zu bedenken, dass die in diesem Konzept insinuierte ‚eine Version' einer ‚shared memory' in ihrer Relevanz und normativen Gültigkeit von Margalit eventuell überschätzt wird. Demgegenüber stellt er sein Konzept der Multidirektionalität, das weit mehr von Kontingenz und Austauschbarkeit bzw. Verhandelbarkeit kollektiver Erinnerungskultur gekennzeichnet sei. Auch die Wiederverhandelbarkeit von Erinnerungskulturen sei in seinem Konzept stärker integriert, was das Konzept der Multidirektionalität in seiner Auslegung solidarischer gestalte (vgl. Rothberg 2009, S. 15–16).

Ein zweiter Unterschied, den Rothberg zwischen multidirektionaler Erinnerung und Deckerinnerung sieht, betrifft die Frage der „affective charge", also der affektiven Aufladung bestimmter Erinnerungsinhalte (Rothberg 2009, S. 16). Rothberg ist sich bewusst, dass das Konzept der Deckerinnerung bei Freud die Ersetzung eines stärker affektiv aufgeladenen Gedächtnisinhaltes durch einen weniger stark bzw. nicht affektiv aufgeladenen Gedächtnisinhalt impliziert. Dies kommt in der Konsequenz einer psychodynamischen Entlastung gleich. Sollte der Holocaust also tatsächlich eine Deckerinnerung für andere Erinnerungen darstellen, sei dieser Umstand durchaus paradox: „What is odd about the case of Holocaust memory, however, is that such memory hardly seems innocent or comforting" (Rothberg 2009, S. 16). So gesteht Rothberg also durchaus ein, dass die Vorstellung, der Holocaust könne aufgrund einer weniger starken affektiven Aufladung eine andere, stärker affektiv aufgeladene Erinnerung verdecken, zumindest „odd", also eigenartig oder seltsam sei – und zwar auf der Ebene der globalen gesellschaftlichen kollektiven Erinnerungskulturen. Die Art und Weise, in der Rothberg direkt im Anschluss an diese Feststellung weiter argumentiert ist allerdings etwas diffus und undeutlich:

> And yet, as the concept of screen memory reveals, the content of a memory has no intrinsic meaning but takes on meaning precisely in a relationship to other memories in a network of associations [...] My interest in multidirectional memory takes off from this insight to complicate assumptions about what in memory is ‚innocent' and what is ‚disturbing' [...] one cannot know in advance how the articulation of a memory will function; nor can one even be sure that it will function in only one way [...] The concept of multidirectional memory holds memory open to these different possibilities, but does not subscribe to a simple pluralism, either. While a given memory rarely functions in a single way or means only one thing, all articulations of memory are not equal; powerful social, political, and psychic forces articulate themselves in every act of remembrance. (Rothberg 2009, S. 16)

Was genau will Rothberg hier artikulieren? Mehrere Dinge scheinen in diesem ausgewählten Zitat bemerkenswert: Erstens ergebe sich die konkrete Bedeutung (unklar ist, was Rothberg wiederum konkret mit ‚Bedeutung' meint) eines Gedächtnisinhaltes erst – und offenbar ausschließlich – in Beziehung zu anderen Gedächtnisinhalten qua Vernetzung und Assoziation – für sich alleine genommen seien sie bedeutungslos. Es ist dabei ein geläufiger postmoderner Einwand gegen das Postulat intrinsischer Werte, dass diese per se nicht möglich seien.

Der Grund dafür liege darin, dass alles, was Wert habe, diesen relational und damit extrinsisch vermittelt bekomme. Sicherlich ist es richtig, dass bei der Frage nach der persönlichen Wertung von Gedächtnisinhalten deren Einordnung in Gegenüberstellung (also gewissermaßen auch durch Vergleich) zu anderen Gedächtnisinhalten maßgeblich entscheidend dafür ist, wie hoch bzw. affektiv/qualitativ bedeutsam man es schließlich auf einer Art subjektiven Bedeutungsskala einordnet. Das Konzept der Deckerinnerungen illustriert diesen Umstand tatsächlich recht gut.

Rothbergs nächster Schritt ist es allerdings, von dieser individual-subjektiven Ebene auf die kollektive zu wechseln (streng genommen unterscheidet er an dieser Stelle von vornherein überhaupt nicht zwischen ihnen) und kollektive Erinnerungen genau wie individuelle zu behandeln: Auch kollektive Erinnerungen seien nach Rothberg für sich genommen nicht intrinsisch bedeutsam, sondern erhielten ihre Bedeutung erst im Zusammenspiel mit anderen kollektiven Erinnerungen. Ob dieses Zusammenspiel von kollektiven Erinnerungen dabei von gleicher Beschaffenheit ist wie auf individueller Ebene, wird bei Rothberg nicht weiter ausgeführt. Es erscheint jedoch fraglich, ob diese Übertragung so einfach möglich ist. Selbstverständlich gibt es Zusammenhänge zwischen individuellen und kollektiven Erinnerungen. Aber sind kollektive Erinnerungen alleine genommen tatsächlich ohne intrinsische Bedeutung und damit für sich genommen *bedeutungslos*, wie hier von Rothberg insinuiert wird? Kollektive Erinnerungen artikulieren sich doch gerade im Zusammenspiel einer Vielzahl individueller Erinnerungen, werden also nur durch kollektive Aushandlung in einen breiteren Zusammenhang gesetzt und damit bedeutungsvoll.

Daher scheint mir bei Rothberg an dieser Stelle ein falscher Analogieschluss vorzuliegen. Dies ist insofern wichtig, als dass Rothbergs gesamte Konzeption multidirektionaler Erinnerung prinzipiell auf der Vorstellung beruht, dass kollektive Erinnerungen für sich genommen bedeutungslos sind und erst im Zusammenspiel mit anderen kollektiven Erinnerungskulturen Bedeutung erhalten. Die Begründung hierfür erscheint mir allerdings nicht ausreichend ausgeführt und nicht unmittelbar plausibel. Dahinter steht aber offenkundig die Vermutung bzw. das Postulat, dass alle kollektiven Erinnerungen gleichwertig seien und miteinander vertauscht werden können. Das hinter den eigentlichen Erinnerungen Erinnerte, also das konkrete historische Ereignis, verliert an Bedeutung.

Rothbergs Verwendung des Konzepts der Deckerinnerungen lässt sich zusammenfassend auf zwei Ebenen kritisieren: Zum einen scheint mir Rothbergs Lesart von Freud nicht kongruent zu dessen Schriften bzw. Ausführungen zu Kindheits- und Deckerinnerungen. Zum anderen scheint mir Rothberg in der Verwendung dieses Konzepts sich selbst zu widersprechen: Einerseits gibt er vor, durch multidirektionales Erinnern von „paradigms of uniqueness" (Rothberg 2009, S. 14) abrücken zu wollen, um ultimativ eine Leidenshierarchie im kollektiven Gedenken und Erinnern zu verhindern. Andererseits entgeht ihm dabei, dass er genau so eine Leidenshierarchie durch die Vorstellung des Holocausts als Deckerinnerung evoziert: Denn im Konzept der Deckerinnerungen werden bestimmte belastende Erinnerungen ja von anderen verdeckt, *eben weil* die einen schwerer zuzulassen sind als die anderen. Wenn Rothberg also vorgibt, dass der Holocaust eine Deckerinnerung sei, die den Blick auf andere Leiden (bei Rothberg bspw. Kolonialverbrechen, koloniale Genozide) versperre, so gibt er damit ebenfalls zu verstehen, dass die verdeckten Erinnerungen offenbar schwerer zugänglich oder zu ertragen sind. Rothbergs Position hierzu ist unklar. Einerseits gibt er zu erkennen, dass es offenbar Probleme dabei gibt, den Holocaust als ‚entlastende' Deckerinnerung zu werten – andererseits rückt er im weiteren Verlauf seiner Argumentation auch nicht explizit von dieser Vorstellung ab.

Der enge Bezug vom Konzept der Deckerinnerung zur Traumatheorie führt Rothberg im Verlauf seines Werkes noch weiter aus. Aufgrund der von mir dargestellten engen Verknüpfung zwischen Trauma und kollektiver Erinnerung sowie der bereits skizzierten postkolonialtheoretischen Kritik am Traumabegriff ist es für eine vollständige Rekonstruktion von Rothbergs Theorie multidirektionaler Erinnerung notwendig, auch dessen Verständnis des Traumabegriffs näher darzustellen.

4.5.5 Decolonizing Trauma? Multidirektionale Erinnerung und der Traumabegriff

Rothbergs Kritik am Traumabegriff stützt sich auf eine Lektüre und Rekonstruktion der Primärtexte *Discours sur le Colonialisme* von Aimé Césaire sowie Frantz Fanons *Black Skin, White Masks*. Ausgehend von einer Rekonstruktion verschiedener Debatten um Cathy Caruths *Trauma: Explorations in Memory* (s.o.) stellt Rothberg fest, dass der Traumabegriff in seinem ursprünglichen Wortsinn als ‚Wunde' nicht die Dimensionen alltäglicher Traumata erfassen könne. Analog zur Kritik von Laura Brown an Caruths Thesen (vgl. Rothberg 2009, S. 89) postuliert Rothberg, dass das Ereignis- bzw. Unfallmodell des Traumas ein „white, Western privilege" zum Ausgang habe, welches von anderen Formen des Traumas, nämlich: „repeated forms of traumatizing violence such as sexism, racism, and colonialism", ablenke (Rothberg 2009, S. 89). Bedauerlicherweise wird dieser Punkt nicht weiter ausgeführt, weswegen nicht gänzlich ersichtlich wird, aus welchen Gründen diese beiden Formen von Trauma notwendigerweise a) überhaupt und notwendigerweise unterschieden werden müssen, und b) als ausschließlich und ausnahmslos binäroppositionell ‚westlich–nicht-westlich' begriffen werden. So oder so: Für Rothberg müsse der Traumabegriff redefiniert bzw. supplementiert werden: „Critics of trauma studies raise important issues and highlight the need for a more cosmopolitan and politically savvy trauma studies" (Rothberg 2009, S. 90).

Hierfür rekurriert er auf Césaire und Fanon. Im Wesentlichen möchte Rothberg zwei Dinge festhalten: Erstens sei es wichtig, bei der von Césaire und auch Hannah Arendt verwendeten Metapher eines *„choc en retour"* über die Rückkehr der europäischen Kolonialgewalt in Form des deutschen Nationalsozialismus die Konnotation zu vermeiden, dieser „choc" wäre in demselben Sinne traumatisch wie die koloniale Gewalt selbst. Mittels der Kategorien „perpetrator trauma" und „victim trauma" möchte Rothberg sicherstellen, dass Täter und Opfer nicht gleichermaßen ‚traumatisiert' sind. Aufgrund einer moralisch neutralen Verwendung des Traumabegriffs bspw. sowohl für Täter als auch Opfer kolonialer Gewalt, könne die ethische oder geschichtspolitische Dimension der entsprechenden traumatisierenden Ereignisse verschleiert werden (vgl. Rothberg 2009, S. 90). Dies erscheint mir allerdings ein Punkt zu sein, der in der psychoanalytischen und sozialpsychologischen Traumatheorie bereits weitestgehend anerkannt und berücksichtigt ist (s.o.)

Zweitens geht Rothberg auf eine bestimmte Variante der Traumatheorie ein, die bspw. bei Caruth vorzufinden ist. Caruth geht davon aus, dass traumatische Erfahrungen lediglich solche sind, die in sehr kurzer Zeit eine so extreme Belastung darstellen, dass die betroffene Person in ihren Bewältigungsmöglichkeiten nachträglich erschüttert wird. Von so einem Traumamodell nicht erfasst würden eher gesellschaftliche strukturelle Diskriminierungsformen und -ideologien, die potentiell auch über einen längeren Zeitraum hinweg auftreten können. Auch bei diesem Aspekt erscheint es mir allerdings vielmehr so, dass die aktuelle internationale Traumaforschung sich dieses Umstandes vielleicht nicht durchgängig, aber doch in Ansätzen durchaus bewusst ist. Von einem hegemonialen, ausschließlich ‚event'- oder ‚Unfallbasierten' Traumamodell kann nicht in einer solchen Vehemenz die Rede sein. Für einen einführenden psychiatrisch-juristischen Forschungsüberblick über traumatischen Alltagsrassismus vgl. bspw. den Kommentar „The Trauma of Insidious Racism" von Glenn H. Miller (2009).

In jedem Fall sind diese Beobachtungen von Schwachstellen und nicht berücksichtigten Aspekten einer Variante der Traumatheorie, die Rothberg im Übrigen nur an einer einzigen (literaturwissenschaftlichen) Autorin (Caruth) ausmacht, Ausgangspunkt für seine weiteren Überlegungen zum Verhältnis von Multidirektionalität und Trauma. Insbesondere in Rekurs auf Fanons *Black*

Skin, White Masks (bzw. das dort enthaltene sechste Unterkapitel ‚The Negro and Psychopathology') möchte Rothberg aufzeigen, dass es in Hinsicht auf diese von ihm adressierten Schwachstellen der Traumatheorie Anknüpfungspunkte an sein Konzept der Multidirektionalität gebe. Einer dieser Anknüpfungspunkte ist Fanons Feststellung, dass die rassistische Psychopathologie sowohl Opfer und TäterInnen betrifft und traumatisch auf sie wirke: „trauma in *Black Skin White Masks* is fundamentally *relational* – psychopathologies affect both victims and perpetrators (and accomplices or beneficiaries) of racism, albeit in different ways" (Rothberg 2009, S. 92). Letzend Endes soll damit bei Rothberg gezeigt werden, dass es keine klare Korrelation zwischen Trauma und moralischer Verantwortlichkeit gibt, was auch bei Fanon betont würde:

> Fanon's emphasis on relationality does not relativize the moral or political meaning of racism or colonialism; rather, he suggests [...] that questions of moral and political responsibility do not map onto psychic disorder in any clear way. (Rothberg 2009, S. 92)

Diese Art von Relationalität entspricht dabei Rothbergs Theorie der Multidirektionalität: „If racism is traumatogenic, it is multidirectionally so" (Rothberg 2009, S. 92–93). Fanon unterscheidet in *Black Skin, White Masks* analytisch deutlich zwischen Antisemitismus und Rassismus, gibt aber zu bedenken, dass ein Antisemit „universally" und „inevitably" auch Rassist sei (Fanon 1967, S. 122).[10] Damit sieht er zumindest eine Art historisches Verwandtschaftsverhältnis von antisemitischem und rassistischem Ressentiment. Doch Fanons Unterscheidung zwischen Antisemitismus und Rassismus, deutlich von der Lektüre Sartres beeinflusst, ist hier durchaus relevant:

> On the phenomenological level there would be a double reality to be observed. The Jew is feared because of his potential for acquisitiveness. „They" are everywhere. The banks, the stock exchanges, the government are infested with „them". „They" do better in examinations than the „real" Frenchmen. Soon „they" will be making the laws for us. [...] As for the Negroes, they have tremenduous sexual powers. What do you expect, with all the freedom they have in the jungles! They copulate at all times and in all places. They are really genital. They have so many children that they cannot even count them. Be careful, or they will flood us with little mulattoes. Things are indeed going to hell... The government and the civil service are at the mercy of the Jews. Our women are at the mercy of the Negroes. (Fanon 1967, S. 157)

Es ist völlig klar, dass Fanon ab dem zweiten Satz des Zitatblocks nicht mehr selbst spricht, sondern antisemitische und rassistische Ideologie ironisch bis zy-

---

10 Aus Gründen der Einfach- und Einheitlichkeit zitiere ich Fanon aus derselben Ausgabe, die auch Rothberg konsultiert – und daher aus der englischen, nicht der deutschen Übersetzung des französischen Originals.

nisch in indirekter Rede wiedergibt. Wie Rothberg herausarbeitet, ist Fanon häufig ambivalent in der Frage, wie antisemitisches und rassistisches Trauma miteinander in Verbindung stehen, auch wenn Fanon Schwarze und Juden an einer Stelle als „brother[s] in misery" beschreibt (Fanon 1967, S. 122; Rothberg 2009, S. 93). Andererseits, so Rothberg, trenne Fanon jüdische und schwarze Erfahrung „by virtue of Jews' allegedly greater ability to pass as white" (Roth-Rothberg 2009, S. 93). Dies macht er an folgendem Zitat Fanons fest:

> [...] the Jew can be unknown in his Jewishness. He is not wholly what he is. One hopes, one waits. His actions, his behavior are the final determinant. He is a white man, and, apart from some rather debatable characteristics, he can sometimes go unnoticed. He belongs to the race of those who since the beginning of time have never known cannibalism. What an idea, to eat one's father! Simple enough, one has only not to be a nigger. Granted, the Jews are harassed – what am I thinking of? They are hunted town, exterminated, cremated. But these are little family quarrels. The Jew is disliked from the moment he is tracked down. But in my case, everything takes on a *new* guise. I am given no chance. I am overdetermined from without. I am the slave not of the „idea" that others have of me but of my own appearance. (Fanon 1967, S. 115–116; Hervorhebung im Original)

Mehrere Dinge sind an diesem Zitat bemerkenswert. Zum einen ist es die Verknüpfung von jüdischen Menschen mit der Kategorie ‚weiß' und für Fanon den Umstand, dass man sie damit nicht an ihrer Hautfarbe erkenne. Obschon es selbstverständlich auch ‚nicht-weiße' Jüdinnen und Juden gibt, ist Fanons hier implizite Beobachtung zweifelsohne richtig: Man erkennt Jüdinnen und Juden nicht an ihrer Hautfarbe, und so sind Schwarze „overdetermined from without", also aufgrund physischer Merkmale erkennbar, und nicht ausgehend von einer „idea". Was ist von Fanons Behauptung zu halten, dass der moderne Antisemitismus lediglich den Status eines „little family quarrels" erhält, was den Holocaust als gewissermaßen ‚weiße Familienangelegenheit' relativieren und herunterspielen würde? Ist dies tatsächlich Fanons Überzeugung? Rothberg ist der Ansicht, dass auch an dieser Stelle eine typische ironische Rhetorik Fanons zum Ausdruck kommt, und man ihn nicht wörtlich lesen und verstehen sollte (Rothberg 2009, S. 94). Möglicherweise spielt Fanon hier mit den Instanzen und Perspektiven: Es ist recht wahrscheinlich nicht der konkrete Autor Fanon, der hier spricht. Naheliegender ist, dass in dieser Passage einer abstrahierten und simplifizierten Interpretation von Rassismus eine Stimme gegeben wird. Man könnte die Stelle auch so lesen, dass Fanon eben Antisemitismus nicht herunterspielen möchte, indem er Positionen indirekt zitiert, die genau dies tun – bspw. in der abstrusen Behauptung „Simple enough, one has only not to be a nigger". Doch auch diese überspitzte und simplifizierte Beobachtung drückt einen zentralen und sicherlich richtigen Gedanken Fanons aus: Gerade weil es ja gegen explizit weiße Jüdinnen und Juden keine Gewalt gebe, die ausschließlich aus der unmittelbaren Beobachtung körperlicher Merkmale (hier: Hautfarbe) entspringt, müssen sie „tracked down", also anderweitig erkannt werden. Ist der Holocaust damit dann nur eine kleinere Familienangelegenheit unter Weißen? Fanon überspitzt diese Darstellung möglicherweise bewusst, um die Absurdität einer solchen Interpretation darzustellen. Dies würde auch zur allgemeinen diffusen, oft ironischen und eher frei flottierenden Erzählweise des Kapitels passen, in der Fanon häufig die Erzählperspektiven und auch -stimmen wechselt. Sollte hier tatsächlich der konkrete Autor Fanon sprechen, wäre ihm selbstverständlich Antisemitismus und Holocaustrelativierung bzw. -trivialisierung vorzuwerfen – doch die Lektüre der weiteren Passagen in *Black Skin, White Masks* legt nahe, dass es möglicherweise nicht so einfach ist und hier eine abstrakte und verallgemeinerte Autorinstanz spricht.

So oder so: Für Rothberg ist Fanons analytische Trennung von Antisemitismus und Rassismus nicht so leicht möglich, weil sie ahistorisch sei: „[this account] ignores the relative consistency of the image of the Jew over time, the frequent association of Jews with various ‚anomalous' physical traits, including blackness" (Rothberg 2009, S. 94) – auf diesen Aspekt werde ich in Kapitel 5.4 noch genauer eingehen. Dennoch biete Fanons Theorie einen wichtigen Bezugspunkt zu Rothbergs Konzept der multidirektionalen Erinnerung, weil sie aufzeige, dass Trauma nicht mono-, sondern multidirektional verstanden werden müsse.

4.6 Zusammenfassung: Multidirektionale ‚Entkontextualisierung'

Rothbergs Theorie multidirektionaler Erinnerungen ist deswegen bemerkenswert, weil sie sich qua Selbstverortung wie bisher noch keine zweite Studie explizit auf sowohl die Tradition der Holocaustforschung als auch der postkolonialen Theorie bezieht und beide dieser Stränge in ein solidarisches, ‚multidirektionales' Austauschverhältnis setzen möchte. Grundüberzeugung Rothbergs ist das normative Desiderat, dass eine Theorie von konkurrierenden Erinnerungskulturen nicht kompetitiv ausgerichtet sein sollte. Dies begründet er mit zwei Beobachtungen, die sich allerdings auf eine bestimmte Art und Weise widersprechen: Einerseits postuliert Rothberg, dass globale Gedenkkulturen in einem Anerkennungskampf zueinanderstehen, in der die Erinnerung an Ereignis A automatisch eine Abwertung der Erinnerung an Ereignis B impliziere. Dieser ‚Überschattung' solle das Konzept der multidirektionalen Erinnerungen Abhilfe schaffen. Andererseits argumentiert Rothberg, dass die besondere Erinnerungskultur an den Holocaust andere Erinnerungskulturen nicht verdecke, sondern im Gegenteil hervorbringe. Hier wird sein Konzept etwas undurchsichtig: Ist diese Bezugnahme von anderen Erinnerungskulturen auf den Holocaust nun ein Beispiel für Multidirektionalität? Oder handelt es sich hierbei weiterhin um Kompetitivität? Rothberg selbst gibt in seinem Text keine Antwort auf diese Fragen. So ist nicht ganz ersichtlich, ob seine Theorie nun eine deskriptive Analyse oder ein Desiderat darstellt. Wenn sie beides sein soll, wird das aus Rothbergs Ausführungen nicht gänzlich ersichtlich.

Rothbergs Theorie ist allerdings in meiner Lesart und in der Tendenz eher das, was Jan-Holger Kirsch in einer Rezension zum Konzept der kosmopolitischen Erinnerung bei Levy/Sznaider 2007 als „normativen Entwurf einer zukünftigen Erinnerungskultur" beschreibt (Kirsch 2002). In der von Rothberg skizzierten Erinnerungskultur wird eine beschriebene Kompetitivität durch Multidirektionalität ersetzt. Kompetitiv seien die Erinnerungskulturen, die auf ein Ereignis rekurrieren, das mit dem Prädikat ‚singulär' beschrieben wird, oder die ihre eigene Erinnerungskultur als einzigartigen und untrennbar verknüpften Teil einer kollektiven Gruppenidentität verstehen. Der Holocaust sei so ein Ereignis, die Holocausterinnerung ein Beispiel für eine solche Erinnerungskultur, und daher ist es für Rothberg ein konsequenter Schritt auf dem Weg zu einer globalen Implementierung multidirektionaler Erinnerung, dem Holocaust den Status als ‚singulär' abzuerkennen. Dabei hat er ein genaues Verständnis davon, was mit dem Begriff der Singularität beschrieben wird: Singulär sind bei ihm Ereignisse, die als völlige Ausnahmeerscheinungen der bisherigen Weltgeschichte beschrieben werden und daher nicht mit anderen verglichen werden könnten. Wie ich bereits in den Kapiteln über Vergleich und Singularität beschrieben habe, ist eine solche Herangehensweise an jegliches historische Ereignis aber durchaus problematisch.

In der retrospektiven Auswertung von Rothbergs Theorie ist es verwunderlich, warum er auf ein solches Verständnis von Singularität rekurriert, wenn er auf die Singularitätsthese des Holocausts zu sprechen kommt, ohne dabei andere Konzepte in Erwägung zu ziehen. Denn streng genommen könnte Rothberg seine Theorie auch mit einem Verständnis von Singularität in Verbindung bringen, die ihren Gegenstand nicht ‚mythisch' enthistorisiert. So bleibt nur zu spekulieren, aus welchen Gründen Rothberg seiner Theorie ein solches Verständnis von Singularität zugrunde legt, auf welches sich in der aktuellen Holocaustforschung und allgemein dem aktuellen Forschungsstand zu Möglichkeiten der Vergleichbarkeit des Holocausts eigentlich nicht mehr bezogen wird.

Was geschieht weiterhin, wenn der Holocaust bei Rothberg zu einer Bezugsgröße für andere Erinnerungen wird? Wäre eine solche Entwicklung das, was

Levy und Sznaider in ihren Beobachtungen als „Entortung" (Levy/Sznaider 2007, S. 9) des Holocausts beschreiben würden? Wird der Holocaust, werden andere geschichtlichen Ereignisse in so einem Modell der Erinnerung enthistorisiert? „Wenn alle in scheinbar ähnlicher Weise leiden", schreibt Angela Kühner, „dann wirkt dies als eine Verzerrung der kollektiven Erinnerung an die Ereignisse" (Kühner 2008, S. 68). Das Modell multidirektionaler Erinnerung unterscheidet konzeptionell nicht qualitativ zwischen verschiedenen Erinnerungsdiskursen, so dass traumatische Ereignisse in gewisser Weise austauschbar werden. In Bezug auf den Holocaust bedeutet dies, dass die Spezifik des Ereignisses nicht erkannt wird bzw. unter dem Oberthema ‚Singularität' als der Theorie von Multidirektionalität hinderlich und politisch fragwürdig eingestuft wird. Levy und Sznaider würden dies auch als „Entkontextualisierung" beschreiben: Im Vorwort zur Neuauflage ihres Buches *Erinnerung im globalen Zeitalter* kritisieren sie, dass eine Globalisierung der Holocausterinnerung und eine Wandlung der Holocausterinnerung zu einem universellen moralischen Bezugspunkt mit einer Verschleierung von Opfern und Tätern, d.h. im konkreten Fall mit jüdischen Opfern und deutschen TäterInnen, einhergehe (vgl. Levy/Sznaider 2007, S. 12–13). Dan Diner spricht in diesem Zusammenhang von „unterschiedslose[r] Opferschaft", die im globalen Erinnern prägend sei. Und dieser Punkt ist durchaus relevant für Rothbergs Theorie. Denn er lässt offen, wieviel Partikularität und Spezifika eines Ereignisses er im multidirektionalen Erinnern noch gelten lassen möchte. Schwebt ihm vor, dass es keinen ‚Internationalen Tag des Gedenkens an die Opfer des Holocausts' mehr geben solle, da die Erinnerung an Ereignis A automatisch alle weiteren Ereignisse abwertet? Sollte es zukünftig bspw. einen „International Day for the Remembrance of the Victims of Stalinism and Nazism" oder auch, noch allgemeiner, ‚Genocide and Violence' geben (vgl. Rosenfeld 2011, S. 246)?

Levy und Sznaider betonen, dass die Universalisierung des Holocausts als Referenz und Bezugspunkt für weitere Genozide zu dessen Entortung führe, wenn der Holocaust lediglich als abstraktes, generalisiertes und allgemeingültiges Prinzip, ‚Container' oder Symbol des universell ‚Bösen', ferner ‚Verbrechen gegen die Menschheit und Menschenrechte' verstanden würde. Rothbergs Theorie der multidirektionalen Erinnerung ist prinzipiell ein Beispiel hierfür. Die globale Holocausterinnerung wird bei ihm als Beispiel für eine Erinnerungskultur aufgegriffen, welche sich quantitativ (und nur quantitativ) von anderen unterscheide. Qualitativ seien weder die Holocausterinnerung noch der Holocaust selbst beispiellos oder fundamental distinktiv. Aus diesem Grund eignet sich der Holocaust bei Rothberg auch als Bezugspunkt, um anderen sozialen Gruppen die Identifikation mit dem Ereignis zu ermöglichen. Was allerdings im Unterschied zu den Schilderungen von Levy und Sznaider deutlich wird ist, dass

Rothberg den Holocaust nicht als normatives und universelles Symbol versteht, sondern vielmehr in eine Reihe von weiteren Ereignissen setzt, von denen er sich qualitativ nicht unterscheide. Dies wiederum ist implizite Grundvoraussetzung für sein Konzept der Multidirektionalität, der es, wie Kirsch in Bezug auf die Analysen Levys und Sznaiders formuliert, „nicht in erster Linie auf historische Inhalte ankommt, sondern auf den globalen Vergemeinschaftungseffekt" (Kirsch 2002). Diese Beobachtung ließe sich auch auf Rothberg übertragen: es geht ihm nicht um historische Spezifika, sondern vielmehr um allgemeine Kategorien wie Gewalt und Genozid. Doch solche Herangehensweisen – also einerseits die Universalisierung des Holocausts als symbolischem Bezugspunkt für ‚das Böse', andererseits als Ereignis wie jedes andere – sind bspw. für Alvin H. Rosenfeld potentiell problematisch:

> For with the broad diffusion and adaptation of the Holocaust as a metaphor, the Nazi genocide of the Jews becomes reduced to the status of an abstractly universal, generic phenomenon, a trope available to all who feel aggrieved over past or present abuses. Its distinctive features are then diminished and its power to shock and disrupt is reduced. (Rosenfeld 2011, S. 251)

Darauf, was diese „distinctive features" sind, ist im Verlauf dieser Arbeit bereits mehrmals eingegangen worden. Im folgenden Kapitel soll auf diesen Themenkomplex allerdings noch einmal konkreter und ausführlicher eingegangen werden um besser zu verstehen, inwiefern der Holocaust eigentlich qualitativ besonders sein müsste, um als beispiellos zu gelten – beispiellos in der Menschheitsgeschichte, in der Geschichte von Massengewalt, in der Geschichte der Moderne, in der Geschichte von Rassismus und Antisemitismus.

5 Kolonialismus, Holocaust und Moderne: Brüche oder Komplizenschaften?

Dieses Kapitel unterscheidet sich in zwei grundlegenden Aspekten von den zwei vorhergegangenen. Zum einen hat es keinen konkreten Forschungsansatz zum Gegenstand, der anhand eines oder mehrerer ausgewählter Theorietexte kritisch rekonstruiert werden soll. Vielmehr soll es hier zum anderen eher darum gehen, in diesen beiden Kapiteln immer wieder nur umrissene Themenkomplexe, Gedanken und vermeintliche epistemologische und ideologische Gewissheiten erneut aufzugreifen und zu erörtern.

5.1 Zivilisation und Moderne, Kontinuitäten und Brüche

Um welche Aspekte handelt es sich? Zimmerer und Moses haben mehrfach darauf hingewiesen, dass sie keinen wesentlichen Unterschied zwischen kolonialer und nationalsozialistischer Herrschaft einerseits, kolonialen Genoziden und Holocaust andererseits sehen. Rothberg ist hier weniger präzise, sieht jedoch in der Singularitätsthese des Holocausts ein Hindernis für sein Konzept der Multidirektionalität, da durch das Postulat, der Holocaust sei beispiellos gewesen, weitere Verbrechen gegen die Menschheit notwendigerweise abgewertet würden. NS und Holocaust müssten aber bei allen diesen drei Autoren in eine (post-)koloniale Globalgeschichte eingebettet werden und entsprechend in Relation zu bzw. als eine Variante von kolonialer Herrschaft und Kolonialgenoziden verstanden werden. Unterschiede seien lediglich gradueller Natur, es handele sich aber bei NS und Holocaust nicht um einen von Dan Diner so genannten „Zivilisationsbruch" – ein „Zerbrechen ontologischer Sicherheit" (Diner 2007, S. 13–17). Daher ließe sich auch von keiner Beispiellosigkeit der Shoa sprechen.

Von welcher Zivilisation spricht Diner hier, und worin genau bricht der Holocaust mit ihr? „Die Vernichtung um der Vernichtung willen", schreibt Diner, sei „der in Auschwitz verwirklichte Zivilisationsbruch" (Diner 1988b, S. 71). Wenn Diner also von einem Zivilisationsbruch spricht, dann rekurriert er darauf, dass eine sinnlose Vernichtung von Menschenleben, die keinen weiteren Zweck verfolgte als deren Vernichtung, vor der Shoa in der Geschichte der westlichen Zivilisation nicht vorgekommen war (und bis heute nicht vorgekommen ist). Der Zivilisationsbruch sei daher weiterhin ein praktisches Beispiel der „Widerlegung der Prinzipien von Zweckrationalität und Selbsterhaltung durch die Tat ‚Auschwitz'" (Diner 1988b, S. 72). Zweckrationalität und Selbsterhaltung –

zwei Prinzipien, die für alle weiteren gewaltsamen Konflikte, Massenmorde, kriegerischen Auseinandersetzungen bei aller Gewalt doch noch zu rekonstruieren seien. Diner illustriert diese These anhand eines geschichtsträchtigen Datums, dem 08. Mai 1945: „dem Tag der deutschen Kapitulation zu Reims und dem Tag des Geschehens in Sétif in Nordalgerien", wo französische Sicherheitskräfte an der algerischen Bevölkerung ein Massaker anrichteten (Diner 2007, S. 65). „Die Kolonialmacht", schreibt Diner auf letzteres Ereignis bezogen, „will ‚pazifizieren', nicht vernichten". Diese These führt er folgendermaßen aus:

> Im Laufe des Kampfes wird die Kolonialmacht sich veranlasst sehen, unterschiedslos vorzugehen. Mittels der unterschiedslosen Gewalt wird sie genozidalen Charakter annehmen. Dies ist nicht ihre Absicht, jedenfalls nicht von Anfang an. [...] Nicht alle muslimischen Algerier sollten getroffen werden, sondern allein jene, die sich dem Kampf gegen die französische Präsenz verschrieben haben. Aber wie von unsichtbarer Hand gelenkt wird die Kolonialmacht dazu verleitet werden, Gewalt also ständig auszuweiten. Die gesichtslose Kriegsführung wird sich all jener bemächtigen, die ihren Malen ihrer Zugehörigkeit, also ihrer Herkunft wegen, der Gegnerschaft verdächtigt werden. Dies jedenfalls liegt in der Natur der Kriegsführung. So wird die koloniale Gewalt zunehmend genozidal. (Diner 2007, S. 80–81)

Der Holocaust wird bei Diner im Gegensatz zur kolonialen genozidalen Gewalt als „bloße Vernichtung, jenseits von Krieg, Konflikt und Gegnerschaft" beschrieben: „Weder gilt es durch Gewalt einen Willen zu brechen noch etwas zu erzwingen. Der Vernichtungstod ist ein im Kern grundloser Tod" (Diner 2007, S. 81). In seinem Text „Zwischen Aporie und Apologie" beschreibt Diner dies explizit nicht als „irrational", sondern geht von einem „*Gegenrationalen* der Nazis" (Diner 1988b, S. 72; Hervorhebung im Original) aus. Das Adjektiv ‚gegenrational' beschreibe laut Diner treffender die Erfahrungswelt der Shoa aus der Opferperspektive. Das Unvorstellbare sei Realität geworden, aber es konnte nicht begriffen und das Handeln nicht danach ausgerichtet werden:

> Die Überlebensabsicht der Opfer wurde zum willfährigen Instrument der Nazis; jede Handlung, und war sie aller menschlichen und gesellschaftlichen Erfahrung nach noch so rational und erfolgversprechend aufs Überleben gerichtet, führte notwendig in die Vernichtung. So war der Erfolg des Überlebens fast ausschließlich dem Zufall geschuldet und keiner wie auch immer gearteten Rationalität. Dies ist der eigentliche zivilisationszerstörende Kern von ‚Auschwitz'. (Diner 1988b, S. 72)

Zimmerer weist darauf hin, dass im Rahmen seiner Kontinuitätslinie zwischen Kolonialismus und Holocaust der „ultimative Tabubruch" bereits in der europäischen Kolonialgeschichte und in Kolonialgenoziden zu verorten sei, und nicht erst in den Vernichtungslagern des Nationalsozialismus. Worin unterscheiden sich Diner und Zimmerer hier? Bei Zimmerer spielen metahistorische

Reflexionen über den Ort der Shoa oder die von Diner beschriebene „Zwecklosigkeit" der Judenvernichtung weniger eine Rolle. Kennzeichnend für einen Tabu- bzw. Zivilisationsbruch ist bei Zimmerer die Vorstellung, dass Menschengruppen mit staatlicher Legitimation getötet werden dürfen. Er hat bei seinen Ausführungen daher bereits den Kolonialgenozid an den Herero und Nama vor Augen, aber auch alle anderen Kolonialgenozide der Geschichte. Daher ist für ihn also das, was Diner noch vom Holocaust abgrenzt, bereits ein ultimativer Tabubruch: Das Massenmorden von Menschengruppen sei ein Tabubruch der westlichen Zivilisation, ob er nun gegenrational und zwecklos sei oder nicht.

In Rothbergs *Multidirectional Memory* findet sich eine Passage, in der die vermeintliche Gegenrationalität und Zwecklosigkeit der nationalsozialistischen Judenvernichtung selbst problematisiert und in Frage gestellt wird. Die Frage sei, was unter dem Begriff des Zweckes oder des Zweckrationalen überhaupt verstanden würde, und wer über diese Begriffe verfüge bzw. ihre Bedeutung bestimme (Rothberg 2009, S. 49–50). „The problem is", schreibt Rothberg, „that using utility as a criterion raises the question of perspective. From what and from whose perspective is something utilitarian?" (Rothberg 2009, S. 50). Einem Massenmord das Prädikat der Zwecklosigkeit anzuheften sei für Rothberg immer ideologisch, im Falle des Holocausts „based on modern European criteria of rationality" und eine Reproduktion von „Orientalist and colonialist ideologies" (Rothberg 2009, S. 50). Was ist hiermit gemeint, und wie argumentiert Rothberg? Zum einen greift er mit einer solchen These sein grundsätzliches Postulat wieder auf, nachdem die Klassifikation eines Ereignisses als ‚singulär' oder ‚einzigartig' alle weiteren ähnlichen Ereignisse notwendigerweise abwerte. Andererseits fragt Rothberg in Bezug auf zentrale Argumente Hannah Arendts auch, ob denn wirklich von einer Zwecklosigkeit der Judenvernichtung gesprochen werden könne, denn schließlich verfolgten die Nazis mit ihr ja ein Ziel: „Far from being useless, the camps are a necessary component of the totalitarian regime's drive toward intensive total domination" (Rothberg 2009, S. 51). Rothberg spricht ferner von Holocaust und anderen „historical events" als „extreme events", die uns mit der Frage dessen konfrontierten, was ein Mensch sei: „The concentration camp inhabitant [...] and the stateless refugee are figures of a new humanity" (Rothberg 2009, S. 53–54). Solche „extreme events" implizierten immer einen Bruch mit dem, was als menschlich gilt, und daher sieht auch Rothberg, wie Zimmerer, den Bruch mit dem Menschlichen nicht erst im Holocaust, sondern bereits in Imperialismus und Kolonialismus:

> But if the Holocaust victim epitomizes that challenge to understanding, what of the victim of colonial race society who represents the site at which, in Arendt's account, human action first exceeds human comprehension? (Rothberg 2009, S. 54)

Die Frage nach Zweckhaftigkeit sei für Rothberg also falsch gestellt, weil sie die eigentliche Frage nach den Grenzen der menschlichen Vorstellungskraft nicht treffe. Bei ihm sind Imperialismus und Totalitarismus pauschal mit Verständnislosigkeit über den Bruch mit dem Menschlichen verknüpft – und nicht nur der Holocaust. Diese Verständnislosigkeit ist nachvollziehbar, aber ist damit die Dimension dessen erfasst, was Diner als ‚grundlos' und ‚gegenrational' beschreibt? Rothberg unterscheidet sich insofern von Diner, dass er einerseits Zweck und Zweckrationalität als eurozentrisch-perspektivisch verwirft, gleichzeitig aber im Holocaust einen Zweck erkennt (was widersprüchlich ist) und andererseits im Rekurs auf die Frage des Bruches mit der Konzeption des ‚Menschlichen' auch keinen Unterschied zwischen Kolonialgenozid und Holocaust sieht. Die kritische Frage der Perspektivenwahl muss sich allerdings auch Rothberg gefallen lassen. Denn zu behaupten, dass der Holocaust als rational und zielgerichtet beschrieben werden kann, da er die NS-Herrschaft sicherte, reproduziert wiederum notwendigerweise die Perspektive der NS-TäterInnen, also die des wahnhaften NS-Antisemitismus, aus der – und nur aus der – heraus die Judenvernichtung *tatsächlich* ein Ziel, einen Sinn und einen Zweck hatte. Außerdem stellt sich die Frage, ob Machtsicherung und „total dominance" überhaupt die von Rothberg (und Arendt) zugeschriebenen ‚Zwecke' des Holocausts nach der NS-Ideologie waren.

Es besteht (zumindest meiner Ansicht nach) Klärungsbedarf – und daher möchte ich diese Fragestellungen in diesem Kapitel aufgreifen, problematisieren und erörtern. Fragen, um die es hier also gehen soll, sind: In welchem Verhältnis stehen Kolonialismus und Holocaust einerseits zur europäischen Moderne, andererseits zu (modernem, NS-) Antisemitismus und (kolonialem) Rassismus – und in welchem Verhältnis stehen diese wiederum zu Aufklärung und Moderne? Sind sie Teil eines gemeinsamen Narrativs des 20. Jahrhunderts, eines „Age of Extremes" (Hobsbawm 1994) oder eines „summarischen Jahrhundert[s] der Barbarei" (Jean Améry (1977, S. 127), der mit diesem Ausdruck auf die potentielle Verkennung der Spezifität von Auschwitz hinweisen wollte)? Wie überzeugend und sinnvoll ist die in postkolonialen Veröffentlichungen und Debatten oftmals gebrauchte Kategorie der ‚Lager' und in Bezug darauf die der ‚Biopolitik' nach Michel Foucault und Giorgio Agamben, um gleichermaßen Antisemitismus, Rassismus, Kolonialismus und Nationalsozialismus/Holocaust analysieren und kritisieren zu können?[1]

---

[1] Moishe Postone und Eric Santner stellen in der Einführung des von ihnen herausgegebenen *Catastrophe and Meaning: The Holocaust and the Twentieth Century* ähnliche Fragen aus Perspektive der Holocaustforschung: „What place does the Holocaust occupy in the history of capitalism and Western modernity, in the so-called dialectic of enlightenment, the history of

Die Frage nach der Unterscheidung zwischen Rassismus und Antisemitismus berührt in vielen Punkten Kerndiskussionen dieser Arbeit, und deswegen soll ihre Erörterung in dieses Kapitel einleiten. Was ist also Rassismus, was ist Antisemitismus? Ist Rassismus eine Oberkategorie von Antisemitismus und damit Antisemitismus eine Spielart des Rassismus? Oder handelt es sich vielmehr um strukturell und analytisch differente Begriffe und Kategorien, die sich historisch zwar überschneiden, aber dennoch zu unterschiedlich sind, als dass man sie als Variationen oder in einem engen Verwandtschaftsverhältnis stehend betrachten kann?

Der Begriff des Rassismus, so Detlev Claussen, sei in direktem Zusammenhang mit der nationalsozialistischen Ideologie entstanden (Claussen 1994, S. 2). Erst seit den 1920er Jahren gebe es ihn überhaupt, und er wurde später vor allem zur Charakterisierung der „nationalsozialistischen Weltanschauung" gebraucht (Claussen 1994, S. 2; siehe auch Koller 2009, S. 8–11). Der Begriff ist dabei selbstverständlich jünger als sein Gegenstand. Aber wenn der Begriff des Rassismus zur Beschreibung für den NS gebraucht wurde: War die nationalsozialistische Gewaltherrschaft eine direkte Folge rassenideologischer Vorstellungen und Gedanken? Oder in den Worten Claussens: Ist die Existenz von deutschen Konzentrations- und Vernichtungslagern „als Folge der nationalsozialistischen Rassenideologie zu begreifen" (Claussen 1994, S. 3)?

Claussen positioniert sich dezidiert gegen ein solches Verständnis, nach dem die Ideologie als „wissenschaftliche[r] Schreibtischtäter" fungiere, „deren praktische Werkzeuge die SS-Leute gewesen seien" (Claussen 1994, S. 7). Die Vermutung, „für den Nationalsozialismus sei in letzter Instanz die rassistische Wissenschaft, eine Art radikalisierter Aufklärung, verantwortlich", sei eine „verkehrte Ansicht" (Claussen 1994, S. 7). Und weiter:

> Die nationalsozialistische Vernichtungspraxis wird von sich als postmodern verstehenden Autoren nicht als ein Resultat der von Horkheimer und Adorno analysierten ‚Dialektik der Aufklärung' begriffen, sondern als direkte Folge der Moderne dargestellt. (Claussen 1994, S. 7)

---

instrumental reason? Where does the Holocaust fit in the field of forces constituting the international civil war between Bolshevism and anti-Bolshevism? What is its place in the history of racism and colonialism, the history of eugenics, or the larger history of what Foucault called *biopower*, the entrance of bare life into the calculations of states? Is there a singular historical narrative of the twentieth century in Europe that could comprehend all these other developments? How can the Holocaust be posited as a singular event that nevertheless in some sense condenses and stands for the violence of the century? How, finally, does one integrate contingency into these grand narrative schemes?" (Postone/Santner 2003, S. 9).

Auch von postkolonialtheoretischen AutorInnen wird der Holocaust zusammen mit Kolonialismus und weiteren Verbrechen gegen die Menschheit häufig gleichermaßen als Bestandteil oder ‚Ausprägung' von Moderne und Aufklärung begriffen. In den bereits zuvor zitierten Textbeispielen von Autoren wie Césaire, James und DuBois ist deutlich geworden, dass sie alle ein enges ideengeschichtliches und ideologisches Verwandtschaftsverhältnis zwischen Kolonialismus, Nationalsozialismus und Holocaust sehen. Die Rekonstruktion der Thesen Zimmerers, Moses' und Rothbergs, die sich affirmativ auf die genannten Autoren beziehen, bestätigen diese Einschätzung: Für sie ist der Holocaust einzubetten in die Geschichte des Kolonialismus und unmittelbar mit ihr verflochten. Wenn beide Ereignisse für diese Autoren historisch wesensgleich und damit weitestgehend kommensurabel sind, so liegt die Vermutung nahe, dass sie diese auch in einer gemeinsamen Traditionslinie mit der Moderne sehen. Wie sieht diese Traditionslinie aus? Tendenziell gibt es in postkolonialen Theorieansätzen einerseits eine eher ambivalente bis kritische Haltung gegenüber der Moderne, die mit Imperialismus, europäischer Hegemonialität und Dominanz und eben Kolonialismus assoziiert und/oder identifiziert wird – und andererseits wird der Begriff ‚Moderne' selbst als eurozentrisch in Frage gestellt (vgl. Ashcroft et al. 2000, S. 130–131; Bhambra 2009). Ist der Kolonialismus aus postkolonialtheoretischer Sicht also gewissermaßen eine logische Konsequenz der Moderne? Und wenn ja, gilt dies dann auch für den Holocaust?

Um diesen Themenkomplex und um eine kritische Überprüfung dieser beiden Fragen soll es in diesem Kapitel gehen. Anders als in den zwei vorherigen gibt es dabei allerdings, wie ich bereits eingangs vermerkt habe, keinen einzelnen Autor und keine einzelne Autorin, deren Texte und Ideen ich rekonstruieren möchte. Vielmehr soll es sich hier um einen Überblick darüber handeln, welche Positionen in der postkolonialtheoretischen Auseinandersetzung mit Nationalsozialismus und Holocaust in Bezug auf diese Fragen bisher formuliert worden sind. Offene Fragen oder nur ansatzweise angerissene Diskussionen aus den vergangenen Kapiteln sollen hier ebenfalls genauer diskutiert werden.

5.2 Lager Europas: Zur postkolonialen Verortung von Kolonialismus und Holocaust in der Moderne

Das Verhältnis postkolonialer Ansätze und theoretischer Auseinandersetzungen mit dem Themenkomplex von Aufklärung und Moderne ist, wie ich bereits angedeutet habe, insgesamt „ambivalent" (vgl. Dhawan 2015, S. 20) bzw. nicht geschlossen affirmativ oder ablehnend. In der Tendenz lässt sich dennoch durchaus erkennen, dass die Moderne im Rahmen postkolonialer Theorie und Auseinandersetzung oftmals eher einseitig als universalistisch-europäisches, imperiales und patriarchales Projekt homogenisiert wird. Als solches wird sie einer kritischen Überprüfung unterzogen bzw. direkter Kritik ausgesetzt oder gar verworfen. Eine gängige und verbreitete postkolonialtheoretische Vorstellung ist die Assoziation von ‚Moderne' und ‚Modernität' mit ‚dem Westen' und damit westlich-imperialen Wertevorstellungen. So beschreibt es beispielsweise Gurminder Bhambra und verweist in diesem Zusammenhang ebenfalls darauf, dass es sich bei der Opposition von modernem Westen und ‚nicht'- beziehungsweise ‚vormodernem' Nicht-Westen um eine der ideologischen Grundlagen der Moderne handele – und zwar sowohl zeitlich als auch geographisch (Bhambra 2009, S. 3). Die Moderne wird so verstanden als eurozentrisches Projekt mit hegemonial-normativen Wertvorstellungen, als tendenziell orientalistisch und als imperial-kolonial (Bhambra 2009, S. 4). Dass die westliche Moderne vom „Ursprung" her „kolonialistisch" sei wird bspw. von Boaventura de Sousa Santos behauptet (de Sousa Santos 2005, S. 207. Zitiert nach Reuter 2012, S. 299–300).

Gleichzeitig sei die Theorie ‚der' europäischen Moderne auch aus sich heraus bereits kolonial, da in ihr die Vorstellung implizit enthalten sei, sie sei einerseits die einzige denkbare Moderne und andererseits als universeller Maßstab bereits (aus postkolonialer Perspektive) weiß, universalistisch und hegemonial. Bei Peggy Piesche wird die Auklärung als hegemoniales sowie „unsichtbare[s], aber wirksame[s] *weißes* Machtfeld" verstanden (2005, S. 30–31; Hervorhebung im Original). Postkoloniale Theorie weist daher in vielen Fällen darauf hin, dass die Vorstellung von ‚einer' im Sinne von einer einzigen Moderne unzulässig sei. Sie postuliert daher die Vorstellung einer Pluralität verschiedener, heterogener, subalterner und nicht ausschließlich europäischer ‚Modernen' (vgl. bspw. Chatterjee 1998; Randeria 1999). Einer der bekanntesten Versuche, die europäische Moderne in eine solche Pluralität von Modernen einzubetten, stellt sicherlich Dipesh Chakrabartys *Provincializing Europe: Postcolonial Thought and Historical Difference* (2000) dar.

Einen entscheidenden Schritt weiter geht Vinay Lal, der europäische Aufklärung und Moderne nicht nur mit Kolonialismus, sondern mit Genozid explizit gleichsetzt. In seinem Text „The Concentration Camp and Development: The Pasts and Future of Genocide" stellt Lal die Frage, ob die Beschaffenheit ‚des' Konzentrationslagers sich nach 1945 gewandelt habe und ob es wirklich keine Konzentrationslager mehr gebe:

> Is the concentration camp only a thing of the past, or has it metamorphosed into different forms? [...] Has the concentration camp, unmoored from its precise location, shorn of its

physicality, freed from its chains, bounded no longer by barbed wires, come to occupy a different space? (Lal 2005, S. 230)

Lal plädiert in diesem Zusammenhang für eine radikale Neuinterpretation des Genozidbegriffs, so dass auch Entwicklungshilfe oder humanitäre Interventionen des 20. Jahrhunderts darunter subsumiert würden (Lal 2005, S. 231). Bestimmte Formen der Unterdrückung, zu denen Lal die beiden Beispiele zählt, hätten sich im 20. Jahrhundert so weit entwickelt, dass sie eigentliche Genozide verschleiern bzw. mittlerweile selbst Formen von Genozid darstellten (Lal 2005, S. 232). So schreibt Lal bspw.:

> The genocides of the future will likely be directed not at entire populations, but rather at what one might term sufficiently symbolic sectors – and not necessarily, as one might be tempted to infer from previous genocides, intellectuals, political elites or the wealthy – of the targeted group. (Lal 2005, S. 234)

Konsequenterweise plädiert Lal daher einerseits für eine Neuinterpretation: „oppression and genocide should be increasingly understood as an aspect of the imperialism of categories" – und andererseits dafür, dass aktuell nichts globaler sei als „modern knowledge and its categories" (Lal 2005, S. 234–235). Als Beispiel hierfür nennt Lal u.a. „American style business schools [that] are being embraced around the world" (Lal 2005, S. 235). Auch wenn er es nicht explizit benennt, so nimmt er offenbar die ursprüngliche Genoziddefinition Lemkins als Inspiration, nach denen bereits die politische Unterdrückung von kulturellen Praxen und Einstellungen als Genozid klassifiziert werden kann. Die Verbreitung moderner Wissenskategorien sei für Lal demzufolge explizit genozidal – und mit dieser Ansicht trivialisiert und relativiert Lal den Holocaust bis ins Extrem: „Modern, largely invisible, holocausts are being perpertated on significant sections of the world's population".

Weiterhin stelle sich für Lal auch die Frage, ob das 20. Jahrhundert nicht auch eine Reihe von „holocausts" vergessen und übersehen habe, nämlich konkret: „the idea of ‚development'", die unbezweifelbar das „clearest example" von „genocidal violence perpetrated by modern knowledge systems" darstelle (Lal 2005, S. 237). Die Idee, also nicht die Praxis, sondern die Vorstellung von westlicher Entwicklungspolitik mittels moderner Wissenskategorien als einen von vielen kleingeschriebenen ‚größtenteils unsichtbaren Holocausts' zu bezeichnen – dies ist, vorsichtig formuliert, schon eine durchaus irritierende Einschätzung, die ohne Zweifel als besonderes Beispiel von Holocaustrelativierung bezeichnet werden muss. Ist die westliche Entwicklungspolitik damit ein nationalsozialistisches Konzentrationslager (zwischen Konzentrations- und Vernichtungslagern unterscheidet Lal nicht)?

Die Kategorien der Moderne stellen bei Lal die ideologische Grundlage für ein breites Spektrum von Praktiken ("developmental violence", "imperialism of categories", "starvation"), die allesamt als Genozide oder ethnische Säuberungen (oder "holocausts") beschrieben und damit nicht nur verglichen, sondern gleichgesetzt werden. Diesen Zusammenhang führt Lal noch weiter aus: Das, was er „developmental violence" nennt, sei für ihn nicht nur gleichbedeutend mit Genozid, sondern auch mit „ethnic cleansing": „The future concentration camps may be more grim than we commonly recognize" (Lal 2005, S. 241). In einer Schlussnote wird (westliche) Entwicklung(spolitik) von Lal explizit und einseitig als Genozid beschrieben – eine Beschreibung, die überhaupt keine positiven Konnotationen von Entwicklung zulässt:

> As the future of the developing world as a whole is none other than the present of the developed world, so the future of the tribal or the peasant is only to live the limited conception of life of the planner, economist, policy analyst and management guru. The other word for such a future is 'genocide'. (Lal 2005, S. 243)

Bereits aus diesen knappen Darstellungen postkolonialer Perspektiven auf den Theoriekomplex der Moderne dürfte deutlich geworden sein, dass Genozid, Kolonialismus und Rassismus aus diesen Perspektiven heraus in einen direkten Zusammenhang zur Moderne gesetzt bzw. die Moderne vereinzelt auch mit Kolonialismus oder sogar Genozid gleichgesetzt wird. Noch deutlicher bzw. einseitiger wird diese Gleichsetzung in Decoloniality-Ansätzen (vgl. Mignolo 2007, 2011; Quijano 2007) unternommen, in denen die Moderne und Kolonialismus durchgehend als zwei Seiten derselben Medaille verstanden werden. Sowohl Kolonialismus als auch Moderne werden konsequent abgelehnt und verworfen. So schreibt Mignolo:

> Coloniality, in other words, is constitutive of modernity – there is no modernity without coloniality. Hence, today's common expression ‚global modernities' implies ‚global colonialities' in the precise sense that the colonial matrix of power is shared and disputed by many contenders: if there cannot be modernity without coloniality, there cannot either be global modernities without global colonialities. (Mignolo 2011, S. 2–3)

Die westlich-kapitalistische Moderne wird bei Mignolo in seinem Text „Dispensable and Bare Lives. Coloniality and the Hidden Political/Economic Agenda of Modernity" (Mignolo 2009) weiterhin antisemitisch mit dem Judentum identifiziert: Mignolo schreibt dort, dass die Staatsgründung Israels die logische Konsequenz einer imperialen Allianz zwischen Judentum und modernem kapitalistischem euro-amerikanischem Westen sei – womit er in der Konsequenz das Judentum mit Imperialismus und Kapitalismus gleichsetzt. Außerdem wirft er dem Judentum vor, selbst verantwortlich für Antisemitismus zu sein, was einer

Täter-Opfer-Umkehr gleichkommt (vgl. zu diesem Thema ausführlicher Marjanović 2012). Auch wenn der Decoloniality-Ansatz sich prinzipiell von postkolonialtheoretischen Ansätzen unterscheidet bzw. er postkolonialen Ansätzen vorwirft, selbst eurozentrisch und zu stark in westliche Wissensproduktionen integriert zu sein (vgl. Mignolo 2007), erscheint es mir an dieser Stelle wichtig, auf diesen Aspekt zu verweisen.

Wie ich bereits angedeutet habe, gibt es aber auch postkoloniale Perspektiven auf Moderne und Aufklärung, die nicht dermaßen einseitig argumentieren und die Kategorien bzw. Ideale von Aufklärung und Moderne nicht verwerfen – obschon, wie auch Nikita Dhawan kritisch anmerkt, bestimmte postkoloniale (und dekoloniale) TheoretikerInnen die europäische Moderne und Aufklärung als „colonization of the mind" ablehnen und eine Rückkehr zu „local knowledge systems" bzw. „traditional cosmologies" einfordern (Dhawan 2015, S. 70). Es sei demgegenüber ein vielversprechenderer Ansatz, „the best of the Enlightenment" zu bewahren und es in Relation zu „delegitimized knowledges" zu setzen und zu überdenken (Dhawan 2015, S. 70). Das kritische, universalistische und humanistische Potential von Aufklärung und Moderne wird in einem solchen Ansatz durchaus und affirmativ anerkannt bzw. zu dessen Bewahrung aufgefordert, gleichzeitig werden aber auch die eurozentrische westliche Fixierung auf westliche und der Ausschluss nicht-westlicher Wissenssysteme kritisch problematisiert. „The banal opposition between Enlightenment and postcolonialism", so Dhawan weiterhin, „is an act of bad faith, which needs to be problematized by acknowledging how far our sense of critique is shaped by the Enlightenment, even as it is not limited to it" (Dhawan 2015, S. 70).

Paul Gilroys *The Black Atlantic: Modernity and Double Consciousness* (1993) ist in der Diskussion um die Verbindungslinien von Aufklärung und Moderne zu Kolonialismus und Nationalsozialismus/Holocaust sowohl ein gutes Beispiel, als auch eine Art Sonderfall. Gilroy sieht europäischen Kolonialismus und Sklaverei nicht nur als Ausnahmeerscheinungen oder „Schattenseiten" (Hentges 1999) von Moderne und europäischer Aufklärung, sondern als deren essentielle Kernbestandteile. So gibt er zu verstehen, dass moderne und aufklärerische Prinzipien wie Vernunft, Autonomie, Einsicht und Subjektivität genauso fundamentale Aspekte der Moderne seien wie Rassismus, Kolonialismus und Sklavenhandel: „[...] racial terror is not merely compatible with occidental rationalism, but cheerfully complicit with it" (Gilroy 1993, S. 56).

Wie eng hängen aber das, was Gilroy „occidental rationality" nennt, und Holocaust zusammen? Sind diese aus postkolonialtheoretischer Perspektive heraus auch miteinander „cheerfully complicit"? Gilroy selbst handelt diese Frage in *The Black Atlantic* nur relativ knapp ab. Er gibt aber zu bedenken, dass der Holocaust in seinem Verständnis nicht lediglich eine weitere Instanz von

Genozid darstelle, sondern einen Sonderfall (Gilroy 1993, S. 213). In diesem Zusammenhang macht er deutlich: „I accept arguments for its [the Holocaust's] uniqueness" – geht allerdings nicht näher darauf ein, welche Argumente das genau seien bzw. welche er möglicherweise auch nicht akzeptiert (Gilroy 1993, S. 213). „However", schreibt Gilroy nach dem Zugeständnis dieser Einzigartigkeit, „I do not want the recognition of that uniqueness to be an obstacle to better understanding of the complicity of rationality and ethnocidal terror to which this book is dedicated" (Gilroy 1993, S. 213). Wie genau die „uniqueness" zu einem Hindernis werde, führt Gilroy nicht explizit und systematisch aus. Lediglich betont er, dass er es als bereicherndes und intellektuell lohnenswertes Projekt erachtet, die „histories of blacks and Jews" in Hinblick auf ihre Verflechtung zu diskutieren: „This is a difficult line on which to balance, but it should be possible, and enriching, to discuss these histories together" (Gilroy 1993, S. 213). Dies zu tun könne zu einem besseren Verständnis von „modern racism" (Gilroy 1993, S. 213) bzw. „modern racisms" (Gilroy 1993, S. 214) beitragen. Gilroy führt weiterhin aus, dass ihm das Studium verschiedener (bedauerlicherweise ungenannter) Forschungsarbeiten über den Holocaust ein besseres Verständnis über die „uncomfortable location of blacks within modernity" bereitet habe (Gilroy 1993, S. 213). Streng genommen ist das kein Beweis dafür, dass Gilroy jüdische und schwarze Geschichte als in gleicher Art und Weise mit der europäischen Moderne und Aufklärung verknüpft sieht. Dennoch liegt die Vermutung nahe, nicht zuletzt dadurch, dass Gilroy nirgends das Gegenteil behauptet.

Ein weiterer Hinweis für diese Vermutung liefert ein Verweis Gilroys auf Zygmunt Baumans *Modernity and the Holocaust* – und vor allem der Vorwurf des Eurozentrismus, den Gilroy Bauman explizit macht (Gilroy 1993, S. 213). Gilroy möchte prinzipiell problematisieren, dass die Geschichte des amerikanischen Rassismus und Kolonialismus bei Bauman keine Erwähnung findet (Gilroy 1993, S. 213). So schreibt er:

> Bauman's indifference to or ignorance of the extent to which the Eurocentric conception of modernity forecloses on a sense of the relationship between anti-black racism in and after slavery and anti-Semitism in Europe supplies a depressing counterpart to the nullity and banality of similarly indifferent „Africentric" thinking [...]. (Gilroy 1993, S. 214)

Indem Bauman die Geschichte von kolonialem Rassismus und Sklaverei in seiner Rekonstruktion von Antisemitismus und Rassismus in der Moderne ausblende, würde er laut Gilroy also einerseits eurozentrisch argumentieren, andererseits auch wissenschaftliche Erkenntnisse ignorieren, die möglicherweise hilf- und aufschlussreich sein könnten. Aber was an diesem Vorwurf vor allem deutlich wird, ist Gilroys Überzeugung, dass sowohl Kolonialismus und (kolonialer) Rassismus als auch Holocaust und Antisemitismus in einem gleichen Verhältnis zur Moderne stünden. Hier scheint Gilroy prinzipiell also Baumans Denken zu teilen: Die Moderne bringe sowohl Kolonialismus als auch Holocaust hervor, sie seien gleichermaßen ihre Produkte.

Bauman selbst ist unmissverständlich der Überzeugung, dass der Holocaust, aber auch jeglicher andere moderne Genozid keinen ‚Betriebsunfall' der Moderne darstellen. Sie seien vielmehr, so Bauman, nicht nur „fully compatible with modern civilization", sondern von ihr konditioniert, geschaffen und unterstützt (Bauman 1989, S. 87). Die Nähe zu Gilroys Argument, dass Kolonialismus, Rassismus und Sklaverei „cheerfully complicit" mit der Moderne seien, ist unübersehbar. Weiterhin und ausführlicher schreibt Bauman:

> The Holocaust did not just, mysteriously, avoid clash with the social norms and institutions of modernity. It was these norms and institutions that made the Holocaust feasible. Without modern civilization and its most central achievements, there would be no Holocaust. (Bauman 1989, S. 87)

Der Holocaust steht bei Bauman in einer ambivalenten Beziehung zur Moderne: Er sei gleichermaßen ihr Produkt als auch ihr Scheitern (Bauman 1989, S. 89). Aber besonderen Wert legt Bauman auf die Feststellung, dass der Holocaust kein „irrational outflow" einer noch nicht ganz überwundenen vormodernen Barbarei sei: „[The Holocaust] was a legitimate resident in the house of modernity; indeed, one who would not be at home in any other house" (Bauman 1989, S. 17). Salzborn weist darauf hin, dass Bauman sich mit dieser Beschreibung deutlich von anderen zivilisationstheoretischen Ansätzen wie unter anderem Horkheimer und Adornos *Dialektik der Aufklärung* abhebt (Salzborn 2010, S. 169) – dies entspricht auch der eingangs zitierten analogen Beobachtung Detlev Claussens, dass der Holocaust in diesem Fall nicht als Resultat einer ebensolchen Dialektik, sondern als direktes Produkt der Moderne fehlinterpretiert werde. Anhand der Analysekategorien Bürokratie, (instrumentelle) Rationalität, Technologie und Wissenschaft, sowie Ethik und Moral, die allesamt als zentral mit der Moderne assoziiert werden, möchte Bauman zeigen, dass die Moderne eine zwar nicht hinreichende, aber zumindest notwendige Bedingung für den Holocaust sei (Milchman/Rosenbaum 1990, S. 338). Daraus folgt wiederum, dass die Moderne für Bauman nicht zwangsläufig im Holocaust mündet, allerdings der Holocaust ohne die Moderne nicht denkbar ist und ohne ihre Errungenschaften nicht eingetreten wäre.

Denn der Holocaust ist für Bauman hauptsächlich eine direkte Folge genau dieser Kategorien, schwerpunktmäßig allerdings der modernen bürokratischen

Ordnung und Kultur sowie instrumenteller Rationalität, die gewissermaßen den Grundstein für den Holocaust legten. Dieser wird damit zum Nebenprodukt der die Natur vollständig zu unterwerfen suchenden Moderne erklärt: „The Holocaust is a by-product of the modern drive to a fully designed, fully controlled world, once the drive is getting out of control and running wild" (Bauman 1989, S. 93). Doch nicht nur der Holocaust: In einem komparativ-genozidalen Argument nennt Bauman sowohl Stalin als auch Hitler als Urheber von ‚den' beiden „most notorious and extreme cases of modern genocide" (Bauman 1989, S. 92–93). Und auch für den Stalinismus gelte, was gleichermaßen für den Holocaust gelte: „They did not deviously depart from the main track of the civilizing process. They were the most consistent, uninhibited expressions of that spirit" (Bauman 1989, S. 93). Jegliche Genozide, so Bauman, seien weder eine abnorme Entwicklung noch eine Fehlfunktion der Moderne (Bauman 1989, S. 114). Sie seien ihr direktester und unmittelbarster Ausdruck.

Aus diesen Gründen wird Bauman von verschiedenen Seiten der Vorwurf gemacht, den Holocaust zu trivialisieren und den modernen Antisemitismus als Variante des Rassismus in seiner Spezifik zu verkennen und zu relativieren (vgl. Globisch 2013, S. 101–103). So beschreibt es prägnant Claussen:

> Bauman [löst] die weltgeschichtliche Besonderheit von Auschwitz in allgemeine Formeln und Erklärungsmuster auf – den Antisemitismus in den Rassismus, den sich strukturell verändernden Kapitalismus in die Moderne, die als Kategorie gleichermaßen für die barbarisierenden Gesellschaften des sowjetischen Typs gelten soll. (Claussen 2005, S. 23–24)

Salzborn führt diese Kritik noch weiter aus und konstatiert, dass Bauman in seiner Analyse und Beschreibung der Moderne mehrere Dinge übersehe oder ignoriere. Einerseits sei die von Bauman verwendete Metapher der modernen Kultur als „gärtnerische Tätigkeit" (Bauman selbst spricht von der modernen Gesellschaft als „‚gardening' state" bzw. „a garden to be designed and kept in the planned shape by force", vgl. 1989, S. 13), in der im Sinne einer Unkrautvernichtung produktiv bestimmt würde, wer zur metaphorisch als Garten imaginierten Gesellschaft zugehörig sei und wer nicht, trivial – und anderseits auch falsch (Salzborn 2010, S. 176–177). Denn in der Konsequenz bringe Bauman mit der Gartenmetapher, die den Holocaust nur als gärtnerisches Nebenprodukt der Unkrautvernichtung beschreibt, das Subjekt zum Verschwinden: Wenn es die moderne Kultur selbst sei, die die Gesellschaft wie einen Garten strukturiere und bürokratisch durchplane, dann können die Menschen gewissermaßen nicht anders, als sich analog zu dieser Forderung zu verhalten (vgl. Salzborn 2010, S. 177–178). „Das Subjekt des Antisemitismus", so Salzborn konsequent, „[...] wird damit exkulpiert" (Salzborn 2010, S. 178).

Um wieder zurück zu Gilroy zu kehren: Die hier skizzierten Probleme und Vorwürfe, die an Bauman gerichtet werden, thematisiert Gilroy nicht. Für ihn ist der einzige erkennbare Kritikpunkt an Baumans Theorie der Moderne, dass sie eurozentrisch sei. In seinem Werk *Between Camps* schreibt Gilroy dementsprechend: „For him [Bauman] the murderous accomplishments of the gardening state do not extend to the genocidal activities of Theodor Leutwein and Lothar von Trotha among the Herero people of German South West Africa" (Gilroy 2000, S. 87). Ob diese faktische Auslassung seitens Baumans tatsächlich impliziert, dass koloniale Genozide für ihn nicht gleichermaßen als ‚Errungenschaften' der Moderne angesehen werden, oder ob es in einer tatsächlichen eurozentrischen Blindheit und Ignoranz Baumans schlicht nicht zu ihrer Erwähnung gekommen ist, obwohl sie mit der Theorie prinzipiell kompatibel sind, wird weder bei Gilroy noch bei Bauman selbst expliziert. Mir erscheint letztere dieser beiden Optionen aber plausibler – zumal Bauman betont, dass *jeglicher* Genozid unmittelbarer Ausdruck der Moderne sei. Prinzipiell schließt Gilroy sich allerdings der Vorstellung einer bei Bauman skizzierten Moderne durchaus an: „Although his case is weakened by this oversight, there is nonetheless something valuable and eminently translatable in Bauman's polemical observations" (Gilroy 2000, S. 87).

Somit entwickelt Gilroy seine Theorie von „Camps" als Stätten der Moderne in großer gedanklicher Nähe zu Bauman:

> I want to take the risk of identifying camps – refugee camps, labor camps, punishment camps, concentration camps, even death camps – as providing opportunities for moral and political reflection [...] we can observe that the camp and its extreme wrongs have been associated with the transformation of justice and with important attempts to clarify and restore the normal moral and historical order of modernity once the state of emergency has become an everyday reality. (Gilroy 2000, S. 88)

Alle (von ihm aufgelisteten) Arten von „camps" sind bei Gilroy offenbar gleichermaßen solche Orte, an denen (analog zu Bauman) der moderne ‚gardening state' sich seines metaphorischen Unkrauts entledige – entweder durch einen ‚social death' der Insassen oder durch den tatsächlichen Tod. Katalysator hierfür ist bei Gilroy das, was er „raciology" nennt: „the lore that brings the virtual realities of ‚race' to dismal and destructive life" (Gilroy 2000, S. 11) – der Begriff beschreibt also gewissermaßen die Elemente, die Rassismus und rassistisches Denken ausmachen, bspw. Stereotype, Images, Abwertung, Vorurteile und Affekte. „Raciology" und „Race" sind bei Gilroy dabei die zentralen Kennzeichen der Moderne (vgl. Eaglestone 2004, S. 331–332). Unter ‚raciology' fasst Gilroy auch Antisemitismus (Gilroy 2000, S. 65); ‚raciology' selbst wird beschrieben als modernisierende Kraft und Politik, die staatlicher Macht inhärent sei (Gilroy

2000, S. 80). Insofern ist es konsequent, dass für Gilroy „European Jews" und „colonial peoples" von denselben transnationalen Auswirkungen europäischer „raciology" und „race-hygiene" betroffen seien (Gilroy 2000, S. 80).

In diesem Zusammenhang knüpft Gilroy an das Konzept der Biopolitik in der Tradition Michel Foucaults an (Gilroy 2000, S. 67).[2] Gilroy schreibt in Bezug auf Foucault, dass dieser die Moderne als Entwicklung von einer „anatomo-politics of the human body" hin zu einer „biopolitics of the population" beschreibe. Der Begriff der Biopolitik ist für die Diskussion um die Relationen von Holocaust, Kolonialismus und Moderne insofern interessant, als dass er eine bestimmte Art von Herrschaft als konstitutiv für den modernen Staat bzw. die Moderne schlechthin zu begreifen sucht (vgl. Lemke 2007, S. 47). Foucault selbst ist in seinem Werk uneinheitlich: Einerseits benutzt er die Begriffe ‚Biopolitik' und ‚Biomacht' im Wesentlichen synonym bzw. unterscheidet sie nicht voneinander. Andererseits wird der Begriff auch auf verschiedene Arten und Weisen gebraucht und verstanden. Thomas Lemke unterscheidet drei verschiedene Auslegungen des Begriffes der Biopolitik bei Foucault: Zunächst und erstens beschreibt Foucault Biopolitik in Bezug auf souveräne Staatsmacht als „historische Zäsur im politischen Handeln und Denken" in der Moderne, zweitens explizit in Bezug auf die Bedingungen zur Entstehung des modernen Rassismus und drittens in Bezug auf eine „besondere Kunst des Regierens, die erst mit liberalen Führungstechniken auftaucht" (Lemke 2007, S. 48). Obwohl der Begriff bei Foucault diese drei Bedeutungsebenen aufweist, so sind diese doch allesamt auch miteinander verknüpft und nicht exklusiv zu verstehen.

Für Gilroy ist der Begriff der Biopolitik eng mit seinem Konzept der ‚raciology' verknüpft: Beide seien rassistisch wirkende Machtformen und kennzeichnend für moderne Gesellschaften. In welchem Zusammenhang Biopolitik einerseits zu Kolonialismus und Holocaust, andererseits zu Rassismus und Antisemitismus steht, soll im folgenden Abschnitt kritisch dargestellt und erörtert werden.

5.3 Holocaust und *Homo Sacer* – Aspekte und Problemdimensionen biopolitischer Zugänge

Foucault gebraucht den Begriff Biopolitik das erste Mal im Oktober 1974 in dem zweiten von zwei Vorträgen mit dem Titel „Die Geburt der Sozialmedizin" im

---

[2] Für einen Überblick über die ambivalente Geschichte des Begriffes ‚Biopolitik', der auch für die nationalsozialistische Konzeption des ‚Volkskörpers' sowie die Blut-und-Boden-Ideologie des ‚Lebensraums' durchaus relevant ist, vgl. Lemke 2007, S. 19–45.

Rahmen einer Vorlesung an der staatlichen Universität von Rio de Janeiro (Foucault 2003) und erst zwei Jahre später mehr oder weniger systematisch in seinen Schriften (Lemke 2007, S. 49). In seiner Vorlesung beschreibt Foucault den Begriff zunächst wie folgt:

> Die Kontrolle der Gesellschaft über die Individuen wird nicht nur über das Bewusstsein oder durch die Ideologie, sondern ebenso im Körper und mit dem Körper vollzogen. Für die kapitalistische Gesellschaft war vor allem die Bio-Politik wichtig, das Biologische, das Somatische und das Körperliche. Der Körper ist eine bio-politische Wirklichkeit; die Medizin ist eine bio-politische Strategie. (Foucault 2003, S. 275)

Generell unterscheidet Foucault in seinen Schriften dieser Zeit zwei moderne Machtformen bzw. Ausübungsformen staatlicher Macht, die über das Leben ihrer Bevölkerung walten: Wo die eine, ältere Form einer Art ‚Souveränitätsmacht' entspreche, die bis ins Römische Reich zurückreiche (vgl. Foucault 1976, S. 161), sei deren im Zuge der Entwicklungen der Moderne sie ablösende Variante als ‚Biomacht' zu verstehen (vgl. Lemke 2007, S. 49). Foucault schreibt im ersten Band der Reihe *Sexualität und Wahrheit* mit dem Titel *Der Wille zum Wissen*: „Eines der charakteristischsten Privilegien der souveränen Macht war lange Zeit das Recht über Leben und Tod", dieses wiederum „bedingt durch die Verteidigung des Souveräns und seines Überlebens" (Foucault 1976, S. 161). Sie sei gekennzeichnet über die Verfügungsgewalt über das Leben seiner Subjekte: „das Recht, sterben zu *machen* und leben zu *lassen*" (Foucault 1976, S. 162; Hervorhebungen im Original). Durch verschiedene Modernisierungsprozesse habe sich diese Art der Macht allerdings transformiert in eine, die nicht nur leben lässt und erhält, sondern auch fördert, verbessert und aufwertet: „diese Macht ist dazu bestimmt, Kräfte hervorzubringen, wachsen lassen und zu ordnen, anstatt sie zu hemmen, zu beugen oder zu vernichten" (Foucault 1976, S. 162. Vgl. auch 166). Zusammengefasst: „Man könnte sagen, das alte Recht, sterben zu *machen* [bspw. durch Todesstrafe] oder leben zu *lassen* [bspw. durch Begnadigung] wurde abgelöst von einer Macht, leben zu *machen* oder in den Tod zu *stoßen*" (Foucault 1976, S. 165; Hervorhebungen im Original). Diese nennt Foucault „Bio-Macht" und beschreibt sie konkreter als eine Art von staatlicher Macht, die u.a. Probleme der „Geburtenrate, der Lebensdauer, der öffentlichen Gesundheit, der Wanderung und Siedlung" kontrolliere (Foucault 1976, S. 167).

Konkret wirke Biopolitik durch die Institutionen der modernen Gesellschaft, indem sie registriere und steuere, beispielsweise bei der Erfassung von Geburten und Todesfällen, staatlichen Förderungsprogrammen zu Familienplanung und/oder Geburtenförderung, öffentlicher Gesundheits-, Sexual- und Hygieneaufklärung und Bildungspolitik auf der einen Seite, und Eugenik auf der anderen Seite (Sarasin 2005, S. 167). Wo in der einen Machtform der Tod die Projektionsfläche war, ist es in der von Foucault skizzierten Biomacht bzw. Biopolitik also das Leben: „an seiner Verwaltung und ‚Optimierung' bewährt sie sich, aus ihr gewinnt sie ihre Legitimation" (Sarasin 2005, S. 168). Gleichzeitig weist Foucault darauf hin, dass diese Biomacht, die ‚leben machen' möchte, sich gleichzeitig auch die Legitimation zum Töten gebe. Es sei dabei „der Rassismus als grundlegender Mechanismus der Macht", der schlussendlich darüber entscheide, wer in einer Gesellschaft am Leben bleiben und damit im Sinne der Gemeinschaft gefördert werden darf, und wer nicht leben dürfe, also sterben müsse (Foucault 1999, S. 295. Zitiert nach Sarasin 2005, S. 169). Laut Sarasin kann dieses ‚Sterben' allerdings auch lediglich eine Art „sozialen Tod dieser Menschen" bedeuten, was einer diskriminierenden Ausgrenzung gleichkommt (Sarasin 2005, S. 170). Hier wird deutlich, wie Gilroys Konzept von ‚Camps' an Foucaults Biopolitik anknüpft: In den ‚Camps' wird nicht lebenswertes Leben in den sozialen oder konkreten Tod aussortiert, und zwar motiviert durch eine moderne ‚raciology', was dem ‚Rassismus' bei Foucault entspricht.

Diese Ausführungen erinnern erneut an Detlev Claussens Eingangszitat, in dem generell in Frage gestellt wird, ob ‚der' Rassismus der bürokratischen ‚biopolitischen' Moderne schlussendlich dafür verantwortlich sei, dass Menschen im Nationalsozialismus und im Holocaust sterben müssen. Außerdem: gelten Gilroys und Foucaults Äußerungen auch für den modernen Antisemitismus? Weder bei Gilroy noch bei Foucault wird Antisemitismus von Rassismus unterschieden; letzterer geht in seinen Ausführungen zur Biopolitik auf Antisemitismus nicht explizit und gesondert ein. Auf diesen Umstand, also die Auslassung des Antisemitismus in Konzeptionen von Biopolitik, werde ich im Verlauf des Kapitels noch näher eingehen. Zusammenfassend kann allerdings zunächst festgehalten werden, dass Biopolitik für Foucault die zentrale Macht- und Steuerungsform moderner industrialisierter und kapitalistischer Gesellschaften ist – und zwar nicht mancher, sondern aller dieser Gesellschaften. Daher unterscheidet Foucault in der biopolitischen Analyse auch nicht grundsätzlich verschiedene Staats- oder Herrschaftsformen und -verhältnisse voneinander, beispielsweise Kolonialismus, Stalinismus und Nationalsozialismus.

Das Konzept der Biopolitik wird bei dem postkolonialen Autoren Achille Mbembe aufgegriffen und dort als „Necropolitics" beschrieben (Mbembe 2003). Analog zu Foucault sieht Mbembe *„race* (or for that matter *racism*)" als „the ever present shadow in Western political thought and practice, especially when it comes to imagining the inhumanity of, or rule over, foreign peoples" (Mbembe 2003, S. 17). Mbembe übernimmt dabei auch Foucaults Postulat, dass der Nationalsozialismus das bisher vollständigste Beispiel für einen Staat sei, der sich das Recht gegeben habe, Menschen zu töten. (vgl. Mbembe 2003, S. 17). Hier greift Mbembe auch auf Enzo Traverso zurück, der, ähnlich wie Bauman, den Holocaust als Produkt einerseits einer langen Modernisierungskette, andererseits einer rassistischen Biopolitik versteht (vgl. Traverso 2002, zitiert bei Mbembe 2003, S. 18).

Foucaults Konzept der Biopolitik wurde am prominentesten von Giorgio Agamben weiterentwickelt bzw. ‚umgestülpt' (vgl. Graefe 2007, S. 92). Agamben grenzt Biopolitik zeitgeschichtlich nicht so deutlich wie Foucault von einer souveränen Machtkonzeption ab, sondern sieht Biopolitik als eng verknüpft mit souveräner Macht seit der griechischen Antike (vgl. Agamben 2002, S. 11–22). „[D]ie Einbeziehung des nackten Lebens", so Agamben, bilde demnach seit ca. dem 8. Jahrhundert v. Chr. den „ursprünglichen – wenn auch verborgenen – Teil der souveränen Macht" (Agamben 2002, S. 16). Der moderne Staat bringe diese Verknüpfung nur deutlicher zutage, er bringe „das geheime Band wieder ans Licht, das die Macht an das nackte Leben bindet" (Agamben 2002, S. 16). Das nackte Leben sei das Leben des „*homo sacer*", eine Rechtsfigur aus dem römischen Recht, die sich auf rechtlose und ‚vogelfreie' Menschen bezieht (Geulen 2005, S. 11). Der *homo sacer* kann „*getötet werden* [...], aber [darf] *nicht geopfert werden*" (Agamben 2002, S. 18; Hervorhebung im Original) – und damit war er sowohl vom weltlichen (*ius profanum*) wie auch vom kirchlichen Recht (*ius divinm*) ausgenommen (Geulen 2005, S. 88). Das Leben des *homo sacer* sei gekennzeichnet durch Ausschluss aus der Gesellschaft, und dieser Ausschluss gleichzeitig konstituierend für ebendiese: Das nackte Leben in der Figur des *homo sacer* stelle die „ursprüngliche Figur des in Bann genommenen Lebens" dar, weiterhin die ursprüngliche „Ausschließung, mittels dere[r] sich die politische Dimension konstituiert" (Agamben 2002, S. 93). Agamben rekurriert für seine Argumentation auf die griechischen Begriffe *zoe* (ζωή) für das biologische und ‚nackte' Leben, welches „allen Lebewesen gemein ist", und *bios* (βίος) für das politische Leben bzw. „die Form oder Art und Weise des Lebens, die einem einzelnen oder einer Gruppe eigen ist" (Agamben 2002, S. 11). Agamben möchte nun aufzeigen, dass diese Unterscheidung bereits in der antiken Politik nicht so klar vorzunehmen sei, wie durch die Begriffe suggeriert werde – es also nicht so sei, dass die Politik ausschließlich *bios* verwalte, und *zoe* nicht in ihren Gegenstandsbereich falle. Diese „Politisierung des natürlichen Lebens", die Foucault im Verlauf der Moderne verortet, identifiziert Agamben historisch bereits in der römischen Antike (Geulen 2005, S. 83). Dort sei der *homo sacer* das „Urbild des nackten Lebens, ein biopolitischer Körper, auf dessen Absonderung sich alle Macht [gründe]" (Geulen 2005, S. 91): „Dem nackten Leben kommt in der abendländischen Politik das einzigartige Privileg zu, das zu sein, auf dessen Ausschließung sich das Gemeinwesen der Menschen gründet" (Agamben 2002, S. 17).

Dieses zwar nackte, aber dennoch notwendigerweise bio-*politische* Leben sei es, dessen Ausschluss für Agamben den politischen und juristischen Ausnahmezustand kennzeichne:

> Der Ausnahmezustand, in dem das nackte Leben zugleich von der Ordnung ausgeschlossen und von ihr erfaßt wurde, schuf gerade in seiner Abgetrenntheit das verborgene Fundament, auf dem das ganze politische System ruhte. (Agamben 2002, S. 19)

Im Rekurs auf den nationalsozialistischen Theoretiker Carl Schmitt möchte Agamben aufzeigen, dass der Ausnahmezustand konstitutiv für die westlich-abendländische Rechtsordnung sei, da der Souverän sich durch die schiere Möglichkeit des Ausnahmezustands seine Macht sichere – und zwar seit den antiken Gesellschaften bis in die Moderne hinein (Graefe 2007, S. 94). Der Ausnahmezustand wird assoziiert mit dem nackten Leben, insofern ist das nackte Leben bei Agamben konstitutiv für das Recht des Souveräns – und in der antiken Figur des sowohl heiligen als auch vogelfreien und nackten *homo sacer* daher adäquat abgebildet (Graefe 2007, S. 95). Auch für moderne Gesellschaften sei der *homo sacer* damit gewissermaßen paradigmatisch für die Konstituierung von souveräner Macht. Diese Reziprozität zwischen souveräner Macht und Ausnahmezustand ist das, was Agamben unter Biopolitik versteht: Sie ist biopolitisch, weil sie notwendigerweise auf der Differenzierung von politischem und biologischem ‚nacktem' Leben konstituiert sei.

Der Ausnahmezustand werde, so Agamben, in ‚Lagern' am sichtbarsten. Unter Lagern versteht er, wie Gilroy, sowohl Konzentrations- als auch Gefangenen-, Vernichtungs- und/oder Arbeitslager. Diesen sei gemein, dass in ihnen der Ausnahmezustand zur Regel werde (Graefe 2007, S. 96): Lager produzierten nach Agamben nacktes Leben auf rechtlicher Basis – insofern ist es nur konsequent, wenn er von den nationalsozialistischen Vernichtungslagern als bisher deutlichstem und ausgeprägtestem Fall von Biopolitik und dem paradigmatischen Ort der „Verdichtung der paradoxen Struktur souveräner Macht" spricht (Graefe 2007, S. 96). Der Ausnahmezustand, so Agamben, drohe „in unserer Zeit immer mehr in den Vordergrund [zu rücken] und letztlich zur Regel zu werden" – und das Lager, nicht wie in Foucaults *Überwachen und Strafen* das Gefängnis, sei „der Raum, der dieser originären Struktur des Nomos entspricht" (Agamben 2002, S. 30). Mit dem Begriff ‚Nomos' knüpft Agamben dabei erneut direkt an die politische Theorie und Philosophie Carl Schmitts an: Schmitt sprach vom „Nomos der Erde" als juristisch grundlegender Raumordnung im Sinne einer „Landnahme" nach innen und außen, die allen Rechtsordnungen zugrunde liege (Schmitt 1950, S. 13). Wo bei Schmitt allerdings klar zwischen Ausnahmezustand und Regel unterschieden wird, fallen Ausnahmezustand und Regel bei Agamben ununterscheidbar zusammen, die „Entortung des Ausnahmezustandes" als abseits souveräner Macht wird damit konstitutiv für die souveräne Macht (Korf/Schetter 2016, S. 155). Allerdings, so zeigen Korf und Schetter, wird der Ausnahmezustand dann aber doch auch verortet, da Agamben das Lager als „Lokalisierung des Ausnahmezustandes schlechthin" begreift (Korf/Schetter 2016, S. 156). Der Ausnahmezustand werde also immer mehr zur Regel, werde ununterscheidbar von souveräner Macht, und sei dennoch im Lager verortet – dies führt Agamben dann konsequenterweise zu der Analyse, „dass wir alle virtuell *homines sacri* sind" (Agamben 2002, S. 124; Hervorhebung im Original).

Wie Graefe anmerkt, wirkt diese Analyse „verstörend" (Graefe 2007, S. 99 – und in ihrem Relativismus nahezu absurd: Wenn man Agambens Argumentation konsequent zu Ende denkt, dann sind ‚wir' nicht nur alle gleichermaßen virtuell *homini sacri*, sondern lebten auch virtuell als Lagerinsassen. Und was genau virtuell heißt, wird bei Agamben nicht einmal spezifiziert. Eva Geulen, die Agamben eigentlich vor dem Vorwurf verteidigen möchte, dass für ihn die Verschränkung von Biopolitik und Ausnahmezustand das Paradigma moderner Politik sei, kann ihn von dieser Gleichsetzung auch nicht freisprechen. So schreibt sie:

> Paradigmatisch [für moderne Politik] sind vielmehr die juridischen und biopolitischen Dispositive, die das Lager organisiert haben als einen Raum, in dem das Unmögliche wirklich werden *konnte*. Grauenhaftes war vorher und wird nachher nicht nur möglich sein, es geschieht fortwährend. (Geulen 2005, S. 99; Hervorhebung im Original)

Geulen weist darauf hin, dass Agambens „nüchterne Analyse" demnach auch die Einzigartigkeit von Auschwitz und der Shoa nicht erfasse (Geulen 2005, S. 99). Darin erkennt sie allerdings weniger eine Schwäche bzw. Fehlleistung seiner Theorie, sondern im Gegenteil gewinnbringendes Potential: sie bringe „Aspekte ans Licht, die sich unter der Formel [!] ‚Auschwitz darf sich nicht wiederholen' verborgen haben könnten" (Geulen 2005, S. 100). Die Systematik des Lagers vor und nach Auschwitz unterscheide sich nicht grundlegend und auch nicht strukturell, womit die deutschen Vernichtungslager in Agambens Analyse strukturell gleichartig mit Guantánamo werden. So schreibt Agamben an einer Stelle seines Werkes *Ausnahmezustand* über die Inhaftierung afghanischer Taliban-Mitglieder während der George-W.-Bush-Administration in den USA:

> Weder Gefangene noch Angeklagte, sind sie einfache Verhaftete (*detainees*), die einer rein faktischen Herrschaft unterworfen sind, einer Haft, die nicht nur zeitlich, sondern ihrem Wesen nach unbestimmt ist, denn sie entzieht sich jedem Gesetz und jeder Form rechtlicher Kontrolle. Vergleichbar ist dies allenfalls mit dem rechtlichen Status der Juden in

den Nazi-Lagern, die mit der Staatsbürgerschaft jegliche Identität verloren, aber wenigstens die jüdische noch behielten. Wie Judith Butler überzeugend dargelegt hat, erreicht mit dem *detainee* von Guantanamo das nackte Leben seine höchste Unbestimmtheit. (Agamben 2004, S. 10)

Agamben setzt nicht nur Verhaftete in Guantánamo mit Gefangenen in „den Nazi-Lagern" gleich, er sagt, dass man sie „allenfalls" mit diesen vergleichen könne – und eigentlich, so insinuiert er, wäre es den Juden in den Konzentrations- und Vernichtungslagern doch im Vergleich auch relativ gut gegangen, da sie ihre jüdische Identität bis zu ihrer Vernichtung ja behielten. Dadurch relativiert Agamben auf besonders markante Weise den Holocaust: Die Verhafteten von Guantánamo sind in Agambens Analyse historisch gleichzusetzen mit jüdischen KZ-Insassen, denen im Vergleich zu den Verhafteten im US-Gefängnis doch „wenigstens" ihre jüdische Identität noch bleibe. Damit macht Agamben auch streng genommen keinen Unterschied zwischen Vernichtungslagern, Internierungslagern und Flüchtlingslagern. Christian Strecker macht in einem Aufsatz auf diese Problematik ebenfalls aufmerksam. Dabei verweist er auf das breite Spektrum dessen, was bei Agamben als Lager verstanden wird. Nach einer Auflistung solcher Beispiele[3] bringt Strecker auf den Punkt, was an Agambens Argumentation so irritierend erscheint: An der Gleichsetzung verschiedener Arten von Lagern ist freilich nicht nur der Umstand befremdlich, dass sie keinen Unterschied zwischen erzwungenem Arrest und freiwilliger Abschottung macht. Befremdlicher noch ist, dass Agamben die besagten Beispiele [...] letztlich in eine Reihe mit den Lagern der NationalsozialistInnen stellt (Strecker 2013, S. 183).

Auf diese Gleichsetzung weist auch Andrea Trumann hin:

Agamben will mit Hannah Arendt den Flüchtling als auslösendes Moment begreifen, das den bis zum Zweiten Weltkrieg geltenden Konnex zwischen Nativität und Nation aufgelöst habe. Die Entrechtung der Behinderten, psychisch Kranken und Juden durch die NationalsozialistInnen wird hier nur als weitere Eskalationsstufe einer Politik begriffen, die das nackte Leben aus der staatlichen Ordnung aussondert und tötet. (Trumann 2006, S. 115)

---

3 Strecker zitiert beispielhaft ein „Fußballstadion in Bari, in dem die italienische Polizei 1991 albanische Flüchtlinge sperrte, über die *zone d'attentes* (‚Wartezonen') in internationalen französischen Flughäfen, die zur vorübergehenden Festsetzung von Asylsuchenden eingesetzt wurden, bis hin zu den sog. *gated communities*, den geschlossenen, dem öffentlichen Raum entzogenen Wohnanlagen und -bezirken der Reichen" (Strecker 2013, S. 212. Vgl. auch Agamben 2002, S. 183).

5.3 Holocaust und *Homo Sacer* — 199

Trumann hat völlig Recht: Agamben sieht zwischen Auschwitz und anderen Arten von ‚Lagern' nur graduelle Unterschiede, sie seien allesamt Ausdruck „einer Politik". Das hat mehrere Konsequenzen:

> Der Kniff, Flüchtlinge [...] gleich zu setzen mit Behinderten, psychisch Kranken und Juden, deren Ermordung mit drastischen Einschränkungen bzw. dem Entzug der Staatsbürgerrechte einher ging, bringt zwei Effekte mit sich. Zum einen werden die Gruppen als jeweils austauschbare entqualifiziert, durch die Abstraktionsleistung kann der Entrechtungsprozess als quasi Grund für Ausbürgerung, Einreiseverweigerung oder Ermordung betrachtet werden. Zum anderen wird das antisemitische, behindertenfeindliche und rassistische Subjekt ausgeklammert und somit objektiv entschuldet. (Trumann 2006, S. 115–116)

Genauer gesagt wird nicht nur das Subjekt ausgeklammert. Wenn das Lager für Agamben der Ort ist, an dem die Ausnahme zur Regel wird, dann sind es nicht Antisemitismus, Eugenik, Ökonomie und Rassismus, die als zu untersuchende Elemente in den Fokus rücken, sondern ausschließlich die diffuse Macht der Biopolitik (vgl. Trumann 2006, S. 119).

Was leistet die Kategorie der Biopolitik für die Analyse von Kolonialismus und NS/Holocaust? In einem Artikel über moderne Genozide und Biopolitik geht Dan Stone den Problemen eines biopolitischen Zugriffes auf Ereignisse wie den NS und den Kolonialismus näher auf den Grund. Er zeigt zunächst auf, dass sich der biopolitische Ansatz tendenziell eher im Bereich der funktionalistischen Analysen und Bewertungen von NS und Holocaust eingliedern lässt. Traditionell wird in der Holocaustforschung seit kontroversen Diskussionen v.a. in den 1970er und 1980er Jahren zwischen einerseits eher strukturalistisch-funktionalistischen (bspw. Mommsen 1983) und andererseits eher intentionalistischen Ansätzen (bspw. Friedländer 1987b) unterschieden. Diese Unterscheidung weist – sehr grob zusammengefasst – darauf hin, dass funktionalistische Ansätze tendenziell die strukturellen, bürokratischen, staatlichen – im weitesten Sinne also ‚modernen' Dynamiken des NS untersuchen um zu verstehen, wie es kumulativ zur ‚Endlösung' kommen konnte. Intentionalistische Ansätze hingegen widmen sich eher der völkisch-antisemitischen und wahnhaften Ideologie der TäterInnen. Die biopolitischen Ansätze im Bereich der funktionalistischen Herangehensweisen zu situieren, erscheint dabei durchaus überzeugend und naheliegend, fokussieren sie doch auf die Funktionsweise von Macht und Politik und weniger auf die Weltanschauungen und Ideologien der in Gesellschaften lebenden Menschen. In dieser Fokussierung, so Stone, ignorieren die biopolitischen Ansätze allerdings einige essentielle Elemente des Holocausts (vgl. Stone 2008, S. 163) bzw., wie ich hinzufügen würde, können sie diese auch gar nicht erfassen.

Stone zitiert eingangs in seinem Text William Hagen, der einen guten Ausgangspunkt für seine Argumentation liefert. Hagen zeigt auf, welche Schwachpunkte sowohl die intentionalistische als auch die funktionalistische Deutung von NS und Holocaust aufweisen. Die funktionalistische Tradition leide darunter, dass sie Ideologien kategorisch nicht erfassen könne. Durch die Überfokussierung auf strukturelle Aspekte und Modernisierungsprozesse gerieten Ideologien wie Antisemitismus, Antimodernismus, Rassismus etc. aus dem Fokus und würden damit implizit als „exogenous to modernity's logic" gewertet (Hagen 2002, S. 472). Die intentionalistische Herangehensweise leide im Gegensatz dazu vor allem darunter, dass es ihr gelegentlich schwerfiele, ihre Thesen empirisch abzusichern (Hagen 2002, S. 472). Stone übernimmt diese Unterscheidung um einerseits zu behaupten, dass der Konflikt zwischen beiden Herangehensweisen weiterhin nicht vollständig überwunden sei, andererseits aber um darauf zu verweisen, dass bereits im 19. Jahrhundert Forschungsarbeiten zur Erklärung von kolonialen Genoziden existierten, die funktionalistisch oder intentionalistisch argumentierten: „this tension between the ‚irrational-ideological' and the ‚structural-bureaucratic' lay at the heart of explanations of the occurrence of colonial genocide, which was amenable to both sorts of approach" (Stone 2008, S. 164). Sowohl in der Holocaustforschung als auch in der geschichtswissenschaftlichen Forschung zu Kolonialgenoziden ließe sich feststellen, dass funktionalistische Ansätze strukturell mit dem biopolitischen Ansatz verwandt seien oder zumindest eine große Ähnlichkeit aufwiesen:

> [...] for the logic of modernity's rationality and cold scientific objectification that is central to the funtionalist explanation concurs with biopolitical stress on the enumeration and medicalization of society – where the state turns genocidal – with a dynamic of destruction that derives irresistibly from impersonal and ostensibly nonideological measures such as registration and identification through to segregation and ‚eugenic' extermination. (Stone 2008, S. 164)

Stone selbst datiert den Beginn von Biopolitik zeitgleich mit dem Aufkommen des biologischen und sozialen Darwinismus sowie der Anthropologie des 19. Jahrhunderts, und ähnelt mit dieser Position eher Foucault als Agamben. Er betont allerdings auch, dass der biopolitische Ansatz die konstatierten Schwächen funktionalistischer Ansätze teile. Stone hegt keinen Zweifel an der Produktivität von Agambens Theorie, stellt allerdings auch die in dieser Arbeit bereits mehrfach angerissene Frage, warum die spezifischen Ereignisse von Nationalsozialismus und Holocaust nur in Deutschland und in keiner anderen modernen Gesellschaft geschehen konnten und sind (Stone 2008, S. 168). In Rekurs auf Dan Diner stellt er fest, dass, um die Spezifität von Nationalsozialismus und Holocaust zu erfassen, die politisch-historische Konstellation und damit auch notwendigerweise Fragestellungen nach Ideologie und ideologischer Motivation der TäterInnen stärker in den Vordergrund rücken müssen (vgl. Stone 2008, S. 168). In den Worten Dominick LaCapras, den Stone hier zitiert:

> [The biopolitical approach] does not account for Nazi quasi ritual horror at contamination, elation in victimization, regeneration or redemption through violence, fascination with extreme transgression, and equivocation or even at times ambivalence with respect to the Jew (who was seen as abject – even as a germ or vermin – but to whom erotic energies and incredible powers of world conspiracy were also imputed). (LaCapra 2001, S. 124, Fußnote 14. Zitat bei Stone 2008, S. 169)

An anderer Stelle verweist LaCapra auf den Gedanken, dass der biopolitische Ansatz einen spezifischen Aspekt der deutschen ‚Volksgemeinschaft' nicht erklären kann, der zentral für den Nationalsozialismus ist: „Within a certain Nazi framework, the Jew was a pollutant or a contaminant literally or figuratively in the *Volksgemeinschaft* that had to be eliminated for the Aryan people to reach its purity and wholesomeness" (LaCapra 2001, S. 165. Zitiert nach Stone 2008, S. 170; Hervorhebung im Original). So wird auch für Stone deutlich, dass die Vernichtung des europäischen Judentums durch die Deutschen im Namen eines Glaubens ausgeführt wurde, der sich nicht mittels funktionalistisch-biopolitischer Begriffe wie Bürokratie und technokratischem Populationsmanagement erklären ließe, nämlich: „the struggle between Aryan and non-Aryan forces that, for the leading Nazis, defined the movement of history" (Stone 2008, S. 170). Auch wenn dies sicherlich nicht, wie es bei Stone heißt, nur für die „leading" Nazis gilt, ist damit doch ein wichtiger Aspekt der biopolitischen gleichzeitigen Analyse von Kolonialismus und NS/Holocaust angesprochen: Es ist nicht wirklich möglich, mittels biopolitischer Kategorien den eliminatorischen Antisemitismus der Nazis und den NS-Rassismus zu erfassen oder zu erklären. Die rassische Reinheit der *Volksgemeinschaft* als biopolitische Maßnahme zu bewerten ist sicherlich naheliegend, greift aber zu kurz, da sie bspw. die millenaristische Irrationalität des nationalsozialistischen Antisemitismus nicht adäquat erfasst oder als ‚Populationsmanagement' verkürzt. Stone sieht in diesem Punkt den wesentlichen Unterschied zwischen Kolonialgenoziden und Holocaust: „Nazism shares a great deal with earlier forms of colonial rule and atrocity; it is the ‚metaphysical' quality of the Holocaust that distinguishes it from colonial genocides" (Stone 2008, S. 174). Was ist diese metaphysche Qualität, die funktionalistische und biopolitische Ansätze offenbar nur unzureichend erfassen? In gewisser Weise handelt es sich bei dieser um die zentrale Fragestellung dieser Arbeit und sie soll im folgenden Abschnitt kritisch erörtert und diskutiert werden.

5.4 Zum Verhältnis von modernem Antisemitismus und Rassismus

Ziel dieses Unterkapitels ist es, ausgehend von der Frage nach der Unterscheidungsmöglichkeit von Rassismus und Antisemitismus zu den Aspekten der ‚deutschen Volksgemeinschaft' als spezifischem Element von Nationalsozialismus und Holocaust überzuleiten. Im vorangegangenen Unterkapitel ist mehrmals darauf verwiesen worden, dass biopolitische Ansätze bestimmte Spezifika von NS und Holocaust nicht oder nur unzureichend erfassen können. Stone nennt in diesem Zusammenhang zwei wichtige Stichworte, die den Ausgangspunkt für dieses Kapitel bilden sollen: Einerseits die „political religion" des NS, also die *politische Religion,* andererseits Saul Friedländers Definition eines „redemptive anti-Semitism", eines *Erlösungsantisemitismus* (Stone 2008, S. 174). Der Erlösungsantisemitismus könne als nationalsozialistische Alltagsreligion verstanden werden (vgl. Stone 2008, S. 174). Ein weiteres wichtiges Stichwort wurde zuvor von LaCapra genannt: das Konzept der *Volksgemeinschaft*. Alle drei dieser Stichworte wurden zitiert, um die Schwächen einer biopolitischen Analyse von NS, Holocaust und Kolonialismus aufzuzeigen. Gleichzeitig zeigt Stone, dass in Vergegenwärtigung dieser Stichworte die essentiellen Unterschiede zwischen Kolonialismus/Kolonialgenoziden und Nationalsozialismus/Holocaust deutlich werden. Diese Behauptung soll in diesem Kapitel untersucht und erörtert werden.

5.4.1 Zwei Seiten derselben – oder verschiedene Medaillen?

Mit den folgenden Worten beginnt Andrea Trumann ihren Aufsatz „,Deconstruct Antisemitism' – Zum unmöglichen Unterfangen in poststrukturalistischer Manier den Antisemitismus zu begreifen":

> Antisemitismus wird in fast allen aktuellen Theorien über den Rassismus mit diesem gleichgesetzt oder gilt als Unterform des Rassismus. Der spezifischen Besonderheit des Antisemitismus oder gar der Vernichtung der europäischen Juden im Nationalsozialismus wird das nicht gerecht. (Trumann 2006, S. 105)

Was ist die „spezifische Besonderheit des Antisemitismus", von der Trumann hier spricht? Wie kann einer solchen Spezifik des Antisemitismus theoretisch gerecht werden? Und: Wird Antisemitismus in der entsprechenden Forschung tatsächlich und mehrheitlich als Variante von Rassismus beschrieben?

5.4 Zum Verhältnis von modernem Antisemitismus und Rassismus — 203

Um mit der letzten dieser Fragen zu beginnen: In der Tat ist es in der wissenschaftlichen Diskussion eine oftmals vorzufindende Einschätzung, dass es sich beim Antisemitismus um eine besondere Variante, Form oder Manifestation von Rassismus handele.[4] Ein Beispiel: In einem umfangreichen Überblickskompendium diverser *Theories of Race and Racism* (2000) schreiben die Herausgeber Les Back und John Solomos in ihrer Einleitung, dass sie Antisemitismus als spezifische Manifestation von Rassismus verstehen, und ferner:

> Anti-semitism is an issue that tends to be treated somewhat separately from other expressions of racism, and relatively few attempts have been made to include it within the core of contemporary debates about race and racism. But, as we attempt to illustrate in this Part, any comprehensive analysis of racism has to include anti-semitism as a key component. (Back/Solomos 2000, S. 2)

Antisemitismus wird hier als Schlüsselkomponente von Rassismus beschrieben. Obschon dem Antisemitismus offenbar ein gewisser Sonderstatus in der Geschichte des Rassismus zukomme, gehöre er dennoch untrennbar zu ihr. So beschreibt es bspw. auch Moshe Zimmerman in einem von Wulf. D. Hund herausgegebenen Sammelband: „Of all sorts of racism antisemitism seems to be singular and of all objects of racism Jews seem to be indeed a very special case" (Zimmerman 2011, S. 41). Hier wird Antisemitismus als eine Art von Rassismus bzw. werden jüdische Menschen als besonderes ‚Objekt' des Rassismus beschrieben. Auch die ‚Endlösung' wird bei Zimmerman als bisher konsequenteste und radikalste Ausführung einer rassistischen Ideologie beschrieben (Zimmerman 2011, S. 41). Daher, zusammenfassend: „antisemitism should be understood as one multi-faceted pattern of racism focusing on the alleged contrast between Jews and non-Jews or on the idea of a Jewish danger to non-Jews" (Zimmerman 2011, S. 44.).

Hier wird exemplarisch dargestellt, wie eine Einordnung von Antisemitismus als Unterform von Rassismus funktioniert. Aber wird, um Trumanns eingangs gestellte Frage aufzugreifen, damit der Antisemitismus zutreffend beschrieben und kategorisiert? Was wird bei einer Subsumierung von Antisemitismus unter die Kategorie Rassismus möglicherweise übersehen? Trumann verweist neben der nur unzureichenden Thematisierung des Antisemitismus bei Foucault und Agamben auch auf den Rassismustheoretiker Robert Miles als Beispiel für aktuelle Rassismusforschung, die nur unzureichend zwischen Rassismus und Antisemitismus unterscheide. In der Tat begreift auch Miles Antisemitismus als eine Unterform und damit Variante des Rassismus, die dementsprechend gleich strukturiert sei. Robert Miles sieht den europäischen

---

[4] Vgl. bspw. Geulen 2010, S. 278, der diese Zuordnung als „höchst problematisch" beschreibt.

Antisemitismus als Beispiel eines europäischen ‚Othering'-Prozesses, der sich gegen eine Vielzahl von Gruppen richtet. So schreibt er in seinem bekanntesten Werk *Racism*: „Negative stereotypes about, and discrimination against, Jewish people have also been central to constructing the Other in Europe and North America during the late eighteenth and early nineteenth centuries" (Miles/ Brown 2003, S. 30).

Auch in der aktuellen wissenschaftlichen Auseinandersetzung mit dem Verhältnis von Kolonialismus/Kolonialrassismus und Nationalsozialismus/Antisemitismus wird in der Regel eher von einer strukturellen Verwandtschaft von (kolonialem) Rassismus und Antisemitismus ausgegangen. Beispielhaft zeigt dies ein Text von Claudia Bruns. Sie schreibt von einer „long and complex history of the transnational and interdiscursive intersectionality of antisemitism and colonial racism in European history" – und dabei beschreibt sie sowohl Antisemitismus als auch kolonialen Rassismus als partikulare Varianten von Rassismus (Bruns 2011, S. 101). Dabei analysiert Bruns weniger den modernen, als vielmehr einen antijuadistisch, kulturell, sozial und ökonomisch geprägten neuzeitlichen Antisemitismus (vgl. Benz 2008, S. 19) in einem festgelegten Zeitraum von der Mitte des 18. bis zum Ende des 19. Jahrhunderts (vgl. Bruns 2011, S. 102–113). Der ‚Beginn' des modernen Antisemitismus wird allerdings meist auf das Jahr 1879 und das Erscheinen von Wilhelm Marrs Pamphlet *Der Sieg des Judenthums über das Germanenthum* datiert, in dem auch der Begriff ‚Antisemitismus' überhaupt erst geprägt wird (vgl. Benz 2008, S. 85–93). Bemerkenswert an Bruns Text ist die Beobachtung, dass es durchaus Überschneidungen zwischen Rassismus und vormodern-neuzeitlichem Antisemitismus gegeben hat und dass ‚orientalische' Jüdinnen und Juden im europäisch-kolonialen Diskurs oftmals in ähnlicher Weise als ‚Andere' wahrgenommen wurden (Bruns 2011, S. 104). Am Beispiel des Göttinger Orientalisten Johann David Michaelis zeigt Bruns, dass es auch Vorschläge gegeben hat, jüdische Menschen als Sklaven in den Überseeplantagen einzusetzen, da sie analog zum rassistischen und klimatheoretischen Diskurs der Zeit (siehe bspw. Montesquieu, Lavater, Blumenbach und Herder) als weniger zivilisiert und ‚menschlich' wahrgenommen wurden.

Offenkundig gibt es also historische Überschneidungen im Verhältnis von Antisemitismus und (kolonialem) Rassismus. In der Geschichte wurden und werden jüdische Menschen oftmals mit ähnlichen Bildern und Stereotypen assoziiert wie die von Rassismus betroffenen. Auch umgekehrt zeigt sich, dass im aktuellen rassistischen Diskurs häufig Überschneidungen zum Antisemitismus sichtbar werden. Auf diesen Umstand weist u.a. Stephan Grigat in einer Abhandlung über das Verhältnis von antisemitischen und rassistischen Bildern hin. So bemerkt er:

5.4 Zum Verhältnis von modernem Antisemitismus und Rassismus

> Zwischen rassistischen und antisemitischen Bildern existieren Gemeinsamkeiten und Übergänge. Der aktuelle Rassismus verabschiedet sich zusehends von den klassischen rassistischen Bildern, in denen sich die Angst vor dem Rückfall in die Natur ausdrückte. Immer stärker werden die rassistisch Stigmatisierten als Agenten international operierender Verbrechersyndikate imaginiert. Der aktuelle Rassismus in dieser Ausprägung präsentiert sich als ein verschobener Antisemitismus, der letztlich doch wieder zu seinem eigentlichen Objekt zurückfindet. (Grigat 2007, S. 310)

Für ein Beispiel einer solchen gemeinsamen oder überschneidenden Zuschreibung rekurriert Grigat auf Lars Rensmanns Werk *Kritische Theorie des Antisemitismus*. Dort schreibt Rensmann über die Flüchtlingsdebatten der BRD Anfang der 90er Jahre, dass sich in diesen vereinzelt „wesentlich antisemitischer Stereotype bedient" wurde (Rensmann 1998, S. 224). Bilder von Asylsuchenden wurden zu dieser Zeit mit Bildern von Naturkatastrophen wie Fluten oder Flutwellen assoziiert und bedienten damit laut Rensmann einen paranoiden Autoritarismus (Rensmann 1998, S. 224). Ferner:

> Seit 1993 hat der Diskurs über die Schimären der ‚Ausländerkriminalität' und ‚Organisierten Kriminalität' den über Flüchtlingsströme nahezu ersetzt. Diejenigen, die in ein Leben als Illegalisierte gezwungen worden sind, erscheinen als ganz ‚illegal' und ‚mächtig'. Auch dieser politische Diskurs [...] trägt Momente eines strukturellen Antisemitismus. (Rensmann 1998, S. 225)

Daraus lassen sich mehrere Schlussfolgerungen ziehen. Auf der einen Seite manifestiere sich der Antisemitismus nicht nur konkret gegen das Judentum und den jüdischen Staat Israel, „sondern gegen alles, was als jüdisch imaginiert wird" (Grigat 2007, S. 311). Dazu zählt eine Reihe von Ressentiments, nämlich:

> Ressentiments gegen Zivilisation und Individualität, gegen Intellektualität, Abstraktheit und Liberalität, gegen Ausschweifung und Freizügigkeit, gegen Bürgerlichkeit im ursprünglichen Sinne und gegen Kommunismus im einzig emanzipativen Sinne: der Herstellung der Möglichkeit individuellen Glücks als absoluter Gegensatz zum völkischen Identitätswahn. (Grigat 2007, S. 311)

So verwundert es nicht, wenn es in anderen politischen, geographischen und historischen Konstellationen Ressentiments gab und gibt, die bestimmte inhaltliche Überschneidungen zum Antisemitismus aufweisen: Wenn eine bestimmte Gruppe als überlegen, abstrakt, ausbeuterisch und überwältigend-bedrohlich eingeschätzt wird, schließt diese Zuschreibung an antisemitische Topoi an. Und wie Grigat feststellt, sind nicht notwendigerweise nur das Judentum oder der jüdische Staat von einer derartigen Zuschreibung betroffen. Grigat selbst nennt einige historische Beispiele, wie den Genozid an den ArmenierInnen oder die antichinesischen Ressentiments im Indonesien der 1960er und 1990er Jahre

(Grigat 2007, S. 311). In diesen Fällen fänden sich Diskriminierungsmuster, die deutliche antisemitische Züge aufwiesen. Auf der anderen Seite betont Grigat allerdings auch, dass bei diesen strukturellen Ähnlichkeiten weniger der moderne, als vielmehr der mittelalterliche, neuzeitliche, und vormoderne Antisemitismus einen Bezugspunkt darstelle: Das wesentliche Charakteristikum des explizit davon abzugrenzenden modernen Antisemitismus, welches sich in der „wahnhafte[n] Vorstellung von der Macht der Juden" konstituiere, „findet sich bei diesen strukturellen Ressentiments nicht" (Grigat 2007, S. 312). Auf diesen Punkt geht auch Bruns in ihrer Analyse des Verhältnisses von Antisemitismus und kolonialem Rassismus nicht gesondert ein, obschon sie viele wichtige Parallelen aufzeigt. In dieser unterschiedlichen Positionierung liege demnach auch der Hauptunterschied zwischen Antisemitismus und Rassismus:

> Den Opfern des Rassismus wird nicht ihre Überlegenheit, sondern ihre Unterlegenheit vorgeworfen. Nicht gegen ihre Allmacht, sondern gegen ihre Ohnmacht wendet sich der Rassismus. Juden hingegen gelten als allmächtig. (Grigat 2007, S. 313–314)

Der moderne Antisemitismus vollzieht die Verwandlung des vormodern-antisemitischen Vorurteils und Ressentiments sowie der Funktion „von realen Jüdinnen und Juden als *Projektionsobjekte*" hin zu reiner Ideologie (Salzborn 2010, S. 320; Hervorhebung im Original). Zunächst sollte aber etwas genauer unterschieden werden. Wenn von einem vormodern-neuzeitlichen Antisemitismus und einem modernen Antisemitismus gesprochen wird, so ist es in Anbetracht der Spezifik des modernen Antisemitismus möglicherweise adäquater, im Falle des vormodern-neuzeitlichen Antisemitismus eher von allgemeiner Judenfeindschaft zu sprechen. Eine solche Unterscheidung könnte auch mehr Klarheit in die Diskussion zum Verhältnis von Antisemitismus und Rassismus bringen. So beschreibt es bspw. Thomas Haury:

> In der Literatur wird allgemein zwischen der vor allem religiösen und wirtschaftlichen Motiven entspringenden Judenfeindschaft des Mittelalters und der beginnenden Neuzeit und dem modernen Antisemitismus des 19. und 20. Jahrhunderts unterschieden. Letzterer nahm zwar zahlreiche Motive der alten Judenfeindschaft auf, stellte aber insgesamt ein qualitativ neues Phänomen dar. Ebenso besteht grundsätzlich Einigkeit darüber, daß der moderne Antisemitismus in allen europäischen Staaten auftrat (wie auch die christlich-mittelalterliche Judenfeindschaft ein gesamteuropäisches Phänomen war) und mit der Modernisierung und Industrialisierung der europäischen Gesellschaften in engem Zusammenhang stand. (Haury 2002, S. 25)

Haury differenziert den modernen Antisemitismus dabei noch weiter. Er spricht von vier Formen, die er im Zeitraum von 1889 bis 1945 angenommen habe und unterscheidet 1. den konservativ-völkischen Antisemitismus des deutschen Kaiserreichs, 2. den radikalisierten Antisemitismus der Weimarer Republik, 3. einen dezidiert auf Hitler rekurrierenden Antisemitismus sowie 4. den staatlichen Vernichtungsantisemitismus im deutschen Nationalsozialismus. Alle diese Formen werden in der Antisemitismusforschung „aufgrund der jeweiligen historisch-gesellschaftlichen Konstellation, Trägergruppen, Organisationsweisen, ideologischen Radikalität und Verfolgungspraxis voneinander unterschieden" (Haury 2002, S. 26). Obschon diese Unterformen sich in diesen Aspekten voneinander unterscheiden und nicht gleichgesetzt werden können, besteht zwischen ihnen allerdings doch eine ideologische Kontinuität, die sich im gesamten Zeitraum nicht wesentlich unterscheide (vgl. Haury 2002, S. 28, Fußnote 16).

Der moderne Antisemitismus wird bei Haury als „Welterklärung" beschrieben, und dies unterscheide ihn ganz wesentlich vom Antijudaismus (Haury 2002, S. 30). Durch ökonomische, politische und kulturelle Umbrüche im 19. Jahrhundert transformierten sich antijüdische Vorstellungen so, dass nunmehr das gesamte Judentum als abstrakte und verschwörerische Macht verantwortlich für die Missstände der modernen industrialisierten Welt stand (vgl. Haury 2002, S. 31). Auf der ökonomischen Ebene wurde das Judentum mit „Geld, Handel, Banken, Börse, ‚Materialismus' und Ausbeutung" assoziiert, also „mit allen Institutionen und Formen der undurchsichtigen und abstrakten modernen Geldwirtschaft – Banken, Börsen, Aktien, Wechsel- und Spekulationsgeschäfte, internationale Finanztransaktionen und -verflechtungen" (Haury 2002, S. 31). Demgegenüber stehe in der antisemitischen Projektion das vermeintlich ehrliche, konkrete und eben nicht-abstrakte produzierende Gewerbe, also bspw. das Handwerk. Diese Opposition von ‚schaffendem' und ‚raffendem' Kapital, bei dem ersteres mit dem (deutschen) produktiven und arbeitenden Volk, und letzteres mit einem als unproduktiv und damit schmarotzend-parasitär imaginierten Judentum falsch assoziiert wird, ist für den modernen Antisemitismus elementar (vgl. Haury 2002, S. 32).

Ausführlich hat sich auch Moishe Postone mit diesem Themenkomplex auseinandergesetzt. In seinem Text „The Holocaust and the Trajectory of the Twentieth Century" beschäftigt er sich allgemein mit der Frage, ob und wie der Holocaust in Verbindung zu weiteren historischen Ereignissen gedacht werden sollte (Postone bejaht dies) und welche Rolle der moderne Antisemitismus für die spezifische Qualität des Holocausts spielt (Postone 2003). Postone geht davon aus, dass die bisherige Forschung sich nicht ausreichend und überzeugend genug mit der Frage nach a) der historischen Spezifik des Holocausts und b) dessen Einbettung in ein historisches Framework (bspw. ein kolonialgeschichtliches) auseinandergesetzt habe (Postone 2003, S. 85). Die bisherigen Forschungsansätze seien entweder zu partikularistisch oder zu transhistorisch und blieben daher in ihrem Erklärungspotential vage. Auch die funktionalistischen oder intentionalistischen Ansätze (s.o.) seien trotz aller Stärken und Schwächen nur bedingt geeignet, um die von Postone untersuchten Fragen besser zu verstehen oder zu beantworten.

Wie bereits Haury betont auch Postone, dass die Art von Antisemitismus, die ihre extremste Ausprägung im Holocaust fand, zwar davon beeinflusst, aber nicht identisch und daher nicht zu verwechseln sei mit alltäglichem und vormodernem antijüdischen Ressentiment (Postone 2003, S. 89). Ein erster Schritt zu einem besseren Verständnis des modernen Antisemitismus liege in der Frage der Qualität von Macht, die jüdischen Menschen zugeschrieben werde. Postone schreibt hierzu:

> What characterizes the power imputed to Jews in modern anti-Semitism is that it is mysteriously intangible, abstract, and universal. It is a form of power that does not manifest itself directly, but seeks a concrete carrier – whether political, social, or cultural – through which it can work. Because the power of the Jews, as conceived by the modern anti-Semitic imaginary, is not limited concretely, is not ‚rooted', it is considered enormous and extremely difficult to check. This power stands behind phenomena, but is not identical with them. It is hidden – conspirational. (Postone 2003, S. 89)

Mit einer solchen konspirativen Macht assoziiert wird das Judentum in der antisemitischen Weltsicht für alle Krisen der modernen Ökonomie in Verantwortung gezogen: „Modern anti-Semitism [...] claimed to explain rapid, fundamental processes of change that had become threatening for many people" (Postone 2003, S. 89).

Den Antisemitismus als genuin antimodern einzustufen liege laut Postone aufgrund dieser Oppositionshaltung zum modernen Kapitalismus nahe, allerdings sei diese Einschätzung verkürzt. Denn die antisemitische Ideologie wende sich, wie bereits von Haury erwähnt, eben nicht gegen das industrielle ‚schaffende', sondern das abstrakte ‚raffende' Kapital. Außerdem, so Postone, sei es auffällig, dass sich insbesondere die nationalsozialistische Ideologie auch explizit affirmativ gegenüber bestimmten Aspekten der Moderne positioniere, bspw. moderner Technologie (Postone 2003, S. 90).

Um sowohl den Antisemitismus als auch die Beziehung von affirmativer und ablehnender Haltung zur Moderne in der nationalsozialistischen Ideologie zu verstehen, bedürfe es eines Ansatzes, der auf dem marxschen Fetischbegriff[5]

---

[5] Den Fetischcharakter von Waren beschreibt Marx im ersten Band des *Kapitals* so, dass menschlichen Produkten bestimmte Eigenschaften als wesentlich und dinglich zugeschrieben werden, obschon es sich bei diesen um Zuschreibungen handelt: „Das Geheimnisvolle der Warenform besteht also einfach darin, daß sie den Menschen die gesellschaftlichen Charaktere ihrer eignen Arbeit als gegenständliche Charaktere der Arbeitsprodukte selbst, als gesellschaft-

beruhe (Postone 2003, S. 90). Auf diese Weise gelinge es, bestimmte Kategorien der Moderne wie bspw. Waren, Geld und Kapital als „forms of structuring and structured practices historically specific to capitalism" zu begreifen (Postone 2003, S. 90). Dazu ist es für Postone zunächst elementar wichtig zu erkennen, dass die historisch einzigartigen „basic social relations of capitalism" durch Arbeit und deren Produkte vermittelt werden (Postone 2003, S. 90). Arbeit unterteile sich in einerseits eine sozial produktive, konkrete Arbeit, aber auch andererseits eine „quasi-objective form of social mediation", die als abstrakte Arbeit beschrieben wird (Postone 2003, S. 90). Eine Ware sei damit einerseits ein Produkt konkreter Arbeit und andererseits eine „form of objectified social relations"; eine Ware stelle also einerseits soziale Beziehungen dar, die ansonsten in der kapitalistischen Gesellschaft keine Darstellungsformen kennen, andererseits werden sie durch diese Objektifizierung gleichzeitig verschleiert (Postone 2003, S. 90).

Nach Postone sind also die grundlegenden Verhältnisse der kapitalistischen Gesellschaft durch eine binäre Opposition zweier Dimensionen gekennzeichnet: „they are characterized by the opposition of an abstract, general, homogeneous dimension (‚value', [Wert, Anm. S.K.]) [...] and a concrete, particular, material dimension (‚use-value' [Gebrauchswert, Anm. S.K.])" (Postone 2003, S. 90). Und obschon sie gesellschaftlich vermittelt seien, erschienen sie als natürlich: „The abstract dimension appears in the form of abstract, universal, ‚objective', natural laws; the concrete dimension appears as pure ‚thingly' nature" (Postone 2003, S. 90). Weder die abstrakte Wert- noch die konkrete Gebrauchswertdimension des Kapitals erschienen im modernen Kapitalismus als gesellschaftlich vermittelt, beide hätten vielmehr den Anschein von ‚Natürlichkeit' und Objektivität.

Vor diesem theoretischen Hintergrund bemerkt Postone eine Ähnlichkeit zum modernen Antisemitismus: Die einer projizierten jüdischen ‚Macht' zugeschriebenen Charakteristika wie Abstraktheit, Unsichtbarkeit und Universalismus seien auch Eigenschaften, die charakteristisch für die gesellschaftlichen Vermittlungsformen der Wertdimension des Kapitals seien (Postone 2003, S. 91). Dies könne erklären, warum sich der moderne Antisemitismus gegen die ‚abstrakten' Seite der Moderne wende, das Industriekapital oder moderne Tech-

---

liche Natureigenschaften dieser Dinge zurückspiegelt [...]. Hier scheinen die Produkte des menschlichen Kopfes mit eignem Leben begabte, untereinander und mit den Menschen in Verhältnis stehende selbständige Gestalten. So in der Warenwelt die Produkte der menschlichen Hand. Dies nenne ich den Fetischismus, der den Arbeitsprodukten anklebt, sobald sie als Waren produziert werden, und der daher von der Warenproduktion unzertrennlich ist. Dieser Fetischcharakter der Warenwelt entspringt, wie die vorhergehende Analyse gezeigt hat, aus dem eigentümlichen Charakter der Arbeit, welche Waren produziert." (Marx 1988, S. 86–87) nologie aber von Ressentiment weitestgehend aussparte (Postone 2003, S. 91). Denn obschon eine Ware als gesellschaftlich vermittelte sowohl die abstrakte Wertdimension (assoziiert mit bspw. Geld) als auch die konkrete Gebrauchswertdimension (assoziiert mit körperlicher Arbeit oder einer Ware) des Kapitals verkörpert, würde im 19. Jahrhundert und im Zuge der Industrialisierung die konkrete Gebrauchswertdimension des Kapitals mehr und mehr biologisiert und im Gegensatz zur abstrakten Wertdimension als organischer und ‚natürlicher' begriffen. Dies führe in der Konsequenz zu neuen Formen des Antikapitalismus: Formen, „in which a glorification of the purportedly premodern – ‚material nature', blood, the soil, labor, and community (*Gemeinschaft*) – can go hand in hand with a positive affirmation of modern phenomena such as industry and technology" (Postone 2003, S. 92; Hervorhebung im Original). Es handele sich bei dieser Denkfigur um eine historische Neuartigkeit, die erst aufgrund der spezifischen Situation des 19. Jahrhunderts entstehen konnte, und die daher auch eine neuartige Form von Antikapitalismus hervorbrachte: einen Antikapitalismus, der sich einseitig gegen die abstrakte Wertdimension des Kapitals richtet, und die konkrete Gebrauchswertdimension von Waren demgegenüber als natürlich, organisch und insgesamt positiv konnotiert. Auf den modernen Antisemitismus übertragen wurde analog das sogenannte deutsche Volk mit der konkreten Gebrauchswertdimension und das Judentum mit der abstrakten Wertdimension assoziiert (vgl. Postone 2003, S. 92–93). Diese Assoziation vollziehe sich durch die spezifische Manifestation des modernen Kapitalismus im 19. Jahrhundert:

> [...] given the antinomy of the abstract and concrete dimensions, capitalism appeared only in its abstract guise, which was identified with the Jews. The ‚anti-capitalist' revolt was, consequently, also the revolt against the Jews. The overcoming of capitalism and its negative social effects became associated with the ‚overcoming' of the Jews. (Postone 2003, S. 93)

Es sei dabei kein Zufall, dass ausgerechnet das Judentum mit der abstrakten Seite des Kapitals assoziiert wurde, gibt Postone zu bedenken. Zu diesem Zeitpunkt hätte keine andere Opfergruppe dieses Schicksal treffen können. Dieser Umstand sei wirtschafts- und sozialgeschichtlich begründbar: „The period of rapid expansion of industrial capital in the last half of the nineteenth century coincided with the political and civil emancipation of the Jews in central Europe" (Postone 2003, S. 93). Durch diese Emanzipation wurde das Judentum im öffentlichen Leben sichtbarer und in der Konsequenz krisenhaft mit den negativen sozialen und wirtschaftlichen Entwicklungen der kapitalistischen Moderne assoziiert (vgl. auch Friedländer 1998, S. 91–101).

In seinen theoretischen Ausführungen fokussiert Postone dabei deutlich auf die ideologischen Grundvoraussetzungen des Holocausts und weniger auf die strukturellen Aspekte des Nationalsozialismus. Dadurch gelingt ihm aufzuzeigen, was funktionalistische Ansätze in der Tendenz weniger beachten bzw. als weniger wichtig bewerten: eine umfassende Analyse des modernen Antisemitismus, die dabei hilft, die ideologischen Grundvoraussetzungen des Holocausts besser zu verstehen. Sicherlich leistet Postones Theorie keine Erklärung für die Frage, warum der Holocaust auch eine konkrete Umsetzung fand, wie also aus der Ideologie eine Handlung wurde – und damit auch keine ausformulierte Subjekttheorie (vgl. auch Globisch 2013, S. 88–90). Auch geht er nicht gesondert auf den Umstand ein, dass sich auch im modernen Antisemitismus weiterhin Bilder und Vorstellungen des vormodernen Antisemitismus bzw. Antijudaismus finden (vgl. End 2016, S. 83). Dennoch ist es mit diesem Modell möglich zu verstehen, wie der Holocaust als antijüdische Revolte zu klassifizieren ist – und in diesem Zusammenhang auch, wie er sich von bisherigen Genoziden bzw. Ereignissen von Massengewalt und Massenmord unterscheidet.

Postones Antisemitismusbegriff als einerseits Hass auf das Abstrakte, andererseits Lob des Konkreten, ermöglicht eine Perspektive auf Nationalsozialismus und Holocaust, die einen Erklärungsansatz für die Frage bietet, warum (ausgerechnet) das Judentum und alles Jüdische nicht nur aus der Gesellschaft vertrieben, sondern physisch vernichtet werden sollte. Keine andere Personengruppe stand so sehr für das Abstrakte, keiner anderen Personengruppe wurde daher im Sinne einer welterklärenden Verschwörungstheorie eine solche Macht zugesprochen, und bei keiner Personengruppe galt daher in einem gleichen Maß, dass ihre Vernichtung das Volk und in letzter Instanz auch die Welt zu retten vermochte. Die nationalsozialistischen Vernichtungslager werden bei Postone in der Konsequenz als die entscheidenden Stätten einer „German Revolution" verstanden, und nicht bereits die Machtübernahme 1933: „By this one deed the world was to be made safe from the tyrany of the abstract" (Postone 2003, S. 95. Vgl. auch Enderwitz 1998, S. 7–16).

Dieses Verständnis illustriert Postone anhand einer kontrastiven Gegenüberstellung zur „capitalist factory", die durch Wertproduktion bzw. (Kapital-)Verwertung gekennzeichnet sei. In ihr werde das Konkrete produziert, „the concrete is produced as the necessary carrier of the abstract" (Postone 2003, S. 95). Demgegenüber betreiben die nationalsozialistischen Vernichtungslager keine Wertproduktion, sondern seien vielmehr eine antikapitalistische Negation der kapitalistischen wertproduzierenden Fabrik: „Auschwitz was a factory to ‚destroy value', that is, to destroy the personifications of the abstract [...] to ‚liberate' the concrete from the abstract" (Postone 2003, S. 95). Darin unterschieden sich die Vernichtungslager grundlegend von kapitalistischen Fabriken, aber auch von weiteren Konzentrationslagern oder auch allgemein Lagern der Geschichte, auf die sich Postones Überlegungen übertragen ließen: „The Nazi extermination camps do *not* represent a terrible version of such a factory, an extreme example of modernity" (Postone 2003, S. 95; Hervorhebung im Original).

Wo also AutorInnen wie Gilroy und Agamben Lager als zentrale Stätten der Moderne beschreiben und damit keinen Unterschied zu nationalsozialistischen Vernichtungslagern machen, ist Postones Theorie in dieser Hinsicht gewinnbringend. Sie zeigt anhand kapitalismustheoretischer Überlegungen auf, dass in den Vernichtungslagern nicht nur politische Feinde oder als ‚rassisch' unwert erachtetes Leben vernichtet wurde, sondern dass durch die explizite Vernichtung des Judentums die Befreiung der Deutschen ermöglicht werden sollte. Friedländer nennt dies wie bereits erwähnt „Erlösungsantisemitismus" und bezieht sich damit hauptsächlich auf den „beherrschende[n] Aspekt einer Weltanschauung, in der andere rassistische Themen nur sekundäre Anhängsel sind" (Friedländer 1998, S. 101). Friedländer definiert Erlösungsantisemitismus als Reaktion auf die Furcht vor dem „Eindringen" des Judentums in die deutsche Gesellschaft und „in den deutschen Blutkreislauf" (Friedländer 1998, S. 101–102). Dies führe zu Verderben, und daher würde die Erlösung als „Befreiung von den Juden kommen – als ihre Vertreibung, wenn möglich ihre Vernichtung" (Friedländer 1998, S. 102). Das Judentum wurde zum „Prinzip des Bösen", es stand für „sowohl eine übermenschliche Kraft, welche die Völker der Welt ins Verderben trieb, als auch eine untermenschliche Ursache von Ansteckung, Zerfall und Tod" (Friedländer 1998, S. 115).[6] Und aus diesem Grund sollte es durch vollständige Auslöschung von seinem ‚bösen' Handeln und Wirken abgehalten werden.

A. Dirk Moses' Versuch, den Erlösungsantisemitismus in Relation zu einer „imperialist imaginary" (Moses 2010b, S. 248) und antikolonialen Befreiungsbestrebungen Frantz Fanons zu verstehen, scheitert dementsprechend: Die Befreiung von einem realen Feind ist nicht dasselbe wie die Befreiung von einem

---

6 Friedländer ausführlicher: „Diese Vision [des Judentums, Anm. S.K.] beinhaltet eine betäubte, hypnotisierte Masse von Völkern, die der jüdischen Verschwörung auf Gedeih und Verderb ausgeliefert sind. Sie sind das hilflose Vieh, das von hohnlachenden jüdischen rituellen Schlächtern in den Schlußszenen des Films *Der ewige Jude* getötet wird, dessen Produktion in den Jahren 1939–40 von Goebbels initiiert und überwacht wurde. Doch wie Hitler in *Mein Kampf* ausgiebig zeigte, weicht das Bild einer übermenschlichen Kontrolle regelmäßig dem zweiten, der Vorstellung von untermenschlichen Bedrohungen durch Ansteckung, durch mikrobielle Infektion und die Ausbreitung von Pest. Das sind die Schare vom keimtragenden Ratten, die dann später in einer der abstoßendsten Szenen des *Ewigen Juden* erscheinen. Bilder von übermenschlicher Macht und von untermenschlicher Pest sind konträre Repräsentationen, aber Hitler schrieb beide ein und demselben Wesen zu, so als habe eine unaufhörlich sich wandelnde und unaufhörlich ihre Form ändernde Kraft eine ständig die Stoßrichtung wechselnde Offensive gegen die Menschheit gestartet" (Friedländer 1998, S. 115–116).

wahnhaft als übermächtig vorgestellten, also nicht konkret existierenden Feindbild. Auch wenn Moses zugesteht, dass Deutschland „not in fact" von Jüdinnen und Juden „colonized" war, so sieht er doch sowohl im Antikolonialismus als auch im Nazismus „political subjectivities", die einer Gruppe pauschal bestimmte Eigenschaften zuschreiben und eine totale Vernichtung des Unterdrückers anstreben (Moses 2010b, S. 248). Das ist allerdings viel zu vereinfacht dargestellt und auch mit Postones Ausführungen nicht vereinbar. Wie bereits im Verlauf dieser Arbeit mehrfach dargestellt wurde, eignet sich die Beschreibung des Judentums aus Sicht der NationalsozialistInnen als kolonial nicht, um die übermächtige, verschwörungstheoretische und aus völkischer Sicht bedrohliche, kontaminierende und ‚böse' Dimension des NS-Erlösungsantisemitismus zu erfassen, mit der das Judentum assoziiert wurde. Die Befreiung von einer kolonialen Herrschaft ist nicht dasselbe wie die Befreiung von einer ‚Gegenrasse'.

Insofern erscheint es einleuchtend, wenn Dan Michman den nationalsozialistischen Holocaust nicht als lediglich einen Genozid unter vielen versteht, sondern als einen so noch nie zuvor gekannten Fall. Das Großprojekt des Holocausts sei zwar auch, aber nicht ausschließlich ein Kampf gegen Juden als konkreter Personengruppe zu verstehen, sondern gegen alles als jüdisch Imaginierte in der Welt:

> Eine gründliche Untersuchung des nationalsozialistischen Unternehmens zeigt, dass es im Kern dessen, was wir als Holocaust bezeichnen sollten, um den Versuch ging, den sogenannten „jüdischen Geist" aus dem Universum auszulöschen [...]. Somit ging „der Holocaust" weit über das typische Muster eines Genozids hinaus, bei dem eine Gruppe nach dem Verschwinden der anderen trachtet: Er war der Versuch, den „destruktiven jüdischen Geist" ganz auszutreiben und der Genozid – Mord an den Trägern dieses Geistes – war ein Teil davon; die Vernichtung von den Spuren dieses Geistes, wo immer sie entdeckt werden konnten, war das ultimative Ziel. (Michman 2017)

Wie ist aber nun das Verhältnis von dem von Postone geschilderten Antisemitismus zum Rassismus der Nazis? Was war Rassismus im Nationalsozialismus? Und gibt es einen Zusammenhang zwischen beiden? Anders gefragt: Welche Rolle spielte Rassismus für den Holocaust? In welcher Hinsicht war der NS ein ‚Rassenstaat', und: Wenn der Holocaust als Konsequenz rassistischen Denkens beschrieben wird, steht die Forschung dann vor analogen Problemen, die sich im Rekurs auf den Kontext der Moderne ergeben? Gibt es einen Unterschied zwischen Rassismus und Rassendenken, und wenn ja, inwiefern? Um diese und weitere Fragen soll es im folgenden Abschnitt gehen.

5.4.2 Rassismus, Rassendenken, *Volksgemeinschaft*: Der Nationalsozialismus als mystisch-antijüdische Revolte

Die vorangegangenen Fragen sind in der NS- und Holocaustforschung selbstverständlich nicht neu und werden seit Jahrzehnten versucht zu beantworten. Die historiographischen Debatten hierzu rekonstruiert Dan Stone überzeugend und zeigt auf, welchen Einfluss Rassismus und Eugenik auf die NS-Weltsicht und die sogenannte *„Judenforschung"* (vgl. bspw. Rupnow 2011) der Nazis hatten – und ob es sich bei dieser *Judenfoschung* um eine ähnliche Forschung handelte wie anthropologischer Rassismus oder Eugenik. Dabei diskutiert Stone ebenfalls, ob die Aktion T4 der Nazis konzeptionell mit dem Holocaust verknüpft werden könne, oder ob es sich um separate Projekte handelte und der Nationalsozialismus nicht eher eine Abkehr von der Moderne und von mit der Moderne verknüpftem Rassismus darstellte (Stone 2010, S. 162–202).

Zunächst und zur ersten Klärung dieser Fragen unterscheidet Stone zwischen „racism" und „race thinking" (Stone 2010, S. 163). Kurz darauf gebraucht er für diese Unterscheidung präzisere Begriffe, nämlich einerseits „race science" und andererseits „race mysticism" (Stone 2010, S. 164). „Racism" / „race science" definiert Stone als den anthropologischen und eugenischen Rassismus, der sich als wissenschaftliche Disziplin verstand und mit Namen wie Carl von Linné, Georges-Louis Leclerc de Buffon, Johann Friedrich Blumenbach, Christoph Meiners und später Eugen Fischer assoziiert ist (vgl. bspw. Geulen 2007; Koller 2009; Mosse 1978); „race thinking" / „race mysticism" wird andererseits mit mystischen und irrationalen Weltanschauungen verknüpft, zu denen Stone auch die Verschwörungstheorie eines übermächtigen und die arische Rasse bedrohenden Judentums zählt (Stone 2010, S. 163). Diese Unterscheidung ist für Stone elementar:

> The distinction between race science and racial mysticism is important, for it goes to the heart of whether historians see the Holocaust as emerging primarily from rational processes of technique and means-ends-thinking or from paranoid political conspiracy theories that owe very little to science and instrumental rationality. (Stone 2010, S. 166)

Die Ursprünge dieses Rassenmystizismus liegen nach Stone in deutschen völkisch-romantischen Bewegungen des 19. und 20. Jahrhunderts, und daher müsse der nationalsozialistische Rassismus als etwas anderes verstanden werden als der einer vermeintlich wissenschaftlichen Rassentheorie (Stone 2010, S. 167). Auch die vermeintlich wissenschaftliche Eugenik und ‚Rassenhygiene' im Nationalsozialismus unterscheide sich von diesem Rassenmystizismus, da sie eher in der Tradition einer schwerpunktmäßig anthropologischen und sozialdarwinistischen Rassentheorie stehe (vgl. Stone 2010, S. 169–175).

Ausführlich und beispielhaft hat sich George L. Mosse in seinem bereits 1964 erschienenen Werk *The Crisis of German Ideology: Intellectual Origins of The Third Reich* mit diesem von Stone so benannten Rassenmystizismus und der deutsch-völkischen Bewegung auseinandergesetzt. In einer umfassenden Auswertung der Schriften von völkischen Autoren dieser Zeit kommt Mosse zu dem Schluss, dass die völkische Ideologie zwar mit rassentheoretischen und (im allerweitesten Sinne) vermeintlich wissenschaftlichen Kategorien und Begriffen operierte, in der Gesamtschau jedoch viel stärker auf romantisches und mystisches Denken rekurrierte (Mosse 1964, S. 106). Als erste umfassende und systematische rassenmystizistische, völkische und apokalyptisch-zivilisationstheoretische Schrift nennt Mosse Arthur de Gobineaus *Essai sur L'inégalité des Races Humaines* aus dem Jahr 1853. In ihr postuliert Gobineau, dass die Reinheit einer vermeintlichen Rasse unabdingbar für deren Bestehen sei und ihre ‚Kontaminierung' durch ‚fremdes Blut' zu ihrem Untergang führe (Mosse 1964, S. 90). Gobineau wurde erst fast vierzig Jahre später in Deutschland rezipiert. Seine Texte erlangten dort vor allem über Karl Ludwig Schemanns Übersetzung von Gobineaus Text ins Deutsche und der von Schemann gegründeten Gobineau-Vereinigung im Jahr 1894 größere Bekanntheit. Weiterhin führte Schemanns Kontakt zum Bayreuther Kreis um Cosima und Richard Wagner zu größerer Prominenz innerhalb der deutsch-völkischen Bewegung (Kimmel 2009). Schemann engagierte sich um die Jahrhundertwende außerdem im 1891 gegründeten Alldeutschen Verband und war dort Vorstandsmitglied; auch wenn Rassenmystizismus und Antisemitismus zu Zeiten dessen Gründung weniger bedeutsam waren, war es unter anderem Schemann, der spätestens ab der Reichstagswahl 1912 die Ausrichtung des Alldeutschen Verbandes zugunsten völkisch-rassistischer und antisemitischer Inhalte beeinflusste (vgl. Kimmel 2009; Leicht 2012, S. 9–10).

Schemann ist bei Mosse eine der zentralen Figuren zur Verbreitung rassenmystizistischen Denkens in Deutschland, und gerade der gesellschaftliche Einfluss des Bayreuther Kreises und des Alldeutschen Verbandes hätten zu einer Verbreitung und Popularisierung rassenmystizistischen und antisemitischen Gedankenguts beigetragen (Mosse 1964, S. 91–92). Im Jahr 1925 veröffentlichte Schemann seine Autobiographie *Lebensfahrten eines Deutschen*, in der er explizit antimodernistische Positionen vertritt: Die Moderne wird bei ihm verkörpert durch das Judentum, Urbanisierung und Technologisierung (Mosse 1964, S. 92).

Eine weitere zentrale Figur bei Mosse ist Houston Stewart Chamberlain, der den Rassenmystizismus eines Gobineau mit sog. ‚sozialdarwinistischen'[7] Perspektiven verknüpfte (vgl. Escher 2009; Mosse 1964, S. 93). Der pessimistischen

Zivilisationstheorie Gobineaus stellt Chamberlain in seinem Werk *Die Grundlagen des XIX. Jahrhunderts* (1899) den Entwurf einer hoffnungsvollen, ‚reinrassigen', mystischen und zutiefst romantischen germanischen Volksreligion gegenüber. Seine Geschichtsphilosophie konzentriert sich auf den Kampf zwischen den überlegenen, gottgleichen Ariern und dem teuflischen Judentum: „Chamberlain's *Foundations* ominously maintained that the Germanic race was engaged in a mortal struggle that was to be fought not only with cannon but with every weapon of human life and society" (Mosse 1964, S. 96). Chamberlain vermischt anthropologischen Rassismus mit dem rassenmystizistischen Gedankengut Gobineaus und bot der völkischen Bewegung Deutschlands damit ein kanonisches und wegweisendes Werk (Mosse 1964, S. 96). Chamberlain war dabei insofern signifikant, da er dezidiert Wert auf Wissenschaft und technologischen Fortschritt legte – ganz im Gegensatz zu anderen, eher romantisch-völkischen DenkerInnen seiner Zeit. Um zu einer spirituellen, rassisch homogenen und einheitlichen Volksgemeinschaft zu gelangen, war es notwendig, sich am Wissen des anthropologischen Rassismus und der zeitgenössischen Technik zu bedienen – allerdings immer mit rassistischer Ausrichtung: „The formula called for the subordination of science, mechanization, modernization, and a new ethics to a religious racial goal" (Mosse 1964, S. 97). Wissenschaft, Modernisierung und Technologie sollten also dazu beitragen, eine rassisch überlegene, elitäre, spirituelle und sozialdarwinistisch ‚fitte' Volksgemeinschaft herzustellen (Mosse 1964, S. 98–99). Das „survival of the fittest" wurde so zum „racial imperative": Nur so könnte das im Zuge der Moderne sich verlierende und auflösende Individuum erlöst und gerettet werden (Mosse 1964, S. 106). Somit vereinte Chamberlain einerseits technischen Fortschrittsglauben, andererseits rassenmystizistisches Denken seiner Zeit.

Von diesem hier kurz umrissenen Rassenmystizismus eines Chamberlains und Gobineaus grenzt Stone nun die Art von Rassismus ab, die für die nationalsozialistische Eugenik und Euthanasie vorherrschend war. Stone geht von der Beobachtung aus, dass in der Forschung häufig ein direkter Zusammenhang zwischen nationalsozialistischer Eugenik/Euthanasie und dem Holocaust gesehen wird: „[...] many historians take it for granted that the Holocaust was the logical outcome of racial science, especially eugenics/racial hygiene" (Stone 2010, S. 183). Die Begründung für diese These sei, dass das systematische Morden in den Gaskammern in einer direkten Kontinuitätslinie zu Ermordungen der Aktion T4 stünde – und zwar methodisch, ideologisch und personell. So wird bspw. von Autoren wie Ernst Klee vermutet, dass die nationalsozialistische

---

7 Sowohl Gobineau als auch Chamberlain verstanden sich explizit nicht als Adepten von Darwins Lehre – im Gegenteil lehnten sie sie ab.

Judenvernichtung eine Kopie des Euthanasieprogramms gewesen sei und die Aktion T4 daher Modellcharakter für den Holocaust hatte (vgl. Stone 2010, S. 183). Stone überprüft diese These schrittweise. So zeichnet er zunächst nach, dass es faktisch personelle Kontinuitäten zwischen dem T4-Personal und dem Personal in den Vernichtungslagern der Aktion Reinhardt gab (Stone 2010, S. 184–185). Der NS-Antisemitismus wird in einer solchen Argumentation allerdings entweder minimiert oder vollständig ausgeklammert; der Holocaust wird so als Konsequenz sozialdarwinistischer, eugenischer und rassenhygienischer Ideologie begriffen (Stone 2010, S. 187).

Allerdings würde in einer geschichtswissenschaftlichen Überfokussierung von „physicians and scientists" der NS-Euthanasie übersehen, dass hinter dem Holocaust andere „prime movers" stünden und außer acht gelassen würden: „Hitler, Himmler, and Heydrich, and the higher- and middle-level perpetrators: the SS's *Judenberater*, the SD intellectuals, the *Einsatzgruppen*, and the camp SS" (Stone 2010, S. 190; Hervorhebungen im Original). In allen diesen Institutionen zeige sich eine klare Priorität der rassenmystizistischen Tradition gegenüber einer anthropologischen ‚Rassenforschung', wie Stone anhand einer Reihe von Beispielen illustriert (bspw. am NS-Erziehungswissenschaftler Ernst Krieck, an Alfred Bäumler oder an Ludwig Klages sowie dem am Beispiel des Łódź-Ghettos aufgezeigten NS-Glauben über das Judentum als mit Typhus infiziert, cf. Stone 2010, S. 190–199). Dies führt Stone zu folgender Schlussbetrachtung: „Thus, what we see ultimately is race thinking driven less by scientific rationalism than by obsessive mysticism, fear, and paranoia" (Stone 2010, S. 198). RassenforscherInnen bzw. RassenanthropologInnen hätten also zwar die NS-Eugenik und Euthanasie beeinflusst und vereinzelt auch mitbestimmt, waren jedoch für die mystizistische Vorstellung einer deutschen ‚Volksgemeinschaft', die sich von allen jüdischen Elementen mittels derer totalen Vernichtung befreien musste, weniger relevant:

> [...] we are not dealing here with a question of exculpating ‚modernity' or ‚science'; but the Nazi ‚war against the Jews' preceded the technocracy and made use of it, for the Holocaust did not emerge ‚from the spirit of science'. The Third Reich was a racial state, but one based more on race mysticism than on racial science. This claim helps to understand the relative weight to be ascribed to ‚rational' factors in the Holocaust; the debate about ‚race' in the Holocaust is thus the archetypal case for dissecting the larger debate about modernity. By understanding the Holocaust as a policy eminating from the centre of the Nazi regime [...] we can see that whilst race scientists serviced the Third Reich and played a significant role in creating a racially profiled *Volksgemeinschaft*, scientific ideas *per se* were more valuable for initiating the Euthanasia campaign than the ‚Final Solution of the Jewish Question'. (Stone 2010, S. 200; Hervorhebungen im Original)

Welches ist also das Verhältnis von NS-Antisemitismus und eugenischem, sozialanthropologischem Rassismus? Edward Ross Dickinson geht in seinem Artikel „Biopolitics, Fascism, Democracy" (2004) unter anderem auch dieser Frage nach. So kommt er zu dem Schluss, dass es, ausgehend von der gegenwärtigen Forschungsliteratur, keine schlüssigen Argumente für eine direkte ideologische Verbindung zwischen NS-Antisemitismus und NS-Eugenik gebe: „Some German eugenicists were explicitly racist, some of those racist eugenicists were anti-Semites; but anti-Semitism was not an essential part of eugenic thought" (2004, S. 19). NS-Antisemitismus und NS-Eugenik und damit die NS-Rassenbiologie stünden in keinem konditionalen Verhältnis zueinander, setzten sich also nicht gegenseitig voraus.

Das soll selbstverständlich nicht heißen, dass sie in überhaupt keinem Verhältnis zueinanderstanden oder es überhaupt keine Gemeinsamkeiten zwischen Rassismus (eugenischer, biologischer, mystizistischer) und modernem Antisemitismus gibt. Auch Haury betont das: Rassismus und Antisemitismus entspringen beide der „modernen kapitalistisch-etatistisch verfaßten Gesellschaft", konstruieren jeweils ein unterschiedliches ‚Anderes', an dem das ‚Eigene' positiv aufgewertet wird, und beide sind diskriminierend und gewalttätig (Haury 2002, S. 121). Es könne aber daraus nicht gefolgert werden, dass der Rassismus den NS-Antisemitismus beeinflusst oder radikalisiert habe, oder dass er ein zentraler Bestandteil dessen gewesen sei (Haury 2002, S. 116). Haury beschreibt das Verhältnis der Rassenbiologie zum NS-Antisemitismus als eher instrumentell und ihre Funktion als die einer „nachträglichen Begründung" für den Antisemitismus, aber nicht als eine Art Ideengeberin (Haury 2002, S. 119). Der NS-Antisemitismus wurde durch die Rassebiologie gewissermaßen „auf seinen Begriff gebracht":

> Die Rassebiologie stellt aus dieser Perspektive vor allem eine zeitgemäße, Wissenschaftlichkeit vorspiegelnde Begründung des Feststehenden dar, die kongenial zu den Grundstrukturen [des Antisemitismus] paßte, diese verfestigte und verschärfte, aber keineswegs grundlegend prägte oder gar erst schuf. [...] Insbesondere die dem Antisemitismus inhärenten Segregations-, Vertreibungs- und Vernichtungsphantasien waren nunmehr ‚naturwissenschaftlich' als die einzig adäquaten Mittel der ‚Lösung der Judenfrage' begründet und gegen moralische Einwände immunisiert. (Haury 2002, S. 119)

Die sich als „Blutsgemeinschaft" verstehende „Volksgemeinschaft" sah also in der Rassenbiologie eine Legitimation, um sämtliche nicht-arischen, nicht-deutschen Bluteinflüsse zu unterbinden (vgl. Janka 1993, S. 96–108). Zu diesen Einflüssen gehörte auch das Judentum. Dass aber darüber hinaus alles Jüdische auch vernichtet werden sollte, war keine Schlussfolgerung, die unmittelbar aus der rassenbiologisch-eugenischen Tradition gezogen wurde. Sie entsprang vielmehr der millenaristischen Ideologie des Erlösungsantisemitismus, der auf diejenigen ausgerichtet war, die als explizit jüdisch klassifiziert wurden.

5.5 Zusammenfassung: Analytische Unterschiede

Um auf die Ausgangsfrage des vorangegangenen Unterkapitels zurückzukommen: Hat Andrea Trumann recht mit ihrer Einschätzung, dass Antisemitismus in fast allen Theorien über den Rassismus als dessen Unterform betrachtet und damit nicht angemessen verstanden wird? Eines der Ziele dieses Kapitels war es unter anderem, dieser Frage nachzugehen. Dazu gehörte es hauptsächlich auf struktureller und analytischer Ebene aufzuzeigen, was eigentlich gemeint ist, wenn von Rassismus und Antisemitismus die Rede ist. Es wurden sowohl die historischen als auch die strukturellen Überschneidungen, aber auch (und vor allem) Unterschiede zwischen beiden deutlich gemacht.

In den von mir entsprechend konsultierten Werken wurde Antisemitismus tatsächlich durchgehend als Variante, Unterform, Manifestation oder Kategorie des Rassismus begriffen, obschon vereinzelt durchaus richtig auf die Spezifika des modernen Antisemitismus verwiesen wird. Mittels einer Rekonstruktion u.a. der Antisemitismustheorie Postones wurde weiterhin aufgezeigt, aus welchen Gründen sich der moderne Antisemitismus vom Rassismus unterscheidet, und dass der Hauptgrund hierfür in der wahnhaft-weltverschwörerischen Komponente des Antisemitismus liegt, der dem Judentum eine übermächtige, bösartige und kontrollierende Funktion falsch zuschreibt. Es wurde weiterhin aufgezeigt, inwiefern sich der NS-Antisemitismus vom NS-Rassismus bzw. der NS-‚Rassenhygiene' unterscheidet und inwiefern es sich hier um differente Kategorien handelt. Es wurde allerdings auch gezeigt, dass es durchaus historische Überschneidungen gab und gibt, die allerdings die entsprechenden Kategorien nicht in einer Art beeinflussten, dass von einer biologischen Rassifizierung des nationalsozialistischen Antisemitismusbegriffes gesprochen werden könnte. Die Subsumierung des modernen Antisemitismus als Variante, Manifestation, etc. des Rassismus erscheint aus so einer Perspektive nicht schlüssig.

6 Schluss und Forschungsperspektiven

Am Ende dieser Arbeit gilt es, die in den einzelnen Kapiteln gewonnenen Ergebnisse und Erkenntnisse miteinander zu verknüpfen und sie zur Beantwortung der in der Einleitung aufgeworfenen Fragestellungen nutzbar zu machen. Das übergeordnete Thema dieser Arbeit war eine kritische Rekonstruktion ausgewählter komparativ-postkolonialer Ansätze in der Holocaustforschung, und als kritische Rekonstruktion sollten die von mir untersuchten Ansätze einerseits nachvollziehbar rekonstruiert und dargestellt, andererseits in Bezug auf konkrete Forschungsfragen kritisch untersucht werden. Wenn es dabei so etwas wie eine grundlegende leitende Forschungsfrage gab, die in allen von mir untersuchten Ansätzen gleichermaßen eine Rolle spielte, dann war es die folgende: War die versuchte nationalsozialistische Vernichtung allen jüdischen Lebens ein singuläres Ereignis – und was würde das, je nach Antwort, für die von mir untersuchten Ansätze bedeuten?

Im Verlauf meiner Arbeit ist immer wieder die Frage nach einer Singularität, phänomenologischen Einzigartigkeit und/oder qualitativen (nicht quantitativen) Beispiellosigkeit von Nationalsozialismus und Holocaust im Vergleich zu Beispielen von Massengewalt in der Kolonialgeschichte gestellt und diskutiert worden. Zunächst sollte festgehalten werden, dass die Rede einer Singularität des Holocausts sich in meiner Auffassung am ehesten als qualitative Beispiellosigkeit beschreiben lässt. Der Begriff der ‚Einzigartigkeit' suggeriert Unwiederholbarkeit, und dass ein Holocaust im Sinne der vollständigen Vernichtung allen jüdischen Lebens sich potenziell wiederholen kann, steht außer Frage. Dabei sind viele Argumente für eine solche qualitative Beispiellosigkeit von nationalsozialistischer Herrschaft und Holocaust deutlich geworden, jedoch lassen sie sich am überzeugendsten am spezifischen Charakter des NS-Antisemitismus aufzeigen, der als heilbringende ‚Erlösung' einer germanischen ‚Volksgemeinschaft' durch vollständige Vernichtung des wahnhaft als übermächtige und verderbliche ‚Gegenrasse' phantasierten Judentums charakterisiert ist. Die nationalsozialistische Judenvernichtung ist daher auch als zwecklos oder gegenrational beschrieben worden, weil sie keiner realen Bedrohungssituation entsprang und keine andere Motivation kannte als den antisemitischen Wahn. Der Nationalsozialismus unterscheidet sich daher fundamental von allen anderen bisherigen Ereignissen von staatlich oder durch staatliche VertreterInnen verübtem Massenmord und Massengewalt – allerdings nicht hinsichtlich der Anzahl der Opfer oder in der Technik des Tötens, sondern vor allem dadurch, dass er keinen konkreten Feind kannte. Der Feind im Nationalsozialismus ist primär das jüdische Leben, alles jüdische Leben, die Idee des

Jüdischen selbst, sollte vernichtet, also zu nichts gemacht werden, ohne Ausnahme. Doch es gab keine konkrete Bedrohung, die vom Judentum ausging: Keinen territorialen Konflikt, keine Aufstände, keine jüdische Gewalt irgendeiner Art. Und mit keiner anderen Gruppe wurde eine spirituelle Erlösung des eigenen ‚Volkes' assoziiert. Im Verlauf dieser Arbeit ist kein Ereignis diskutiert worden, welches mit dem Holocaust in Hinblick auf dieses Spezifikum kongruent oder kommensurabel ist.

Dieses Verständnis von Singularität oder Beispiellosigkeit des Holocausts findet sich in keinem der von mir untersuchten Ansätze – im Gegenteil wird Singularität bei Zimmerer, Moses und Rothberg als ungerechtfertigterweise exkludierend und hierarchisierend abgelehnt. Eine ausführliche und systematische Auseinandersetzung mit dem modernen Antisemitismus – insbesondere in Abgrenzung zum (kolonialen) Rassismus – nehmen sie nicht vor. Das ist insofern ein deutliches Defizit, weil der moderne Antisemitismus das entscheidende Kernelement der NS-Ideologie war. Gleichzeitig führt diese Nicht-Thematisierung dazu, dass durch die bei Zimmerer und Moses vorgenommene Parallelisierung der Dynamiken und Funktionsweisen von NS-Antisemitismus und kolonialem Rassismus die Spezifik des Antisemitismus verloren geht: Die welterklärerische Vorstellung einer abstrakten, ungreifbaren ‚Figur des Dritten', einer überaus mächtigen ‚Gegenrasse', die personifiziert für alle Krisen der modernen Welt bzw. des deutschen Volkes verantwortlich gemacht wird.

Diesen Antisemitismus zu ignorieren, als wesensgleich mit dem kolonialen Rassismus zu bewerten oder als antikoloniale Ideologie der sich vermeintlich als ‚subaltern' und durch jüdische ‚KolonistInnen' beherrscht wahrnehmenden NationalsozialistInnen zu interpretieren, erfasst seine spezifische Dimension nicht und kann daher notwendigerweise auch nur ein verkürztes Verständnis von Nationalsozialismus und Holocaust liefern. Die NS-Eroberungspolitik als im wesentlichen koloniales Projekt und den Holocaust als kolonialen oder subalternen Genozid zu beschreiben gelingt nur, wenn der Antisemitismus mit kolonialen Binärismen wie denen von Selbst und Anderem, zivilisiert und unzivilisiert, westlich und nicht-westlich kommensurabel vorausgesetzt wird. Trotz aller historischen Überschneidungen ist er das allerdings im Kern nicht, wie in meinen Untersuchungskapiteln immer wieder dargestellt worden ist. Auch bei Rothberg wird der NS-Antisemitismus nicht gesondert behandelt, weswegen der Holocaust zu einer Reihe von Erinnerungsorten addiert wird, ohne seine Spezifika klarer zu umreißen.

Das, was Dan Michman als „the core of the Holocaust" beschreibt, geht in diesen Ansätzen damit weitestgehend verloren, indem es gewissermaßen an einem kolonialen Paradigma oder dem Begriff des Genozids normalisiert wird. Genozid, so Michman, sei ein analytischer juristischer Terminus, aber kein historischer wie Holocaust oder Kolonialismus und könne daher auch nicht die Tiefendimension dieser Ereignisse erfassen. Hier liege auch ein Problem der vergleichenden Genozidforschung: „the social scientific approach of finding a model versus the historical approach of understanding a case through its many facets, and thus emphasizing specifics". Das, was Michman als sozialwissenschaftlichen Ansatz beschreibt, suche also nach Kategorien, denen eine größtmögliche Anzahl von Ereignissen untergeordnet werden kann. Um möglichst viele derartige Ereignisse zu finden, ist es notwendig, bestimmte Spezifika außen vor zu lassen, um sich auf vermutete Gemeinsamkeiten zu konzentrieren: „To distill common denominators from many cases from different times and places, one must deemphasize differing historical realities and contexts" (Michman 2014, S. 19). Auch wenn Ansätze wie die von Zimmerer und Moses (und bei Michman beispielhaft auch Mark Mazower's *Hitler's Empire* (2008) sowie *Bloodlands* von Timothy Snyder (2010)) historisches Wissen produzierten, Zusammenhänge aufzeigten und „thought-provoking angles" lieferten:

> [...] they miss, and hence blur, some of Holocaust's essential characteristics. They identify the Holocaust as the very *act* of wholesale murder of the Jews, focusing on Eastern Europe, from 1941, and as a part of a much broader array of genocidal acts. The Jews are thus simply another „enemy" or „inferior" ethnic group. [...] „antisemitism" is understood simplistically as another group hatred, and the sheer intensity of the effort to eradicate the Jews is not explained. These studies further neglect analysis of the key terms in Nazi discourse and the unique phenomena of Jewish Councils and ghettos, and the broader perspective of Jewish history is ignored. (Michman 2014, S. 22; Hervorhebung im Original)

Bemerkenswert ist weiterhin, dass Zimmerer, Moses und Rothberg in ihrer Ablehnung der Singularitätsthese von einer ganz bestimmten Variante dieser These ausgehen, ohne dabei andere in Betracht zu ziehen. Diese Variante definiert Singularität im Sinne einer absoluten Unbegreiflichkeit des Holocausts, die es moralisch verbiete, den Holocaust mit anderen Ereignissen der Geschichte überhaupt zu vergleichen. Mittlerweile ist die Diskussion darüber, was die Singularität im Sinne einer ‚Beispiellosigkeit' des Holocausts kennzeichne, um einige Schritte weiter, wie ich im Kapitel über die Singularitätsthese gezeigt habe. Erstaunlicherweise werden diese Diskussionen von den genannten Autoren nicht wahrgenommen – was insofern bemerkenswert ist, da die Namen der neueren SingularitätsdebattenbeiträgerInnen wie Yehuda Bauer und Steve T. Katz in Zitaten und Verweisen vereinzelt auftauchen. Es leuchtet daher nicht unmittelbar ein, aus welchen Gründen Zimmerer, Moses und Rothberg jeweils von einer Variante der Singularitätsthese ausgehen, die mehr als 40 Jahre alt und mittlerweile durch neuere Forschungsansätze ergänzt und erweitert worden ist – und zwar in einer Art und Weise, die wissenschaftlich schwer zu widerlegen ist.

Die Autoren verwerfen diese Variante der Singularitätsthese aus dem Grund, dass sie eine Art sakrales Vergleichsverbot impliziere. So schreibt Moses, dass Singularität eine religiöse oder metaphysische Kategorie sei, die sich nicht für vergleichende historische Analysen eigne (vgl. Moses 2002, S. 18). Und Zimmerer spricht davon, dass für VertreterInnen der Singularitätsthese ein Vergleich mit anderen Ereignissen als „blasphemisch" wahrgenommen werde (Zimmerer 2011b, S. 198). Diese Auslegung ist deswegen interessant, weil diese vermeintlich religiös aufgeladene Tabuisierung im Sinne eines Vergleichsverbots nicht besteht: Selbstverständlich ist es möglich und ‚erlaubt', den Holocaust zu vergleichen. Auf diesen Umstand ist im Verlauf dieser Arbeit mehrfach hingewiesen worden. Ist der Vergleich allerdings relativierend, dann ist er inadäquat und damit nicht wissenschaftlich. Vergleich ist nicht Gleichsetzung, obschon sich hinter einem relativierenden Vergleich häufig eine implizite Gleichsetzung verbirgt.

Relativierung bedeutet unter anderem, dass Spezifika nicht erfasst und in der Konsequenz ignoriert, trivialisiert, als nebensächlich abgetan oder gar komplett geleugnet werden. Dies ist zunächst eine wissenschaftliche und kognitive Fehlleistung, die sich nüchtern betrachten und erkennen lässt. Am Beispiel der Holocaust-Relativierung: Der Holocaust bzw. jedes historische Ereignis, ja auch jeder andere Untersuchungsgegenstand wird relativiert, wenn bestehende Spezifika im Rahmen einer komparativ-normalisierenden Interpretation nicht erfasst und ignoriert oder geleugnet werden. Holocaustrelativierung ist allerdings weit mehr als nur ein wissenschaftlicher *faux pas* und muss in komparativ-postkolonialen Auseinandersetzungen mit diesem Themenkomplex ernst genommen werden. Denn abgesehen von wissenschaftlicher Ungenauigkeit bedeutet eine Relativierung der Spezifika des Holocausts an erster Stelle eine Relativierung der Erfahrungen von Nachkommen und Überlebenden. Die Behauptung, die Shoa unterscheide sich qualitativ und strukturell nicht, sondern nur quantitativ und graduell von kolonialen Genoziden ist unzutreffend und relativiert den unbedingten wahnhaften Willen der NationalsozialistInnen, die ersehnte ausschließlich arische Welt von allem Jüdischen zu befreien. Es finden sich keine Entsprechungen in kolonialrassistischer Ideologie – ohne dabei die Grausamkeit, Brutalität und Gnadenlosigkeit der von EuropäerInnen verübten Kolonialverbrechen, Massenmorden, Genoziden zu unterschlagen. Die europäische Kolonialgeschichte im Allgemeinen, aber auch die deutsche im Besonderen zu ignorieren oder zu trivialisieren, ist weiterhin ein großes Problem in der westlichen Wissenschaft, und postkoloniale Ansätze und Forschung haben trotz aller Kritikpunkte einen erheblichen und wichtigen wissenschaftlichen Beitrag dazu geleistet, die Geschichte europäisch-kolonialer Gewalt in all ihren Facetten sichtbarer und begreifbar zu machen. Dass diese Sichtbarmachung allerdings mit einer ‚Unsichtbarmachung' der Spezifika des Holocausts und der jüdischen Erfahrung einhergeht, ist wissenschaftlich und politisch problematisch. Das Judentum war in der nationalsozialistischen Wahrnehmung weder ‚Kolonialmacht' noch ‚koloniales Anderes', sondern die abstrakte, unsichtbare und übermächtige ‚Gegenrasse', auch wenn es sicherlich, wie auch in anderen Fällen, Überschneidungen in den verwendeten Bildern gibt. Astrid Messerschmidts in dieser Arbeit bereits zitierte Feststellung, dass das Insistieren auf die Spezifik des Holocausts und des Antisemitismus nicht bedeute, andere Massenverbrechen abzuwerten, muss an dieser Stelle noch einmal betont werden (vgl. Messerschmidt 2016a, S. 100).

Auch wenn einige historische Einwände gegen ihre Thesen formuliert worden sind: Jede einzelne der von Zimmerer und Moses behaupteten historischen Kontinuitäten und Ähnlichkeiten zwischen Kolonialismus und Nationalsozialismus kritisch zu überprüfen, hätte den Rahmen dieser Arbeit gesprengt und kann in dieser Form nicht geleistet werden. Daher geht es mir vor allem um die epistemologische Frage nach den angestellten Interpretationen und den Schlüssen, die die Autoren aus ihren Ansätzen ziehen. Und die sind bei beiden dieselben: Es sei möglich, Nationalsozialismus und Holocaust in einen direkten Bezug zur Geschichte des Kolonialismus zu setzen – sei dies in Bezug auf bestimmte Herrschaftstechniken, Konzepte, Ideologien oder in Form von personellen Überschneidungen. Alle vermeintlichen Alleinstellungsmerkmale, die den Holocaust im Sinne einer Singularitätsthese als qualitativ beispiellos interpretierbar machen, relativierten sich an historischen Vorläufern im (deutschen) Kolonialismus. Diese Überzeugungen habe ich im Rahmen dieser Arbeit in Frage gestellt, problematisiert und erörtert. Dabei ist es mein zentrales Ergebnis, dass es einen fundamentalen Unterschied zwischen nationalsozialistischem Antisemitismus und kolonialem Rassismus gibt, der in der völlig anderen Art von Zuschreibungen besteht. Im NS-Antisemitismus sollte jeder einzelne jüdische Mensch vernichtet werden, weil er als Teil einer verderblichen, verborgenen, abstrakten und übermächtigen Gegenrasse betrachtet wurde. Im kolonialen Rassismus gibt es keine Entsprechungen zu dieser Zuschreibung – weder auf Seiten der Kolonisierenden, noch auf Seiten der Kolonisierten lassen sich die antisemitischen Wahnvorstellungen übertragen oder eins zu eins übersetzen: Antisemitismus und Rassismus sind nicht kommensurabel, und damit kann Antisemitismus auch keine Unterform von oder kein Beispiel für Rassismus sein.

Wie eine historische Arbeit über Verbindungslinien von (deutschem) Kolonialismus und Nationalsozialismus aussehen könnte, die sich dieses Umstandes bewusst ist, muss an dieser Stelle offenbleiben. Ansatzweise ist bereits der Gedanke formuliert worden, dass die völkische Dimension des NS ein Anknüpfungspunkt wäre, den es sich auch in der Entwicklung des deutschen Kolonialismus lohnen könnte nachzuzeichnen. Mir ist zu diesem Zeitpunkt keine Studie bekannt, die sich konkret und systematisch ausschließlich diesem Aspekt widmet.

Abschließend bleibt mir der Verweis auf eine bisher noch nicht geklärte Frage und Problemdimension, die ich in der Einleitung aufgeworfen habe. Aram Ziai spricht in dem von mir dort zitierten Text einerseits von unterschiedlichen Standards in Bezug auf die bisher nur unzureichende erinnerungspolitische Aufarbeitung des deutschen Kolonialismus im Vergleich zu der von NS und Holocaust. Er begründet diese unterschiedlichen Standards mit der Vermutung, dass in einem Fall die Opfer schwarze, im anderen weiße Menschen seien (s.o.). Abgesehen davon, dass diese Behauptung im Falle des Nationalsozialismus einfach offenkundig völlig falsch ist, da auch nicht-weiße Menschen zu den NS-Opfergruppen gehörten, spielt dieses Zitat wohl auch eher darauf an, dass die größte Opfergruppe des NS, das Judentum, offenbar aus seiner Sicht als ‚weiß' gilt. Bereits Aimé Césaire nahm dies in seiner Abhandlung über den Kolonialismus knapp 60 Jahre zuvor an. Dort beschrieb er Nationalsozialismus und Holocaust als „Demütigung des Weißen", die in der „Anwendung kolonialistischer Praktiken auf Europa" bestehe, „denen bisher nur die Araber Algeriens, die Kulis in Indien und die Neger Afrikas ausgesetzt waren" (Césaire 1955, S. 12).

Dabei galten jüdische Menschen in öffentlichen Diskussionen bis ins 19. Jahrhundert hinein weitestgehend als schwarz oder zumindest dunkelhäutig (vgl. Gilman 2001). Doch selbst wenn die überwiegende Mehrheit der europäischen Jüdinnen und Juden im 20. Jahrhundert aufgrund ihrer Hautfarbe für ‚weiße' EuropäerInnen gehalten wurde, ist die Behauptung, dass aus diesem Grund andere Bewertungsstandards für die moralische Bewertung der NS-Verbrechen gelten, irreführend. Sie suggeriert, dass NS-Antisemitismus und Kolonialrassismus wesensgleich seien, und nur aufgrund der vermeintlichen Hautfarbe der Opfer ungerechtfertigterweise ein verschiedener Maßstab angelegt würde. Diese Ansicht macht es sich jedoch zu einfach. Denn obschon es durchaus zutrifft, dass der (deutsche) Kolonialismus lange Zeit nur unzureichend aufgearbeitet wurde und seine grausamen Praktiken nicht als solche erkannt wurden, ist es meine These, dass es auch, aber nicht ausschließlich daran liegt, dass die Opfer des Kolonialismus als rassistisch ‚Andere' markiert und damit weniger ‚wichtig' bewertet würden. Es spielen möglicherweise auch Aspekte einer nationalen Selbstvergewisserung mittels der Holocaust-Aufarbeitung eine wichtige Rolle, die eine zusätzliche Aufarbeitung der Kolonialgeschichte nicht unbedingt als notwendig erachtet.

Die Erklärung eines qualitativen Unterschieds zwischen Holocaust und Kolonialgenozid allerdings nur in der Hautfarbe bzw. Kategorie der ‚Weißheit' der Opfer zu sehen, verkennt die Spezifik des nationalsozialistischen Vernichtungsantisemitismus. Außerdem ignoriert sie die Tatsache, dass auch die Geschichte von NS und Holocaust in der unmittelbaren Nachkriegszeit zunächst (und teilweise bis heute) verdrängt, relativiert und eben nicht als ‚schlimmstes Menschheitsverbrechen' aufgearbeitet wurde. Insofern handelt es sich um ein eher polemisches Argument, das allerdings anschlussfähig für antiisraelisch-antisemitische Ressentiments ist, wie zum Beispiel David Bernstein in einem Artikel in der *Washington Post* über eine Dokumentation antisemitischer und antiisraelischer Ausfälle an US-amerikanischen College-Campussen zeigt (unter anderem wurde der Holocaust dort als „white on white crime" trivialisiert und verharmlost, vgl. Bernstein 2016).

Antiisraelischer Antisemitismus und Antizionismus sind auch innerhalb der postkolonialen und dekolonialen Wissensproduktion weit verbreitet (vgl. Edthofer 2015). In Saids Text „Zionism from the Standpoint of its Victims" bspw. wird der Zionismus als „exclusionary, discriminatory colonialist praxis" definiert (Said 1997, S. 25), häufig wird im postkolonialen Diskurs Israel dementsprechend als vermeintliches siedlungskoloniales Projekt beschrieben und in der Konsequenz delegitimiert (vgl. Shimoni 2007, S. 863–870).[1] Auffällig ist auch, dass postkoloniale Studien sich in Bezug auf die Geschichte des sogenannten Nahostkonflikts selten bis gar nicht mit islamischem Imperialismus oder islamischem Antisemitismus auseinandersetzen, sondern lediglich mit einer Kritik des Zionismus und/oder der israelischen Politik befasst sind (vgl. Karsh 2008). In Bezug auf das Thema dieser Arbeit wäre in diesem Zusammenhang die Frage zu diskutieren, ob eine Delegitimierung des Anspruches, bei der Operation des Vergleichs auf die Spezifika des Holocausts zu bestehen, oder die Vorstellung einer westlich-hegemonialen und ausschließenden Holocaust-Erinnerung eine Delegitimierung der Existenz des jüdischen Staates Israel begünstigt. Da der Holocaust einen der Gründe für die Staatsgründung als Schutzraum für Jüdinnen und Juden weltweit vor Vernichtung darstellt, läge in der Normalisierung der Spezifika des Holocausts möglicherweise auch eine Normalisierung dieser besonderen Funktion des Staates Israel und damit eine Delegitimierung seiner Gründung. Diese und alle damit verbundenen Fragen und Aspekte zu erörtern wäre aber ein separates Forschungsvorhaben wert und kann im Rahmen dieser Arbeit nicht zufriedenstellend erfolgen.

---

[1] Ein Beispiel ist der Abschnitt ‚Israel and the Colonial Present' des im *Oxford Handbook of Postcolonial Studies* veröffentlichten Aufsatzes „Violence, Law, and Justice in the Colonial Present" von Stephen Morton aus dem Jahr 2013.

7 Literaturverzeichnis

Adorno, Theodor W. (1959): „Was bedeutet: Aufarbeitung der Vergangenheit". In: Kulturkritik und Gesellschaft II. Frankfurt a.M.: Suhrkamp, S. 555–572.
Adorno, Theodor W. (1966a): *Negative Dialektik. Jargon der Eigentlichkeit*. Frankfurt am Main: Suhrkamp.
Adorno, Theodor W. (1966b): „Erziehung nach Auschwitz". In: *Kulturkritik und Gesellschaft II*. Frankfurt am Main: Suhrkamp, S. 674–690.
Adorno, Theodor W./Horkheimer, Max (1944): *Dialektik der Aufklärung. Philosophische Fragmente*. Frankfurt am Main: Fischer Taschenbuch Verlag.
Agamben, Giorgio (2002): *Homo Sacer. Die souveräne Macht und das nackte Leben*. Frankfurt/Main: Suhrkamp.
Agamben, Giorgio (2004): *Ausnahmezustand* (Homo Sacer II.i). Frankfurt am Main: Suhrkamp.
Aly, Götz/Heim, Susanne (1991): *Vordenker der Vernichtung. Auschwitz und die deutschen Pläne für eine neue europäische Ordnung*. Hamburg: Hoffmann und Campe.
Améry, Jean (1977): *Jenseits von Schuld und Sühne. Bewältigungsversuche eines Überwältigten*. Stuttgart: Klett-Cotta.
Arendt, Hannah (1951): *The Origins of Totalitarianism*. New York: Harcourt Brace.
Ashcroft, Bill/Griffiths, Gareth/Tiffin, Helen (2000): *Postcolonial Studies. The Key Concepts*. London: Routledge.
Ashcroft, Bill/Griffiths, Gareth/Tiffin, Helen (1989): *The Empire Writes Back. Theory and Practice in Post-Colonial Literatures*. London [u.a.]: Routledge.
Assmann, Aleida (2013): *Das neue Unbehagen an der Erinnerungskultur. Eine Intervention*. München: C.H. Beck.
Assmann, Aleida (2016): „Zur Kritik, Karriere und Relevanz des Gedächtnisbegriffs. Die ethische Wende in der Erinnerungskultur". In: Ljiljana Radonić/Heidemarie Uhl (Hrsg.), *Gedächtnis im 21. Jahrhundert. Zur Neuverhandlung eines kulturwissenschaftlichen Leitbegriffs*. Bielefeld: transcript, S. 29–42.
Assmann, Aleida/Conrad, Sebastian (2010): „Introduction". In: Aleida Assmann/Sebastian Conrad (Hrsg.), *Memory in a Global Age. Discourses, Practices and Trajectories*. Basingstoke / New York: Palgrave Macmillan, S. 1–16.
Assmann, Jan (1992): *Das kulturelle Gedächtnis. Schrift, Erinnerung und politische Identität in frühen Hochkulturen*. München: C.H. Beck.
Bachmann-Medick (2014): *Cultural Turns. Neuorientierungen in den Kulturwissenschaften*. Reinbek bei Hamburg: Rowohlt.
Back, Les/Solomos, John (Hrsg.) (2000): *Theories of Race and Racism. A Reader*. London [u.a.]: Routledge.
Barth, Boris (2006): *Genozid. Völkermord im 20. Jahrhundert. Geschichte, Theorien, Kontroversen*. München: Beck.
Barth, Boris (2011): „Genozid und Genozidforschung". In: *Docupedia Zeitgeschichte*, http://docupedia.de/zg/Barth_genozidforschung_v1_de_2011, besucht am 17.04.2017.
Bartov, Omer (1998): „Defining Enemies, Making Victims. Germans, Jews, and the Holocaust". In: *American Historical Review* 103 Nr. 3, S. 771–816.
Bartov, Omer (2004): „The Holocaust as ‚Leitmotif' of the Twentieth Century". In: *Zeitgeschichte* 31 Nr. 5, S. 315–327.
Bauer, Yehuda (1978): *The Holocaust in Historical Perspective*. Seattle: Washington UP.

Bauer, Yehuda (1980): „Whose Holocaust?". In: *Midstream* 26 Nr. 9, S. 42–46.
Bauer, Yehuda (2001): *Rethinking the Holocaust*. New Haven: Yale UP.
Bauman, Zygmunt (1989): *Modernity and the Holocaust*. Cambridge: Polity Press.
Becker, David (2006): *Die Erfindung des Traumas. Verflochtene Geschichten*. Berlin: Edition Freitag.
Beckermann, Ansgar (1997): *Einführung in die Logik*. Berlin/New York: de Gruyter.
Behnen, Michael (1977): *Quellen zur deutschen Aussenpolitik im Zeitalter des Imperialismus. 1890 – 1911*. Darmstadt: Wiss. Buchges.
Benz, Wolfgang (2008): *Was ist Antisemitismus?* Bonn: Bundeszentrale für politische Bildung.
Benz, Wolfgang (2009): „Die Funktion von Holocaustleugnung und Geschichtsrevisionismus für die rechte Bewegung". In: Stephan Braun/Alexander Geisler/Martin Gerster (Hrsg.), *Strategien der extremen Rechten. Hintergründe – Analysen – Antworten*. Wiesbaden: Springer VS, S. 404–418.
Bernstein, David (2016): „The Holocaust as ‚White on White Crime' and Other Signs of Intellectual Decay". In: *Washington Post*, https://www.washingtonpost.com/news/volokh-conspiracy/wp/2016/02/05/the-holocaust-as-white-on-white-crime-and-other-signs-of-intellectual-decay/, besucht am 30.09.2017.
Bhabha, Homi K. (1994 [2003]): *The Location of Culture*. London: Routledge.
Bhabha, Homi K. (1996): „The Other Question". In: Padmini Mongia (Hrsg.), *Contemporary Postcolonial Theory. A Reader*. Oxford/New York: Oxford UP, S. 37–54.
Bhambra, Gurminder K. (2009): *Rethinking Modernity. Postcolonialism and the Sociological Imagination*. Basingstoke: Palgrave Macmillan.
Broich, Ulrich/Pfister, Manfred (Hrsg.) (1985): *Intertextualität. Formen, Funktionen, anglistische Fallstudien*. Tübingen: Niemeyer.
Broszat, Martin (1985): „Plädoyer für eine Historisierung des Nationalsozialismus". In: *Merkur* 39 Nr. 5, S. 373–385.
Broszat, Martin/Friedländer, Saul (1988): „Um die ‚Historisierung des Nationalsozialismus'. Ein Briefwechsel". In: *Vierteljahrshefte für Zeitgeschichte* 36 Nr. 2, S. 339–372.
Brown, Laura (1995): „Not Outside the Range. One Feminist's Perspective on Psychic Trauma". In: Cathy Caruth (Hrsg.), *Trauma. Explorations in Memory*. Baltimore: Johns Hopkins UP, S. 100–112.
Brunner, Markus (2011): „Trauma, Krypta, rätselhafte Botschaft. Einige Überlegungen zur intergenerationellen Konfliktdynamik". In: *psychosozial* 34 Nr. 124, S. 43–59. Zitierte Onlineversion mit abweichenden Seitenzahlen unter http://www.agpolpsy.de/wp-content/uploads/2013/07/brunner-trauma-krypta-ratselhafte-botschaft-2011.pdf.
Brunner, Markus/Lohl, Jan/Pohl, Rolf/Winter, Sebastian (2011): „Psychoanalyse und Geschichte". In: Markus Brunner/Jan Lohl/Rolf Pohl/Sebastian Winter (Hrsg.), *Volksgemeinschaft, Täterschaft und Antisemitismus*. Gießen: Psychosozial-Verlag, S. 7–17.
Bruns, Claudia (2011): „Antisemitism and Colonial Racism. Transnational and Interdiscursive Intersectionality". In: Wulf D. Hund (Hrsg.), *Racisms Made in Germany*. Münster: LIT, S. 99–121.
Caruth, Cathy (1996): *Unclaimed Experience. Trauma, Narrative, and History*. Baltimore: The Johns Hopkins University Press.
Castro Varela, María do Mar/Dhawan, Nikita (2005): *Postkoloniale Theorie. Eine kritische Einführung*. Bielefeld: Transcript.
Césaire, Aimé (1955): *Über den Kolonialismus*. Berlin: Wagenbach.

Chakrabarty, Dipesh (2000): *Provincializing Europe. Postcolonial Thought and Historical Difference*. Princeton [u.a.]: Princeton UP.
Chamberlain, Houston Stewart (1899): *Die Grundlagen des XIX. Jahrhunderts*. München: Bruckmann.
Chatterjee, Partha (1998): „Talking About Modernity in Two Languages". In: *A Possible India. Essays in Political Criticism*. New Delhi: Oxford India, S. 263–285.
Cheyette, Bryan (2013): *Diasporas of the Mind. Jewish and Postcolonial Writing and the Nightmare of History*. New Haven, CT: Yale UP.
Churchill, Ward (1997): *A Little Matter of Genocide. Holocaust and Denial in the Americas, 1492 to the Present*. San Francisco: City Lights Books.
Claussen, Detlev (1994): *Was heißt Rassismus?* Darmstadt: Wiss. Buchges.
Claussen, Detlev (2005): *Grenzen der Aufklärung. Die gesellschaftliche Genese des modernen Antisemitismus*. Frankfurt am Main: Fischer.
Conrad, Sebastian (2012): *Deutsche Kolonialgeschichte*. München: C.H. Beck.
Conrad, Sebastian/Eckert, Andreas/Freitag, Ulrike (Hrsg.) (2007): *Globalgeschichte. Theorien, Ansätze, Themen*. Frankfurt/New York: Campus.
Conrad, Sebastian/Randeria, Shalini (2002a): „Einleitung: Geteilte Geschichten – Europa in einer postkolonialen Welt". In: Sebastian Conrad/Shalini Randeria (Hrsg.), *Jenseits des Eurozentrismus. Postkoloniale Perspektiven in den Geschichts- und Kulturwissenschaften*. Frankfurt a.M./New York: Campus, S. 9–49.
Conrad, Sebastian/Randeria, Shalini (2002b): *Jenseits des Eurozentrismus. Postkoloniale Perspektiven in den Geschichts- und Kulturwissenschaften*. Frankfurt a.M./New York: Campus.
Cooper, John (2008): *Raphael Lemkin and the Struggle for the Genocide Convention*. Basingstoke: Palgrave Macmillan.
Cooppan, Vilashini (2000): „W(h)ither Post-Colonial Studies? Towards the Transnational Study of Race and Nation". In: Laura Chrisman/Benita Parry (Hrsg.), *Postcolonial Theory and Criticism*. Cambridge: D.S. Brewer, S. 1–35.
Davis, Christian S. (2012): *Colonialism, Antisemitism, and Germans of Jewish Descent in Imperial Germany*. Ann Arbor: Michigan UP.
Dawidowicz, Lucy S. (1981): *The Holocaust and the Historians*. Cambridge: Harvard UP.
de Sousa Santos, Boaventura (2005): „Vom Postmodernen zum Postkolonialen. Und über beides hinaus". In: Hauke Brunkhorst/Sérgio Costa (Hrsg.), *Jenseits von Zentrum und Peripherie*. München: Rainer Hampp, S. 197–219.
Dhawan, Nikita (2015): „Affirmative Sabotage of the Master's Tools. The Paradox of Postcolonial Enlightenment". In: Nikita Dhawan (Hrsg.), *Decolonizing Enlightenment. Transnational Justice, Human Rights and Democracy in a Postcolonial World*. Opladen [u.a.]: Barbara Budrich Publishers, S. 19–78.
Dhawan, Nikita (25.04.2007): „Can the Subaltern Speak German? And Other Risky Questions. Migrant Hybridism versus Subalternity". In: *translate – Webjournal of eipcp – European Institute for Progressive Cultural Policies*, http://translate.eipcp.net/strands/03/dhawanstrands01en/print, besucht am 07.04.2014.
Dickinson, Edward Ross (2004): „Biopolitics, Fascism, Democracy. Some Reflections on Our Discourse about ‚Modernity'". In: *Central European History* 37 Nr. 1, S. 1–48.
Diedrich, Maria/Gates, Henry Louis/Pedersen, Carl (1999): *Black Imagination and the Middle Passage*. New York: Oxford UP.

Diner, Dan (1988a): „Einleitung des Herausgebers". In: Dan Diner (Hrsg.), *Ist der Nationalsozialismus Geschichte? Zu Historisierung und Historikerstreit*. Frankfurt a. M.: Fischer, S. 7–16.
Diner, Dan (1988b): „Zwischen Aporie und Apologie. Über Grenzen der Historisierbarkeit des Nationalsozialismus". In: Dan Diner (Hrsg.), *Ist der Nationalsozialismus Geschichte? Zu Historisierung und Historikerstreit*. Frankfurt a. M.: Fischer, S. 62–73.
Diner, Dan (1995): „Nationalsozialismus und Stalinismus. Über Gedächtnis, Willkür, Arbeit und Tod". In: *Kreisläufe. Nationalsozialismus und Gedächtnis*. Berlin: Berlin Verlag, S. 47–75.
Diner, Dan (1998): „Nation, Migration, and Memory. On Historical Concepts of Citizenship". In: *Constellations* 4 Nr. 3, S. 293–306.
Diner, Dan (2007): *Gegenläufige Gedächtnisse. Über Geltung und Wirkung des Holocaust*. Göttingen: Vandenhoeck & Ruprecht.
Dirlik, Arif (1994): „The Postcolonial Aura. Third World Criticism in the Age of Global Capitalism". In: *Critical Inquiry* 20 Nr. 2, S. 328–356.
Docker, John (2008): „Are Settler-Colonies Inherently Genocidal? Re-reading Lemkin". In: A. Dirk Moses (Hrsg.), *Empire, Colony, Genocide. Conquest, Occupation, and Subaltern Resistance in World History*. New York/Oxford: Berghahn Books, S. 81–101.
DuBois, W.E.B. (1947): *The World and Africa. An Inquiry Into the Part Which Africa Has Played in World History*. New York, NY: International Publishers.
Eaglestone, Robert (2004): *The Holocaust and the Postmodern*. Oxford: Oxford UP.
Eckel, Jan/Moisel, Claudia (2008): „Einleitung". In: Jan Eckel/Claudia Moisel (Hrsg.), *Universalisierung des Holocaust? Erinnerungskultur und Geschichtspolitik in internationaler Perspektive*. Göttingen: Wallstein, S. 9–25.
Eckert, Andreas (2006): *Kolonialismus*. Frankfurt am Main: Fischer.
Edthofer, Julia (2015): „Israel as Neo-Colonial Signifier? Challenging De-Colonial Anti-Zionism". In: *Journal for the Study of Antisemitism* 7 Nr. 2, S. 31–49.
El-Tayeb, Fatima (2001): *Schwarze Deutsche. Der Diskurs um „Rasse" und nationale Identität 1890–1933*. Frankfurt/Main: Campus.
End, Markus (2016): „Die Dialektik der Aufklärung als Antiziganismuskritik. Thesen zu einer Kritischen Theorie des Antiziganismus". In: Wolfram Stender (Hrsg.), *Konstellationen des Antiziganismus: Theoretische Grundlagen, empirische Forschung und Vorschläge für die Praxis*. Wiesbaden: Springer VS, S. 53–94.
Enderwitz, Ulrich (1998): *Antisemitismus und Volksstaat. Zur Pathologie kapitalistischer Krisenbewältigung*. Freiburg: ça ira.
Escher, Clemens (2009): „Eintrag: Chamberlain, Houston Stewart". In: Wolfgang Benz (Hrsg.), *Handbuch des Antisemitismus. Judenfeindschaft in Geschichte und Gegenwart, Band 1/2: Personen A-K*. Berlin: de Gruyter Saur, S. 132–134.
Essner, Cornelia (2005): „‚Border-line' im Menschenblut und Struktur rassistischer Rechtsspaltung. Koloniales Kaiserreich und ‚Drittes Reich'". In: Micha Brumlik/Susanne Meinl/Werner Renz (Hrsg.), *Gesetzliches Unrecht. Rassistisches Recht im 20. Jahrhundert*. Frankfurt/M: Campus, S. 27–64.
EUMC (2005): „Arbeitsdefinition Antisemitismus". https://european-forum-on-antisemitism.org/definition-of-antisemitism/deutsch-german, besucht am 14.04.2017.
Evans, Raymond (2008): „‚Crime Without a Name'. Colonialism and the Case for ‚Indigenocide'". In: A. Dirk Moses (Hrsg.), *Empire, Colony, Genocide. Conquest, Occupation, and Subaltern Resistance in World History*. New York/Oxford: Berghahn Books, S. 133–147.
Fanon, Frantz (1961): *Les Damnés de la Terre*. Paris: Maspero.
Fanon, Frantz (1966): *Die Verdammten dieser Erde*. Frankfurt a.M.: Suhrkamp.

Fanon, Frantz (1967): *Black Skin, White Masks*. London: Pluto Press.
Fein, Helen (1999): „Genozid als Staatsverbrechen. Beispiele aus Rwanda und Bosnien". In: *Zeitschrift für Genozidforschung* 1 Nr. S. 36–45.
Finkelstein, Norman G. (2000): *The Holocaust Industry. Reflections on the Exploitation of Jewish Suffering*. London [u.a.]: Verso.
Fischer, Gottfried/Riedesser, Peter (1998): *Lehrbuch der Psychotraumatologie*. München: Reinhardt.
Fitzpatrick, Matthew P. (2008): „The Pre-History of the Holocaust? The *Sonderweg* and *Historikerstreit* Debates and the Abject Colonial Past". In: *CCC* 41 Nr. 03, S. 477–503.
Føllesdal, Dagfinn/Walløe, Lars/Elster, Jon/Kaiser, Matthias (1986): *Rationale Argumentation. Ein Grundkurs in Argumentations- und Wissenschaftstheorie*. Berlin: de Gruyter.
Foucault, Michel (2003): „Die Geburt der Sozialmedizin". In: Daniel Defert/François Ewald/Jacques Lagrange (Hrsg.), *Schriften in vier Bänden. Dits et Ecrits*, S. 272–298.
Foucault, Michel (1976): *Der Wille zum Wissen*. Frankfurt am Main: Suhrkamp.
Foucault, Michel (1999): *In Verteidigung der Gesellschaft. Vorlesungen am Collège de France (1975–76)*. Frankfurt am Main: Suhrkamp.
Franzki, Hannah/Aikins, Joshua Kwesi (2010): „Postkoloniale Studien und kritische Sozialwissenschaft". In: *PROKLA – Zeitschrift für kritische Sozialwissenschaft* 158 Nr. 1, S. 9–28.
Freud, Sigmund (1916–1917): *Vorlesung zur Einführung in die Psychoanalyse*. Frankfurt am Main: Fischer.
Freud, Sigmund (1952): „Über Deckerinnerungen". In: Anna Freud (Hrsg.), *Gesammelte Werke. Chronologisch geordnet, Bd. 1: Werke aus den Jahren 1892–1899*. Frankfurt am Main: Fischer, S. 531–554.
Freud, Sigmund (1941): „Über Kindheits- und Deckerinnerungen". In: Anna Freud (Hrsg.), *Gesammelte Werke. Chronologisch geordnet, Bd. 4: Zur Psychopathologie des Alltagslebens*. Frankfurt am Main: Fischer, S. 51–60.
Freud, Sigmund (1946): „Trauer und Melancholie". In: Anna Freud (Hrsg.), *Gesammelte Werke. Chronologisch geordnet, Bd. 10: Werke aus den Jahren 1913–1917*. Frankfurt am Main: Fischer, S. 428–446.
Frick, Wilhelm (1935): „Das Reichsbürgergesetz und das Gesetz zum Schutz des deutschen Blutes und der deutschen Ehre vom 15. September 1935". In: *Deutsche Juristen-Zeitung* 40 Nr. 23, S. 1389–1394.
Friedberg, Lilian (2000): „Dare to Compare. Americanizing the Holocaust". In: *The American Indian Quarterly* 24 Nr. 3, S. 353–380.
Friedländer, Saul (1977): *Some Aspects of the Historical Significance of the Holocaust*. Jerusalem: Inst. of Contemporary Jewry, Hebrew Univ. of Jerusalem.
Friedländer, Saul (1987a): „Überlegungen zur Historisierung des Nationalsozialismus". In: Dan Diner (Hrsg.), *Ist der Nationalsozialismus Geschichte? Zu Historisierung und Historikerstreit*. Frankfurt a.M.: Fischer, S. 34–50.
Friedländer, Saul (1987b): „Vom Antisemitismus zur Judenvernichtung. Eine historiographische Studie zur nationalsozialistischen Judenpolitik und Versuch einer Interpretation". In: Eberhard Jäckel/Jürgen Rohwer (Hrsg.), *Der Mord an den Juden im Zweiten Weltkrieg. Entschlußbildung und Verwirklichung*. Frankfurt am Main: Fischer Taschenbuch, S. 18–60.
Friedländer, Saul (1993a): *Memory, History, and the Extermination of the Jews of Europe*. Bloomington: Indiana UP.
Friedländer, Saul (1993b): „Trauma and Transference". In: *Memory, History, and the Extermination of the Jews of Europe*. Bloomington / Indianapolis: Indiana UP, S. 117–137.

Friedländer, Saul (1998): *Das Dritte Reich und die Juden. Die Jahre der Verfolgung: 1933–1939*. München: Beck.
Friedländer, Saul (1999): *Kitsch und Tod. Der Widerschein des Nazismus*. Frankfurt am Main: Fischer Taschenbuch.
Friedmann, Alexander (2004): „Allgemeine Psychotraumatologie". In: Alexander Friedmann/Peter Hofmann/Brigitte Lueger-Schuster/Maria Steinbauer/David Vyssoki (Hrsg.), *Psychotrauma. Die posttraumatische Belastungsstörung*. Wien: Springer, S. 5–34.
Frings, Cornelia (2010): *Soziales Vertrauen. Eine Integration der soziologischen und der ökonomischen Vertrauenstheorie*. Wiesbaden: VS Verlag für Sozialwissenschaften.
Furber, David/Lower, Wendy (2008): „Colonialism and Genocide in Nazi-occupied Poland". In: A. Dirk Moses (Hrsg.), *Empire, Colony, Genocide. Conquest, Occupation, and Subaltern Resistance in World History*. New York/Oxford: Berghahn Books, S. 372–400.
Gann, Lewis H (1987): „Marginal Colonialism. The German Case". In: Arthur J. Knoll/Lewis H. Gann (Hrsg.), *Germans in the Tropics. Essays in German Colonial History*. New York: Greenwood Press, S. 1–18.
Ganzenmüller, Jörg (2012): „Stalins Völkermord? Zu den Grenzen des Genozidbegriffs und den Chancen eines historischen Vergleichs". In: Sybille Steinbacher (Hrsg.), *Holocaust und Völkermorde. Die Reichweite des Vergleichs*. Frankfurt am Main/New York: Campus, S. 145–166.
Geisel, Eike (1984): *Lastenausgleich, Umschuldung. Die Wiedergutwerdung der Deutschen. Essays, Polemiken, Stichworte*. Berlin: Edition Tiamat.
Gerwarth, Robert/Malinowski, Stephan (2007): „Der Holocaust als ‚kolonialer Genozid'? Europäische Kolonialgewalt und nationalsozialistischer Vernichtungskrieg". In: *Geschichte und Gesellschaft* Nr. 33, S. 439–466.
Gerwarth, Robert/Malinowski, Stephan (2009): „Hannah Arendt's Ghosts. Reflections on the Disputable Path from Windhoek to Auschwitz". In: *Central European History* 42 Nr. 2, S. 279–300.
Gessmann, Martin (2009): „Eintrag: ‚Inkommensurabilität'". In: Heinrich Schmidt (Hrsg.), *Philosophisches Wörterbuch*. Kröner: Stuttgart, S. 352.
Geulen, Christian (2007): *Geschichte des Rassismus*. München: C.H. Beck.
Geulen, Christian (2010): „Eintrag: Rassismus". In: Wolfgang Benz (Hrsg.), *Handbuch des Antisemitismus. Judenfeindschaft in Geschichte und Gegenwart, Band 3: Begriffe, Theorien, Ideologien*. Berlin: de Gruyter Saur, S. 278–282.
Geulen, Eva (2005): *Giorgio Agamben zur Einführung*. Hamburg: Junius.
Gilman, Sander L. (2001): „Are Jews White? Or, the History of the Nose Job". In: Les Back/John Solomos (Hrsg.), *Theories of Race and Racism*. London & New York: Routledge, S. 229–237.
Gilroy, Paul (1993): *The Black Atlantic. Modernity and Double Consciousness*. Cambridge, MA: Harvard UP.
Gilroy, Paul (2000): *Between Camps. Nations, Culture and the Allure of Race*. London: Routledge.
Globisch, Claudia (2013): *Radikaler Antisemitismus*. Wiesbaden: Springer.
Goldhagen, Daniel Jonah (1996): *Hitler's Willing Executioners. Ordinary Germans and the Holocaust*. London: Abacus.
Gosden, Chris (2004): *Archaeology and Colonialism. Cultural Contact from 5000 BC to the Present*. Cambridge: Cambridge UP.

Graefe, Stefanie (2007): *Autonomie am Lebensende? Biopolitik, Ökonomisierung und die Debatte um Sterbehilfe*. Frankfurt am Main: Campus.
Grigat, Stephan (2007): *Fetisch und Freiheit. Über die Rezeption der Marxschen Fetischkritik, die Emanzipation von Staat und Kapital und die Kritik des Antisemitismus*. Freiburg: ça ira-Verlag.
Grigat, Stephan (2012): „Postnazismus in Zeiten des Djihad. Modernisierte Vergangenheitspolitik, die Konkurrenz der Antisemiten und die FPÖ nach Jörg Haider. Zur Einleitung". In: Stephan Grigat (Hrsg.), *Postnazismus Revisited. Das Nachleben des Nationalsozialismus im 21. Jahrhundert*. Freiburg: ça ira-Verlag, S. 9–46.
Große Kracht, Klaus (2010): „Debatte: Der Historikerstreit". In: *Docupedia-Zeitgeschichte*, http://docupedia.de/zg/Historikerstreit, besucht am 03.09.2013.
Grosse, Pascal (2000): *Kolonialismus, Eugenik und bürgerliche Gesellschaft in Deutschland 1850 – 1918*. Frankfurt am Main: Campus.
Grosse, Pascal (2005): „What Does German Colonialism Have to Do with National Socialism? A Conceptual Framework". In: Eric Ames/Marcia Klotz/Lora Wildenthal (Hrsg.), *Germany's Colonial Pasts*. Lincoln/London: Nebraska UP, S. 115–134.
Grosse, Pascal (2006): „From Colonialism to National Socialism to Postcolonialism. Hannah Arendt's Origins of Totalitarianism". In: *Postcolonial Studies. Culture, Politics, Economy* 9 Nr. 1, S. 35–52.
Ha, Kien Nghi (1999): *Ethnizität und Migration*. Münster: Westfälisches Dampfboot.
Haas, Roland (2003): „Eintrag: Deckerinnerung". In: *Dictionary of Psychology and Psychiatry / Wörterbuch der Psychologie und Psychiatrie. German-English / Deutsch-Englisch*. Göttingen: Hogrefe.
Habermas, Jürgen (1987): „Eine Art Schadensabwicklung. Die apologetischen Tendenzen in der deutschen Zeitgeschichtsschreibung". In: *„Historikerstreit". Die Dokumentation um die Einzigartigkeit der nationalsozialistischen Judenvernichtung*. München: Piper, S. 62–76.
Hagemann, Steffen/Nathanson, Roby (2015): *Deutschland und Israel heute. Verbindende Vergangenheit, trennende Gegenwart?* Gütersloh: Bertelsmann Stiftung.
Hagen, William W. (2002): „A „Potent, Devilish Mixture" of Motives. Explanatory Strategy and Assignment of Meaning in Jan Gross's ‚Neighbors'". In: *Slavic Review* 61 Nr. 3, S. 466–475.
Halbwachs, Maurice (1967): *Das kollektive Gedächtnis*. Stuttgart: Ferdinand Enke Verlag.
Hall, Stuart (1992): „The West and the Rest. Discourse and Power". In: Stuart Hall/Bram Gieben (Hrsg.), *Formations of Modernity*. Cambridge: Polity Press, S. 275–320.
Hartenstein, Michael A. (1998): *Neue Dorflandschaften. Nationalsozialistische Siedlungsplanung in den „eingegliederten Ostgebieten" 1939 bis 1944*. Berlin: Köster.
Haury, Thomas (2002): *Antisemitismus von links. Kommunistische Ideologie, Nationalismus und Antizionismus in der frühen DDR*. Hamburg: Hamburger Edition.
Hayes, Peter/Roth, John K. (2010): „Introduction". In: Peter Hayes/John K. Roth (Hrsg.), *The Oxford Handbook of Holocaust Studies*. Oxford: Oxford UP, S. 1–20.
Hennig, Eike (1987): „Raus ‚aus der politischen Kraft der Mitte'! Bemerkungen zur Kritik der neokonservativen Geschichtspolitik". In: *Gewerkschaftliche Monatshefte* 3/87 Nr. S. 160–170.
Hentges, Gudrun (1999): *Schattenseiten der Aufklärung. Die Darstellung von Juden und „Wilden" in philosophischen Schriften des 18. und 19. Jahrhunderts*. Schwalbach: Wochenschau Verlag.

Herbert, Ulrich (1995): „Traditionen des Rassismus". In: Ulrich Herbert (Hrsg.), *Arbeit, Volkstum, Weltanschauung. Über Fremde und Deutsche im 20. Jahrhundert.* Frankfurt am Main: Fischer, S. 11–29.
Herman, Judith (1992): *Trauma and Recovery.* New York, NY: BasicBooks.
Heyder, Aribert/Iser, Julia/Schmidt, Peter (2005): „Israelkritik oder Antisemitismus? Meinungsbildung zwischen Öffentlichkeit, Medien und Tabus". In: Wilhelm Heitmeyer (Hrsg.), *Deutsche Zustände, Folge 3*, S. 144–165.
Hildebrand, Klaus (1969): *Vom Reich zum Weltreich. Hitler, NSDAP und koloniale Frage 1919–1945.* München: Fink.
Hillgruber, Andreas (1982): *Hitlers Strategie. Politik und Kriegsführung 1940–1941.* München: Bernard & Graefe.
Hobsbawm, Eric J. (1994): *Age of Extremes. The Short Twentieth Century; 1914–1991.* London: Michael Joseph.
Hofer, Walther (1988): *Der Nationalsozialismus. Dokumente 1933–1945.* Frankfurt am Main: Fischer.
Hoffmann, Christhard (1990): „Das Judentum als Antithese. Zur Tradition eines kulturellen Wertungsmusters". In: Wernern Bergmann/Rainer Erb (Hrsg.), *Antisemitismus in der politischen Kultur nach 1945.* Opladen: Westdeutscher Verlag, S. 20–28.
Holz, Klaus (2001): *Nationaler Antisemitismus. Wissenssoziologie einer Weltanschauung.* Hamburg: HIS Verlag.
Hull, Isabel V. (2005): *Absolute Destruction. Military Culture and the Practices of War in Imperial Germany.* Ithaca: Cornell UP.
James, C.L.R. (1992): „Dialectical Materialism and the Fate of Humanity". In: Anna Grimshaw (Hrsg.), *The C.L.R. James Reader.* Oxford: Blackwell, S. 153–181.
JANKA, Franz (1993): *Die braune Gesellschaft. Eine soziologische Thematisierung der nationalsozialistischen Volksgemeinschaft.* Dissertation: Universität Regensburg.
Janßen, Karl-Heinz (1980): „Adolf Hitler in Volksausgabe. Mehr als ein Gelehrtenstreit – aus Anlaß neuer Aufzeichnungen". Hamburg, In: *DIE ZEIT*, http://www.zeit.de/1980/12/adolf-hitler-in-volksausgabe/komplettansicht, besucht am 22.07.2014.
Jay, Paul (2010): *Global Matters. The Transnational Turn in Literary Studies.* Ithaca: Cornell UP.
Jochmann, Werner (Hrsg.) (1980): *Adolf Hitler, Monologe im Führerhauptquartier 1941–1944. Die Aufzeichnungen Heinrich Heims.* Hamburg: Knaus.
Jureit, Ulrike (2012): *Das Ordnen von Räumen. Territorium und Lebensraum im 19. und 20. Jahrhundert.* Hamburg: Hamburger Edition.
Jureit, Ulrike/Schneider, Christian (2010): *Gefühlte Opfer. Illusionen der Vergangenheitsbewältigung.* Stuttgart: Klett-Cotta.
Kaelble, Hartmut (1999): *Der historische Vergleich. Eine Einführung zum 19. und 20. Jahrhundert.* Frankfurt a.M./New York: Campus.
Kahlweiß, Luzie H./Salzborn, Samuel (2012): „Islamophobie. Zur konzeptionellen und empirischen Fragwürdigkeit einer umstrittenen Kategorie". In: Gideon Botsch/Olaf Glöckner/Christoph Kopke/Michael Spieker (Hrsg.), *Islamophobie und Antisemitismus – ein umstrittener Vergleich.* Berlin: de Gruyter, S. 51–64.
Kapferer, Norbert (2003): „Der ‚Totale Krieg' gegen den ‚jüdischen Bolschewismus'. Weltanschauliche und propagandistische Einlassungen der NS-Elite und deren Interpretationen durch Carl Schmitt". In: Uwe Backes (Hrsg.), *Rechtsextreme Ideologien in Geschichte und Gegenwart.* Köln: Böhlau, S. 159–192.

Kaplan, Chaim Aron (1967): *Buch der Agonie. Das Warschauer Tagebuch des Chaim A. Kaplan*. Frankfurt am Main: Insel.
Karsh, Efraim (2008): „The Missing Piece: Islamic Imperialism". In: Philip Carl Salzman (Hrsg.), *Postcolonial Theory and the Arab-Israel Conflict*. London: Routledge, S. 120–128.
Katz, Steven T. (1989): „Quantity and Interpretation-Issues in the Comparative Historical Analysis of the Holocaust". In: *Holocaust & Genocide Studies* 4 Nr. S. 127–148.
Katz, Steven T. (1994): *The Holocaust in Historical Context, Vol I. The Holocaust and Mass Death Before the Modern Age*. New York [u.a.]: Oxford UP.
Katz, Steven T. (1996): „The Uniqueness of the Holocaust. The Historical Dimension". In: Alan S. Rosenbaum (Hrsg.), *Is the Holocaust Unique? Perspectives on Comparative Genocide*. Boulder, CO: Westview Press, S. 19–38.
Keilson, Hans (2005): *Sequentielle Traumatisierung bei Kindern. Untersuchung zum Schicksal jüdischer Kriegswaisen*. Gießen: Psychosozial-Verlag.
Kerner, Ina (2012): *Postkoloniale Theorien zur Einführung*. Hamburg: Junius.
Kestenberg, Judith (1980): „Kinder von Überlebenden der Nazi-Verfolgungen". In: Helmut Dahmer (Hrsg.), *Analytische Sozialpsychologie (2. Band)*. Frankfurt am Main: Suhrkamp, S. 494–510.
Kimmel, Elke (2009): „Eintrag: Schemann, Karl Ludwig". In: Wolfgang Benz (Hrsg.), *Handbuch des Antisemitismus. Judenfeindschaft in Geschichte und Gegenwart, Band 2/2: Personen L-Z*. Berlin: de Gruyter Saur, S. 727–728.
King, Richard H./Stone, Dan (2007): „Introduction". In: Richard H. King/Dan Stone (Hrsg.), *Hannah Arendt and the Uses of History. Imperialism, Nation, Race, and Genocide*. New York [u.a.]: Berghahn, S. 1–17.
Kirsch, Jan-Holger (02.04.2002): „Rezension zu: *Levy, Daniel; Sznaider, Natan: Erinnerung im globalen Zeitalter: Der Holocaust*". Frankfurt am Main, In: *H-Soz-u-Kult*, http://www.hsozkult.de/publicationreview/id/rezbuecher-1113, besucht am 26.01.2017.
Klein, Herbert S. (1978): *The Middle Passage. Comparative Studies*. Princeton: Princeton UP.
Klein, Herbert S. (1999): *The Atlantic Slave Trade*. Cambridge: Cambridge UP.
Kocka, Jürgen/Haupt, Heinz-Gerhard (2009): „Comparison and Beyond. Traditions, Scope, and Perspectives of Comparative History". In: Heinz-Gerhard Haupt /Jürgen Kocka (Hrsg.), *Comparative and Transnational History. Central European Approaches and New Perspectives*. New York/Oxford: Berghahn Books, S. 1–30.
Koller, Christian (2009): *Rassismus*. Paderborn: Schöningh.
Komlosy, Andrea (2011): *Globalgeschichte. Methoden und Theorien*. Wien: Böhlau.
Korf, Benedikt/Schetter, Conrad (2016): „Räume des Ausnahmezustands. Carl Schmitts Raumphilosophie, Frontiers und Ungoverned Territories". In: *PERIPHERIE–Politik, Ökonomie, Kultur* 32 Nr. 126/127, S. 147–170.
Kraft, Claudia/Lüdtke, Alf/Martschukat, Jürgen (2010): „Einleitung". In: dies. (Hrsg.), *Kolonialgeschichten. Regionale Perspektiven auf ein globales Phänomen*. Frankfurt/New York: Campus, S. 9–25.
Krüger, Gesine (1999): *Kriegsbewältigung und Geschichtsbewußtsein. Realität, Deutung und Verarbeitung des deutschen Kolonialkriegs in Namibia 1904 bis 1907*. Göttingen: Vandenhoeck & Ruprecht.
Kuhn, Thomas S. (1973): *Die Struktur wissenschaftlicher Revolutionen*. Frankfurt am Main: Suhrkamp.
Kühne, Thomas (2013): „Colonialism and the Holocaust. Continuities, Causations, and Complexities". In: *Journal of Genocide Research* 15 Nr. 3, S. 339–362.

Kühner, Angela (2008): *Trauma und kollektives Gedächtnis*. Gießen: Psychosozial-Verlag.
Kundrus, Birthe (2003a): *Moderne Imperialisten. Das Kaiserreich im Spiegel seiner Kolonien*. Köln: Böhlau.
Kundrus, Birthe (2003b): „Von Windhoek nach Nürnberg? Koloniale ‚Mischehenverbote' und die nationalsozialistische Rassengesetzgebung". In: Birthe Kundrus (Hrsg.), *Phantasiereiche. Zur Kulturgeschichte des deutschen Kolonialismus*. Frankfurt am Main: Campus, S. 110–131.
Kundrus, Birthe (2010): „Kolonialismus. Imperialismus. Nationalsozialismus? Chancen und Grenzen eines neuen Paradigmas". In: Claudia Kraft/Alf Lüdtke/Jürgen Martschukat (Hrsg.), *Kolonialgeschichten. Regionale Perspektiven auf ein globales Phänomen*. Frankfurt/New York: Campus, S. 187–210.
Kundrus, Birthe (2011): „German Colonialism. Some Reflections on Reassessments, Specificities, and Constellations". In: Volker Max Langbehn/Mohammad Salama (Hrsg.), *German Colonialism. Race, the Holocaust, and Postwar Germany*. New York: Columbia UP, S. 29–47.
Kundrus, Birthe (2008): „Der Genozidbegriff ist wenig hilfreich". In: *iz3w – informationszentrum 3. welt* 309 Nr. S. 38–39.
Kundrus, Birthe/Steinbacher, Sybille (2013): „Einleitung". In: Birthe Kundrus/Sybille Steinbacher (Hrsg.), *Kontinuitäten und Diskontinuitäten. Der Nationalsozialismus in der Geschichte des 20. Jahrhunderts*. Göttingen: Wallstein, S. 9–29.
LaCapra, Dominick (1998): *History and Memory After Auschwitz*. Ithaca / London: Cornell UP.
LaCapra, Dominick (2001): *Writing History, Writing Trauma*. Baltimore: Johns Hopkins UP.
Lal, Vinay (1998): „Genocide, Barbaric Others, and the Violence of Categories. A Response to Omer Bartov". In: *American Historical Review* 103 Nr. 4, S. 1187–1190.
Lal, Vinay (2005): „The Concentration Camp and Development. The Pasts and Future of Genocide". In: *Patterns of Prejudice* 39 Nr. 2, S. 220–243.
Langbehn, Volker Max/Salama, Mohammad (2011): „Introduction. Reconfiguring German Colonialism". In: Volker Max Langbehn/Mohammad Salama (Hrsg.), *German Colonialism. Race, the Holocaust, and Postwar Germany*. New York: Columbia UP, S. ix-xxxi.
Lange, Karl (1965): „Der Terminus ‚Lebensraum' in Hitlers ‚Mein Kampf'". In: *Vierteljahrshefte für Zeitgeschichte* 13 Nr. 4, S. 426–437.
Lanzmann, Claude (1979): „From the Holocaust to the *Holocaust*". In: *Telos* Winter Nr. 42, S. 137–143.
Leicht, Johannes (2012): „Eintrag: Alldeutscher Verband". In: Wolfgang Benz (Hrsg.), *Handbuch des Antisemitismus. Judenfeindschaft in Geschichte und Gegenwart, Band 5: Organisationen, Institutionen, Bewegungen*. Berlin: de Gruyter Saur, S. 9–12.
Lemke, Thomas (2007): *Biopolitik zur Einführung*. Hamburg: Junius.
Lemkin, Raphael (1944): *Axis Rule in Occupied Europe. Laws Of Occupation, Analysis Of Government, Proposals For Redress*. Washington: Carnegie Endowment for International Peace.
Lemkin, Raphael (1948): „War Against Genocide". In: *Christian Science Monitor*.
Levy, Daniel/Sznaider, Natan (2007): *Erinnerung im globalen Zeitalter: Der Holocaust*. Frankfurt a.M.: Suhrkamp.
Lewin, Abraham (1988): *A cup of Tears. A Diary of the Warsaw Ghetto*. Oxford: Blackwell.
Leys, Ruth (2000): *Trauma. A Genealogy*. Chicago [u.a.]: Chicago UP.

Lindner, Ulrike (2011): „Neuere Kolonialgeschichte und Postcolonial Studies". In: *Docupedia Zeitgeschichte*, http://docupedia.de/zg/Neuere_Kolonialgeschichte_und_Postcolonial_Studies, besucht am 30.04.2014.
Lindqvist, Sven (1996): *Exterminate all the Brutes*. New York: New Press.
Linne, Karsten (2008): *Deutschland jenseits des Äquators? Die NS-Kolonialplanungen für Afrika*. Berlin: Links.
Lipstadt, Deborah E. (1993): *Denying the Holocaust. The Growing Assault on Truth and Memory*. New York: Free Press.
Livnat, Andrea (2007): „‚Erinnerung im globalen Zeitalter'. Der Holocaust und die ‚Globalisierung'". In: *haGalil.com*, http://www.antisemitismus.net/ns-vergangenheit/erinnern.htm, besucht am 21.09.2015.
Lohl, Jan (2010): „Gefühlserbschaft und Geschlecht. Überlegungen zur Struktur der generationenübergreifenden Folgewirkungen des Nationalsozialismus". In: Maja Figge/Konstanze Hanitzsch/Nadine Teuber (Hrsg.), *Scham und Schuld. Geschlechter(sub)texte der Shoah*. Bielefeld: transcript, S. 21–38.
Loomba, Ania (2005): *Colonialism/Postcolonialism*. London/New York: Routledge.
Löw, Andrea (2012): „‚Ein Verbrechen, dessen Grauen mit nichts zu vergleichen ist'. Die Ursprünge der Debatte über die Singularität des Holocaust". In: Sybille Steinbacher (Hrsg.), *Holocaust und Völkermorde. Die Reichweite des Vergleichs*. Frankfurt/New York: Campus, S. 125–143.
Luxemburg, Rosa (1970): „The Junius Pamphlet. The Crisis in the German Social Democracy". In: May-Alice Waters (Hrsg.), *Rosa Luxemburg Speaks*. New York: Pathfinder Press.
Madley, Benjamin (2005): „From Africa to Auschwitz. How German South West Africa Incubated Ideas and Methods Adopted and Developed by the Nazis in Eastern Europe". In: *European History Quarterly* 35 Nr. 3, S. 429–464.
Mann, Michael (1986): *The Sources of Social Power*. Cambridge/New York: Cambridge UP.
Margalit, Avishai/Motzkin, Gabriel (1996): „The Uniqueness of the Holocaust". In: *Philosophy & Public Affairs* 25 Nr. 1, S. 65–83.
Marjanović, Ivana (2012): „Unignoring Anti-Semitism in the Contexts of Critical Knowledge Production". http://unignoringantisemitism.blogspot.de, besucht am 23.11.2016.
Martínez, Matías (2005): „Dialogizität, Intertextualität, Gedächtnis". In: Heinz Ludwig Arnold/Heinrich Detering (Hrsg.), *Grundzüge der Literaturwissenschaft*. München: Deutscher Taschenbuch Verlag.
Marx, Karl (1988): *Das Kapital: Kritik der politischen Ökonomie. Erster Band. Buch I: Der Produktionsprozeß des Kapitals*. Berlin: Dietz.
Mazower, Mark (1994): „After Lemkin. Genocide, the Holocaust and History". In: *Jewish Quarterly* 41 Nr. 4, S. 5–8.
Mazower, Mark (2008): *Hitler's Empire. Nazi Rule in Occupied Europe*. London [u.a.]: Allen Lane.
Mbembe, Achille (2003): „Necropolitics". In: *Public Cultre* 15 Nr. 1, S. 11–40.
McClintock, Anne (1992): „The Angel of Progress. Pitfalls of the Term ‚Post-Colonialism'". In: *Social Text* 31/32 Nr. S. 84–98.
McDonnell, Michael A./Moses, A. Dirk (2005): „Raphael Lemkin as Historian of Genocide in the Americas". In: *Journal of Genocide Research* 7 Nr. 4, S. 501–529.
Messerschmidt, Astrid (2005): „Antiglobal oder Postkolonial? Globalisierungskritik, antisemitische Welterklärungen und der Versuch, sich in Widersprüchen zu bewegen". In: Hanno

Loewy (Hrsg.), *Gerüchte über die Juden. Antisemitismus, Philosemitismus und aktuelle Verschwörungstheorien*. Essen: Klartext, S. 123–146.

Messerschmidt, Astrid (2016a): „Antiziganismuskritische Bildung in der national-bürgerlichen Konstellation". In: Wolfram Stender (Hrsg.), *Konstellationen des Antiziganismus: Theoretische Grundlagen, empirische Forschung und Vorschläge für die Praxis*. Wiesbaden: Springer VS, S. 95–110.

Messerschmidt, Astrid (2016b): „Postkoloniale Selbstbilder in der postnationalsozialistischen Gesellschaft". In: *FKW. Zeitschrift für Geschlechterforschung und visuelle Kultur* 59 Nr. S. 24–37.

Michaels, Walter Benn (2006): „Plots against America. Neoliberalism and Antiracism". In: *American Literary History* 18 Nr. 2, S. 288–302.

Michman, Dan (2011): *The Emergence of Jewish Ghettos During the Holocaust*. New York: Cambridge UP.

Michman, Dan (2014): „The Jewish Dimension of the Holocaust in Dire Straits? Current Challenges of Interpretation and Scope". In: Norman J. W. Goda (Hrsg.), *Jewish Histories of the Holocaust. New Transnational Approaches*. New York / Oxford: Berghahn Books, S. 17–38.

Michman, Dan (2017): „Ist der Holocaust anders als andere Genozide?". In: *Audiatur Online*, http://www.audiatur-online.ch/2017/02/27/ist-der-holocaust-anders-als-andere-genozide/, besucht am 30.10.2017.

Mignolo, Walter D. (2007): „DELINKING. The Rhetoric of Modernity, the Logic of Coloniality and the Grammar of De-coloniality". In: *Cultural Studies* 21 Nr. 2, S. 449–514.

Mignolo, Walter D. (2009): „Dispensable and Bare Lives: Coloniality and the Hidden Political/ Economic Agenda of Modernity". In: *Human Architecture* 7 Nr. 2, S. 69–87.

Mignolo, Walter D. (2011): *The Darker Side of Western Modernity. Global Futures, Decolonial Options*. Durham [u.a.]: Duke UP.

Milchman, Alan/Rosenbaum, Alan S. (1990): „Review: Modernity and the Holocaust, Zygmunt Bauman". In: *Holocaust & Genocide Studies* 5 Nr. 3, S. 337–342.

Milchman, Alan/Rosenberg, Alan (1995): „Die Frage nach der Einzigartigkeit des Holocaust". In: Helmut Schreier/Matthias Heyl (Hrsg.), *„Daß Auschwitz nicht noch einmal sei…". Zur Erziehung nach Auschwitz*. Hamburg: Krämer, S. 141–170.

Miles, Robert/Brown, Malcolm (2003): *Racism*. London [u.a.]: Routledge.

Miller, Glenn H. (2009): „The Trauma of Insidious Racism.". In: *J Am Acad Psychiatry Law* 37 Nr. 1, S. 41–44.

Mitscherlich, Alexander/Mitscherlich, Margarete (1987): *Die Unfähigkeit zu trauern. Grundlagen kollektiven Verhaltens*. München: Piper.

Moller, Sabine (2010): „Erinnerung und Gedächtnis". In: *Docupedia Zeitgeschichte*, http://docupedia.de/zg/Erinnerung_und_Ged.C3.A4chtnis?oldid=106409, besucht am 10.08.2015.

Mommsen, Hans (1983): „Die Realisierung des Utopischen. Die „Endlösung der Judenfrage" im ‚Dritten Reich'". In: *Geschichte und Gesellschaft* 9 Nr. S. 381–420.

Moré, Angela (2013): „Die unbewusste Weitergabe von Traumata und Schuldverstrickungen an nachfolgende Generationen". In: *Journal für Psychologie*, besucht am 26.08.2015.

Morton, Stephen (2013): „Violence, Law, and Justice in the Colonial Present". In: Graham Huggan (Hrsg.), *The Oxford Handbook of Postcolonial Studies*. Oxford [u.a.]: Oxford Univ. Press, S. 179–196.

Moses, A. Dirk (2002): „Conceptual Blockages and Definitional Dilemmas in the ‚Racial Century'. Genocides of Indigenous Peoples and the Holocaust". In: *Patterns of Prejudice* 36 Nr. 4, S. 7-36.
Moses, A. Dirk (2008): „Empire, Colony, Genocide. Keywords and the Philosophy of History". In: A. Dirk Moses (Hrsg.), *Empire, Colony, Genocide. Conquest, Occupation, and Subaltern Resistance in World History.* New York/Oxford: Berghahn Books, S. 3-54.
Moses, A. Dirk (2010a): „Colonialism". In: Peter Hayes/John K. Roth (Hrsg.), *The Oxford Handbook of Holocaust Studies.* Oxford: Oxford UP, S. 68-80.
Moses, A. Dirk (2010b): „Redemptive Antisemitism and the Imperialist Imaginary". In: Christian Wiese/Paul Betts (Hrsg.), *Years of Persecution, Years of Extermination: Saul Friedländer and the Future of Holocaust Studies.* London & New York: Continuum, S. 233-254.
Mosse, George L. (1964): *The Crisis of German Ideology. Intellectual Origins of the Third Reich.* London: Lowe & Brydone.
Mosse, George L. (1978): *Toward the Final Solution. A History of European Racism.* New York: Howard Fertig.
Naimark, Norman M. (2010): *Stalin und der Genozid.* Frankfurt am Main: Suhrkamp.
Nipperdey, Thomas (1993): *Machtstaat vor der Demokratie.* München: Beck.
Nolte, Ernst (1987a): „Die Vergangenheit, die nicht vergehen will. Eine Rede, die geschrieben, aber nicht gehalten werden konnte". In: *„Historikerstreit". Die Dokumentation um die Einzigartigkeit der nationalsozialistischen Judenvernichtung.* München: Piper, S. 39-47.
Nolte, Ernst (1987b): „Zwischen Geschichtslegende und Revisionismus? Das Dritte Reich im Blickwinkel des Jahres 1980". In: *„Historikerstreit". Die Dokumentation um die Einzigartigkeit der nationalsozialistischen Judenvernichtung.* München: Piper, S. 13-35.
o.A. (2015): „Bundestagspräsident Lammert nennt Massaker an Herero Völkermord". In: *ZEIT ONLINE,* http://www.zeit.de/politik/deutschland/2015-07/herero-nama-voelkermord-deutschland-norbert-lammert-joachim-gauck-kolonialzeit, besucht am 27.01.2016.
o.A. (2017): „Die Höcke-Rede von Dresden in Wortlaut-Auszügen". In: *ZEIT-Online,* http://www.zeit.de/news/2017-01/18/parteien-die-hoecke-rede-von-dresden-in-wortlaut-auszuegen-18171207, besucht am 20.01.2017.
Ohr, Sibylle (2009): „Zum Verständnis von Trauer und Melancholie. Frühe Konzepte und Weiterentwicklungen". In: Franz Wellendorf/Thomas Wesle (Hrsg.), *Über die (Un)Möglichkeit zu trauern.* Stuttgart: Klett-Cotta, S. 72-88.
Orth, Karin (2002): „Experten des Terrors. Die Konzentrationslager-SS und die Shoah". In: Gerhard Paul (Hrsg.), *Die Täter der Shoah. Fanatische Nationalsozialisten oder ganz normale Deutsche?* Göttingen: Wallstein, S. 93-108.
Osterhammel, Jürgen (2001): *Geschichtswissenschaft jenseits des Nationalstaats. Studien zu Beziehungsgeschichte und Zivilisationsvergleich.* Göttingen: Vandenhoeck und Ruprecht.
Osterhammel, Jürgen (1995): *Kolonialismus. Geschichte – Formen – Folgen.* München: C.H. Beck.
Parry, Benita (2004a): „The Institutionalization of Postcolonial Studies". In: Neil Lazarus (Hrsg.), *The Cambridge Companion to Postcolonial Literary Studies.* Cambridge: Cambridge UP.
Parry, Benita (2004b): *Postcolonial Studies. A Materialist Critique.* London: Routledge.
Pergher, Roberta/Roseman, Mark (2013): „The Holocaust – An Imperial Genocide?". In: *Dapim: Studies on the Holocaust* 27 Nr. 1, S. 42-49.

Peters, Michael (1996): „Der ‚Alldeutsche Verband'". In: Uwe Puschner/Walter Schmitz/Justus H. Ulbricht (Hrsg.), *Handbuch zur „Völkischen Bewegung" 1971–1918*. München [u.a.]: K. G. Saur, S. 302–315.

Piesche, Peggy (2005): „Der ‚Fortschritt' der Aufklärung – Kants ‚Race' und die Zentrierung des *weißen* Subjekts". In: Maureen Maisha Eggers/Grada Kilomba/Peggy Piesche/Susan Arndt (Hrsg.), *Mythen, Masken und Subjekte : Kritische Weißseinsforschung in Deutschland*. Münster: Unrast, S. 30–39.

Pohl, Dieter (2012): „Massengewalt und der Mord an den Juden im ‚Dritten Reich'". In: Sybille Steinbacher (Hrsg.), *Holocaust und Völkermorde. Die Reichweite des Vergleichs*. Frankfurt/New York: Campus, S. 107–123.

Postone, Moishe (2003): „The Holocaust and the Trajectory of the Twentieth Century". In: Moishe Postone/Eric Santner (Hrsg.), *Catastrophe and Meaning. The Holocaust and the Twentieth Century*. Chicago & London: Chicago UP, S. 81–114.

Postone, Moishe/Santner, Eric (2003): „Introduction: Catastrophe and Meaning". In: Moishe Postone/Eric Santner (Hrsg.), *Catastrophe and Meaning. The Holocaust and the Twentieth Century*. Chicago & London: Chicago UP, S. 1–14.

Puschner, Uwe (2001): *Die völkische Bewegung im wilhelminischen Kaiserreich. Sprache – Rasse – Religion*. Darmstadt: Wissenschaftliche Buchgesellschaft.

Quijano, Aníbal (2007): „Coloniality and Modernity/Rationality". In: *Cultural Studies* 21 Nr. 2, S. 168–178.

Radonić, Ljiljana/Uhl, Heidemarie (2016): „Zwischen Pathosformel und neuen Erinnerungskonkurrenzen. Das Gedächtnis-Paradigma zu Beginn des 21. Jahrhunderts". In: Ljiljana Radonić/Heidemarie Uhl (Hrsg.), *Gedächtnis im 21. Jahrhundert. Zur Neuverhandlung eines kulturwissenschaftlichen Leitbegriffs*. Bielefeld: transcript, S. 7–25.

Randeria, Shalini (1999): „Geteilte Geschichte und verwobene Moderne". In: Jörn Rüsen/Hanna Leitgeb/Norbert Jegelka (Hrsg.), *Zukunftsentwürfe. Ideen für eine Kultur der Veränderung*. Frankfurt a.M./New York: Campus, S. 87–96.

Ratzel, Friedrich (1897): *Politische Geographie*. München: Oldenbourg.

Ratzel, Friedrich (1901): *Der Lebensraum. Eine biogeographische Studie*. Tübingen: Laupp.

Rensmann, Lars (1998): *Kritische Theorie des Antisemitismus. Studien zu Struktur, Erklärungspotential und Aktualität*. Berlin & Hamburg: Argument Verlag.

Rensmann, Lars (2000): „Enthauptung der Medusa. Zur diskurstheoretischen Rekonstruktion der Walser-Debatte im Licht politischer Psychologie". In: Micha Brumlik/Hajo Funke/Lars Rensmann (Hrsg.), *Umkämpftes Vergessen. Walser-Debatte, Holocaust-Mahnmal und neuere deutsche Geschichtspolitik*. Berlin: Hans Schiler, S. 30–128.

Reuter, Julia (2012): „Postkoloniale Soziologie. Andere Modernitäten, verortetes Wissen, kulturelle Identifizierungen". In: Julia Reuter/Alexandra Karentzos (Hrsg.), *Schlüsselwerke der Postcolonial Studies*. Wiesbaden: Springer VS, S. 297–314.

Reuter, Julia/Karentzos, Alexandra (Hrsg.) (2012): *Schlüsselwerke der Postcolonial Studies*. Wiesbaden: Springer VS.

Reuter, Julia/Villa, Paula-Irene (Hrsg.) (2010): *Postkoloniale Soziologie. Empirische Befunde, theoretische Anschlüsse, politische Intervention*. Bielefeld: transcript.

Rosenbaum, Alan S. (1996a): „Introduction". In: Alan S. Rosenbaum (Hrsg.), *Is the Holocaust Unique? Perspectives on Comparative Genocide*, S. 1–9.

Rosenbaum, Alan S. (Hrsg.) (1996b): *Is the Holocaust Unique? Perspectives on Comparative Genocide*. Boulder, CO: Westview Press.

Rosenberg, Alan S. (1987): „Was the Holocaust Unique? A Peculiar Question". In: Isidor Wallimann/Michael N. Dobkowski (Hrsg.), *Genocide and the Modern Age. Etiology and Case Studies of Mass Death*. New York: Syracuse UP, S. 145–161.
Rosenfeld, Alvin H. (2011): *The End of the Holocaust*. Bloomington [u.a.]: Indiana UP.
Rosenfeld, Gavriel D. (1999): „The Politics of Uniqueness. Reflections on the Recent Polemical Turn in Holocaust and Genocide Scholarship". In: *Holocaust and Genocide Studies* 13 Nr. 1, S. 28–61.
Rosenthal, Gabriele (Hrsg.) (1997a): *Der Holocaust im Leben von drei Generationen. Familien von Überlebenden der Shoah und von Nazi-Tätern*. Giessen: Psychosozial-Verlag.
Rosenthal, Gabriele (1997b): „Fragestellungen und Methode". In: Gabriele Rosenthal (Hrsg.), *Der Holocaust im Leben von drei Generationen. Familien von Überlebenden der Shoah und von Nazi-Tätern*. Giessen: Psychosozial-Verlag, S. 11–17.
Rosenthal, Gabriele (1997c): „Gemeinsamkeiten und Unterschiede im familialen Dialog über den Holocaust". In: Gabriele Rosenthal (Hrsg.), *Der Holocaust im Leben von drei Generationen. Familien von Überlebenden der Shoah und von Nazi-Tätern*. Giessen: Psychosozial-Verlag, S. 18–25.
Rothberg, Michael (2006): „Against Zero-Sum Logic. A Response to Walter Benn Michaels". In: *American Literary History* 18 Nr. 2, S. 303–311.
Rothberg, Michael (2009): *Multidirectional Memory. Remembering the Holocaust in the Age of Decolonization*. Stanford, CA: Stanford UP.
Rupnow, Dirk (2011): *Judenforschung im Dritten Reich. Wissenschaft zwischen Politik, Propaganda und Ideologie*. Baden-Baden: Nomos.
Rüsen, Jörn (1999): „Die Logik der Historisierung. Meta-Historische Überlegungen zur Debatte zwischen Friedländer und Broszat". In: Gertrud Koch (Hrsg.), *Bruchlinien. Tendenzen der Holocaustforschung*. Köln/Weimar/Wien: Böhlau, S. 19–60.
Rüsen, Jörn (2001): *Zerbrechende Zeit. Über den Sinn der Geschichte*. Köln: Böhlau.
Said, Edward W. (1994): *Culture and Imperialism*. New York, NY: Vintage Books.
Said, Edward W. (2003): *Orientalism*. London: Penguin Books.
Said, Edward W. (1997): „Zionism from the Standpoint of its Victims". In: Anne McClintock/Aamir Mufti/Ella Shohat (Hrsg.), *Dangerous Liaisons : Gender, Nation, and Postcolonial Perspectives*. Minneapolis: Minnesota UP, S. 15–38.
Salzborn, Samuel (2010): *Antisemitismus als negative Leitidee der Moderne. Sozialwissenschaftliche Theorien im Vergleich*. Frankfurt/M: Campus-Verl.
Salzborn, Samuel/Schwietring, Marc (2003): „Antizivilisatorische Affektmobilisierung. Zur Normalisierung des sekundären Antisemitismus". In: Michael Klundt/Samuel Salzborn/Marc Schwietring/Gerd Wiegel (Hrsg.), *Erinnern, verdrängen, vergessen. Geschichtspolitische Wege ins 21. Jahrhundert*, S. 43–76.
Sankey, Howard (1994): *The Incommensurability Thesis*. Aldershot [u.a.]: Ashgate.
Sarasin, Philipp (2005): *Michel Foucault zur Einführung*. Hamburg: Junius.
Schaller, Dominik J. (2004): „‚Ich glaube, dass die Nation als solche vernichtet werden muss.' Kolonialkrieg und Völkermord in ‚Deutsch-Südwestafrika' 1904–1907". In: *Journal of Genocide Research* 6 Nr. 3, S. 395–430.
Schaller, Dominik J./Zimmerer, Jürgen (2005): „Raphael Lemkin: The ‚Founder of the United Nation's Genocide Convention' as a Historian of Mass Violence". In: *Journal of Genocide Research* 7 Nr. 4, S. 447–452.
Scheit, Gerhard (2007): *Jargon der Demokratie. Über den neuen Behemoth*. Freiburg: ça ira-Verlag.

Schemann, Ludwig (1925): *Lebensfahrten eines Deutschen*. Leipzig: Matthes.
Schickedanz, Arno (1927): *Das Judentum – Eine Gegenrasse*. Leipzig: Theodor Weicher.
Schmidt, Rainer F. (2002): *Die Außenpolitik des Dritten Reiches 1933–1939*. Stuttgart: Klett-Cotta.
Schmitt, Carl (1941): *Völkerrechtliche Großraumordnung mit Interventionsverbot für raumfremde Mächte. Ein Beitrag zum Reichsbegriff im Völkerrecht*. Berlin: Deutscher Rechtsverlag.
Schmitt, Carl (1950): *Der Nomos der Erde. Im Völkerrecht des Jus Publicum Europaeum*. Köln: Greven.
Schriewer, Jürgen (2003): „Problemdimensionen sozialwissenschaftlicher Komparatistik". In: Hartmut Kaelble/Jürgen Schriewer (Hrsg.), *Vergleich und Transfer. Komparatistik in den Sozial-, Geschichts- und Kulturwissenschaften*. Frankfurt a.M./New York: Campus, S. 9–52.
Schumann, Dirk (2003): „Europa, der Erste Weltkrieg und die Nachkriegszeit. Eine Kontinuität der Gewalt?". In: *Journal of Modern European History* 1 Nr. 1, S. 24–43.
Schwarz-Friesel, Monika/Friesel, Evyatar (2012): „‚Gestern die Juden, heute die Muslime ...'? Von den Gefahren falscher Analogien". In: Gideon Botsch/Olaf Glöckner/Christoph Kopke/Michael Spieker (Hrsg.), *Islamophobie und Antisemitismus – ein umstrittener Vergleich*. Berlin: de Gruyter, S. 29–50.
Schwarzer, Anke (2015): „Nama und Herero. Völkermord ohne Entschädigung?". In: *Blätter für deutsche und internationale Politik* 10 Nr. S. 13–16.
Schwarzer, Anke (2017): „Gegen Deutschland hilft nur ein Gericht". In: *Jungle World*, https://jungle.world/artikel/2017/13/gegen-deutschland-hilft-nur-ein-gericht, besucht am 30.03.2017.
Schwietring, Marc (2014): *Holocaust-Industrie und Vergangenheitspolitik. Norman G. Finkelstein und die Normalisierung des sekundären Antisemitismus in Deutschland*. Frankfurt am Main: Peter Lang.
Shimoni, Gideon (2007): „Postcolonial Theory and the History of Zionism". In: *Israel Affairs* 13 Nr. 4, S. 859–871.
Siefken, Hinrich (Hrsg.) (1994): *Die weiße Rose und ihre Flugblätter. Dokumente, Texte, Lebensbilder, Erläuterungen*. Manchester/New York: Manchester UP.
Smith, Woodruff D. (1986): *The Ideological Origins of Nazi Imperialism*. New York: Oxford UP.
Snyder, Timothy (2010): *Bloodlands. Europe Between Hitler and Stalin*. New York, NY: Basic Books.
Sobich, Frank Oliver (2006): *„Schwarze Bestien, rote Gefahr". Rassismus und Antisozialismus im deutschen Kaiserreich*. Frankfurt am Main: Campus.
Später, Jörg (2012): „Gegenläufige Erinnerungen. Historizität und politischer Kontext der Debatten um Kolonialismus und Nationalsozialismus". In: *Deutscher Kolonialismus – Texte aus der Zeitschrift iz3w*. Freiburg i. Br.: Aktion Dritte Welt e.V. / informationszentrum 3. welt, S. 91–93.
Spivak, Gayatri Chakravorty (1988): „Can the Subaltern Speak?". In: *Marxism and the Interpretation of Culture*: Springer, S. 271–313.
Spivak, Gayatri Chakravorty (1995): „Supplementing Marxism". In: Steven Cullenberg/Bernd Magnus (Hrsg.), *Whither Marxism?*, S. 109–119.
Stannard, David E. (1992): *American Holocaust. Columbus and the Conquest of the New World*. New York [u.a.]: Oxford UP.
Stannard, David E. (1996): „Uniqueness as Denial. The Politics of Genocide Scholarship". In: Alan S. Rosenbaum (Hrsg.), *Is the Holocaust Unique? Perspectives on Comparative Genocide*. Boulder, CO: Westview Press, S. 163–208.

Stauff, Philipp (1912): *Das deutsche Wehrbuch*. Wittenberg: Ziemsen.
Steinmetz, George (2005): „The First Genocide of the 20th Century and its Postcolonial Afterlives. Germany and the Namibian Ovaherero". Michigan, In: *The Journal of the International Institute, 12 (2)*, besucht am 16.10.2014.
Steinmetz, George (2007): *The Devil's Handwriting. Precoloniality and the German Colonial State in Qingdao, Samoa, and Southwest Africa*. Chicago: University of Chicago Press.
Stoler, Ann Laura (1995): *Race and the Education of Desire. Foucault's History of Sexuality and the Colonial Order of Things*. Durham: Duke UP.
Stone, Dan (2005): „Raphael Lemkin on the Holocaust". In: *Journal of Genocide Research* 7 Nr. 4, S. 539–550.
Stone, Dan (2008): „Biopower and Modern Genocide". In: A. Dirk Moses (Hrsg.), *Empire, Colony, Genocide. Conquest, Occupation, and Subaltern Resistance in World History*. New York/Oxford: Berghahn Books, S. 162–182.
Stone, Dan (2010): *Histories of the Holocaust*. Oxford: UP.
Stone, Dan (2011): „Defending the Plural. Hannah Arendt and Genocide Studies". In: *New Formations* 71 Nr. S. 46–57.
Strecker, Christian (2013): „Schwellendenken. Zur liminalen Philosophie und Pauluslektüre Giorgio Agambens". In: Christian Strecker/Joachim Valentin (Hrsg.), *Paulus unter den Philosophen*. Stuttgart: Kohlhammer, S. 207–278.
Traverso, Enzo (2002): *La Violence Nazie. Une Généalogie Européenne*. Paris: La Fabrique Editions.
Trouillot, Michel-Rolph (1995): *Silencing the Past. Power and the Production of History*. Boston: Beacon Press.
Trumann, Andrea (2006): „,Deconstruct Antisemitism'. Zum unmöglichen Unterfangen in poststrukturalistischer Manier den Antisemitismus zu begreifen". In: die röteln (Hrsg.), *„Das Leben lebt nicht". Postmoderne Subjektivität und der Drang zur Biopolitik*. Berlin: Verbrecher Verlag, S. 105–134.
UNITED NATIONS (1951): „1. Convention on the Prevention and Punishment of the Crime of Genocide". In: *Treaty Series. Treaties and International Agreements Registered or Filed and Recorded with the Secretariat of the United Nations*, 78/1951. S. 277–323. Online verfügbar unter: https://treaties.un.org/doc/Publication/UNTS/Volume%2078/v78.pdf.
van der Kolk, Bessel A. (1994): „The Body Keeps the Score. Memory & the Evolving Psychobiology of Post Traumatic Stress". In: *Harvard Review of Psychiatry* 1 Nr. 5, S. 253–265.
Visser, Irene (2011): „Trauma Theory and Postcolonial Literary Studies". In: *Journal of Postcolonial Writing* 47 Nr. 3, S. 270–282.
Ward, Abigail (Hrsg.) (2015): *Postcolonial Traumas. Memory, Narrative, Resistance*. New York, NY: Palgrave Macmillan.
Werner, Michael/Zimmerman, Bénédict (2002): „Vergleich, Transfer, Verflechtung. Der Ansatz der *Histoire Croisée* und die Herausforderung des Transnationalen". In: *Geschichte und Gesellschaft* 28 Nr. S. 607–636.
Werner, Michael/Zimmerman, Bénédict (2006): „Beyond Comparison. *Histoire Croisée* and the Challenge of Reflexivity". In: *History and Theory* 45 Nr. 1, S. 30–50.
Wildenthal, Lora (2001): *German Women for Empire, 1884 – 1945*. Durham & London: Duke UP.
Wippermann, Wolfgang (1997): *Wessen Schuld? Vom Historikerstreit zur Goldhagen-Kontroverse*. Berlin: Elefanten-Press.
Wirz, Albert (1984): *Sklaverei und kapitalistisches Weltsystem*. Frankfurt a.M.: Suhrkamp.

Wolfe, Patrick (1991): „On Being Woken Up. The Dream Time in Anthropology and in Australian Settler Culture". In: *Comparative Studies in Society and History* 33 Nr. 2, S. 197–224.

Zapf, Holger (2013): *Methoden der politischen Theorie. Eine Einführung.* Opladen [u.a.]: Barbara Budrich.

Ziai, Aram (2016): „Einleitung: Unsere Farm in Zhengistan. Zur Notwendigkeit postkolonialer Perspektiven in der Politikwissenschaft". In: Aram Ziai (Hrsg.), *Postkoloniale Politikwissenschaft. Theoretische und empirische Zugänge.* Bielefeld: transcript, S. 11–24.

Zimmerer, Jürgen (2002): *Deutsche Herrschaft über Afrikaner. Staatlicher Machtanspruch und Wirklichkeit im kolonialen Namibia.* Münster: LIT.

Zimmerer, Jürgen (2004): „Die Geburt des ‚Ostlandes' aus dem Geiste des Kolonialismus. Die nationalsozialistische Eroberungs-und Beherrschungspolitik in (post) kolonialer Perspektive". In: *Sozial. Geschichte* 19 Nr. 1, S. 10–43.

Zimmerer, Jürgen (2005): „Rassenkrieg und Völkermord. Der Kolonialkrieg in Deutsch-Südwestafrika und die Globalgeschichte des Genozids". In: Henning Melber (Hrsg.), *Genozid und Gedenken. Namibisch-deutsche Geschichte und Gegenwart.* Frankfurt am Main: Brandes & Apsel, S. 23–48.

Zimmerer, Jürgen (2011a): „Holocaust und Kolonialismus. Beitrag zu einer Archäologie des genozidalen Gedankens". In: Jürgen Zimmerer (Hrsg.), *Von Windhuk nach Auschwitz? Beiträge zum Verhältnis von Kolonialismus und Holocaust.* Münster: Lit, S. 140–171.

Zimmerer, Jürgen (2011b): „Kolonialer Genozid? Vom Nutzen und Nachteil einer historischen Kategorie für eine Globalgeschichte". In: Jürgen Zimmerer (Hrsg.), *Von Windhuk nach Auschwitz? Beiträge zum Verhältnis von Kolonialismus und Holocaust.* Münster: Lit, S. 196–220.

Zimmerer, Jürgen (2011c): „Nationalsozialismus postkolonial. Plädoyer zur Globalisierung der deutschen Gewaltgeschichte". In: Jürgen Zimmerer (Hrsg.), *Von Windhuk nach Auschwitz? Beiträge zum Verhältnis von Kolonialismus und Holocaust.* Münster: Lit, S. 14–38.

Zimmerer, Jürgen (2011d): *Von Windhuk nach Auschwitz? Beiträge zum Verhältnis von Kolonialismus und Holocaust.* Münster: Lit.

Zimmerman, Moshe (2011): „Between Jew-Hatred and Racism. The German Invention of Antisemitism". In: Wulf D. Hund (Hrsg.), *Racisms Made in Germany.* Münster: LIT, S. 41–65.

Zollmann, Jakob (2007): „Polemics and Other Arguments. A German Debate Reviewed". In: *Journal of Namibian Studies: History, Politics, Culture* 1, S. 109–130.

Dank

Die vorliegende Studie wurde im Mai 2017 am Zentrum für Antisemitismusforschung der Technischen Universität Berlin unter dem Titel „*Decolonizing Auschwitz*? Eine kritische Rekonstruktion komparativ-postkolonialer Ansätze in der Holocaustforschung" als Dissertationsschrift eingereicht und im September 2017 verteidigt. Betreut und begutachtet wurde die Arbeit von Prof. Dr. Stefanie Schüler-Springorum und Prof. Dr. Nikita Dhawan. Beiden gebührt mein herzlicher Dank für hilfreiches Feedback, vielfältige Unterstützung, Vertrauen und kritische Anmerkungen. Auch allen Teilnehmenden der Kolloquien sei hierfür gedankt.

Die Anfertigung der Arbeit erfolgte in den Jahren 2012 bis 2017. Finanziell und ideell wurde diese maßgeblich durch ein Promotionsstipendium der Hans-Böckler-Stiftung sowie durch ein Förderstipendium der Stiftung Zeitlehren unterstützt. Bei beiden Stiftungen möchte ich mich sehr herzlich für die Förderung und das Vertrauen in meine Arbeit bedanken. In der Hans-Böckler-Stiftung sei insbesondere Dr. Jens Becker, Dr. Eike Hebecker und Dr. Susanne Schedel für die jahrelange gute kollegiale Unterstützung gedankt. Ein besonderer Dank gilt Prof. Dr. Elisabeth Tuider, die mir als Vertrauensdozentin der Hans-Böckler-Stiftung an mehreren Stationen des Promotionsprozesses mit hilfreichem und gutem Rat zur Seite stand. In der Stiftung Zeitlehren bedanke ich mich bei Dr. Agnes Hartmann, Martin Heink und Dr. Anne van Raay für die Unterstützung sowie die seitens der Stiftung ermöglichte wissenschaftliche Vernetzung.

Sowohl die Hans-Böckler-Stiftung als auch die Stiftung Zeitlehren haben die Veröffentlichung dieser Arbeit durch großzügige Druckkostenzuschüsse ermöglicht. Auch hierfür sei ihnen sehr herzlich gedankt.

Dem De Gruyter Verlag danke ich für die Aufnahme meiner Arbeit in das Verlagsprogramm. Insbesondere bedanke ich mich bei Dr. Julia Brauch für die Begleitung des Weges von der eingereichten Dissertationsschrift zum druckfertigen Manuskript.

Viele Menschen haben die Entstehung dieser Arbeit auf verschiedene Arten begleitet, kommentiert, diskutiert und unterstützt. Auch und nicht zuletzt bei ihnen möchte ich mich ausdrücklich bedanken. In alphabetischer Reihenfolge sind dies Anna Bers, Sarah Frenking, Maximilian Fuhrmann, Georg-Felix Harsch, Dana Ionescu, Bodo Kahmann, Mara Kastein, Ricarda Keenan, Christian Kelch, Andrea Stock-Klävers und Dieter Klävers, Janna Klävers, Maja Köhnlein, Klaus E. Kuettner und Erzsébet Kuettner, Nina Kullrich, Christian

Lange, Bine Matthies, Anne Mielke, Ole Münch, Florian Paetow, Felix Sassmannshausen, Bianca Strzeja, Viola Schröter und Elisa Zenck.

Göttingen / Berlin 2018

Register

Adorno, Theodor W. 35, 37, 129, 131, 146, 147, 182, 189
Agamben, Giorgio 181, 195–200, 203, 212
Aly, Götz 109
Améry, Jean 131, 181
Apfel, Holger 53
Arendt, Hannah 9, 28, 55, 82, 83, 123, 162, 163, 171, 180, 181, 198
Ashcroft, Bill 151
Assmann, Aleida 134, 135, 150, 151, 155, 156
Assmann, Jan 150
Augstein, Rudolf 38
Back, Les 203
Barth, Boris 60, 61
Bartov, Omer 13, 63, 116
Bauer, Yehuda 16, 30, 34, 163, 222
Bauman, Zygmunt 188–191, 194
Bäumler, Alfred 217
Becker, David 152–154
Bernstein, David 226
Bhabha, Homi 6, 46
Bhambra, Gurminder 184
Bismarck, Otto von 1, 101
Blackbourn, David 81
Blumenbach, Johann Friedrich 214
Bormann, Martin 56
Broszat, Martin 18, 21–26
Brown, Laura 170
Brunner, Markus 147, 148
Bruns, Claudia 204, 206
Buffon, Georges-Louis Leclerc de 214
Bülow, Bernhard von 98, 99
Butler, Judith 198
Caruth, Cathy 151, 170, 171
Césaire, Aimé 6, 8, 9, 55, 90, 123, 162, 163, 170, 171, 183, 225
Chakrabarty, Dipesh 44, 184
Chamberlain, Houston Stewart 215, 216
Churchill, Ward 32–34, 56, 128
Claussen, Detlev 182, 189, 190, 194
Conrad, Sebastian 7, 42–44, 47, 75, 155, 156
Cooppan, Vilashini 7
Darwin, Charles 216
Dawidowicz, Lucy 30

Dhawan, Nikita 187
Dickinson, Edward Ross 218
Diner, Dan 3, 17, 54, 131, 135, 176, 178–181, 200
DuBois, W.E.B. 8, 9, 55, 123, 161, 162, 183
El-Tayeb, Fatima 94
Ely, Geoff 81
Enderwitz, Ulrich 211
Epp, Franz Xaver Ritter von 79, 83, 105
Essner, Cornelia 97, 98
Evans, Raymond 127
Fanon, Frantz 6, 9, 83, 122, 123, 151, 163, 170–174, 212
Faupel, Wilhelm 79
Fein, Helen 73
Finkelstein, Norman G. 29
Fischer, Eugen 79, 84, 214
Fitzpatrick, Matthew P. 17, 96, 97
Forsthoff, Ernst 62
Foucault, Michel 43, 181, 182, 192–196, 200, 203
Freud, Anna 142
Freud, Sigmund 47, 142, 143, 145, 147, 164–166, 168, 169
Friedberg, Lilian 53
Friedländer, Saul 18, 21, 23–25, 29, 34–36, 63, 73, 74, 149, 199, 202, 210, 212
Friedmann, Alexander 141
Friedrich, Carl Joachim 28
Friesel, Evyatar 51–54
Furber, David 126, 127
Gansel, Jürgen 53
Ganzenmüller, Jörg 61
Geisel, Eike 133, 147
Gerwarth, Robert 9, 79–91, 98, 100
Geulen, Christian 203
Geulen, Eva 197
Gilroy, Paul 11, 152, 187–189, 191, 192, 194, 196, 212
Globisch, Claudia 190
Globocnik, Odilo 127
Gobineau, Arthur de 215, 216
Goldhagen, Daniel J. 30, 34
Göring, Hermann 63, 84, 105

Graefe, Stefanie 197
Gramsci, Antonio 43, 111
Griffiths, Garreth 151
Grigat, Stephan 204–206
Grimm, Hans 58
Grosse, Pascal 82, 95, 97
Habermas, Jürgen 18–21, 25
Hagen, William 200
Halbwachs, Maurice 150, 167
Hall, Stuart 43
Haupt, Heinz-Gerhard 41, 42, 47, 48
Haury, Thomas 206–208, 218
Hayes, Peter 104
Heim, Heinrich 56–58
Heim, Susanne 109
Hennig, Eike 24
Hentges, Gudrun 187
Herbert, Ulrich 61
Heydrich, Reinhard 109, 217
Hildebrand, Klaus 20, 92
Hillgruber, Andreas 20, 24, 25, 56
Himmler, Heinrich 33, 63, 84, 217
Hitler, Adolf 19, 21–23, 33, 37, 56–58, 62, 63, 90–93, 108–110, 117, 123, 125, 147, 190, 207, 212, 217
Hobsbawm, Eric 181
Höcke, Björn 38
Holz, Klaus 129, 138
Horkheimer, Max 35, 129, 182, 189
Hull, Isabel V. 81, 99
Hund, Wulf D. 203
Jäckel, Eberhard 133, 134
James, C.L.R. 8, 9, 183
Janet, Pierre 142
Jureit, Ulrike 63–65, 133–136, 150
Kaelble, Hartmut 42
Kahlweiß, Luzie H. 51
Kapferer, Norbert 63
Kaplan, Chaim 27
Katz, Steve T. 30–34, 161, 162, 222
Keilson, Hans 153
Kerner, Ina 5
Kestenberg, Judith 144
Kien Nghi Ha 6
Kirsch, Jan-Holger 175, 177
Klages, Ludwig 217

Klee, Ernst 216
Kocka, Jürgen 41, 42, 47, 48
Korf, Benedikt 197
Kraft, Claudia 45
Krieck, Ernst 217
Krüger, Gesine 75
Krystal, Henry 144
Kuhn, Thomas S. 15, 48
Kühne, Thomas 121
Kühner, Angela 141–144, 148, 149, 176
Kundrus, Birthe 88–96, 98, 100
LaCapra, Dominick 141, 143, 201, 202
Lal, Vinay 11, 140, 184–186
Lammert, Norbert 136
Langbehn, Volker 5
Lanzmann, Claude 161, 162
Lemkin, Raphael 71, 111, 113–118, 120, 124, 125, 127, 185
Lenin, Wladimir Iljitsch 120
Leutwein, Theodor 98, 191
Levy, Daniel 155, 175–177
Lewin, Abraham 27
Liedecke, Ewald 65
Lilienthal, Edward T. 165
Lindqvist, Sven 56
Linné, Carl von 214
Lipstadt, Deborah E. 30, 34, 163
Lohl, Jan 146
Loomba, Ania 46
Löw, Andrea 26, 27
Lower, Wendy 126, 127
Lüdtke, Alf 45
Lugard, Frederick 86
Luxemburg, Rosa 122
Maercker, Georg Ludwig Rudolf 79
Maharero, Samuel 72
Malinowski, Bronislaw 86
Malinowski, Stephan 9, 79–91, 98, 100
Mann, Michael 41
Margalit, Avishai 16, 34, 167
Marr, Wilhelm 204
Martin, Rudolf 101
Martschukat, Jürgen 45
Marx, Karl 122, 208
Mazower, Mark 56, 222
Mbembe, Achille 194

McClintock, Anne 7
Meiners, Christoph 214
Memmi, Albert 122
Mengele, Josef 84
Messerschmidt, Astrid 36, 137–139, 155, 224
Michaelis, Johann David 204
Michaels, Walter Benn 157–160
Michman, Dan 68, 129, 213, 221, 222
Mignolo, Walter D. 186
Miles, Robert 203
Miller, Glen H. 171
Mitscherlich, Alexander 147
Mitscherlich, Margarete 147
Mommsen, Hans 199
Moré, Angela 144, 145
Moses, A. Dirk 11, 14, 50, 54, 103–131, 178, 183, 212, 213, 221–224
Mosse, George L. 35, 215, 216
Motzkin, Gabriel 16, 34
Muhammad, Khalid 157–159
Naimark, Norman M. 70
Nipperdey, Thomas 40
Nolte, Ernst 18–21, 24, 25, 80
Orth, Karin 76
Osterhammel, Jürgen 45, 119
Parry, Benita 6
Pergher, Roberta 129
Piesche, Peggy 184
Pohl, Dieter 41
Pol Pot 29, 121
Postone, Moishe 35, 181, 207–213
Quijano, Aníbal 186
Radonić, Ljiljana 151
Randeria, Shalini 7, 42–47, 153
Ranke, Leopold von 24
Ratzel, Friedrich 62
Rensmann, Lars 38, 205
Ribbentrop, Joachim von 63
Rohrbach, Paul 79
Roseman, Mark 129
Rosenbaum, Alan 17, 32
Rosenberg, Alfred 62, 63
Rosenfeld, Alvin H. 177
Rosenfeld, Gavriel D. 28–30, 33, 34
Rosenthal, Gabriele 145, 146
Rosh, Lea 133, 134

Roth, John K. 104
Rothberg, Michael 11, 14, 133, 140, 155, 157–178, 180, 181, 183, 221, 222
Rüsen, Jörg 17, 23, 141
Said, Edward 6, 43, 44, 47, 153, 154, 226
Salama, Mohammad 5
Salzborn, Samuel 51, 129, 130, 189, 190, 206
Santner, Eric 181
Santos, Boaventura de Sousa 184
Sarasin, Philipp 194
Sartre, Jean-Paul 83, 122, 172
Scheit, Gerhard 100, 101
Schemann, Karl Ludwig 215
Schetter, Conrad 197
Schickedanz, Arno 35
Schlieffen, Heinrich von 99
Schmidt, Helmut 36
Schmidt, Rainer F. 63
Schmitt, Carl 62, 196
Schneider, Christian 133–136, 150
Schumann, Dirk 90
Schwarz-Friesel, Monika 51–54
Smith, Woodruff D. 108
Snyder, Timothy 222
Solomos, John 203
Spiegel, Paul 133
Spivak, Gayatri Chakravorty 6, 111, 130, 131
Stalin, Josef 19, 20, 32, 120, 190
Stannard, David E. 32, 33, 53, 128, 165
Steinmetz, George 106
Stoler, Ann-Laura 96
Stone, Dan 18, 83, 103, 116, 199–202, 214–217
Strecker, Christian 198
Stürmer, Michael 20
Sznaider, Natan 155, 175–177
Tannenberg, Otto Richard von → Siehe Martin, Rudolf 101
Tiffin, Helen 151
Traverso, Enzo 194
Trotha, Lothar von 2, 72, 74, 75, 83, 84, 98, 99, 101, 191
Trouillot, Michel-Rolph 156
Trumann, Andrea 198, 199, 202, 203, 219
Uhl, Heidemarie 151

van der Kolk, Bessel A. 141
Vidal-Naquet, Pierre 87
Visser, Irene 152
Wagner, Cosima 215
Wagner, Richard 215
Walser, Martin 38
Wangh, Martin 144
Werner, Michael 48–50
Wieczorek-Zeul, Heidemarie 136
Wiesel, Eli 161, 162
Wildenthal, Lora 95, 96
Wilhelm II. 99
Wittgenstein, Ludwig 31
Wolfe, Patrick 115
Ziai, Aram 2–4, 225
Zimmerer, Jürgen 11, 14, 50, 54–62, 64–89, 93, 98, 100–103, 105, 109, 123, 131, 178–180, 183, 221–224
Zimmerman, Bénédict 48–50
Zimmerman, Moshe 203

www.ingramcontent.com/pod-product-compliance
Lightning Source LLC
Chambersburg PA
CBHW031806220426
43662CB00007B/543